청태종실록 역주

清太宗實錄 譯註

An Annotated Translation of "Veritable Records of Qing Taizong"

【6권】

청태종실록 역주 淸太宗實錄 譯註【6권】

An Annotated Translation of "Veritable Records of Qing Taizong"

–

1판 1쇄 발행 2025년 11월 10일

–

역주자 | 이훈 · 김선민 · 이선애

발행인 | 이방원

발행처 | 세창출판사

신고번호 제1990-000013호

주소 03736 서울시 서대문구 경기대로 58 경기빌딩 602호

전화 02-723-8660 팩스 02-720-4579

이메일 edit@sechangpub.co.kr 홈페이지 www.sechangpub.co.kr

블로그 blog.naver.com/scpc1992 페이스북 fb.me/Sechangofficial 인스타그램 @sechang_official

–

ISBN 979-11-6684-444-7 94910

979-11-6684-438-6 (세트)

–

이 역주서는 2022년 대한민국 교육부와 한국연구재단의 지원을 받아 수행된 연구임.

(NRF-2022S1A5A7079888)

–

이 책은 한국연구재단의 지원으로 세창출판사가 출판, 유통합니다.

잘못 만들어진 책은 구입하신 서점에서 바꾸어 드립니다.

청태종실록 역주 淸太宗實錄 譯註

An Annotated Translation of "Veritable Records of Qing Taizong"

【6권】

이훈 · 김선민 · 이선애 역주

세창출판사

청태종실록 역주 6권

○ 차례 ○

청태종실록 역주

○총 차례○

제1권

제2권

천총 4년

권6 천총 4년 정월 ~ 4월
권7 천총 4년 5월 ~ 12월

천총 5년

권8 천총 5년 정월 ~ 3월
권9 천총 5년 4월 ~ 9월
권10 천총 5년 10월 ~ 12월

천총 6년

권11 천총 6년 정월 ~ 5월
권12 천총 6년 6월 ~ 12월

제3권

천총 7년

권13 천총 7년 정월 ~ 4월
권14 천총 7년 5월 ~ 7월
권15 천총 7년 8월 ~ 9월
권16 천총 7년 10월 ~ 12월

제6권

제8권

제9권

일러두기

1 본서의 저본은 한문본 『太宗文皇帝實錄』(건륭 4년본, 1985년 中華書局 영인)이다.

2 번역은 직역을 원칙으로 하되 직역으로 뜻이 통하지 않는 문장은 의역을 하거나 각주에 설명을 더한다.

3 원문의 간지 연월일은 역문에서 서기년과 음력 월일을 병기한다. 예) 기미년(1619), 을묘일(8.22)

4 번역문의 문단은 기본적으로 저본에 따르지만 한 문단이 너무 길어서 읽기에 불편한 곳은 적절히 문단을 나눈다.

5 저본에서 皇帝, 天 등의 존칭어는 줄을 바꾸어 擡頭되어 있지만 본서에서는 이에 대해 별도의 표시를 하지 않는다.

6 모든 번역은 한글을 원칙으로 한다. 다만 고유명사와 개념어 등은 명확한 의미를 나타내기 위해 괄호 안에 한자를 병기한다. 각주의 경우 국한문을 혼용한다.

7 만주어와 몽골어 고유명사는 "한글(로마자 전사, 한자)"의 형식으로 표기한다. 로마자 전사는 묄렌도르프 표기 방식을 따른다. 예) 도르곤(dorgon, 多爾袞), 도니 쿨룩(doni kuluk, 多尼庫魯克)

8 한어와 조선어 고유명사는 "한글표기(한자)"의 형식으로 표기한다. 예) 조대수(祖大壽), 임경업(林慶業)

9 원문에서 고유명사의 한자 표기가 틀린 경우 역문에서 세미콜론(;) 뒤에 바른 표기를 병기한다. 예) 김득간(金得幹; 金大乾), 강계(剛季; 江界)

10 번역문에서 숫자는 아라비아숫자로 표기하지만 특정한 관용적 표현은 한글로 표기한다. 예) 삼궤구고두

숭덕 2년

권37

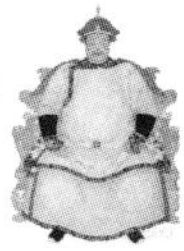

숭덕 2년 7월

崇德二年, 丁丑, 秋七月, 丁卯朔.

○ 숭덕 2년 정축년 가을 7월 정묘일 초하루(7.1).

○ 戊辰, 多羅安平貝勒杜度獻新瓜, 具筵於清寧宮進上

○ 무진일(7.2), 도로이 안평 버일러 두두가 햇참외를 헌상하고 연회를 갖추어 청녕궁에서 주상께 올렸다.

○ 己巳, 命喀凱·塔克朱·來虎·舒書·翁愛·尼噶禮·巴圖魯·克布圖·輝山·恩古里·雅薩昂邦·巴爾噶孫·綏黑德·朱馬喇·綽貝·塔哈布·海塞·孟格·哈什談·雅布喀·東果羅·滿都祜·詹楚喀·般達禮等率兵一千二百, 分爲四路, 往征瓦爾喀. 兩黃旗一路, 阿庫里·尼滿地方壯丁一百名, 木輪地方分達禮壯丁四十名, 吳

爾格臣地方南濟蘭牛彔下喀克篤禮兄弟等三十名, 共一百七十名, 以圖必善·分達禮·馬喀達爲鄕導. 兩紅旗一路, 綏分地方壯丁七十名·雅蘭地方壯丁四十名·滹野地方壯丁二十名·兀爾機地方壯丁七十名, 共二百名, 以圖球·恰塔·戚習訥爲鄕導. 兩藍旗一路, 厄黑庫倫地方壯丁六十名·厄勒以東塞木克勒以西地方壯丁五十名, 共一百一十名, 以愛韜多爾周·常濟里·濟布楚爲鄕導. 兩白旗一路, 諾落阿灣地方壯丁三百名, 以雅爾布·佛得密·封繼達·蘇布特黑爲鄕導.

○ 기사일(7.3), 카카이(kakai, 喀凱)·탁주(takju, 塔克朱)·라이후(laihū, 來虎)·슈슈(šušu, 舒書)·웅가이(unggai, 翁愛)·니가리 바투루(nigari baturu, 尼噶禮巴圖魯)·컵투(kebtu, 克布圖)·호이산(hoisan, 輝山)·엉구리(engguri. 恩古里)·야사 암바(yasa amba, 雅薩昂邦)·발가순(balgasun, 巴爾噶孫)·수이허더(suihede, 綏黑德)·주마라(jumara, 朱馬喇)·초보이(coboi, 綽貝)·타하부(tahabu, 塔哈布)·하이서(haise, 海塞)·멍거이(menggei, 孟格)·하시탄(hasitan, 哈什談)·얍카(yabka, 雅布喀)·동고로(donggoro, 東果羅)·만두후(manduhū, 滿都祜)·잔추카(jancuka, 詹楚喀)·인다리(indari, 殷達禮) 등에게 병사 1,200명을 이끌고 네 길로 나누어 와르카를 정벌하러 가게 했다.

두 황기의 공격지역 아쿨리(akūli, 阿庫里)·니만(niman, 尼滿) 지방의 장정은 100명·무런(muren, 木輪) 지방 푼다리(fundari, 分達禮)의 장정은 40명·우르구천(urgucen, 吳爾格臣) 지방 난질란(nanjilan, 南濟蘭) 니루의 칵두리(kakduri, 喀克篤禮) 형제 등 30명, 총 170명이고, 투비샨(tubišan, 圖必善)·푼다리(fundari, 分達禮)·마카다(makada, 馬喀達)를 길잡이로 삼았다. 두 홍기의 공격지역 수이푼(suifun, 綏分) 지방의 장정은 70명, 야란(yaran, 雅蘭) 지방의 장정은 40명, 후여(huye, 滹野) 지

방의 장정은 20명, 울기(ulgi, 兀爾機) 지방의 장정은 70명, 총 200명이고, 투키오(tukio, 圖球) · 키야타(kiyata, 恰塔) · 치시너(cisine, 戚習訥)를 길잡이로 삼았다. 두 람기의 공격지역 어허 쿠런(ehe kuren, 厄黑庫倫) 지방의 장정은 60명, 얼러(ele, 厄勒)의 동쪽과 섬컬러(semkele, 塞木克勒)의 서쪽 지방 장정은 50명, 총 110명이고, 아이토오(aitoo, 愛韜) · 돌저오(doljeo, 多爾周) · 창지리(cangjiri, 常濟里) · 집추(jibcu, 濟布楚)를 길잡이로 삼았다. 두 백기의 공격지역 노로(noro, 諾落) · 아완(awan, 阿灣) 지방의 장정은 300명이고, 야르부(yarbu, 雅爾布) · 퍼더미(fedemi, 佛得密) · 펑기다(fenggida, 封繼達) · 숩터허(subtehe, 蘇布特黑)를 길잡이로 삼았다.

○ 是日, 敍平定皮島功, 並從前行間勞績. 超擢牛彔章京鰲拜 · 準塔, 爲三等梅勒章京. 三等梅勒章京薩穆什喀, 爲三等昂拜章京. 三等昂邦章京阿山 · 葉臣, 爲一等昂邦章京. 牛彔章京麻克圖, 爲三等甲喇章京. 管護軍参領事鍾金, 爲牛彔章京. 護軍校多爾津爲牛彔章京. 贈陣亡管護軍参領事秉圖, 爲牛彔章京, 以其弟畢禮克圖襲職. 贈陣亡白身扈習, 爲牛彔章京, 以其子扈札祿襲職.

○ 이날 피도(皮島)를 평정한 공적과 이전에 종군한 노고와 공적을 아울러 서휴했다. 니루장긴 오보이와 주타(junta, 準塔)를 등급을 뛰어넘어 발탁하여 삼등 머이런장긴으로 삼았다. 삼등 머이런장긴 삼시카를 삼등 암바장긴으로 삼았다. 삼등 암바장긴 아산 · 여천을 일등 암바장긴으로 삼았다. 니루장긴 막투(maktu, 麻克圖)를 삼등 잘란장긴으로 삼았다. 호군참령의 일을 관할하는 중긴(junggin, 鍾金)을 니루장긴으로 삼았다. 호군교 도르진(dorjin, 多爾津)을 니루장긴으로 삼았다. 호군참령의 일을 관할하는 빙투(bingtu, 秉圖)가 전사하여 니루장긴으

로 추증하고 그의 동생 빌릭투(biliktu, 畢禮克圖)에게 습직시켰다. 전사한 백신(白身) 후시(hūsi, 扈習)를 니루장긴으로 추증하고 그의 아들 후잘루(hūjalu, 扈札祿)에게 습직시켰다.

又賜以上各官及雍舜·莽古爾代, 智順王尚可喜下吳梅勒章京·恭順王孔有德下郝梅勒章京·懷順王耿仲明下擒獲總兵沈世奎之曾梅勒章京及猛果爾代·哈寧噶·囊古·何洛·阿福尼·納穆泰·球·塔納喀·隨何多·愛木布·戴都·鄧襄功·勒富·布克沙·胡習拜·桓塔·布雷·拜音朱·滿達爾漢及博爾騰等九十七人, 陣亡之代噶爾等七人, 狐腋裘·豹皮裘·雕鞍·駝隻·馬牛·紅毡·布疋·銀兩有差.

또 이상의 각 관원과 용숀·깅굴다이, 지순왕 상가희 속하의 오(吳) 성의 머이런장긴, 공순왕 공유덕 속하 학(郝) 성의 머이런장긴, 회순왕 경중명 속하에서 총병 심세규(沈世奎)를 생포한 증(曾) 성의 머이런장긴과 몽골다이(monggoldai, 猛果爾代)·하닝가(haningga, 哈寧噶)·낭구(nanggū, 囊古)·홀로(holo, 何洛)·아푸니(afuni, 阿福尼)·남타이(namtai, 納穆泰)·키오(kio, 球)·타나카(tanaka, 塔納喀)·소이호도(soihodo, 隋何多)·아임부(aimbu, 愛木布)·다이두(daidu, 戴都)·등양공(鄧襄功)·러푸(lefu, 勒富)·북샤(bukša, 布克沙)·후시바이(hūsibai, 胡習拜)·후완타(hūwanta, 桓塔)·부러이(burei, 布雷)·바인주(bainju, 拜音朱)·만다르한(mandarhan, 滿達爾漢)·볼턴(bolten, 博爾騰) 등 97명, 전사한 다이갈(daigal, 代噶爾) 등 7명에게 여우겨드랑이가죽옷·표범가죽옷·조각한 안장·낙타·말과 소·붉은 양탄자·포필(布疋)·은량(銀兩)을 차등 있게 내렸다.

增鼇拜敕辭曰, 克皮島時, 多羅武英郡王集諸將詢問. 爾鼇拜與準塔向王約曰, 我等若不得此島, 必不來見王面. 誓必克島而回, 後果踐言, 爾鼇拜與準塔連舟渡海, 先衆而往, 舉火爲號以待後師, 敵兵於堡上列陣拒戰, 爾攻克之, 取其島. 此島可比大城. 用是由牛彔章京超擢爾爲三等梅勒章京, 賜號巴圖魯, 加世襲六次, 准再襲十二次. 增準塔敕辭與鼇拜同.

오보이에게 칙서를 더해 내렸다. 「피도를 함락할 때 도로이 무영군왕이 여러 장수를 모아 물었다. 너 오보이는 준타와 함께 왕에게 약속하기를, "만약 우리가 이 섬을 얻지 못하면 결코 왕의 얼굴을 뵈러 오지 않겠습니다."하고 반드시 섬을 함락하고 돌아오겠다고 맹세했는데 나중에 과연 말대로 되었다. 너 오보이는 준타와 함께 연이어 배로 바다를 건너가 무리보다 앞서 가서 불을 들어 신호를 하고 뒤따르는 부대를 기다렸다. 보(堡) 위에 늘어선 적병이 맞서 싸우는 것을 너는 격퇴하고 섬을 취했다. 이 섬은 큰 성에 비견되니 이에 니루장긴에서 등급을 뛰어넘어 발탁하여 삼등 머이런장긴으로 삼고 바투루 칭호를 내리며 6번 습직을 더하고, 다시 12번 습직을 허락한다.」

준타에게 칙서를 더해 내린 말은 오보이와 같다.

增薩穆什喀敕辭曰, 克皮島時, 爾統前隊護軍上船渡海, 首先抵岸, 遣人語鼇拜·準塔, 駐兵以待後師, 齊列挨牌, 敵於堡上列陣拒戰, 爾攻克之, 取其島. 用是由三等梅勒章京超擢爾爲三等昂邦章京, 世襲罔替. 若有與外國通謀及謀害王·貝勒等者, 仍治以法.

삼시카에게 칙서를 더해 내렸다. 「피도를 함락할 때 너는 전대(前

隊)의 호군을 통솔하여 배 10척으로 바다를 건너 가장 먼저 해안에 닿았다. 오보이와 준타에게 사람을 보내어 병력을 주둔시키고 뒤따르는 부대를 기다리라고 말했다. 방패를 정렬하고 적병이 보(堡) 위에 늘어서서 맞서 싸우는 것을 너는 격퇴하고 그 섬을 취했다. 이에 삼등 머이런장긴에서 등급을 뛰어넘어 너를 발탁하여 삼등 암바장긴으로 삼고 영구히 세습하게 하되, 만약 외국과 통모하거나 왕 · 버일러들을 해치려는 자가 있으면 곧 법으로 다스린다.」

增阿山敕辭曰, 克皮島時, 爾率左翼船, 繼薩穆什喀所統前隊護軍十船而進. 齊列挨牌, 敵兵列堡上拒戰, 爾攻克之, 取其島. 用是由三等昂邦章京超擢爾爲一等昂邦章京, 世襲罔替, 若有與外國通謀及謀害王 · 貝勒者, 仍治以罪. 增葉臣敕辭, 與阿山同.

아산에게 칙서를 더해 내렸다. 「피도를 함락할 때 너는 좌익의 배를 이끌고 삼시카가 통솔하는 전대(前隊)의 호군의 배 10척을 이어서 진격했다. 방패를 정렬하고 적병이 보(堡) 위에 늘어서서 맞서 싸우는 것을 너는 격퇴하고 그 섬을 취했다. 이에 삼등 암바장긴인 너를 등급을 뛰어넘어 발탁하여 일등 암바장긴으로 삼고 영구히 세습하게 하되, 만약 외국과 통모하거나 왕 · 버일러들을 해치려는 자가 있으면 곧 법으로 다스린다.」

여천에게 칙서를 더해 내린 말은 아산과 같다.

增麻克圖敕辭曰, 爾麻克圖, 隨武英郡王, 征燕京時, 在邊外率護軍擊敗傅柄步兵, 與固山額眞取東安縣, 出邊時, 率護軍 · 騎兵, 從後掩襲敗敵百騎. 克皮島時, 繼鰲拜 · 準塔船, 第二隊渡海, 敵兵列堡上拒戰, 爾同衆攻克之, 取其島. 用是由牛彔章京陞爾爲三等甲喇章京, 加世襲二次, 准再襲三次.

막투(maktu, 瘷克圖)에게 칙서를 더해 내렸다. 「너 막투는 무영군왕을 따라서 연경(燕京)을 정벌할 때 변경 밖에 있으면서 호군을 이끌고 전병보병(傳柄步兵)[1]을 격파했고 구사어전과 함께 동안현(東安縣)을 취했다. 변경을 나갔을 때 호군과 기병(騎兵)을 이끌고 뒤로부터 기습하여 적 100기(騎)를 격파했다. 피도를 함락할 때 오보이 · 준타의 배에 이어서 두 번째 부대로 바다를 건너 보(堡) 위에 늘어선 적병이 맞서 싸우는 것을 너는 무리와 함께 격퇴하고 섬을 취했다. 이에 니루장긴인 너를 승진시켜 삼등 잘란장긴으로 삼고, 2번 습직을 더하여 3번 습직을 허락한다.」

給鍾金敕命曰, 爾鍾金原管護軍參領事. 征燕京時, 敵兵營於北門, 爾率本甲喇兵先衆衝入. 又與超品公楊古利, 攻入錦州步兵營. 隨武英郡王征燕京時, 順義縣兵迎戰. 爾率本甲喇護軍攻入, 擒一守備, 又率衆步戰, 敗盧溝橋步兵. 克皮島時, 繼鰲拜 · 準塔船, 第二隊渡海, 敵兵列堡上拒戰, 爾同衆攻克之, 取其島. 用是授爾爲牛彔章京, 准襲二次.

중긴에게 준 칙명에서 말했다. 「너 중긴은 원래 호군참령의 일을 관할했다. 연경(燕京)을 정벌할 때 북문에 있는 적의 병영을 향해 너는 본 잘란의 군병을 이끌고 무리에 앞서 공격해 들어갔다. 또 초품공(超

---

1 만문본 『청태종실록』에 cuwan bing ni yafahan cooha로 기록되어 있다.

品公) 양구리와 함께 금주(錦州)의 보병 군영에 공격해 들어갔다. 무영군왕을 따라서 연경(燕京)을 정벌할 때 맞서 싸우는 순의현(順義縣)의 군병을 향해 너는 본 잘란의 호군을 이끌고 공격해 들어가서 수비(守備) 1명을 사로잡았다. 또 무리를 이끌고 보전(步戰)을 벌여 노구교(盧溝橋)의 보병을 격퇴시켰다. 피도를 함락할 때 오보이 · 준타의 배에 이어 두 번째 부대로 바다를 건너가 보(堡) 위에 늘어서 맞서 싸우는 적병을 향해 너는 무리와 함께 공격하여 격파하고 그 섬을 취했다. 이에 너에게 니루장긴을 제수하고 2번 습직을 허락한다.」

給多爾津敕命曰, 爾多爾津原係護軍校. 略奉集堡時, 與達音布殺哨卒四人, 又共逐敵衆殺之. 取廣寧時, 與阿山哨探, 敗蒙古步兵三十人. 克札魯特部落時, 追殺敗逃蒙古. 圍錦州未下時, 先攻入寧遠兵營. 克大凌河時, 與布顏圖徒步先攻敗臺下敵兵. 征大同時, 爾出哨遇敵二十人, 殺其一. 收服察哈爾國時, 於長城內, 同圖爾格殺敗敵兵, 生擒一人. 出邊日, 同圖爾格擊敗敵兵, 擁入城壕內, 殺傷甚衆. 我軍出邊後, 有山陽兵望見逃入城內, 爾追襲殺之, 紀錄一次. 後克皮島時, 繼鍾金 · 麻克圖船, 第三隊渡海, 敵兵列堡上拒戰, 爾攻克之, 取其島. 合前紀錄, 授爾爲牛彔章京, 准襲二次.

도르진에게 준 칙명에서 말했다. 「너 도르진은 원래 호군교(護軍校)였다. 봉집보(奉集堡)를 공략할 때 다임부(daimbu, 達音布)와 함께 초졸(哨卒) 4명을 죽였고, 함께 쫓아가서 죽인 적병도 많았다. 광녕(廣寧)을 취했을 때 아산과 함께 초탐하여 몽고의 보병 30명을 패퇴시켰다. 자루트 부락을 공격할 때 도망친 몽고인들을 쫓아가서 격파했다. 금주(錦州)를 포위했지만 함락하지 못하고 있을 때 먼저 영원(寧遠)의 병영(兵營)을 공격해 들어갔다. 대릉하(大凌河)를 공격할 때 부얀투와 함께 걸어가서 대(臺) 아래의 적병을 먼저 공격하여 패퇴시켰다. 대동(大同)을 정벌할 때 너는 초탐하러 나갔다가 적 20명과 마주쳐 그중 1명을 죽였다. 차하르국을 거두어 복속시킬 때 장성(長城) 안에서 투르거이와 함께 적병을 격파하고 1명을 사로잡았다. 변경을 나가던 날 투르거이와 함께 적병을 격파하여 성의 해자 안에 몰아넣고 많이 죽였다. 아군이 변경을 나간 뒤에 산양(山陽)의 병사가 성 안으로 도망쳐 들어가는 것을 보고 네가 쫓아가 죽여서 기록(紀錄) 1차를 받았다. 후에 피도를 함락할 때, 중긴(junggin, 鍾金)·막투(maktu, 麻克圖)의 배에 이어 세 번째 부대로 바다를 건너가 보(堡) 위에 늘어선 적병이 맞서 싸우는 것을 격파하고 그 섬을 취했다. 이전의 기록(紀錄)을 합쳐서 너에게 니루장긴을 제수하고 2번 습직을 허락한다.」

給秉圖敕命曰, 爾秉圖原管護軍參領事. 克皮島時, 爾同前隊護軍十船渡海, 敵兵列於堡上, 爾進戰陣亡. 茲贈爾爲牛彔章京, 以爾弟畢禮克圖襲職, 准再襲二次.

빙투에게 준 칙명에서 말했다. 「너 빙투는 원래 호군참령의 일을 관할했다. 피도를 함락할 때 너는 전대(前隊)의 호군과 함께 10척의 배를 타고 바다를 건너가서 보(堡) 위에 늘어선 적병과 싸우다가 전사했다. 이에 너를 니루장긴으로 추증하고 너의 동생 빌릭투에게 습직시키고 2번 습직을 허락한다.」

給扈習敕命曰, 爾扈習原係白身. 克旅順口時有功, 平定朝鮮時, 兵部貝勒擊敵兵, 爾率甲喇護軍敗之. 克皮島時, 爾在前鋒護軍船內渡海, 敵兵列於堡上, 進戰陣亡. 茲贈爾爲牛彔章京, 以爾子扈札祿襲職, 准再襲二次.

후시에게 준 칙명에서 말했다. 「너 후시는 원래 백신(白身)이었다. 여순구(旅順口)를 함락할 때 공이 있었고 조선을 평정할 때 병부 버일러가 적병을 공격하자 너는 잘란 호군을 이끌고 격퇴했다. 피도를 함락할 때 너는 전봉호군의 배를 타고 바다를 건너가서 보(堡) 위에 늘어선 적병과 싸우다가 전사했다. 이에 너를 니루장긴으로 추증하고 너의 아들 후잘루(hūjalu, 扈札祿)에게 습직시키고 2번 습직을 허락한다.」

○ 庚午, 蒙古衙門承政塔布囊達雅齊有罪, 解任以塞冷代之.

○ 경오일(7.4), 몽고아문승정(蒙古衙門承政) 타부낭 다야치(dayaci, 達雅齊)에게 죄가 있어 해임하고 서렁으로 대신했다.

○ 辛未, 賈劉 · 金遠名, 自獐子島來歸.

○ 신미일(7.5), 가유(賈瀏) · 김원명(金遠名)이 장자도(獐子島)에서 귀부해 왔다.

○ 是日, 上御崇政殿, 攻克皮島受賞各官謝恩. 上命諸王 · 貝勒 · 貝子 · 文武群臣近前, 復令户部叅政恩克前跪諭曰, 此番克王京時, 曾諭城內糧米, 毋得餧養馬匹, 禮親王竟違令私餧, 只圖便己. 且凡事越分妄行. 向來各旗挑選護衛之數, 或多或少, 未有定制. 是以牛彔中才能者, 諸王·貝勒俱選爲護衛. 如此則從軍者何人, 本牛彔應役者何人, 牛彔人數缺少, 事何由辦. 故朕酌定額數, 令每一牛彔下派執事四人, 每一旗下選護衛二十員. 今禮親王於額外多選護衛十二員, 國家公事, 竟置之不顧. 乃反向恩克云, 上之所選, 溢於二十名之額, 以此藉爲抵塞. 試査兩黃旗冊內, 朕曾有多選侍衛之事耶.

○ 그날, 주상이 숭정전(崇政殿)에 드니, 피도를 함락시키고 상을 받은 관원들이 사은했다. 주상이 여러 왕·버일러·버이서·문무 신하들을 가까이 오게 하고 다시 호부참정 엉커(engke, 恩克)에게 앞에 무릎 꿇게 하고 유시했다. "이번에 왕경(王京)을 함락했을 때, 성 안의 군량미를 말에게 먹이지 말라고 유시했는데, 예친왕(禮親王)이 끝내 명령을 어기고 함부로 먹여서 자신만 편하고자 했고, 또 모든 일에 있어 직분을 어기고 망령되이 행동했다. 이전에 각 기(旗)가 선발하는 호위(護衛)의 수는 많기도 하고 적기도 하여 정해진 제도가 없었다. 이 때문에 니루에서 재능이 있는 자를 여러 왕과 버일러들이 모두 뽑아서 호위로 삼았다. 이렇게 하면 어떤 사람이 종군하고, 어떤 사람이 본 니루에서 역(役)에 응하겠는가. 니루에 사람이 부족하면 어떻게 일을 처리하겠는가. 이에 짐은 적절히 액수를 정하여 니루마다 집사(執事) 4명을 파견하고, 기(旗)마다 호위 20명을 선발하게 했다. 지금 예친왕(禮親王)이 정원 외에 호위를 12명이나 더 선발하여 국가의 공적인 일을 버려두고 끝내 돌아보지 않았다. 그리고 도리어 엉커에게 말하기를, '주상은 20명 정원보다 더 많이 선발했다.'라고 하면서 이를 구실로 삼아 둘러댔다. 시험 삼아서 두 황기의 책(冊)을 조사해 보았지만 짐이 일찍이 시위(侍衛)를 많이 뽑은 일이 있었는가?"

遂命左右侍衛四十員, 皆立於前, 指諭恩克曰, 朕侍衛四十員, 乃太祖在時免役者, 或叔伯兄弟之子, 或蒙古貝子之子, 或官員之子, 或朕包衣之子, 皆非應役之人, 其應役者, 並未選及也. 爾等試爲查閱不惟無餘, 尚未足額, 爾等皆見之否, 溢額之說, 寧非虛誑耶. 朕爲一國之主, 黜陟予奪悉秉至公, 夫何所畏. 但彼無端疑朕, 故明切曉諭, 令爾等共見共聞之. 恩克可交部議罪.

마침내 좌우의 시위(侍衛) 40명에게 명하여 모두 앞에 서게 하고 엉커를 가리키며 유시했다. "짐의 시위(侍衛) 40명은 곧 태조께서 계실 때 역(役)이 면제된 자이거나 숙부·백부·형제의 아들이거나, 몽고 버이서의 아들이거나, 관원의 자식이거나 혹은 짐의 보오이(booi, 包衣)의 아들로 모두 역(役)에 응하지 않는 사람이다. 역(役)에 응해야 할 자는 모두 선발하지 않았다. 너희가 사열해 보면, 정원보다 많지 않을 뿐 아니라 오히려 정원을 채우지 못했음을 모두 보지 않았는가. 액수가 지나치게 많다는 말이 어찌 허망하고 광패하지 않은가. 짐이 한 나라의 주인으로, 승진과 강등, 상과 벌을 모두 쥐고 지극히 공정하게 하니 무슨 두려운 것이 있겠는가. 다만 그가 까닭 없이 짐을 의심하므로 분명하고 간절하게 효유하여 너희에게 함께 보고 듣게 한 것이다. 엉커는 부(部)에 안건을 주고 죄를 의논하게 하라."

復諭諸王·貝勒·貝子曰, 前以朝鮮既平, 避痘先歸, 不嘗向爾等言, 此番師行, 最無紀律乎. 既而果以失律, 致損傷甚衆. 朕以軍事付爾等統轄. 乃不嚴加約束, 申明號令, 以至亂行被衄. 曾見向日行兵, 有此等事乎. 此朕特嚴失律之條, 以圖善後之計也. 又念疆宇褊小, 宜圖式廓以奠民居, 故築都爾鼻城. 又以太祖時, 超品公額駙楊古利·

宗室巴都禮等舊人現在無幾. 故於和碩禮親王極加敬愛. 乃竟不仰體朕意, 事多錯謬. 前因出避痘疹, 託語開邊, 往都爾鼻城一帶田獵, 相視地方. 比還時, 見圍場間斷, 令希爾艮·滕起取斷圍者之箭. 希爾艮·滕起徇情不取, 朕怒鞭之. 後集斷圍諸人諭之曰, 凡田獵·出師, 無論子姪官員, 不可亂行. 亂行者罰無赦. 朕因策馬入營. 乃多羅貝勒岳託, 於禮親王前謂, 巴布賴曰, 爾可以鞭與父責瓦克達, 禮親王默然不言, 鞭瓦克達三次, 其弟馬瞻哭之. 於是, 禮親王由泥淖中徒步回營, 此當時情事也. 夫朕原未令責瓦克達, 禮親王怒其亂行, 而痛責之, 若仍乘馬而還, 則是責以義也. 今於泥淖中徒步而往, 豈非有不悅國法之意, 而生嗔怒乎. 朕即位以來, 以兄故, 朝賀時免其行禮. 一日來見, 朕自牽其馬, 自攜坐褥. 夫一旗所屬, 豈無衛從之人. 何所迫而爲此, 是豈彼之敬朕耶. 抑其中有不快而然耶. 夫所行不義, 雖盡恭致敬, 朕亦不喜. 必須正身行義, 優禮僚友, 撫育降人, 善治器械, 以相輔佐, 朕始嘉賴焉.

다시 여러 왕·버일러·버이서에게 유시했다. "전에 조선을 평정하고 천연두를 피해 먼저 돌아와서 너희에게 이번 정벌은 가장 기율이 없었다고 말하지 않았는가? 과연 기율을 잃었을 뿐만 아니라 다치고 죽은 자가 매우 많았다. 짐은 군대의 일을 너희에게 맡겨서 통할하게 했는데, 통제를 엄격하게 하지 않고 호령을 분명히 펴지 않고 매우 어지럽게 행동하여 피해를 입었다. 예전에 정벌할 때 이러한 일을 본 적이 있었는가? 이렇게 짐이 실률(失律) 조항에 특히 엄한 것은 뒷일을 잘 도모하기 위함이다. 또 강역이 좁고 작은 것을 생각하여 마땅한 규모를 그려보고 백성들을 살 만하게 하고자 두르비(durbi, 都爾鼻) 성을 축조했다. 또 태조 때의 초품공(超品公) 어푸 양구리·종실 바두리 등 옛사람으로 지금까지 있는 사람이 얼마 되지 않으므로 호쇼이 예친왕(禮親王)을 극진하게 더욱 경애했다. 그런데 끝내 짐의 뜻을 우러러 따르지 않고 잘못한 일이 많았다. 전에 천연두를 피하러 나가서, 변경을 개척한다는 구실로 두르비 성 일대에 가서 사냥하면서 지방을 살폈다. 돌아올 때 포위열의 중간이 끊어져 있는 것을 보고 히르건(hirgen, 希爾艮)과 텅키(tengki, 滕起)에게 포위열을 끊은 자의 화살을 가져오게 했는데, 히르건과 텅키가 사사로운 정에 치우쳐 가져오지 않았기에 짐이 노하여 채찍으로 때렸다. 나중에 포위열을 끊은 사람들을 모아 놓고 유시했다. '사냥과 전쟁은 자식과 조카와 관원을 막론하고 함부로 행해서는 안 된다. 함부로 행하는 자는 벌을 주고 용서하지 않겠다.' 그리고 짐은 말을 채찍질하여 군영으로 들어왔다. 도로이 버일러 요토가 예친왕 앞에서 말했다. '바불라이가 당신은 아버지와 함께 채찍으로 왁다를 때려야 한다고 말했습니다.' 예친왕은 잠자코 말없이 왁다를 3차례 채찍으로 때렸고, 그의 동생 마잔이 통곡했다. 이후 예친왕이 진흙탕을 걸어서 군영에 돌아갔으니 이것이 당시의 사정이다. 짐은 원래 왁다를 때리려고 하지 않았다. 예친왕이 왁다의 망령된 행동에 노하여 아프게 때린 것이다. 만약 그대로 말을 타고 돌아갔다면 때린 것이 의로운 것이다. 지금 진흙탕을 걸어서 갔으니 어찌 국법을 싫어하는 마음이 있어서 화를 낸 것이 아니겠는가. 짐은 즉위한 이래 그가 형이라는 이유로 조하(朝賀)할 때 행례(行禮)를 면해 주었다. 하루는 그가 왔기에 짐이 직접 그 말을 끌고 방석을 가져왔으니, 한 기(旗) 안에 수행하는 사람이 없었겠는가. 무엇에 쫓겨 이렇게 행동하는가. 이것이 어찌 그가 짐을 공경하는 것인가. 아니면 마음이 불쾌하여 그러했는가. 행하는 바가 의롭지 않으면 비록 지극히 공경해도 짐은 또한 기쁘지 않다. 반드시 몸을 바르게 하여 의를 행하고, 동료와 벗을 예로 우대하고, 항복한 사람을 어루만져 기르고, 무기를 잘 정돈함으로써 서로 보좌해야 짐이 비로소 기쁘게 의지할 것이다."

復諭馬瞻曰, 責瓦克達者, 乃爾父非他人也. 爾哭何爲. 瓦克達違令妄行, 當爾父懲責時, 爾應繼加警誡, 策勵其後, 何反哭之耶. 原爾之意, 不過從旁懷忿, 欲以激爾父之怒耳. 爾以稱子當行獵·出師時, 不思奮力向前, 反激怒爾父以壞國法, 果何故也.

다시 마잔에게 유시했다. "왁다를 때린 것은 너의 아버지이고 다른 사람이 아닌데 너는 왜 통곡했느냐. 왁다는 명령을 어기고 망령되이 행동했다. 너의 아버지가 꾸짖고 때렸을 때 너는 더욱 경계하고 훗날을 독려해야 했건만, 어찌 도리어 통곡을 했느냐. 원래 너의 뜻은 곁에서 분한 마음을 가지고 너의 아버지의 화를 돋우고자 할 뿐이었다. 너는 자식으로서 사냥하고 전쟁할 때 힘껏 앞으로 나갈 생각을 하지 않고 도리어 아버지의 분노를 돋우어 국법을 무너뜨렸으니 과연 무슨 까닭으로 그러한 것인가."

又諭曰, 朕思太祖諸臣, 功勳赫著者, 曾有幾人, 今皆盡矣. 止有兄在, 而朕不致敬, 將來悔之何及. 是以專意加禮. 況朕蒙天佑諸物具備, 服食騎乘充裕罔缺, 兄若邀求恩澤, 直言以告, 朕豈有吝焉. 誠能如此, 方合朕意. 不然陽爲恭謹, 陰懷異心, 豈朕之所望乎.

또 유시했다. "짐이 생각건대 태조의 여러 신하 가운데 공훈이 혁혁한 자가 몇 명 있었지만 지금은 모두 죽고 다만 형이 있을 뿐인데 짐이 공경하지 않으면 앞으로 얼마나 후회하겠는가. 그래서 마음을 다하여 예를 더하는 것이다. 하물며 짐은 하늘의 보우하심을 입어 여러 물건을 갖추었고 의복과 음식, 탈것이 넉넉하여 부족함이 없으니 형이 만약 은택을 요구하여 직언으로 고하면 짐이 무엇을 아끼겠는가. 진실로 이와 같으면 짐의 뜻에 부합한다. 그러지 않고 겉으로 공손히 삼가면서 뒤에서는 다른 마음을 품는 것이 어찌 짐이 바라는 바이겠는가?"

又諭曰, 富厚之人, 不乘良馬. 不服美衣, 不食佳饌, 不畜僕從, 自謂以此獲福, 可享千年. 然人豈有不合於理, 而能長久安享者乎. 治國譬如搆屋. 若苟簡從事, 則未久而圮. 惟築地堅固, 疊石爲基, 經營搆造, 方堪久遠. 朕觀自古至今, 懈於治國者國必敗, 勤於治國者國恒存. 明初規模詳備, 數傳而後, 雖兵馬屢挫, 城池屢失, 而國勢屹然未傾. 蒙古察哈爾國, 不理國政, 其亡也忽焉. 朕用是思維, 一則欲纘太祖之緖, 丕振弘模, 一則欲承天命之庥, 永垂燕翼, 故立法懲衆, 不辭煩切, 非有所希覬而然也. 凡朕飮食服御之物, 無所不足, 豈尙爲匱乏而好勞耶. 蓋盡心以圖治耳. 諭畢, 還淸寧宮.

또 유시했다. "부유한 사람이 좋은 말을 타지 않고 아름다운 옷을 입지 않으며 좋은 음식을 먹지 않고 종복을 늘리지 않으면서 스스로 이것이 행복한 것이라 이른다면 천년을 누릴 수 있을 것이다. 어찌 사람이 이치에 합당하지 않으면서 오래도록 평안함을 누릴 수 있겠는가. 나라를 다스림은 비유하자면 집을 짓는 것과 같다. 소홀하게 되는 대로 지으면 오래지 않아 무너질 것이다. 땅을 견고하게 다지고 돌을 쌓아 기초로 삼고 계획대로 지어야 오래 버틸 수 있다. 짐이 예부터 지금까지를 살펴보건대, 다스림에 게으르면 나라가 반드시 패망했고, 다스림에 부지런하면 나라가 오래 보존되었다. 명나라는 초기에 규범을 상세히 갖추고 여러 세대를 전해왔기에 비록 군대는 누차 패하고 성지를 누차 잃었지만 국세는 우뚝 서서 무너지지 않았다. 몽고 차하르국은 국정을 다스리지 못했으므로 순식간에 멸망했다. 짐은 이를 생각하여 한편으로는 태조의 정통을 이어 넓은 법도를 크게 떨치고,

한편으로는 천명의 보호함을 계승하여 영구히 자손을 편안하게 하고자 한다. 그러므로 법도를 세워 무리를 징계하고 번거로움을 사양하지 않는 것은 내가 물건을 바라기 때문이 아니다. 짐은 마시고 먹고 입고 탈 물건이 부족하지 않으니 어찌 부족하다고 여겨 수고를 즐기겠는가. 마음을 다하여 다스림을 도모할 뿐이다." 유시한 후 청녕궁에 돌아왔다.

○ 蒲河橋成, 建碑, 賜名永濟橋.

○ 포하(蒲河)의 다리가 완성되자 비석을 세우고 영제교(永濟橋)라는 이름을 내렸다.

○ 是日, 遣前鋒章京吳拜·努山·胡密嗇·鄂碩·沙爾虎達·蘇爾德·阿爾布尼·喀札海, 率護軍校八員·護軍一百名, 往歸化城. 諭之曰, 爾等此去, 可於特墨土地方駐劄, 前丹岱等往土默特貿易, 如未至特墨土地方, 爾等遇之, 可即往察希爾土地方探視, 若不相遇, 且於特墨土屯駐, 令固魯古德, 同八人遥進探視, 候丹岱等及後去之. 阿爾津等事畢乃還. 儻丹岱等未能即還, 則與之約定歸期, 不必相候. 如丹岱等十日以内可還, 則候之同歸. 恐明人中路邀截, 宜嚴加防備.

○ 그날, 전봉장긴(前鋒章京) 우바이·누산(nusan, 努山)·후미서(hūmise, 胡密嗇)·오쇼(ošo, 鄂碩)·샤르후다·술더이(suldei, 蘇爾德)·아르부니(arbuni, 阿爾布尼)·카자가이(kajagai, 喀札海)를 파견하여 호군교 8명, 호군 100명을 이끌고 귀화성(歸化城)에 가게 했다. 그

들에게 유시했다. "너희는 이번에 가서 투메트 지방에 주둔하고 단다이(dandai, 丹岱) 등을 투메트로 보내어 무역하게 하라. 만약 투메트 지방에 도착하기 전에 너희가 단다이를 만나면 너희는 차힐투(cahiltu, 察希爾土) 지방에 가서 정탐하고, 만약 만나지 못하면 투메트에서 주둔하면서 굴루구더(gulugude, 固魯古德)가 8명과 함께 지름길로 가서 정탐하고 단다이 등이 오기를 기다렸다가 가라. 아르진 등이 일을 마치고 돌아왔는데 단다이 등이 바로 돌아오지 못하면 함께 돌아올 기한을 약속하여 정하고 반드시 기다릴 필요는 없다. 만약 단다이 등이 10일 안에 돌아올 수 있다면 기다렸다가 함께 돌아와라. 명나라 사람들이 중간에서 가로막을까 우려되니 더욱 엄하게 방비해야 한다."

○ 癸酉, 賜朝鮮陪臣辛奇榮等, 貂皮 · 銀兩等物有差.

○ 계유일(7.7), 조선의 배신(陪臣) 신기영(辛奇榮; 辛啓榮)[2] 등에게 담비가죽과 은량(銀兩) 등의 물건을 차등 있게 내렸다.

○ 是日, 議戶部參政恩克. 瞻徇本旗禮親王, 將另選十二護衛之, 二十九壯丁, 擅免徭役, 罪一. 既私免徭役, 又詭稱承政英俄爾岱, 及諸參政, 皆知, 罪二. 又疑參政孫塔, 私更案冊, 罪三. 又疑兩黃旗, 亦多報壯丁, 私免徭役, 陳告兵部, 查訊所告, 俱誣, 罪四. 先稱承政英俄爾岱, 及諸參政皆知時, 未供達陽阿 · 鍾古之名, 後潛問達陽阿, 復巧供, 此二人皆知, 罪五. 又阿爾海牛彔下幼丁十一口, 係覺羅, 應免

2 辛奇榮은 贖還使로 파견된 辛啓榮을 가리킨다.

二丁, 乃多免十一丁, 罪六. 恩克應論死, 籍家產, 從之.

○ 이날 호부참정 엉커이의 죄를 논했다. "본 기(旗)의 예친왕(禮親王)에게 사정을 봐주어 호위(護衛) 12명을 별도로 선발하여 장정 29명의 요역을 멋대로 면하게 했으니 첫째 죄입니다. 사사로이 요역을 면해 주고 또한 승정 잉굴다이와 참정들이 모두 아는 사실이라고 거짓말했으니 둘째 죄입니다. 또한 참정 순타(sunta, 孫塔)가 사사로이 안책(案冊)을 고쳤다고 의심했으니 셋째 죄입니다. 또한 두 황기에서 또 장정들이 더 많이 보고해 사사로이 요역을 면제받았다고 의심하여 병부에 보고했으나 고한 바를 조사하니 모두 거짓이었으니 넷째 죄입니다. 먼저 승정 잉굴다이와 참정들이 모두 안다고 거짓말했을 때, 다양가(dayangga, 達陽阿)와 중구(junggu, 鍾古)의 이름은 진술하지 않았는데 후에 다양가에게 몰래 물어보니 이 두 사람이 알고 있었다고 다시 고쳐 진술했으니 다섯째 죄입니다. 또한 아르하이(arhai, 阿爾海) 니루 속하 어린아이 11명은 기오로에 속해 있어서 2정(丁)만을 면해야 하는데 많게는 11정(丁)을 면해 주었으니, 여섯째 죄입니다. 엉커이는 사형죄로 논하고 가산을 적몰해야 합니다." 이를 따랐다.

○ 甲戌, 亥刻, 漏下二鼓, 皇第八子生, 關雎宮宸妃出也.

○ 갑술일(7.8), 해시, 늦은 밤 2고(鼓)에[3] 황제의 여덟째 아들이 태어났다.[4] 관저궁신비(關雎宮宸妃)[5]가 낳았다.

---

3 오후 9시-11시.

4 홍타이지의 여덟째 아들은 다음해 요절했고 이름은 전하지 않는다.

○ 乙亥, 丑刻, 漏下四鼓, 上夢在太祖前, 與和碩禮親王代善, 同處一室, 向北坐. 仰觀見天, 諦視之, 祥雲絢爛, 稠疊三層, 雲之上復見青天. 上思天甚高遠, 何以見之, 如此分明. 代善奏曰, 奇哉. 麟趾宮貴妃養女淑濟告我曰, 有火自天降入宮中, 殊爲美觀. 我等幼稺初見驚訝, 後亦無恐. 奏未竟, 而上寤. 翼旦, 召文臣至, 以夢告之. 對曰, 天位乎上, 雲物從之, 此非常之貴徵也.

○ 을해일(7.9), 축시 4고(四鼓)에[6] 주상이 꿈에서 태조 앞에 호쇼이 예친왕(禮親王) 다이샨과 함께 같은 곳에서 북쪽을 바라보며 앉아 있었다. 하늘을 우러러보니 상서로운 구름이 현란하게 차곡차곡 3층으로 쌓여 있었으며 구름의 위로 다시 푸른 하늘이 보였다. 주상은 하늘이 매우 높고 먼데 어떻게 분명하게 보이는지를 생각했다. 다이샨이 아뢰었다. "기묘한 일입니다. 인지궁귀비(麟趾宮貴妃)의 양녀 수지(suji, 淑濟)가 저에게 말하기를, '불이 하늘에서 떨어져 궁 안으로 들어가니 매우 아름다운 장관입니다. 우리는 어릴 때 처음으로 경이로운 것을 보았으니 나중에도 놀라지 않습니다.'라고 했습니다." 아뢰기가 끝나기 전에 주상이 잠에서 깨어났다. 다음날 아침에 문신들을 소집하여 꿈을 이야기하니 대답하여 말했다. "하늘이 위에 있고 구름은 그를 따르니 이는 매우 귀한 징조입니다."

---

5 宸妃: 1609-1641. 이름은 하이란주(hairanju). 몽고 이름은 하르졸(harjol). 부친은 몽고 코르친 좌익의 타이지인 자이상, 모친은 청에서 아지거 마마(ajige mama, 次妃)라고 불린 보리(?-1654). 관저궁(關雎宮)에 거주했기 때문에 1636년에 동관저궁신비(東關雎宮宸妃, dergi hūwaliyasun doronggo booi hanciki amba fujin)에 봉해졌고, 사망한 후에 민혜공화원비(敏惠恭和元妃)에 추증되었다.

6 오전 1시-3시.

○ 戊寅, 以柰曼部落達爾漢郡王衮出斯巴圖魯子額駙巴達理同公主歸國, 召進清寧宮, 賜宴. 仍賜朝服·綵緞·雕鞍馬匹·金銀器皿等物.

○ 무인일(7.12), 나이만 부락의 다르한 군왕 군추스 바투루의 아들 어푸 바다리(badari, 巴達理)가 공주와 함께 귀국했다. 청녕궁으로 불러 잔치를 베풀고, 조복(朝服)·채단(綵緞)·조각한 안장을 갖춘 말·금은 용기 등의 물품을 하사했다.

○ 辛巳, 中元節, 上詣太廟, 致祭行禮, 遣官祭福陵.

○ 신사일(7.15), 중원절(中元節)에 주상은 태묘(太廟)에 가서 제사를 지내고 예를 행하였고, 관원을 보내 복릉(福陵)에 제사를 지냈다.

○ 是日, 智順王尚可喜往征明皮島凱旋, 朝見.

○ 이날 지순왕 상가희가 명나라의 피도를 정복하고 개선하여 알현했다.

○ 諭諸漢官曰, 朕於爾等新附各官, 與舊臣一體撫育, 更或優於舊臣, 俱免徭役. 今舊臣中, 有如爾等之徭役獲免者乎. 若以功論, 諸舊臣隨朕多年, 身經百戰. 攻城則克, 遇敵則勝, 用能大造我國. 以有今日, 是舊臣之宣力實多. 至於爾等漢官, 或乘時歸順, 或窮迫來降, 更有陣獲而養之者. 何嘗攻城陷陣, 身攖矢石, 志捐踵頂, 效死力戰乎. 以舊臣之功, 較之爾等, 彼此懸殊, 無俟朕言. 然而朕待爾等, 曾不減於舊臣. 昔年爾諸臣中, 有與明國往來行諜, 背叛逃亡者, 事泄被誅. 父母兄弟妻子離散. 又管轄爾等者, 強取財物, 爾等如在水火之中, 若無容身之地. 自朕嗣位以來, 爾等諸臣, 有先與明交通者, 朕知其罪而赦之, 其無故誅求者, 復行禁止, 別立旗分. 予以生全, 出諸塗炭, 愛養有加, 今爾等已富貴矣. 乃不知感戴朕恩, 仰酬撫育. 以效力疆埸, 約束士卒, 凡遇滿洲官兵, 致死前戰, 爾等視同陌路, 不相救援, 尚得爲有人心者乎. 前牛彔章京張成德, 曾獲敵船二隻, 俘三十八人. 爾等雖不能奮前力戰, 若能如張成德之俘獲敵船, 猶爲有益. 此時不肯竭力, 不圖報効, 更何以爲竭力報効之地哉. 爾等但以空言欺飾, 如所云勿殺人, 勿掠民, 勿劫奪財物, 當行仁義, 我爲國家分憂也, 我爲朝廷効力也. 如此陳奏者頗多. 及行師之際, 經朕誥誡再三, 爾等輒違朕訓, 反身先倡率, 徇縱士卒, 擄奪殃民, 亂法滋甚, 則爾等之欺詐虛僞, 不可信任, 朕已洞燭之矣. 夫鷹犬無知之物, 畜養日久, 尚收其益, 爾等人也, 虛縻廩祿, 毫無報效, 曾鷹犬之不若耶.

○ 여러 한인 관리들에게 유시했다. “짐이 너희 새로 귀부한 관원들을 옛 신하들과 똑같이 위무했고, 오히려 옛 신하보다도 우대하여 모두 요역을 면제해 주었다. 지금 옛 신하 중에서 너희처럼 요역을 면제받은 자가 있느냐? 만약 공을 논한다면 옛 신하들은 짐을 여러 해 따르며 몸소 많은 전투를 겪었다. 그들이 성을 공격하면 함락시켰고 적을 만나면 이겼기에 우리나라를 크게 만들 수 있었다. 오늘이 있음은 옛 신하들의 노력이 실로 많았기 때문이다. 너희 한인 관리들은 혹 기회를 노려 귀순한 자도 있고 혹 상황에 쫓겨 어쩔 수 없이 투항한 자도 있으며 전장에서 생포되었으나 살려 준 자도 있다. 너희가 성을 공격

해 진을 함락시키며 몸으로 화살과 돌팔매를 맞고 마음을 바쳐 몸을 아끼지 않고 죽음을 무릅쓰며 힘써 전투한 적이 있느냐? 옛 신하들의 공적을 너희와 비교하면 현격하게 달라 짐이 말할 것도 없다. 그러나 짐은 너희를 대할 때 옛 신하들보다 부족하지 않게 했다. 여러 해 전 너희 신하들 가운데 명나라와 왕래하며 염탐을 하다가 배반하여 도망치려는 자가 있었으나 일이 새어 나가서 주살되었고 부모·형제·처자가 흩어졌다. 또한 너희를 관할하는 자는 강제로 재물을 빼앗았으니, 너희는 물불 속에 있는 것처럼 몸을 둘 곳이 없었다. 짐이 즉위한 이래로 너희 신하들 중 앞서 명나라와 왕래한 자는 짐이 그 죄를 알았으나 용서했고 이유 없이 재물을 빼앗은 자는 거듭 금지시켰고, 별도로 기분(旗分)을 세워 주었다. 내가 모두를 살리고 도탄에서 건졌으며 더욱 사랑하여 보살폈기에 지금 너희가 부귀해진 것이다. 그런데 도리어 짐의 은혜를 감사히 여기거나 보살펴 줌을 우러러 보답하거나 전장에서 힘을 다하여 사졸(士卒)을 통제할 줄 모른다.

만주 관병이 전선에서 목숨을 다해 싸우는 것을 보고도 너희는 낯선 이를 보듯 하고 돕지 않았으니 사람의 마음을 가졌다고 할 수 있는가? 전(前) 니루장긴 장성덕(張成德)은 일찍이 적의 선박 2척을 획득하고 38명을 붙잡았다. 너희가 비록 분발하여 앞으로 나가 힘써 싸우지 못하더라도 장성덕이 적의 선박을 포획한 것처럼 할 수 있다면 그나마 도움이 된다. 지금 힘을 다하지 않고 은혜를 갚고자 도모하지 않으면 어떤 곳에서 힘을 다하고 은혜에 보답하겠는가? 너희는 단지 빈말을 거짓으로 꾸민다. 가령 말로는 '사람을 죽이지 말고, 백성을 약탈하지 말고, 재물을 탈취하지 말고, 인의(仁義)를 행해야 하고, 저는 국가를 위해 근심을 나누고, 저는 조정을 위해 노력합니다.'라고 상주하는 자가 많다. 전쟁에 나갈 때 짐이 여러 차례 경고했음에도 너희는 걸핏하면 짐의 가르침을 어기고 직접 앞장서서 사졸들을 이끌고 약탈하여 백성을 괴롭히고 법을 심하게 어지럽히니, 너희의 속임수와 거짓은 신임할 수 없다. 짐은 일찍이 이를 깊이 헤아려 알았다. 무릇 매와 개는 무지한 동물이지만 오랫동안 키우면 그 이익을 거두는데 너희는 사람이면서 늠록(廩祿)만 허비하여 보답한 게 털끝만큼도 없으니 심지어 매와 개만 못하다."

○ 壬午, 以關睢宮宸妃, 誕生皇子, 集文武群臣於篤恭殿, 頒詔大赦. 制曰, 自古以來, 人君有誕子之慶, 必頒大赦於國中, 此古帝王之隆規. 今蒙天眷, 關睢宮宸妃, 誕育皇嗣. 朕稽典禮, 欲使遐邇內外政教所及之地, 咸被恩澤. 除犯上, 焚毀宗廟·陵寢·宮殿, 叛逃, 殺人, 毒藥巫蠱, 盜祭天及御用器物, 毆祖父母·父母, 兄賣弟, 妻誣告夫內亂, 糾黨白晝劫人財物, 此十罪俱不赦外, 其餘逃亡, 遺失物件被人認出者, 令還原主, 免其罪. 互相借貸者, 照舊償還. 見在羈禁之人, 及一切註誤·小過·竊盜·隱匿等罪, 咸赦除之. 有以赦前事告者毋聽, 仍以所告之罪罪之. 已結案定罪, 贖鍰未完者, 照常追取. 雖經議罪, 而未定案者, 赦免, 赦後有犯者, 依律治罪.

○ 임오일(7.16), 관저궁신비(關睢宮宸妃)가 황자를 낳았으므로 독공전(篤恭殿)에서 문무 신하들을 모아 큰 사면을 반포했다. 제문(制文)에서 말했다. 「예로부터 임금에게 아들이 태어나는 경사가 있으면 반드시 나라에 큰 사면을 반포하니, 이는 옛 제왕들의 훌륭한 법이다. 지금 하늘의 도움을 입어 관저궁신비가 황제를 이을 후임자를 낳았다. 짐이 전례(典禮)를 살펴 멀든 가깝든 안이든 밖이든 정교(政敎)가 미치는 곳에 은택이 미치게 하고자 한다. 윗사람을 범한 경우, 종묘·능침·궁전을 불 지르고 훼손한 경우, 반역하여 도망간 경우, 사람을 죽인 경우, 독약을 쓰거나 저주한 경우, 하늘에 제사 지낼 때 쓰는 기물이나 임금이 쓰는 기물을 훔친 경우, 조부모·부모를 구타한 경우,

형이 동생을 팔고 아내가 남편을 무고하여 가족 질서를 어지럽히는 경우, 무리를 지어서 대낮에 사람을 겁박하여 재물을 빼앗은 경우의 사면 받지 못하는 10가지 중죄를 제외하고, 그 나머지 도망가거나 물건을 잃어버렸는데 사람들에게 발각된 경우 원래 주인에게 돌려주고 그 죄를 사면한다. 돈을 빌린 경우 원래와 같이 상환하도록 한다. 현재 구금되어 있는 사람과 또는 일체의 잘못된 행동, 작은 잘못, 절도·은닉 등의 죄에 이른 경우는 모두 사면한다. 사면하기 이전의 일을 고발하는 것은 허락하지 않고 고발한 죄로 처벌한다. 이미 사건이 종결되어 죄가 정해졌으나 벌금을 완납하지 못한 경우 상례에 따라 거두도록 한다. 비록 논의를 했으나 확정되지 않은 사건의 경우 사면하지만 사면 후 죄를 범하면 법률에 의거하여 처벌한다.」

○ 是日, 以臣服朝鮮, 攻克明國皮島, 諸王·貝勒·貝子, 率文武群臣, 上表行慶賀禮. 表曰, 恭惟皇帝陛下, 脩德行仁, 安內撫外, 睿算靡遺, 廟謨早定, 刻期進兵, 往征有罪. 師臨朝鮮, 圍南漢城, 以舟師渡海, 攻取江華島, 獲朝鮮國王李倧妻子·太監及其群臣家屬, 朝鮮八道將兵來援, 俱經擊敗. 李倧計盡力窮, 自南漢束身來降. 皇帝以德服爲上. 不殺爲功, 釋李倧之前愆, 還其妻子及其群臣家屬. 擴天地之量, 定君臣之分, 俾每歲納貢, 復以二子李溰·李淏, 及大臣之子爲質. 一月之內, 遂定朝鮮, 又以舟師攻克明國皮島. 斬總兵沈世奎, 金日觀等, 殲其軍, 偉烈鴻功, 古所未有. 是皆皇帝陛下廟謨睿算所致也. 行禮畢, 上令善射者較射, 能角觝者角觝. 謂李溰·李淏曰, 爾從人中有善射者, 能角觝者, 爾即舉出. 溰·淏隨舉, 三人較射·二人角觝. 於是, 備陳樂舞大宴. 申刻, 上還清寧宮.

○ 이날 조선을 신복(臣服)시키고 명나라 피도를 정벌했기에 여러

왕·버일러·버이서가 문무 신하들을 이끌고 표문을 올리며 경하례(慶賀禮)를 행하였다. 표문에서 말했다. 「삼가 생각건대 황제폐하께서는 덕을 닦아 인을 행하시고 안으로는 편안하게 하며 밖으로는 어루만지시니, 밝은 헤아림은 후세에 전해지며, 나라와 백성을 다스리는 방법을 일찍 정하여, 때에 맞게 병사를 보내 죄가 있는 곳을 가서 공격했습니다. 군대로 조선을 공격하여 남한산성을 포위했고 수군은 바다를 건너 강화도를 공격해 취했으며, 조선국왕 이종(李倧)의 처자·태감과 신하들의 가속을 획득했습니다. 조선 팔도 장병이 도우러 왔으나 모두 물리쳤습니다. 이종은 계략이 다하고 힘이 곤궁하여, 남한산성에서 스스로 내려왔습니다. 황제께서는 덕으로 복종시키는 것을 상책(上策)으로 삼고 죽이지 않음을 공적으로 삼아 이종의 지난 잘못을 용서하고 그 처자와 신하들의 가속을 돌려주었습니다. 천지의 헤아림을 넓히고 군신의 직분을 정했으며 매해 납공하게 하고 다시 두 아들 이왕(李溰)·이호(李淏) 및 대신의 아들을 인질로 삼았습니다. 한 달 안에 마침내 조선을 정복하고 또 수군으로 명나라 피도를 공격하고 점령하여 총병 심세규(沈世奎)·김일관(金日觀) 등을 베고 그 군대를 섬멸했으니, 이렇게 위대하고 큰 공적은 옛날에도 없었습니다. 이는 모두 황제폐하의 나라와 백성을 다스리는 방법 덕분입니다.」

예를 행한 후 주상은 활을 잘 쏘는 자에게 궁술을 겨루도록 했고 씨름할 수 있는 자에게 씨름하라고 명했다. 이왕(李溰)·이호(李淏)를 불러 말했다. "너희 종인(從人) 중 활을 잘 쏘는 자와 씨름할 수 있는 자가 있다면, 너희가 골라 선발하라." 이왕과 이호는 지시에 따라 활 쏘는 3명과 씨름하는 2명을 선발했다. 이에 음악과 가무를 갖추어 큰 연회를 베풀었다. 신시(申時)에 주상이 청녕궁으로 돌아왔다.

○ 癸未, 遣都察院承政國舅阿什達爾漢, 蒙古衙門承政塞冷 · 尼堪等, 往古爾班察干地方, 頒赦詔. 並會外藩蒙古科爾沁國親王 · 郡王 · 貝勒, 清理刑獄.

○ 계미일(7.17), 도찰원승정 국구(國舅) 아시다르한, 몽고아문승정 서렁 · 니칸 등을 보내 구르반 차간(gūrban cagan, 古爾班察干) 지방에 가서 사면하는 조서를 반포했다. 아울러 외번몽고 코르친국 친왕 · 군왕 · 버일러와 만나 형벌을 처리했다.

○ 是日, 敘平定朝鮮皮島功並從前行間勞績. 以陣亡超品公額駙楊古利子塔瞻, 三等甲喇章京, 特穆爾子查木素, 三等甲喇章京, 黃三保弟三約, 二分章京, 薩海子碩塞, 各襲職. 贈陣亡白身吳爾格爲牛彔章京, 以其子舜庫圖襲職. 管半個牛彔事朱山爲牛彔章京, 以其弟吳山襲職二分章京. 達蘭爲牛彔章京, 以其子達思桓襲職. 管護軍參領事席爾圖爲半個牛彔章京, 以其子郝善襲職. 管牛彔事阿克拜爲半個牛彔章京, 以其子喇嘛斯轄布襲職. 管牛彔事巴牙爾圖爲三等甲喇章京, 以其子巴哈廉襲職. 白身拜尹台柱爲半個牛彔章京, 以其子阿古蘭襲職. 加贈二分章京納密達半個前程, 以其弟和託襲職. 贈管牛彔事古山爲牛彔章京, 以其子傅達禮襲職. 加贈牛彔章京塞克什巴圖魯半個前程, 以其子僧米襲職. 贈護軍校張古台爲牛彔章京, 以其弟諾雷襲職. 陞牛彔章京佟克申爲三等甲喇章京. 三等甲喇章京吳納海爲二等甲喇章京. 一等甲喇章京國舅阿什達爾漢爲三等梅勒章京. 牛彔章京張成德爲三等甲喇章京. 起用革職色勒爲牛彔章京. 加牛彔章京碩詹半個前程.

○ 이날 조선과 피도를 평정한 공과 이전의 전투에서 세운 공적을 서훈했다. 전사한 초품공(超品公) 어푸 양구리의 아들 타잔(tajan, 塔瞻), 삼등 잘란장긴 터무르(temur, 特穆爾)의 아들 잠수(jamsu, 査木素), 삼등 잘란장긴 황삼보(黃三保)의 동생 황삼약(黃三約), 이분장긴(二分章京) 사하이(sahai, 薩海)의 아들 쇼서(šose, 碩塞)에게 각각 습직시켰다. 전사한 백신(白身) 우르거이(urgei, 吳爾格)에게 니루장긴을 추증하고, 그의 아들 숑고투(šonggotu, 舜庫圖)에게 습직시켰다. 반개니루의 일을 관할한 주산(jusan, 朱山)을 니루장긴으로 삼고, 그의 동생 우산(usan, 吳山)에게 이분장긴을 습직시켰다. 달란(dalan, 達蘭)을 니루장긴으로 삼고, 그의 아들 다스후완(dashūwan, 達思桓)에게 습직시켰다. 호군참령의 일을 관할하는 시르투(sirtu, 席爾圖)를 반개니루장긴으로 삼고, 그의 아들 호오샨(hoošan, 郝善)에게 습직시켰다. 니루의 일을 관할한 악바이(akbai, 阿克拜)를 반개니루장긴으로 삼고, 그의 아들 라마스히얍(lamashiyab, 喇嘛斯轄布)에게 습직시켰다. 니루의 일을 관할한 바야르투(bayartu, 巴牙爾圖)를 삼등 잘란장긴으로 삼고, 그의 아들 바할리얀(bahaliyan, 巴哈廉)에게 습직시켰다. 백신(白身) 바인타이주(baintaiju, 拜尹台柱)를 반개니루장긴으로 삼고, 그의 아들 아굴란(agulan, 阿古蘭)에게 습직시켰다. 이분장긴 나미다(namida, 納密達)에게 반개전정(半個前程)을 거듭 추증하고, 그의 동생 호토(hoto, 和託)에게 습직시켰다. 니루의 일을 관할한 구산(gūsan, 古山)에게 니루장긴을 추증하고 그의 아들 푸다리(fudari, 傅達禮)에게 습직시켰다. 니루장긴 석시 바투루(seksi baturu, 塞克什巴圖魯)에게 반개전정을 거듭 추증하고, 그의 아들 성주(sengju, 僧朱)에게 습직시켰다. 호군교 장기타이(janggitai, 張吉台)에게 니루장긴을 추증하고, 그의 동생 노로이(noroi, 諾雷)에게 습직시켰다. 니루장긴 퉁커션(tungkešen, 佟克申)은 승진시켜 삼등 잘란장긴으로 삼았다. 삼등 잘란장긴 우나하이(unahai, 吳納海)를 이등 잘란장긴으로 삼았다. 일등 잘란장긴 국구(國舅) 아시다르

한을 삼등 머이런장긴으로 삼았다. 니루장긴 장성덕(張成德)을 삼등 잘란장긴으로 삼았다. 혁직되었던 설러(sele, 色勒)를 기용하여 니루장긴으로 삼았다. 니루장긴 쇼잔(šojan, 碩詹)에게 반개전정을 더했다.

增楊古利敕辭曰, 平定朝鮮時, 爾與和碩豫親王, 共擊敗敵兵, 爲潰卒所傷, 陣亡. 茲以爾子塔瞻, 仍襲超品公. 增特穆爾敕辭曰, 平定朝鮮時, 兵部貝勒, 擊敗敵兵, 爾爲潰卒所傷, 陣亡, 茲以爾子查木素仍襲三等甲喇章京, 准再襲二次. 增黃三保敕辭曰, 平定朝鮮時, 和碩豫親王, 擊敗敵兵, 爾歿於潰卒中, 茲以爾弟三約, 仍襲三等甲喇章京, 准再襲六次. 增薩海敕辭曰, 平定朝鮮時, 爾以樵採遇敵, 陣亡. 茲以爾子碩塞仍襲二分章京, 准再襲三次. 給吳爾格敕命曰, 爾吳爾格原係白身, 克皮島時, 偏師失利, 統一船渡海, 與敵戰. 因我後隊兵退無援, 登岸拒戰, 陣亡. 以爾乃大臣之裔, 令爾子舜庫圖襲牛彔章京, 准再襲二次. 給朱山敕命曰, 爾朱山原管包衣半個牛彔事, 克皮島時, 偏師失利, 統一船渡海, 與敵戰. 因我後隊兵退無援, 登岸拒戰, 陣亡. 茲令爾弟吳山襲牛彔章京, 准再襲二次. 增達蘭敕辭曰, 平定朝鮮時, 爾率二十人, 夜襲朝鮮南漢山城, 樹梯登城陣亡. 由二分牛彔章京, 贈爲牛彔章京, 以爾子達思桓襲職, 加世襲一次, 准再襲五次. 給席爾圖敕命曰, 爾席爾圖原管護軍叅領事, 平定朝鮮時, 兵部貝勒, 擊敗敵兵. 遣爾取高阜立營, 與敵兵戰, 陣亡. 以爾子郝善襲半個牛彔章京, 准再襲一次. 給阿克拜敕命曰, 爾阿克拜原管牛彔章京事, 平定朝鮮時, 和碩豫親王, 擊敗敵兵, 爾從汎地與古山, 力戰陣亡. 以爾子喇嘛斯轄布襲半個牛彔章京, 准再襲一次. 給巴牙爾圖敕命曰, 爾巴牙爾圖原管牛彔章京事, 克皮島時, 偏師失利, 率兩旗舟師渡海, 與敵戰, 因我後隊兵退無援, 登岸拒戰, 陣亡. 優陞爾子巴哈廉襲三等甲喇章京, 准再襲四次. 給拜尹台柱敕命曰, 爾拜尹台柱原係白身, 克皮島時, 偏師失利, 統一船渡海, 與敵戰. 因我後隊兵退無援, 登岸拒戰, 陣亡. 玆以爾子阿古蘭襲半個牛彔章京, 准再襲一次. 增納密達敕辭曰, 克皮島時, 偏師失利, 爾統一船渡海, 與敵戰, 因我後隊兵退無援, 登岸拒戰, 陣亡, 由二分章京, 贈爲牛彔章京兼半個前程, 以爾弟和託嗣職, 加世襲二次, 准再襲三次.

양구리에게 칙서를 더해서 말했다. 「조선을 평정할 때 너는 호쇼이 예친왕과 함께 적병을 격퇴했으나, 적의 잔당에게 상해를 입어 전사했다. 이제 너의 아들 타잔에게 초품공(超品公)을 세습하도록 허락한다.」

터무르에게 칙서를 더해서 말했다. 「조선을 평정할 때 병부 버일러와 적병을 격퇴하고 너는 적의 잔당에게 상해를 입어 전사했다. 이제 너의 아들 잠수에게 삼등 잘란장긴을 세습시키고 2번 습직을 허락한다.」

황삼보(黃三保)에게 칙서를 더해서 말했다. 「조선을 평정할 때 호쇼이 예친왕과 적병을 격퇴했으나 너는 적의 잔당과 싸우다가 전사했다. 이제 너의 동생 황삼약(黃三約)에게 삼등 잘란장긴을 세습시키고 6번 습직을 허락한다.」

사하이에게 칙서를 더해서 말했다. 「조선을 평정할 때 너는 땔나무를 베어 거두다가 적을 만나 전사했다. 이제 너의 아들 쇼서에게 이분장긴(二分章京)을 세습시키고 3번 습직을 허락한다.」

우르거이(urgei, 吳爾格)에게 준 칙명(敕命)에서 말했다. 「너 우르거이는 원래 백신(白身)인데, 피도를 공격할 때 보조 군대가 피해를 입어서 배 1척을 이끌고 바다를 건너 적과 전투를 벌였다. 우리 후방 병사가 퇴각하여 돕지 못하자 해안에 올라 적을 막아 싸우다가 전사했다. 너는 대신의 후예이니 너의 아들 숑고투(šonggotu, 舜庫圖)에게 니루장긴을 세습시키고 2번 습직을 허락한다.」

주산에게 준 칙명(敕命)에서 말했다. 「너 주산은 원래 보오이 반개니루의 일을 관할했다. 피도를 공격할 때 보조 군대가 피해를 입어서 배 1척을 이끌고 바다를 건너 적과 전투를 벌였다. 우리 후방 병사가 퇴각하여 돕지 못하자 해안에 올라 적을 막아 싸우다가 전사했다. 지금 너의 동생 우산에게 니루장긴 직을 세습시키고 2번 습직을 허락한다.」

달란(dalan, 達蘭)에게 칙서를 더해서 말했다. 「조선을 평정할 때, 너는 20명을 이끌고 밤에 조선 남한산성을 습격하여 성에 사다리를 세우고 올라가다가 전사했다. 이분니루장긴(二分牛彔章京)에서 니루장긴으로 추증하고 너의 아들 다스후완(dashūwan, 達思桓)에게 습직시키고 1번 습직을 더하여 5번 습직을 허락한다.」

시르투에게 준 칙명(敕命)에서 말했다. 「너 시르투는 원래 호군참령의 일을 관할했다. 조선을 평정할 때 병부 버일러가 적병을 격퇴하며 너를 높은 언덕에 세워진 군영을 취하고자 보냈으나 적과 싸우다가 전사했다. 너의 아들 호오샨(hoošan, 郝善)에게 반개니루장긴을 세습시키고 1번 습직을 허락한다.」

악바이(akbai, 阿克拜)에게 준 칙명(敕命)에서 말했다. 「너 악바이는 원래 니루장긴의 일을 관할했다. 조선을 평정할 때 호쇼이 예친왕이 적병과 싸우는 동안 주둔지에서 구산(gūsan, 古山)과 함께 전력을 다해 싸우다 전사했다. 너의 아들 라마스히야(lamashiyab, 喇嘛斯轄布)에게 반개니루장긴을 세습시키고 1번 습직을 허락한다.」

바야르투(bayartu, 巴牙爾圖)에게 준 칙명(敕命)에서 말했다. 「너 바야르투는 원래 니루장긴의 일을 관할했다. 피도를 공격할 때 보조 군대가 피해를 입자 두 기(旗)의 수군을 이끌고 바다를 건너 적과 싸웠다. 우리 후방 병사가 퇴각하여 돕지 못하자, 해안에 올라 적을 막아 싸우다가 전사했다. 너의 아들 바할리얀(bahaliyan, 巴哈廉)에게 삼등 잘란장긴을 세습하도록 우대하여 승진시키고, 4번 습직을 허락한다.」

바인타이주(baintaiju, 拜尹台柱)에게 준 칙명(敕命)에서 말했다. 「너 바인타이주는 원래 백신(白身)인데, 피도를 공격할 때, 보조 군대가 피해를 입자 배 1척을 이끌고 바다를 건너 적과 전투를 벌였다. 우리 후방 병사가 퇴각하여 돕지 못하자, 해안에 올라 적을 막아 싸우다가 전사했다. 지금 너의 아들 아굴란(agulan, 阿古蘭)이 반개니루장긴을 습직하고 1번 습직을 허락한다.」

나미다(namida, 納密達)에게 칙서를 더해서 말했다. 「피도를 공격할 때, 보조 군대가 피해를 입자 너는 배 1척을 이끌고 바다를 건너 적과 전투를 벌였다. 우리 후방 병사가 퇴각하여 돕지 못하자, 해안에 올라 적을 막아 싸우다가 전사했다. 이분장긴(二分章京)에서 니루장긴 겸 반개전정(半個前程)으로 추증하고 너의 동생 호토(hoto, 和託)에게 습직시키고 2번 습직을 더하여 3번 습직을 허락한다.」

給古山敕命曰, 爾古山原管牛彔章京事, 武英郡王, 領兵征燕京進邊時, 爾徒步登山, 自山而下, 破敵, 攻克大鴻門. 又擊破涿州敵兵, 追過涿州城, 於燕京城後, 迎取紅衣礮時, 擊破敵兵. 平定朝鮮時, 和碩豫親王破敵, 爾領本旗兵進戰, 陣亡. 以爾子傅達禮襲牛彔章京, 准再襲二次. 增塞克什巴圖魯敕辭曰, 平定朝鮮時, 和碩睿親王, 擊敗敵兵, 爾被創歿. 由牛彔章京, 加贈半個前程, 以爾子僧朱襲職, 加世襲一次, 准再襲三次. 給張吉台敕命曰, 爾張吉台原係護軍校, 克皮島時, 偏師失利, 領舟師渡海與敵戰, 因我後隊兵退無援, 登岸拒戰, 陣亡. 以爾弟諾雷襲牛彔章京, 准再襲二次. 增佟克申敕辭曰, 爾與吳巴海征瓦爾喀時, 造船九隻, 取海上六島. 收服察哈爾國時, 造船八隻. 大軍渡黃河, 前師已渡, 爾留在後, 復造船十六隻, 師還不勞而濟. 平定朝鮮時, 攻江華島, 指示八旗, 造船有功, 由牛彔章京, 陞爲三等甲喇章京, 加世襲二次, 准再襲六次. 増吳納海敕辭曰, 爾與布哈略錦州, 回時出邊, 明兵千人來追, 爾與訥門哈談巴圖魯敗之. 平定朝鮮時, 貝子碩託·尼堪·博和託·國舅阿什達爾漢敗敵. 爾先諸隊兵殺入有功, 由三等甲喇章京, 陞爲二等甲喇章京, 加世襲一次, 准再襲五次. 增國舅阿什達爾漢敕辭曰, 爾爲蒙古衙門承政時, 審理外藩訟獄, 不辭勤勞, 允稱厥職. 又收服察哈爾國時, 王·貝勒等, 遣爾前往時, 鄂爾多斯部落土巴濟農將逃, 爾先至固倫額駙家, 遣伯德監守, 擕至王·貝勒處. 平定朝鮮時, 爾與兵部多羅貝勒岳託, 先至朝鮮王所居南漢山城, 與和碩豫親王會兵時, 朝鮮援兵一萬八千來戰. 立有二營, 爾率每牛彔二甲士, 同貝子碩託·尼堪·博和託, 指授方略, 造挨牌, 擊敗二營兵, 斬級甚衆. 又有敵兵從南漢城後來援, 立營山上, 爾仍與貝子等, 遣兵殲沿河而下敵軍百人, 造挨牌, 擊敗立栅敵兵. 由一等甲喇章京, 陞爲三等梅勒章京, 加世襲二次, 准再襲六次.

구산(gūsan, 古山)에게 준 칙명(敕命)에서 말했다. 「너 구산은 원래 니루장긴의 일을 관할했다. 무영군왕이 군사들을 이끌고 연경을 공격하러 변경에 들어갔을 때 너는 도보로 산에 올랐고 산에서 내려와 적을 공격하여 대홍문(大鴻門)을 공격했다. 또 탁주(涿州)의 적병을 격파했고 탁주성(涿州城)을 거쳐서 연경성 우미에서 홍의포를 탈취했을 때 적병을 격파했다. 조선을 평정할 때 호쇼이 예친왕이 적을 격파하는 동안 너는 본 기(旗)의 병사를 통솔하여 전장에 나아갔으나 전사했다. 너의 아들 푸다리에게 니루장긴을 습직시키고 2번 습직을 허락한다.」

석시 바투루(seksi baturu, 塞克什巴圖魯)에게 하사한 칙서에서 말했다.「조선을 평정할 때, 호쇼이 예친왕이 적병을 격퇴하는 동안 너는 부상을 입어 전사했다. 니루장긴에 반개전정(半個前程)을 더하여 추증하고, 너의 아들 성주(sengju, 僧朱)에게 습직시키고 1번 습직을 더하여 3번 습직을 허락한다.」

장기타이(janggitai, 張吉台)에게 준 칙명(敕命)에서 말했다.「너 장기타이는 원래 호군교였다. 피도를 공격할 때 보조 군대가 피해를 입자 수군을 이끌고 바다를 건너 적과 전투를 벌였다. 우리 후방 병사가 퇴각하여 돕지 못하자, 해안에 올라 적을 막아 싸우다가 전사했다. 너의 동생 노로이(noroi, 諾雷)에게 니루장긴을 세습시키고 2번 습직을 허락한다.」

퉁커션에게 칙서를 더해서 말했다.「너와 우바하이는 와르카를 정복할 때, 배 9척을 만들고 바다의 여섯 섬을 취했다. 차하르국을 복속시킬 때, 배 8척을 만들었다. 대군이 황하를 건널 때 앞의 군대가 먼저 건넜고, 너는 뒤에 머무르며 다시 배 16척을 만들어 군대가 돌아갈 때 수고롭지 않게 건너게 했다. 조선을 평정할 때 강화도를 공격하면서 팔기(八旗)에 지시하여 배를 만든 공이 있으니 니루장긴에서 삼등 잘란장긴으로 승진시키고, 2번 습직을 더하여 6번 습직을 허락한다.」

우나하이에게 칙서를 더해서 말했다.「너는 부하(buha, 布哈)와 함께 금주를 공략하고 돌아올 때 변경을 나가다가 명나라 군사 1,000명이 추격하자, 너와 너문 하탄 바투루(nemun hatan baturu, 訥門哈談巴圖魯)가 격퇴했다. 조선을 평정할 때 버이서 쇼토 · 니칸 · 보호토 · 국구 아시다르한이 적을 격퇴하는 동안 너는 여러 부대를 이끌고 돌진해 들어간 공이 있으니, 삼등 잘란장긴에서 이등 잘란장긴으로 승진시키고 1번 습직을 더하여 5번 습직을 허락한다.」

국구 아시다르한에게 칙서를 더해서 말했다.「너는 몽고아문승정이 되었을 때, 외번의 소송을 심리(審理)하는 일에 수고로움을 피하지 않고 성실히 노력했기에 진실로 직분을 다했다. 또 차하르국을 복속시킬 때, 왕과 버일러들이 너를 보내어 앞서 가게 했는데 오르도스 부락의 투바 지농(tuba jinong, 土巴濟農)이 달아나려고 하니, 너는 구룬 어푸의 집에 먼저 가서 버더이를 파견해 지키고 왕과 버일러가 머무르는 곳에 데리고 왔다. 조선을 평정할 때 너와 병부 도로이 버일러 요토가 앞서 조선왕이 머무르고 있는 남한산성에 갔다. 호쇼이 예친왕(豫親王)의 병사와 만났을 때 조선 구원병 1만 8,000명이 싸우러 와서 두 진영을 세우자 너는 각 니루의 갑사 2명씩을 이끌고 버이서 쇼토·니칸·보호토와 함께 방략을 지시하여 방패차를 만들어 두 진영의 병사를 물리쳤고 많은 무리들을 베었다. 또한 적병 가운데 남한산성 후방에서 지원하러 온 적병들이 산 위에 군영을 세우자 너는 여러 버이서들과 함께 병사를 보내 강을 따라 내려가며 적군 100명을 죽였고, 방패차를 만들어 목책을 세운 적병을 물리쳤다. 일등 잘란장긴에서 삼등 머이런장긴으로 승진시키고, 2번 습직을 더하여 6번 습직을 허락한다.」

增張成德敕辭曰, 克大凌河時, 爾以礮攻取于子章·馬家湖·陳興堡·大凌河西四臺. 又在俄本兌營門以礮擊敵. 又同俄本兌進攻, 斬一人, 奪其纛, 紀錄一次. 又平定朝鮮時, 攻江華島, 用紅衣礮, 擊敗敵船, 折其纛, 克皮島時, 獲敵逃船二隻, 逐三十八人投水中, 殺之. 合前紀錄, 由牛彔章京, 陞爲三等甲喇章京, 准再襲二次. 給色勒敕命曰, 爾色勒原係革職官, 平定朝鮮時, 克江華島, 爾衝過朝鮮戰艦, 率右翼兵渡海, 與本旗阿哈尼堪先衆兵至, 取島有功, 授爲牛彔章京, 准再襲二次. 增碩詹敕辭曰, 平定朝鮮時, 克江華島, 爾渡海, 衝過朝鮮戰艦, 繼阿哈尼堪舟師至, 取島有功, 由牛彔章京, 加半個前程, 准再襲一次.

장성덕(張成德)에게 칙서를 더해서 말했다. 「대릉하(大凌河)를 공격할 때, 너는 대포로 공격하여 우자장(于子章)·마가호(馬家湖)·진흥보(陳興堡)·대릉하서(大凌河西) 4개의 대(臺)를 취했다. 또한 오본도이(obondoi, 俄本兌)가 적의 군영 문(門)을 대포로 공격했다. 다시 오본도이와 함께 공격하러 나아가 한 사람을 베고 그 독(纛)을 빼앗았기에 기록(紀錄) 1차를 받았다. 또 조선을 평정할 때 강화도를 공격하면서 홍의포를 사용하여 적선을 격퇴시키고 그 독(纛)을 부러뜨렸다. 피도를 공격할 때 도망가는 적의 배 2척을 잡았고 38명을 추격하여 물속에 뛰어든 자를 좇아가서 죽였다. 이전의 기록(紀錄)을 합하여 니루장긴에서 삼등 잘란장긴으로 승진시키고 2번 습직을 허락한다.」

설러에게 준 칙명에서 말했다. 「너 설러는 원래 혁직된 관원이었다. 조선을 평정할 때 강화도를 공격하면서 조선 전함을 뚫고 우익병을 이끌고 바다를 건너 본 기(旗)의 아하니칸과 함께 병사들을 이끌고 도착하여 섬을 차지한 공이 있기에 니루장긴 직을 수여하고 2번 습직을 허락한다.」

쇼잔에게 칙서를 더해서 말했다. 「조선을 평정할 때 강화도를 함락하는 동안 너는 바다를 건너 조선 전함을 뚫고 지나가 아하니칸의 수군에 이어서 도착해 섬을 차지한 공이 있기에 니루장긴에서 반개전정(半個前程)을 더하고 1번 습직을 허락한다.」

○ 降有罪一等梅勒章京袞楚克古英, 爲一等甲喇章京, 准再襲六次. 三等梅勒章京巴顏, 爲牛彔章京, 准再襲二次. 奪赫葉訥所嗣父牛彔章京職, 與其弟塞勒布承襲, 准再襲二次, 各改給敕命.

○ 죄가 있어 강등한 일등 머이런장긴 군축 구영(guncuk guyeng, 袞楚克古英)은 일등 잘란장긴으로 강등하고 6번 습직을 허락했다. 삼등

머이런장긴 바얀은 니루장긴으로 강등하고 2번 습직을 허락했다. 허여너(heyene, 赫葉訥)는 부친으로부터 이어받은 니루장긴 직을 혁파하고, 그의 동생 설러부(selebu, 塞勒布)에게 계승시키고 2번 습직을 허락했다. 각각 칙명을 고쳐서 주었다.

○ 甲申, 召阿祿部落台吉宜爾札木·智順王尚可喜, 至崇政殿, 賜宴. 宜爾札木獻駝馬, 却之.

○ 갑신일(7.18), 아루 부락의 타이지 이르잠(irjam, 宜爾札木)과 지순왕 상가희를 숭정전(崇政殿)에 오라고 불러서 잔치를 열었다. 이르잠이 낙타와 말을 바쳤으나 받지 않았다.

○ 乙酉, 都司高繼功·朱有臣·聶仲金, 守備晁文成等二十人, 自石城島來降. 高繼功等七人, 言有親戚在恭順王下, 遂遣隸之, 晁文成等四人, 言有親戚在懷順王下, 亦遣隸之. 賜聶仲金, 並從者五人, 妻室·奴僕·牛·騾·衣服.

○ 을유일(7.19), 도사(都司) 고계공(高繼功)·주유신(朱有臣)·섭중금(聶仲金), 수비 조문성(晁文成) 등 20명이 석성도(石城島)로부터 투항해 왔다. 고계공 등 7명은 공순왕 속하에 친척이 있다고 말했기에 그에 소속되도록 보냈고, 조문성 등 4명은 회순왕 속하에 친척이 있다고 말했기에 역시 그에 소속되도록 보냈다. 섭중금(聶仲金)과 종자 5명에게는 아내·노복·소·노새·의복을 하사했다.

○ 丙戌, 上幸馬館, 賜和碩睿親王多爾衮·和碩豫親王多鐸·多羅貝勒豪格·固山貝子羅託·蒙古貝勒多爾濟達爾漢·石訥布庫等, 各御用良馬一匹.

○ 병술일(7.20), 주상이 마관(馬館)에 행차하여, 호쇼이 예친왕(睿親王) 도르곤·호쇼이 예친왕(豫親王) 도도·도로이 버일러 호오거·구사이 버이서 로토·몽고 버일러 도르지 다르한·시너 부쿠(sine buku, 石訥布庫) 등에게 각각 어용의 좋은 말 1마리를 하사했다.

○ 庚寅, 命內秘書院大學士范文程·內國史院大學士剛林·內弘文院學士胡球等, 齎冊及誥命. 往封外藩科爾沁國和碩公主, 及蒙古和碩親王·多羅郡王妻等. 又追封皇后祖父位號. 賜范文程·剛林, 一等大臣品級而遣之. 以科爾沁國貝勒莽古思, 乃外舅, 追封爲和碩福親王, 仍立碑於墓. 封其妻大妃爲和碩福妃, 以示優典.

○ 경인일(7.24), 내비서원대학사 범문정·내국사원대학사 가린·내홍문원학사 후키오 등에게 명하여 책(冊)과 고명(誥命)을 가지고 가서 외번 코르친국 호쇼이 공주와 몽고 호쇼이 친왕·도로이 군왕의 처 등을 봉하게 했다. 또 황후의 조부에게 위호(位號)를 추봉했다. 범문정·가린에게 일등대신의 품급을 주어 보냈다. 코르친국 버일러 망구스는 주상의 장인이므로 호쇼이 복친왕(福親王)으로 추봉했고 묘에 비석을 세웠다.[7] 그의 처 대비(大妃)는 호쇼이 복비(和碩福妃)로 봉하

7 망구스의 딸 에르데니 체첵(哲哲, 1599-1649)이 1614년 홍타이지와 결혼하여 孝端文皇后가 되었다.

여 우대하는 은전(恩典)을 보였다.

○ 是日, 以克皮島時, 擒獲敵船功, 賜甲喇章京張成德·懷順王下驍騎校高夏龍·恭順王下甲喇章京孫虎·隋何多, 各銀一百兩, 恭順王下甲喇章京程蘊, 銀九十兩, 懷順王下甲喇章京劉承祖, 銀八十兩, 其餘士卒, 各賜賚有差.

○ 이날 피도를 함락했을 때 적의 선박을 나포한 공으로 잘란장긴 장성덕(張成德), 회순왕 속하의 효기교 고하룡(高夏龍), 공순왕 속하의 잘란장긴 손호(孫虎)·소이호도(soihodo, 隋何多)에게 각기 은 100냥을 하사하고 공순왕 속하의 잘란장긴 정온(程蘊)에게 은 90냥을, 회순왕 속하의 잘란장긴 유승조(劉承祖)에게 은 80냥을 하사했다. 나머지 사졸들에게 각기 차등 있게 상 내렸다.

○ 壬辰, 辰刻, 上率諸王·貝勒·貝子·固山額眞·諸大臣等, 出懷遠門至演武場, 令每旗選善射者十人, 善角牴者五人, 左翼以和碩睿親王多爾袞·多羅貝勒豪格·多羅饒餘貝勒阿巴泰·固山貝子博洛, 統之, 右翼以多羅貝勒岳託·多羅安平貝勒杜度·固山貝子碩託·羅託, 統之. 兩翼較射三次, 右翼多中一矢, 角牴時, 右翼亦多撲倒. 負者與勝者羊七隻, 賜宴. 將還, 更置帽於地, 令善騎射者射之. 申刻, 還宮.

○ 임진일(7.26), 진시(辰時)에 주상이 왕·버일러·버이서·구사어전과 여러 대신들을 이끌고 회원문(懷遠門)을 나가 연무장에 이르렀다. 각 기(旗)에서 활을 잘 쏘는 자 10명, 씨름을 잘하는 자 5명을 선발

하게 하고 좌익은 호쇼이 예친왕(睿親王) 도르곤과 도로이 버일러 호오거 · 도로이 요여 버일러 아바타이 · 구사이 버이서 볼로가 관할하고, 우익은 도로이 버일러 요토 · 도로이 안평 버일러 두두 · 구사이 버이서 쇼토와 로토가 관할하게 했다. 양익(兩翼)이 세 번 활쏘기를 겨루었는데 우익이 한 발 더 명중시켰고 씨름을 할 때에도 우익이 많이 넘어뜨렸다. 진 쪽이 이긴 쪽에게 양 7마리를 주어 잔치를 베풀었다. 돌아가려 할 때 다시 땅에 모자를 놓고 기사(騎射)를 잘 하는 자에게 쏘게 했다. 신시(申時)에 궁으로 돌아갔다.

○ 是日, 朝鮮國王李倧遣刑部員外郎李輝齎奏至. 奏言, 據義州府尹林慶業報云, 義州大長官安戴罕來告, 是月十三日晚, 稽查江邊東西一帶, 有男子四人, 過江被獲, 羈收屯內, 候命區處. 看此逃人景象, 過江復回是實. 雖情有可憫, 法不容貰. 除將四人著宣傳李承賓, 押送戶部外, 謹奏.

○ 이날 조선국왕 이종(李倧)이 파견한 형부원외랑(刑部員外郎) 이휘(李輝)가 상주문을 가지고 왔다. 상주문에서 말했다. 「의주부윤(義州府尹) 임경업(林慶業)의 보고에 의하면, 의주 대장관(大長官) 안대한(安戴罕)이 와서 고하기를 "이달 13일 밤에 강변의 동서 일대를 조사했는데 남자 4명이 강을 건너다 잡혔습니다. 촌락 안에 묶어 놓고 명을 기다려 처리하겠습니다."라고 했습니다. 이 도망자들의 모습을 보니 강을 건넜다가 다시 돌아온 것이 확실합니다. 비록 가련한 사정이 있지만 법으로는 용서할 수 없습니다. 이 4명을 이승빈(李承賓)에게 명을 전하여 호부로 압송시키는 외에 삼가 아룁니다.」

○ 遣前鋒參領席特庫·納海等, 率兵齎書, 入廣寧至錦州, 諭祖大壽曰, 大淸國寬溫仁聖皇帝, 敕諭祖大將軍. 向來朕國接壤朝鮮, 兩相和好, 不意朝鮮先起釁端協助明國, 己未之役, 被我擒殺無算. 嗣後克取遼東, 朝鮮復容納遼人, 給以糧餉助明圖我. 朕於丁卯年, 昭告天地, 發兵征討, 攻陷城邑, 誅斬兵將. 朝鮮國王李倧畏懼, 棄其所居京城, 遁入江華島中, 遣使行成, 情願爲弟, 歲貢方物來朝, 不容明人登岸. 朕憫其誠懇, 許爲兄弟之國. 迄今十年, 朝貢雖不敢違, 然察其中情, 狡詐實多, 且毁棄盟誓, 我國向時陣獲釋還之將士, 悉行誅戮, 其隨從漢人, 盡歸之明, 仍前協助明國, 應給皮島錢糧, 以養其衆, 又納我逃人, 以獻於明. 至恭順王孔有德·懷順王耿仲明, 自明來歸, 復行堵截, 又拒戰我往迎孔·耿二王之兵, 是兵端先起於朝鮮也. 朝鮮又不禁戢其民侵入我地, 採參縱獵, 及朕使臣至彼, 禮貌頓衰, 又修繕邊城毁棄前盟, 使臣歸, 獲彼與平安道洪觀察使書, 內有決絶棄好, 修備邊城等語. 朕見其書, 卽以示朝鮮使臣, 且告之曰, 爾國渝盟, 已成仇敵, 先起兵端, 朕尙何待, 當親率大軍, 往問爾罪. 爾國所恃者, 不過舟與島耳. 造舟與行舟, 皆人也. 人所能至, 我軍豈不能至乎. 爾若悔過輸誠, 其以王子及諸大臣子, 送來爲質, 不然爾不自量力, 興兵搆怨, 災及其身, 後悔無及. 以此諭爲書遺之, 乃李倧負固不臣, 違朕之命. 於是昭告天地太廟, 於去年十二月, 親率大軍致討. 李倧與長子李溰及衆官棄王京, 竄服南漢山城, 次子李淏·三子李㴭, 攜其眷屬, 竄服江華島中. 我軍圍南漢時, 朝鮮八道兵將來援, 其將士盡爲我軍所殺, 朕又令黑龍江海濱諸處, 備飛船八十隻, 攻江華島, 朝鮮以遼船百餘隻, 與我軍戰, 我軍飛船輕利, 旋轉便捷, 朝鮮莫能敵, 悉皆奔潰, 我軍旣登岸, 復敗岸上陳列之兵, 遂取江華府城. 王之妃媵·侍從, 二子李淏·李㴭, 並其妻室及各大臣眷屬盡爲我獲. 朕敕諭將士, 無許侵犯, 仍令彼內監諸臣護守. 李倧聞之, 窮促畏懼, 率衆歸順, 獻明國所給敕印, 又縛送助明敗盟之臣洪翼漢·尹集·吳達濟, 以獻. 朕悉宥其前罪, 予以自新, 還其妻妾, 釋其衆官眷屬·太監·奴婢人等, 更兄弟之國爲君臣.

今彼世守藩封, 歲修職貢, 斷絕明國. 朕若征明, 令彼水陸合兵並進, 規制已定, 乃以其長子李溰·次子李淏並諸大臣之子爲質, 斬洪翼漢·尹集·吳達濟首, 以儆其衆. 朝鮮底定, 即率其舟師渡海, 攻明國皮島破之, 其總兵沈世奎·金日觀及衆軍, 皆授首. 皮島又已廓清, 往返兩月成功之速若此. 以此捷音, 令爾密知之. 憶大凌河相見時, 爾密勸朕養民畜衆禮士撫降肝膈之言, 朕心識而行之, 迄今猶念念不忘也. 今各處蒙古盡皆歸附, 人爭立功以自效. 朝鮮傾心臣服爲朕股肱. 觀朝鮮之兵, 雖無馬上之能, 然不違法度, 長於步戰鳥鎗, 以之攻取城池, 大爲有用. 今若西征徵兵多寡, 惟朕是聽, 我國大勢若此, 西征之事如何而可將軍其密陳之.

○ 전봉참령 시터쿠와 나하이 등을 파견하여 군사를 이끌고 서신을 가져가게 했다. 이들이 광녕(廣寧)으로 들어가 금주(錦州)에 이르러 조대수에게 유시했다. 「대청국 관온인성황제가 조대수 대장군에게 칙유한다. 종래 짐의 나라는 조선과 경계를 접하며 양측이 서로 화호하며 지냈으나 뜻밖에 조선이 먼저 흔단을 일으켜 명나라를 도와 기미년(1619)의 전쟁에서 우리에게 사로잡히고 죽임을 당한 것이 셀 수 없었다. 이후 우리가 요동을 함락했으나 조선은 다시 요동사람을 받아들이고 곡식으로 명나라를 도와 우리를 도모했다. 짐은 정묘년(1627)에 천지(天地)에 고하고 군사를 일으켜 정토하여 성읍을 함락하고 병장들을 주살했다. 조선국왕 이종(李倧)은 두려움에 떨며 거하던 경성(京城)을 버리고 강화도로 도망쳐 들어가 사신을 보내 화의를 청하여 동생이 되어 해마다 방물을 바치고 내조하고 명나라 사람이 연안에

오르는 것을 용인하지 않겠다고 간절히 원했다. 짐은 그 간절함을 측은히 여겨 형제의 나라가 되는 것을 허락했다. 조선은 지금까지 10년 동안 조공(朝貢)은 감히 어기지 않았지만 그 속내를 살펴보면 교활하고 속인 것이 실로 많았다. 또한 맹세를 저버리고 우리나라가 예전에 전장에서 잡았다가 풀어 준 장수와 병사들을 모두 주륙하고 그들을 따라간 한인들을 모두 명나라로 돌려보냈으며 예전처럼 명나라를 도와 피도(皮島)에 전량(錢糧)을 공급하여 그 무리를 먹여 살리고 우리의 도망자를 받아들여 명에 바쳤다. 공순왕 공유덕과 회순왕 경중명이 명으로부터 내귀했을 때 그들을 가로막았으며 공유덕과 경중명을 맞이하러 간 우리의 군대에 맞서 싸웠다. 이러하니 전쟁의 발단을 먼저 일으킨 것은 조선이다.

조선은 또한 그 백성이 우리 땅을 침입하여 인삼을 채취하고 사냥하는 것을 엄금하지 않았고 짐의 사신이 그쪽에 갔을 때 예우가 형편없었으며 또한 변성(邊城)을 수리해 이전의 맹약을 저버렸다. 사신이 돌아올 때 조선국왕이 평안도 관찰사 홍명구(洪命耉)에게 보낸 글을 획득했는데 그 안에 관계를 끊고 화호를 버렸으며 변성을 수비하라는 등의 말이 있었다. 짐이 그 서신을 본 후 조선 사신에게 보이고 그에게 알렸다. "너희 나라가 맹약을 어겨 이미 원수가 되었다. 먼저 전쟁의 사단을 일으켰는데 짐이 또 무엇을 기다리겠는가. 마땅히 친히 대군을 이끌고 가서 너희의 죄를 물을 것이다. 너희 나라가 믿는 것은 배와 섬에 불과할 뿐이다. 배를 만들고 배를 모는 것은 모두 사람이다. 사람이 갈 수 있는 곳에 우리 군대가 어찌 갈 수 없겠는가. 너희가 만약 과오를 뉘우치고 항복한다면 왕자와 대신들의 아들들을 인질로 보내오라. 그렇지 않으면 너희는 스스로 힘을 헤아리지 않고 전쟁을 일으켜 원한을 만들어 그 재앙이 스스로에게 미칠 것이니 후회한들 소용없을 것이다." 이렇게 유시하는 서신을 써서 견책했지만 끝내 이종(李倧)은 지세의 험난함을 믿어 신복(臣服)하지 않고 짐의 명을 어겼다.

이에 천지(天地)와 태묘(太廟)에 고하고 작년 12월에 친히 대군을 이끌고 정벌했다. 이종(李倧)과 장자 이왕(李溰) 그리고 관원들은 왕경을 버리고 남한산성으로 달아났고, 둘째 아들 이호(李淏)와 셋째 이요(李淯)는 가솔을 데리고 강화도로 숨어 들어갔다. 우리 군대가 남한산성을 포위했을 때 조선 팔도의 병장들이 지원해 왔으나 그 장수와 병사들은 모두 우리 군사에 의해 죽임당했다. 짐은 또한 흑룡강 바닷가 곳곳에 명을 내려 비선(飛船) 80척을 마련하게 하여 강화도를 공격했다. 조선은 요선(遼船) 100여 척으로 우리 군대와 싸웠으나 우리 군대의 비선(飛船)은 가볍고 편리하여 잘 돌고 민첩하니 조선은 대적할 수 없어 모두 달아나 무너졌다. 우리 군대는 연안에 올라 또다시 해안 위에 진을 친 병사들을 격퇴하여 마침내 강화부성을 취했다. 왕의 비빈과 몸종・시종, 두 아들 이호(李淏)와 이요(李淯) 그리고 그들의 처실 및 대신들의 가솔들이 모두 우리에게 사로잡혔다. 짐은 장수와 병사들에게 칙유하여 범하지 말도록 하고 조선의 내감과 대신들로 하여금 지키게 했다. 이종(李倧)은 이 소식을 듣고 급박하고 두려워 무리를 이끌고 귀순하여 명나라가 지급한 칙인(敕印)을 바쳤다. 또한 명나라를 도와 맹세를 배반한 신하 홍익한(洪翼漢)・윤집(尹集)・오달제(吳達濟)를 압송해 바쳤다. 짐은 이전의 죄를 모두 용서하여 스스로 새로워질 수 있도록 해 주고 그의 처첩을 돌려보내고 관원들의 가솔과 태감・노비들을 풀어 주었으며 형제의 나라를 군신(君臣)의 나라로 바꾸었다.

지금 저들은 대대로 번봉(藩封)을 지키고 해마다 조공해 온 명나라와 관계를 단절했다. 짐이 만약 명나라를 정벌하면 저들이 수로와 육로에서 군사를 합쳐 함께 진격하기로 이미 규제를 정했다. 장남 이왕(李溰)과 둘째 아들 이호(李淏) 그리고 대신들의 아들을 인질로 삼고, 홍익한(洪翼漢)・윤집(尹集)・오달제(吳達濟)의 머리를 베어 그 무리에게 경계로 삼았다. 조선이 평정된 후 곧 그 수군을 이끌고 바다를 건너 명나라의 피도를 공격해 격파하여 총병 심세규(沈世奎)·김일관(金日觀) 및 군사들을 모두 죽였다. 피도 또한 이미 진압되었다. 두 달간 왕복하며 성공한 속도가 이러하다. 이 승전보를 너에게 은밀히 알린다. 대릉하에서 만났을 때 네가 은밀히 짐에게 백성을 살려 보살피고 선비를 예우하고 항복한 자를 보살피라고 권했던 흉금의 말을 기억한다. 짐은 이 말을 마음속에 새기고 행하며 지금까지도 늘 유념해 잊지 않고 있다. 지금 각지의 몽고가 모두 귀부하여 사람들이 다투어 공을 세우며 분투한다. 조선은 성심을 다해 신복하여 짐의 충성스러운 신하가 되었다. 조선의 군대를 보니 비록 기마전의 능력은 없어도 법도를 어기지 않고, 보병전과 조총에 능하니 성지(城池)를 공격하는 데 크게 유용할 것이다. 지금 만약 서정(西征)한다면 징병의 많고 적음은 오직 짐에게 달려 있다. 우리나라의 대세가 이와 같다. 서정(西征)의 일이 어떠한지 장군은 은밀히 말해 보라.」

○ 癸巳, 科爾沁國多羅巴圖魯郡王滿朱習禮所尚和碩公主, 以病卒. 公主乃多羅貝勒岳託之女也. 上養於宮中, 歸滿朱習禮. 至是, 卒. 上聞之, 甚爲傷悼, 遣內弘文院大學士希福·禮部承政滿達爾漢往弔.

○ 계사일(7.27), 코르친국 도로이 바투루 군왕 만주시리와 혼인한 호쇼이 공주가 병으로 사망했다. 공주는 도로이 버일러 요토의 딸이다. 주상이 자신의 딸로 길러 만주시리에게 시집보냈는데 이때에 사망했다. 주상이 이 소식을 듣고 심히 상심하여 내홍문원대학사(內弘文院大學士) 히푸·예부승정 만다르한을 보내 조문하게 했다.

○ 是日, 以張文奎從山海關來降, 照二等甲喇章京品級, 賜妻室, 並猞狸猻裘・貂朝帽・鞓帶・靴・緞布・銀兩・奴僕・牲畜・撒袋・弓矢・雕鞍等物.

○ 이날 장문규(張文奎)가 산해관에서 투항했으므로 이등 잘란장긴 품급에 준하여 처실(妻室)과 스라소니가죽옷・담비가죽 조모(朝帽)・가죽띠・신발・비단과 면포・은량・노복・가축・화살집・활과 화살・조각한 안장 등의 물품을 하사했다.

○ 乙未, 分漢軍爲兩旗, 以昂邦章京石廷柱爲左翼一旗固山額眞, 昂邦章京馬光遠爲右翼一旗固山額眞, 照滿洲例, 編壯丁爲牛彔.

○ 을미일(7.29), 한군(漢軍)을 두 기(旗)로 나누어 암바장긴 석정주를 좌익 1기(旗)의 구사어전으로, 암바장긴 마광원을 우익 1기(旗)의 구사어전으로 삼고 만주의 정례(定例)에 따라 장정을 니루로 편제했다.

권38

숭덕 2년 8월 ~ 9월

崇德二年, 丁丑, 八月, 丙申朔, 贈攻克皮島陣亡諸將職. 備禦洪文魁, 爲一等甲喇章京, 以其弟文升襲職. 牛彔章京李繼功, 爲三等甲喇章京, 以其子春培襲職. 三等甲喇章京馬成, 爲一等甲喇章京, 以其子傑襲職. 三等梅勒章京張國棟, 爲一等梅勒章京, 以其子承先襲職. 三等梅勒章京程三省, 爲一等梅勒章京, 以其子希孔襲職. 一等甲喇章京李應春, 爲三等梅勒章京, 以其子一茂襲職. 賜洪文魁敕書曰, 爾原在山東, 爲恭順王孔有德部下備禦, 知明國政衰, 識時達變, 遂與恭順王孔有德渡海來歸, 又攻皮島時, 偏師失利, 爾乘一船, 統將領七人, 渡海迎敵, 我後隊兵退無援, 登岸拒戰, 陣亡, 用贈爾爲一等甲喇章京, 以爾叔之子文升襲職, 准再襲六次. 賜李繼功敕書曰, 爾原係智順王尚可喜部下備禦, 知明國政衰, 識時達變, 遂與智順王尚可喜, 收服五島, 渡海來歸, 又攻皮島時, 偏師失利, 爾統一船, 渡海迎敵, 我後隊兵退無援, 登岸拒戰, 陣亡, 用贈爾爲三等甲喇章京, 以爾子春培襲職, 准再襲四次. 增馬成敕辭曰, 攻皮島時, 偏師失利, 爾與洪文魁乘舟渡海迎敵, 我後隊兵退無援, 登岸拒戰, 陣亡, 由三等甲喇章京, 贈爲一等甲喇章京, 以爾子傑襲職, 加世襲二次, 共准襲八次. 增張國棟敕辭曰, 攻皮島時, 偏師失利, 爾與洪文魁乘舟渡海迎敵, 我後隊兵退無援, 登岸拒戰, 陣亡, 由三等梅勒章京, 贈爲一等梅勒章京, 以爾子承先襲職, 加世襲二次, 共准襲十二次. 增程三省敕辭曰, 攻皮島時, 偏師失利, 爾與洪文魁乘舟渡海迎敵, 我後隊兵退無援, 登岸拒戰, 陣亡, 由三等梅勒章京, 贈爲一等梅勒章京, 以爾子希孔襲職, 加世襲二次, 共准襲十二次. 增李應春敕辭曰, 攻皮島時, 偏師失利, 爾與洪文魁乘舟渡海迎敵, 我後隊兵退無援, 登岸拒戰, 陣亡, 由一等甲喇章京, 贈爲三等梅勒章京, 以爾子一茂襲職, 加世襲二次, 共准襲十次.

○ 숭덕 2년 정축년 8월 병신일 초하루(8.1), 피도(皮島)를 공략할 때 전사한 장수들의 직(職)을 추증했다. 비어 홍문괴(洪文魁)를 일등 잘란장긴으로 삼고 그의 동생 홍문승(洪文升)에게 습직시켰다. 니루장긴 이계공(李繼功)을 삼등 잘란장긴으로 삼고 그의 아들 이춘배(李春培)에게 습직시켰다. 삼등 잘란장긴 마성(馬成)을 일등 잘란장긴으로 삼고 그의 아들 마걸(馬傑)에게 습직시켰다. 삼등 머이런장긴 장국동(張國棟)을 일등 머이런장긴으로 삼고 그의 아들 장승선(張承先)에게 습직시켰다. 삼등 머이런장긴 정삼성(程三省)을 일등 머이런장긴으로 삼고 그의 아들 정희공(程希孔)에게 습직시켰다. 일등 잘란장긴 이응춘(李應春)을 삼등 머이런장긴으로 삼고 그의 아들 이일무(李一茂)에게 습직시켰다.

홍문괴(洪文魁)에게 하사한 칙서에서 말했다. 「너는 원래 산동에서 공순왕 공유덕 속하의 비어(備禦)였다. 명나라의 정치가 쇠락한 것을 알고 시세의 변화를 잘 파악하여 마침내 공순왕 공유덕과 함께 바다를 건너 내귀했다. 또한 피도를 공격했을 때 일부 부대가 패배하자 너는 배 한 척에 타고 장령(將領) 7명을 통솔하여 바다를 건너 적을 맞아 싸웠다. 우리 후위 부대가 퇴각하여 지원하지 못하자 해안에 올라 싸우다 전사했다. 이에 너를 일등 잘란장긴으로 추증하고 너의 숙부의 아들 홍문승(洪文升)에게 습직시키고, 6번 습직을 허락한다.」

이계공(李繼功)에게 하사한 칙서에서 말했다. 「너는 원래 지순왕 상가희 속하의 비어였다. 명나라의 정치가 쇠락한 것을 알고 시세의 변화를 잘 파악하여 마침내 지순왕 상가희와 함께 5개의 섬을 수복하고 바다를 건너 내귀했다. 또한 피도를 공격했을 때 일부 부대가 패배하자 너는 배 한 척을 이끌고 바다를 건너 적을 맞아 싸웠다. 우리 후위 부대가 퇴각하여 지원하지 못하자 너는 해안에 올라 맞서 싸우다 전사했다. 이에 너를 삼등 잘란장긴으로 추증하고 너의 아들 이춘배(李春培)에게 습직시키고 4번 습직을 허락한다.」

마성(馬成)에게 칙서의 말을 더했다.[1] 「피도를 공격할 때 일부 부대가 패배하여 너는 홍문괴와 함께 배를 타고 바다를 건너 적을 맞아 싸웠다. 우리 후위 부대가 퇴각하여 지원하지 못하자 너는 해안에 올라 맞서 싸우다 전사했다. 이에 삼등 잘란장긴에서 일등 잘란장긴으로 추증하고 너의 아들 마걸(馬傑)에게 습직시킨다. 2번 습직을 더하여 모두 8번 습직을 허락한다.」

장국동(張國棟)에게 칙서의 말을 더했다. 「피도를 공격할 때 일부 부대가 패배하여 너는 홍문괴와 함께 배를 타고 바다를 건너 적을 맞아 싸웠다. 우리 후위 부대가 퇴각하여 지원하지 못하자 너는 해안에 올라 맞서 싸우다 전사했다. 이에 삼등 머이런장긴에서 일등 머이런장긴으로 추증하고 너의 아들 장승선(張承先)에게 습직시킨다. 2번 습

1 장수들의 공을 서훈할 때 "賜某氏敕書曰"과 달리 "增某氏敕辭曰"로 시작하는 부분은 본래 칙서를 하사해서 허락했던 습직 횟수에 몇 차례의 횟수를 더해 습직을 허락하는 내용으로 되어 있다. "某氏에게 칙서의 말을 더했다."라고 번역했는데, 그 의미는 "某氏에게 칙서를 내려 허락했던 원래의 습직 횟수를 더 늘려 주었다"는 의미이다.

직을 더해 모두 12번 습직을 허락한다.」

정삼성(程三省)에게 칙서의 말을 더했다. 「피도를 공격할 때 일부 부대가 패배하여 너는 홍문괴와 함께 바다를 건너 적을 맞아 싸웠는데 우리 후위 부대가 퇴각하여 지원하지 못하자 너는 해안에 올라 맞서 싸우다 전사했다. 이에 삼등 머이런장긴에서 일등 머이런장긴으로 추증하고 너의 아들 정희공(程希孔)에게 습직시킨다. 2번 습직을 더해 모두 12번 습직을 허락한다.」

이응춘(李應春)에게 칙서의 말을 더했다. 「피도를 공격할 때 일부 부대가 패배하여 너는 홍문괴와 함께 배를 타고 바다를 건너 적을 맞아 싸웠다. 우리 후위 부대가 퇴각하여 지원하지 못하자 너는 해안에 올라 맞서 싸우다 전사했다. 이에 일등 잘란장긴에서 삼등 머이런장긴으로 추증하고 너의 아들 이일무(李一茂)에게 습직시킨다. 세습 2번을 더해 모두 10번 습직을 허락한다.」

○ 敍平定朝鮮陣亡牛彔章京杜敏功, 以其子蘇赫襲職, 增杜敏敕辭曰, 平定朝鮮時, 爾往畧, 中鎗陣亡, 因命爾子蘇赫, 仍襲牛彔章京, 准再襲一次.

○ 조선을 평정할 때 전사한 니루장긴 두민(dumin, 杜敏)의 공을 서훈하여 그의 아들 수허(suhe, 杜蘇赫)에게 습직하게 했다. 두민에게 칙서의 말을 더했다. 「조선을 평정할 때 너는 공격하러 갔다가 창에 맞아 전사했다. 이에 너의 아들 수허에게 니루장긴을 습직시키고 1번 재습직을 허락한다.」

○ 三等甲喇章京李國貴病故, 以其子茂先襲職, 仍准再襲五次. 半個牛彔章京兼侍衛郭齊病故，以其兄子阿龍阿襲職，仍准再襲一次．牛彔章京周大茂有疾，以其子維屏襲替，仍准再襲三次．三等甲喇章京喀喇有罪，以其弟格爾都襲替，仍准再襲二次．半個牛彔章京伊喇垓年老，以其子多梅襲替，仍准再襲一次．

○ 삼등 잘란장긴 이국귀(李國貴)가 병사하여 그의 아들 이무선(李茂先)에게 습직시키고 5번 습직을 허락했다. 반개니루장긴 겸 시위 고치(goci, 郭齊)가 병사하여 그의 형의 아들 아룽가(arungga, 阿龍阿)에게 습직시키고 1번 습직을 허락했다. 니루장긴 주대무(周大茂)가 병이 있어 그의 아들 주유병(周維屛)에게 대신 습직시키고 3번 습직을 허락했다. 삼등 잘란장긴 카라(kara, 喀喇)가 죄가 있어 그의 동생 거르두(gerdu, 格爾都)에게 대신 습직시키고 2번 습직을 허락했다. 반개니루장긴 이라가이(iragai, 伊喇垓)가 연로하여 그의 아들 도모이(domoi, 多梅)에게 습직시키고 1번 습직을 허락했다.

○ 是日，察哈爾固倫額駙額哲，同固倫公主歸國，上偕皇后·諸妃，至宮門外送之．命諸王·貝勒·大臣出城三里，設宴餞之，又命多羅貝勒豪格，固山貝子尼堪·羅託·博洛·馬瞻往送，越宿而還．

○ 이날 차하르의 구룬 어푸 에제이가 구룬 공주와 함께 귀국하고자 하여 주상이 황후·비빈들과 함께 궁문 밖에까지 나가 전송했다. 여러 왕·버일러·대신들로 하여금 성 3리 밖까지 나가 잔치를 베풀고 전송하게 했다. 또한 명하여, 도로이 버일러 호오거, 구사이 버이서 니칸·로토·볼로·마잔이 전송가서 밤을 새고 돌아왔다.

○ 庚子, 外藩蒙古諸貝勒, 以誕生皇子, 上表稱賀. 上御崇政殿, 巴林部落阿玉石・衛寨桑・毛祁他特, 扎魯特部落內齊・喇巴泰・台吉塞冷・戴青達爾漢・沙里・達爾馬等, 行慶賀禮, 表文曰, 巴林部落阿玉石等, 誠惶誠恐跪奏, 恭遇寬溫仁聖皇帝誕生皇子, 臣等聞之, 喜不自勝, 謹齎慶賀禮物進獻. 次阿壩垓部落台吉塞爾扎爾・得爾格爾, 烏朱穆秦部落台吉宜思哈布等行禮, 表文曰, 阿霸垓部落台吉塞爾扎爾等, 誠惶誠恐跪奏, 寬溫仁聖皇帝恩德溥及外藩, 臣等頂戴洪慈, 不勝喜悅, 謹具禮物進獻. 次土默特部落俄木布楚虎爾行禮.

○ 경자일(8.5), 외번몽고 버일러들이 황자가 탄생했다고 표문을 올려 경하했다. 주상이 숭정전(崇政殿)에 가자 바린 부락의 아유시・우이 자이상・모오 키타트, 자루트 부락의 너이치・라바타이・타이지 서렁・다이칭 다르한・샤리・다르마 등이 경하례를 올렸다. 표문에서 말했다. 「바린 부락 아유시 등이 성심과 경외를 다해 무릎 꿇고 아룁니다. 관온인성황제께서 황자를 낳으시니 신들은 이 소식을 듣고 기쁨을 이기지 못해 삼가 경하의 예물을 가지고 와서 바칩니다.」 다음으로 아바가 부락의 타이지 서르잘(serjal, 塞爾扎爾)・덜거르(delger, 得爾格爾), 우주무친 부락 타이지 이스합(ishab, 宜思哈布) 등이 예를 행하고 표문에서 말했다. 「아바가 부락 타이지 서르잘 등이 성심과 경외를 다해 무릎 꿇고 아룁니다. 관온인성황제의 은덕이 외번에까지 널리 미치어 신들은 하해와 같은 인자함에 감격하여 기쁨을 이기지 못해 삼가 예물을 갖추어 바칩니다.」 다음으로 투메트 부락의 옴부 추후르가 예를 행하였다.

○ 是日, 召喀爾喀部落台吉得爾格爾・塞爾扎爾・宜思哈布等, 賜宴於清寧宮.

○ 이날 칼카 부락 타이지 덜거르, 서르잘, 이스합 등을 불러 청녕궁에서 연회를 베풀어 주었다.

○ 扎魯特部落阿玉石, 具筵於清寧宮, 進上.

○ 자루트 부락 아유시가 청녕궁에서 연회를 갖추어 주상에게 올렸다.

○ 辛丑, 蒙古喀爾喀部落馬哈撒嘛諦塞臣汗遣使臣麻尼塞臣渾津 · 畢禮克圖山津, 朝貢. 上御崇政殿, 使臣陳列所產之獸名獺喜及貂皮四十 · 馬匹四十, 上表行禮, 表文曰, 馬哈撒嘛諦塞臣汗, 奉表敬候皇上起居萬安. 聞欲延致達賴喇嘛, 甚善. 此地喀爾喀七固山, 及厄魯特四部落, 亦有同心. 乞遣使者過我國, 同往請之. 我等公同會議, 遣使候安, 并獻方物.

○ 신축일(8.6), 몽고 칼카 부락의 마하 사마디 세첸 칸이 사신(使臣) 마니 세첸 혼진(mani secen honjin, 麻尼塞臣渾津) · 빌릭투 산진(biliktu sanjin, 畢禮克圖山津)을 파견하여 조공했다. 주상이 숭정전에 가자 사신이 그 지방에서 나는 짐승 타히(tahi, 獺喜)[2]와 담비의 가죽 40장 · 말

2 만주어 타히(tahi)는 몽골어로 타키(taki)이다. 야생마이며 보통 말보다 다리가 짧다. 구미에서는 프르제발스키 말(Przewalski horse)이라고 한다.

40마리를 진열하고 표문을 올리고 예를 행하였다. 표문에서 말했다. 「마하 사마디 세첸 칸이 표문을 올려 황상이 기거하심에 안녕하신지 여쭙니다. 달라이 라마(dalai lama, 達賴喇嘛)를 초청하려 하신다고 들었습니다. 매우 좋습니다. 이 땅의 칼카 7구사[3]와 울러트 4부락도 같은 마음입니다. 청컨대 사신을 파견해 우리나라를 지나갈 때 함께 가서 그를 청했으면 합니다. 저희는 공동으로 회의하여 사신을 파견해 안부를 묻고 아울러 방물을 바칩니다.」

○ 扎魯特部落貝勒內齊, 具盛筵, 獻上.

○ 자루트 부락 버일러 너이치가 성대한 주연을 갖추어 주상에게 바쳤다.

○ 前遣席特庫·納海, 齎書往明錦州捉生. 至是, 還, 奏言, 自廣寧入邊, 生擒十二人, 令二人齎書往, 斬九人, 攜一人還.

○ 이전에 시터쿠와 나하이를 파견해 서신을 가지고 명나라의 금주

3 '칼카 7구사'는 '칼카 7부'의 만주어이다. 칼카 7부는 몽골어로 '돌루간 오톡 칼카'(7部 칼카)로 불렸고, 만주인에게는 만주어로 '툴러르기 칼카'(外칼카)로 불렸고, 北칼카를 의미하는 몽골어 '아루 칼카'로 불리기도 했다. 아루 칼카와 대비하여 남부의 칼카는 '타분 오톡 칼카'(5部 칼카)라고 불렸고 만주인에게는 '도르기 칼카'(內칼카)로 불렸다. 아루 칼카는 다얀 칸의 열한째 아들 게레센제의 자손들이 수장층을 형성했고, 內칼카는 다얀 칸의 다섯째 아들 알추 볼로드의 후예가 통치했다. 다얀 칸은 알추 볼로드와 게레센제에게 칼카강 유역을 영지로 분봉했는데 이후 게레센제의 자손들이 고비 사막 이북으로 이주하면서 '아루 칼카'라고 불렸다.

에 가서 포로를 잡으라고 했다. 이때에 돌아와서 상주하여 말했다. “광녕에서 변계로 들어가 12명을 사로잡아 2명에게 서신을 가지고 가게 하고 9명은 참하고 1명은 데리고 돌아왔습니다.”

○ 丙午, 太祖武皇帝忌辰, 遣大臣祭福陵.

○ 병오일(8.11), 태조무황제의 제삿날에 대신(大臣)을 파견해 복릉(福陵)에 제사를 지냈다.

○ 丁未, 遣索尼 · 達爾古, 往祭科爾沁國多羅巴圖魯郡王滿朱習禮所尚和碩公主, 并致女衣一襲, 及諸祭品.

○ 정미일(8.12), 소닌 · 다르구(dargū, 達爾古)를 보내 코르친국 도로이 바투루 군왕 만주시리에게 시집간 호쇼이 공주의 제사를 지내게 하고 여성 의복 1벌과 여러 제수품을 보냈다.

○ 是日, 科爾沁國土謝圖親王巴達禮 · 固倫額駙班第 · 扎薩克圖郡王布塔齊等, 以關雎宮宸妃誕生皇子, 遣官進獻貂裘 · 牛馬 · 貂皮等物.

○ 이날 코르친국 투시예투 친왕 바다리 · 구룬 어푸 반디 · 자삭투 군왕 부타치 등이 관저궁신비(關雎宮宸妃)가 황자를 낳았다고 관원을 보내 담비가죽옷 · 소와 말 · 담비가죽 등의 물품을 바쳤다.

○ 戊申, 明守備李文遠 · 百總文國宗, 率十二人, 自石城島來歸.

○ 무신일(8.13), 명나라의 수비 이문원(李文遠) · 백총 문국종(文國宗)이 12명을 이끌고 석성도(石城島)에서 내귀했다.

○ 庚戌, 上御大清門, 文武陞轉各官謝恩. 次喀爾喀部落土謝圖汗朝貢使臣, 上表行禮, 表曰, 土謝圖汗, 敬奉表於寬溫仁聖皇帝陛下, 恭候萬安. 近聞欲延致達賴喇嘛, 反覆思之誠是. 喀爾喀七固山, 及厄魯特四部落, 皆有同心. 若遣使延致, 乞同往何如. 凡所議, 悉與皇上無異. 謹隨表文, 獻黃弓二張, 馬三匹. 奉使卿里薩米 · 納古爾舍津二人, 已自寶廟前起行矣. 次台吉畢喇式朝貢使臣額爾德尼濟魯噶齊, 上表行禮, 表文曰, 兀爾寨圖台吉妻塞臣福金 · 畢喇式台吉, 謹奉表於寬溫仁聖皇帝陛下. 凡表文事情, 與馬哈撒嘛諦塞臣, 及土謝圖二汗無異. 今隨表文, 獻黑獺皮一張 · 馬二匹. 次綽克圖衛徵貝勒朝貢使臣達爾漢祁齊嬰貴 · 班第, 上表行禮. 表文曰, 綽克圖衛徵貝勒, 謹奉表於寬溫仁聖皇帝陛下. 凡表文事情, 與馬哈撒嘛諦塞臣, 及土謝圖二汗無異. 今隨表獻馬一匹, 以申鄙忱. 又德古爾格齊貝勒 · 賽音台吉 · 毛台吉 · 衛徵貝勒 · 車臣台吉 · 賴薩台吉子多爾濟巴特瑪戴青等, 各遣使來朝, 貢馬匹 · 名犬 · 水獺等物.

○ 경술일(8.15), 주상이 대청문(大淸門)에 가니 승진한 문무 관원들이 사은했다. 다음으로 칼카 부락 투시예투 칸의 조공 사신이 표문을 올리고 예를 행하였다. 표문에서 말했다. 「투시예투 칸이 관온인성황제 폐하께 삼가 표문을 올려 안부를 여쭙니다. 근래 달라이 라마를 초청하려 하신다고 들었습니다. 여러 번 생각해 봐도 실로 옳은 일입니

다. 칼카 7구사와 울러트 4부락이 모두 같은 마음입니다. 만약 사신을 보내 초청하신다면 함께 가는 것이 어떻겠습니까. 무릇 의논한 바는 모두 황상과 다르지 않습니다. 삼가 표문과 함께 황궁(黃弓) 2벌 · 말 3마리를 바칩니다. 명을 받든 사신 킹리 사미(kingli sami, 卿里薩米) · 나후르 샤진(nahūr šajin, 納古爾舍津) 두 사람이 이미 보묘(寶廟)[4]에서 먼저 출발했습니다.」

다음으로 타이지 비라시(birasi, 畢喇式)의 조공 사신인 어르더니 지루가치(erdeni jirugaci, 額爾德尼濟魯噶齊)가 표문을 올리고 예를 행하였다. 표문에서 말했다. 「올제이투 타이지(oljeitu taiji, 兀爾寨圖台吉)의 아내 세첸 푸진(secen fujin, 塞臣福金) · 비라시 타이지가 관온인성황제 폐하께 삼가 표문을 올립니다. 표문의 사정은 마하 사마디 세첸 칸 · 투시예투 칸 두 칸과 다르지 않습니다. 지금 표문과 함께 검은 수달가죽 1장 · 말 2마리를 바칩니다.」

다음으로 촉투 워이정 버일러(coktu weijeng beile, 綽克圖衛徵貝勒)의 조공 사신 다르한 키치영구이(darhan kiciyenggui, 達爾漢祁齊嬰貴) · 반디(bandi, 班第)가 표문을 올리고 예를 행하였다. 표문에서 말했다. 「촉투 워이정 버일러가 관온인성황제 폐하께 삼가 표문을 올립니다. 표문의 사정은 마하 사마디 세첸 칸 · 투시예투 칸과 다르지 않습니다. 지금 표문과 함께 말 1마리를 바쳐 작은 정성을 보입니다.」

또한 더구르거치 버일러(degurgeci beile, 德古爾格齊貝勒) · 사인 타이지(sain taiji, 賽音台吉) · 모오 타이지(moo taiji, 毛台吉) · 워이정 버일러(weijeng beile, 衛徵貝勒) · 체첸 타이지(cecen taiji, 車臣台吉) · 라이사 타이지(laisa taiji, 賴薩台吉)의 아들 도르지 바트마 다이칭(dorji batma daicing, 多爾濟巴特瑪戴青) 등이 각기 사신을 파견해 내조하고 말 · 명

4 寶廟는 '에르데니 조'를 가리킨다.

견(名犬)·수달 등의 물품을 바쳤다.

○ 辛亥, 賜石城島來降守備李文遠, 百總文國宗·劉景輝·董貴·韓成功·郭得才·朱登科·田進功·姜有功·韓文遠·李留寶·郭四·李承保·朴國尚等, 妻室·奴僕·牲畜·衣服·房舍·器皿等物有差.

○ 신해일(8.16), 석성도(石城島)에서 투항한 수비 이문원(李文遠), 백총 문국종(文國宗)·유경휘(劉景輝)·동귀(董貴)·한성공(韓成功)·곽득재(郭得才)·주등과(朱登科)·전진공(田進功)·강유공(姜有功)·한문원(韓文遠)·이유보(李留寶)·곽사(郭四)·이승보(李承保)·박국상(朴國尙) 등에게 처실(妻室)·노복·가축·의복·주택·그릇 등의 물품을 차등 있게 하사했다.

○ 是日, 以臧國祚修白塔·永濟二橋工竣, 由牛彔章京陞爲三等甲喇章京, 承襲如舊.

○ 이날 장국조(臧國祚)가 백탑교(白塔橋)와 영제교(永濟橋) 두 다리를 수리하여 공사가 마무리되었으므로 니루장긴에서 삼등 잘란장긴으로 승진시키고 예전과 같이 습직하게 했다.

○ 壬子, 辰刻, 上出懷遠門, 幸演武場, 命兩黃旗護軍較射, 賜大宴. 酉刻, 還宮.

○ 임자일(8.17), 진시(辰時)에 주상이 회원문(懷遠門)을 나가 연무장에 행차했다. 두 황기의 호군에게 활쏘기를 겨루게 하고 큰 주연을 베풀고 유시(酉時)에 궁으로 돌아왔다.

○ 命六旗諸王 · 貝勒 · 貝子等, 各率本旗護軍較射, 宴之.

○ 여섯 기(旗)의 왕 · 버일러 · 버이서들에게 각기 본 기(旗)의 호군을 이끌고 활쏘기를 겨루게 하고 연회를 베풀었다.

○ 癸丑, 賜朝鮮國解送逃人刑部員外郎李輝, 貂皮 · 銀兩等物.

○ 계축일(8.18), 조선국에서 도망인을 압송해온 형부원외랑(刑部員外郎) 이휘(李輝)에게 담비가죽과 은량 등의 물품을 하사했다.

○ 是日, 上率和碩親王 · 多羅郡王 · 多羅貝勒 · 固山貝子, 於辰刻, 出懷遠門, 至演武場較射. 上御黃幄, 適外藩蒙古四子部落達爾漢卓禮克圖俄木布 · 巴林部落滿珠習禮等, 以關雎宮宸妃誕生皇子, 遣使進獻駝馬上表慶賀. 上命樹的, 與馬哈撒嘛諦塞臣汗, 及土謝圖汗下諸臣較射. 選善射者每旗各十人, 分左右翼, 令之角勝, 負者罰牛羊. 和碩親王 · 多羅郡王 · 多羅貝勒 · 固山貝子等, 親率較射. 右翼諸王 · 貝勒 · 貝子等, 射中獨多, 得牛二 · 羊二十. 又令左右各出力士, 令之角觝, 右翼諸王 · 貝勒 · 貝子等負, 還所得左翼牛一 · 羊二. 於是令左翼和碩睿親王多爾衮 · 和碩豫親王多鐸 · 多羅貝勒豪格 · 多羅饒餘貝勒阿巴泰等, 射負者俱立, 宴右翼諸王 · 貝勒之射勝者. 宴畢, 併命外藩朝貢貝勒及諸臣, 依次列坐, 設宴, 宴之. 申刻, 上還宮. 酌納達爾漢卓禮克圖俄木布 · 滿珠習禮等所獻駝馬.

○ 이날 주상이 호쇼이 친왕 · 도로이 군왕 · 도로이 버일러 · 구사이 버이서를 이끌고 진시(辰時)에 회원문(懷遠門)을 나가 연무장에 이르러 활쏘기를 겨루었다. 주상이 황색 천막에 갔는데, 마침 외번몽고 사자(四子) 부락의 다르한 조릭투 옴부와 바린 부락의 만주시리 등이 관저궁신비(關雎宮宸妃)가 황자(皇子)를 낳은 일로 사신을 보내 낙타와 말을 바치고 표문을 올려 경하했다. 주상이 명하여 과녁을 세우고 마하 사마디 세첸 칸 및 투시예투 칸 속하 여러 신하들에게 활쏘기를 겨루게 했다. 활을 잘 쏘는 자를 기(旗)마다 10명씩 선발하여 좌익과 우익으로 나누고 승부를 겨루어, 패배한 자는 소와 양을 벌로 내게 했다. 호쇼이 친왕 · 도로이 군왕 · 도로이 버일러 · 구사이 버이서 등이 친히 이끌고 활쏘기를 겨루었다. 우익의 여러 왕 · 버일러 · 버이서 등이 쏘아서 맞춘 것이 유독 많아 소 2마리와 양 20마리를 얻었다. 또 좌익과 우익에서 각자 역사(力士)를 내보내 씨름하게 했는데 우익의 여러 왕 · 버일러 · 버이서 등이 패배하여, 획득했던 좌익의 소 1마리와 양 2마리를 돌려주었다. 이에 좌익의 호쇼이 예친왕(睿親王) 도르곤 · 호쇼이 예친왕(豫親王) 도도 · 도로이 버일러 호오거 · 도로이 요여 버일러 아바타이 등 활쏘기에 패한 자들은 모두 일어서서 활쏘기에 이긴 우익의 여러 왕과 버일러들에게 잔치를 베풀었다. 잔치를 마치고 아울러 외번의 조공 온 버일러 및 여러 신하들을 차례에 따라 앉게 하고 잔치를 베풀었다. 신시(申時)에 주상이 환궁했다. 다르한 조릭투 옴부와 만주시리 등이 헌납한 낙타와 말을 헤아려 받았다.

○ 賜科爾沁國土謝圖親王巴達禮 · 扎薩克圖郡王布塔齊, 綵緞 · 布疋等物.

○ 코르친국 투시예투 친왕 바다리와 자삭투 군왕 부타치에게 채단(綵緞) · 포필(布疋) 등의 물품을 하사했다.

○ 時, 上命兩翼較射, 岳託奏曰, 臣不能執弓. 上曰, 爾徐引射之, 爾不射, 恐他翼諸王 · 貝勒 · 貝子等不從. 諭之者三, 岳託始起射. 及引弓墮地五次. 岳託遂以所執弓, 向諸蒙古擲之. 於是諸王 · 貝勒 · 貝子 · 固山額眞 · 議政大臣 · 刑部承政會審. 以岳託素志驕傲妄自尊大, 今敗露於衆人之前. 如此罪惡, 難以姑容, 應論死, 奏聞. 上不聽. 又議幽禁別室, 籍沒家產, 上仍不聽. 又議奪所屬人員, 罰銀五千兩, 解兵部任, 削貝勒爵. 上命免奪所屬人員, 解兵部任, 降貝勒爲貝子, 罰銀五千兩, 暫令不得出門.

○ 이때 주상이 양익(兩翼)에 활쏘기 시합을 명했는데, 요토가 아뢰었다. "신(臣)은 활을 들 수 없습니다." 주상이 말했다. "너는 천천히 잡아당겨 활을 쏘아라. 네가 쏘지 않으면 다른 익의 여러 왕 · 버일러 · 버이서 등이 따르지 않을까 염려된다." 세 차례 유시하자 요토가 비로소 일어나 활을 쏘았다. 이에 활을 당겼는데 땅에 떨어진 것이 다섯 번이었다. 요토는 끝내 잡았던 활을 여러 몽고인을 향해 내던졌다. 이에 여러 왕 · 버일러 · 버이서 · 구사어전 · 의정대신 · 형부승정이 모여 심리하여「요토가 오랫동안 교만한 뜻을 품어 왔고 지나치게 잘난 체해 왔던 것이 지금 여러 사람들의 앞에서 드러났습니다. 이 같은 죄악은 조금도 용서할 수 없습니다. 사형으로 논해야 합니다.」라고

상주했다. 주상은 허락하지 않았다. 또 별실에 유폐시키고 가산을 몰수해야 한다고 논의했으나 주상은 계속해서 허락하지 않았다. 또 소속된 인원을 빼앗고 벌은 5,000냥을 부과하고 병부 직에서 해임하고 버일러 작위를 삭탈해야 한다고 논의했다. 주상은 소속 인원을 빼앗는 것은 면해 주고 병부 직에서 해임했으며 버일러에서 버이서로 강등시키고 벌은 5,000냥을 내게 하며 잠시 문 밖으로 나가지 못하게 했다.

○ 乙卯, 外藩蒙古翁牛特部落多羅達爾漢戴青東·鄂爾多斯部落濟農等, 遣使朝賀, 進獻駝馬. 上酌納之.

○ 을묘일(8.20), 외번몽고 옹니우트 부락의 도로이 다르한 다이칭 등(dung, 東)과 오르도스 부락의 지농 등이 사신을 보내 조하(朝賀)하고 낙타와 말을 바쳤다. 주상이 헤아려 받았다.

○ 四子部落達爾漢卓禮克圖俄木布·巴林部落滿珠習禮·翁牛特部落多羅達爾漢戴青東·鄂爾多斯部落濟農·諸使臣, 具盛筵於清寧宮, 獻上.

○ 사자(四子) 부락의 다르한 조릭투 옴부, 바린 부락의 만주시리, 옹니우트 부락의 도로이 다르한 다이칭 둥, 오르도스 부락의 지농, 여러 사신들이 청녕궁에 큰 연회를 마련하여 주상에게 바쳤다.

○ 丙辰, 以築都爾鼻城, 命和碩睿親王多爾衮, 相度基址, 多羅饒餘貝勒阿巴泰, 率八固山額眞, 每甲喇章京一員·每牛彔甲士二十二人·夫役十名, 前往興工. 又遣甲喇章京伊爾德·訥爾特·敦拜·席翰·馬克圖·禧福·伊成格·俄里堪等, 率護軍四百人, 防衛築城工役.

○ 병진일(8.21), 두르비 성(城)을 축조하는 일로 호쇼이 예친왕(睿親王) 도르곤에게 터를 살펴보게 하고 도로이 요여 버일러 아바타이에게 여덟 구사어전·잘란마다 장긴 1명씩, 니루마다 갑사(甲士) 22명과 부역(夫役)[5] 10명을 이끌고 먼저 가서 착공하게 했다. 또 잘란장긴 일더이·너르터이(nertei, 訥爾特)·둠바이·시한·막투·히퍼(hife, 禧福)·이청거·올리칸(olikan, 俄里堪) 등을 보내 호군 400명을 이끌고 축성 공사를 지키게 했다.

○ 己未, 遣國舅阿什達爾漢·尼堪·塞冷等, 往外藩蒙古巴林·扎魯特·喀喇沁·土默特·阿祿諸部落, 會諸王·貝勒等, 頒赦詔, 審理刑獄.

○ 기미일(8.24), 국구(國舅) 아시다르한·니칸·서렁 등을 외번몽고 바린·자루트·카라친·투메트·아루 여러 부락에 보내, 여러 왕과 버일러들을 모아 사면하는 조서를 반포하고 형벌을 심리하게 했다.

○ 庚申, 吳拜等出張家口, 往迎歸化城貿易之丹岱等, 遇明哨卒十六人, 斬十五人, 生擒一人, 獲馬十九匹, 奏聞.

---

5 만문본 『청태종실록』에는 쿠툴러(kutule)로 기록되어 있다.

○ 경신일(8.25), 우바이 등이 장가구(張家口)로 나가 귀화성(歸化城)에서 무역하는 단다이 등을 맞이하러 갔다가 명나라 초탐병 16명과 마주쳐서 15명을 베어 죽이고 1명을 생포하고 말 19마리를 획득했다고 상주했다.

○ 辛酉, 上幸演武場, 命護軍等較射, 賜宴.

○ 신유일(8.26), 주상이 연무장에 가서 호군 등에게 활쏘기 시합을 명하고 연회를 베풀었다.

○ 是日, 以巴吉爾爲三等甲喇章京, 賜之敕書. 敕曰, 爾巴吉爾係察哈爾扎素爾寨桑之職, 擇主來歸. 率二百有三十戶屬籍之人, 同時偕至. 明哲可取, 勛庸足嘉. 茲授爾爲三等甲喇章京, 准再襲四次.

○ 이날 바기르를 삼등 잘란장긴으로 삼고 칙서를 하사했다. 칙서에서 말했다. 「너 바기르는 원래 차하르 자술 자이상(jasul jaisang, 扎素爾寨桑)이었는데 주인을 선택해 내귀했다. 230호(戶)의 적(籍)에 속한 사람들을 이끌어 함께 데려 왔으니 명철함이 취할 만하고 공로를 칭찬할 만하다. 이에 너에게 삼등 잘란장긴을 제수하고 4번 습직을 허락한다.」

○ 外藩來朝蒙古貝勒塔賴·穆章, 率小台吉·塔布囊等, 具筵於清寧宮, 進上. 宴畢, 貢獻駝馬, 酌納之. 賜甲胄·雕鞍·蟒衣·緞布等物有差.

○ 외번에서 내조한 몽고 버일러 탈라이 · 무장이 소(小) 타이지와 타부낭 등을 이끌고 청녕궁에 연회를 갖추어 주상에게 바쳤다. 연회를 마치고 낙타와 말을 바치니 헤아려 받았다. 갑옷과 투구 · 조각한 안장 · 망의(蟒衣) · 비단과 면포 등의 물품을 차등 있게 하사했다.

○ 九月, 丙寅朔, 大學士范文程 · 剛林等, 往科爾沁國冊封禮成還. 其饋遺冊封使臣馬匹 · 牛羊 · 皮張, 一品大臣范文程 · 剛林, 每人三九, 二品大臣胡球 · 諾木圖, 每人二九, 三品大臣顧寔, 一九.

○ 9월 병인일 초하루(9.1), 대학사 범문정 · 가린 등이 코르친국에 가서 책봉의 예를 마치고 돌아왔다. 책봉 사신에게 말 · 소 · 양 · 가죽을 하사했다. 1품 대신 범문정 · 가린에게 각각 27마리,[6] 2품 대신 후키오 · 놈투에게 각각 18마리, 3품 대신 구시(gusi, 顧寔)에게 9마리를 하사했다.

○ 己巳, 上以敕書諭阿什達爾漢曰, 朕聞扎魯特部落內齊等, 虐害所屬塞冷綽博惠等, 縱部人潛行訐告, 於塞冷綽博惠之有一二牲畜者, 誣而取之. 彼等既屬同居又相統轄, 其有無財貨彼此悉知. 若皆被誣訐, 強奪其所有, 人將何以聊生. 且令彼等兼管者, 本欲其愛養之. 而反虐使之乎. 擾害如此, 若輩之牲畜既盡, 不可謀生. 朕必仍取害人者之牲畜與之. 朕曾以此誡諭內齊等, 內齊業已認過, 復諉其咎於兄弟. 朕固不之信也. 爾等可留扎魯特數日. 詳審從前告訐奪取牲畜之

6 원문의 '三九'는 가축 27마리이다. 말 2마리 · 거세한 소 2마리 · 乳牛 2마리 · 두 살 소 2마리 · 세 살 소 1마리가 한 세트, 즉 一九이며 그 3배가 三九이다.

人, 如實則已, 儻辭虛, 卽以所罰牲畜, 給還本主. 今後部人相侵害, 當申令嚴行禁止. 爾等此行, 以此事爲第一要務, 其詳愼議之.

○ 기사일(9.4), 주상이 칙서로 아시다르한에게 유시했다. 「짐이 들으니 자루트 부락의 너이치 등이 속하의 서령 초보호이 등을 가혹하게 박해했고, 부락의 사람으로 하여금 몰래 서령 초보호이에게 1-2마리 가축이 있는 것을 고발하게 하여 강제로 가축을 얻었다고 한다. 저들은 함께 살고 서로 관할하므로 재화의 유무를 피차가 전부 알고 있다. 만일 모두가 무고하게 비방을 당해서 강제로 소유물을 빼앗긴다면 앞으로 어찌 안심하고 살겠는가? 또 저들에게 겸하여 관할하게 한 것은 본디 부락 사람들을 사랑으로 기르게 하려는 것인데 도리어 잔학하게 부릴 수 있단 말인가? 해를 끼침이 이와 같아서 무리의 가축이 다 소진되면 생계를 도모할 수 없을 것이다. 짐은 반드시 해를 끼친 자의 가축을 취해 그에게 줄 것이다. 짐은 일찍이 이 일로 너이치 등을 타일렀는데 너이치는 과오를 알면서도 다시 그 허물을 형제에게 덮어씌웠으니, 짐은 정말로 믿지 못하겠다. 너희를 자루트에 머무르게 한 지 수일이다. 종전에 고발하여 가축을 탈취한 자를 상세하게 살피고, 사실이면 그만이지만 거짓이면 즉시 벌로 낸 가축을 본래 주인에게 돌려주어라. 지금부터 부락의 사람이 서로 해를 입히는 것을 엄격하게 금지해야 한다. 너희는 이번에 가서 이 일을 최우선의 임무로 삼아 자세히 살피고 의논하라.」

○ 辛未, 巳刻, 上率諸王 · 貝勒 · 貝子等, 每旗護軍統領一員 · 護軍參領二員, 每牛彔護軍三名, 出福勝門迤東, 獵於撫安堡.

○ 신미일(9.6), 사시(巳時)에 주상이 여러 왕 · 버일러 · 버이서 등과 기(旗)마다 호군통령 1명 · 호군참령 2명, 니루마다 호군 3명을 이끌고 복승문(福勝門)을 나가 동쪽으로 가서 무안보(撫安堡)에서 사냥했다.

○ 是日, 蓋州駐防章京代松阿 · 扈習 · 松格里 · 海塞 · 李麻子等, 於旅順口獲明哨船二艘 · 百總一員 · 兵六人, 解京師.

○ 이날 개주(蓋州)에 주둔하는 장긴 다이숭가 · 후시 · 숭거리(sunggeri, 松格里) · 하이서 · 이마자(李麻子) 등이 여순구(旅順口)에서 사로잡은 명나라 정탐선 2척 · 백총 1명 · 병사 6명을 경사(京師)로 보냈다.

○ 命內弘文院學士胡球 · 內國史院筆帖式敦拜 · 禮部參政蔡永年, 自海岸, 遣金光裕齎書, 與明石城島守將沈志祥. 復諭之曰, 爾等向石城島對岸舉火以待. 有石城島來船, 爾等即令攜去之人持書往, 與之約期, 過期不至, 爾等即還. 遺沈志祥書曰, 大淸國寬溫仁聖皇帝, 致書於石城島沈將軍. 朕聞將軍脫皮島之難, 復集潰卒, 殺明之黄監軍 · 白副將, 奪陳洪範兵. 朕意將軍必攜衆歸我, 竚俟久矣. 詎意將軍猶豫未決耶. 今將軍欲歸明國, 則明屢命將軍救朝鮮, 而將軍違命不救, 又擅殺黄監軍, 及奪陳洪範兵, 種種罪愆. 明國之君決不爾赦. 今將軍若不速計來歸, 朕既蕩平皮島, 豈容爾久據石城乎. 朕敕朝鮮, 收集船艘, 與我合兵, 攻取石城, 特頃刻耳. 彼時恐將軍, 歸朕無功, 歸明無路矣. 此際不早決去就, 將來臨難, 追悔何益. 朕曩曾招沈世魁來歸, 世魁不從, 今安在哉. 朕言非誇, 實爲爾等開導, 將軍其熟思之.

○ 내홍문원학사 후키오・내국사원 비트허시 둠바이・예부참정 채영년(蔡永年)에게 명하여 바닷가에서 김광유(金光裕)에게 서한을 가져가서 명나라 석성도(石城島)의 수장(守將) 심지상(沈志祥)[7]에게 주게 했다. 다시 유시하여 말했다. 「너희는 석성도를 향해 건너편 바닷가에 불을 피우고 기다려라. 석성도에서 배가 오면 너희는 즉시 데리고 간 자에게 서한을 들려 보내고, 그와 기한을 약속하라. 기한이 지나서도 이르지 않으면 너희는 즉시 돌아오라.」

심지상에게 보낸 서한은 다음과 같다. 「대청국 관온인성황제가 석성도의 심지상 장군에게 서한을 보낸다. 짐이 들으니, 장군은 피도(皮島)의 난으로부터 빠져나올 때 궤멸된 군졸들을 다시 모아 명나라의 황 감군(黃監軍)・백 부장(白副將)을 죽이고 진홍범(陳洪範)의 병사들을 빼앗았다. 짐은 장군이 필경 무리를 데리고 나에게 귀부할 것이라 생각하고 기다린 지가 오래이다. 장군이 망설이고 결정하지 않을 줄 어찌 알았겠는가. 지금 장군이 명나라에 돌아가면 명나라는 장군에게 누차 조선을 구하라고 명했으나 장군이 명을 거스르고 구하지 않은 것, 제멋대로 황 감군(黃監軍)을 죽이고 진홍범의 병사를 빼앗은 것 등 여러 가지 죄목으로 처벌할 것이고, 명나라의 임금은 결코 그대를 용서하지 않을 것이다. 지금 장군이 속히 내귀를 도모하지 않는다면 짐은 이미 피도를 평정했으니 어찌 그대가 오래도록 석성도에 의지하도록 두겠는가. 짐이 조선에 신칙하여 배를 모아 우리와 병력을 합치고 석성도를 공격하여 취하는 것은 순간일 뿐이다. 그때에 장군을 두렵게 할 것은 짐에게 귀부하려 해도 공적이 없고, 명나라에 돌아가려 해도 길이 없다는 것이다. 이때 일찍이 거취를 결정하지 못하여 장차 어려움을 만난다면 후회한들 무슨 소용이겠는가? 짐은 앞서 심세괴(沈

7 沈志祥: ?-1648. 遼東人. 모문룡의 부하인 沈世奎의 조카. 1637년 청에 투항했다. 1639년 續順公에 봉해졌다.

世魁; 沈世奎)를 불러 귀부하라고 했으나 심세괴는 따르지 않았는데 지금 어디에 있는가?[8] 짐의 말은 과장이 아니다. 진실로 그대들을 이끌어 주는 것이니 장군은 충분히 생각하라.」

○ 丁丑, 賜朝貢外藩蒙古喀爾喀部落塞爾扎爾 · 得爾格爾, 阿霸垓部落古木思哈布達爾漢 · 額騰台吉 · 布達斯希布 · 阿玉石 · 綽爾濟 · 蘇墨爾, 烏朱穆秦部落宜思哈布 · 吳喇垓僧格 · 阿津 · 鏗特克 · 額爾克寨桑 · 噶爾馬思哈布等, 貂鑲朝衣 · 袍帽 · 甲冑 · 鞓帶 · 鞍轡 · 撒袋 · 弓矢 · 緞布 · 銀器等物有差. 并召入清寧宮, 賜宴遣之.

○ 정축일(9.12), 조공 온 외번몽고 칼카 부락의 서르잘(serjal, 塞爾扎爾) · 덜거르, 아바가 부락의 구무스합 다르한(gumushab darhan, 古木思哈布達爾漢) · 어텅 타이지(eteng taiji, 額騰台吉) · 부다스힙(budashib, 布達斯希布) · 아유시 · 초르지 · 수머르, 우주무친 부락의 이스합(ishab, 宜思哈布) · 울라가이 셍게(ulagai sengge, 吳喇垓僧格) · 아진(ajin, 阿津) · 컹텍(kengtek, 鏗特克) · 어르커 자이상(erke jaisang, 額爾克寨桑) · 가르마스합(g'armashab, 噶爾馬思哈布) 등에게 담비가죽을 두른 조의(朝衣) · 겉옷과 모자 · 갑옷과 투구 · 가죽띠 · 안장과 고삐 · 화살집 · 활과 화살 · 비단과 면포 · 은그릇 등의 물품을 차등 있게 하사했다. 아울러 청녕궁에 불러들여 연회를 베풀고 보냈다.

○ 辛巳, 蓋州駐防代松阿, 獲明哨船二艘 · 百總一員 · 兵九人, 斬二

8 沈世奎가 피도에서 귀순을 거부하다가 청의 공격을 받고 죽었다는 뜻이다.

人, 解七人. 至即以所得銀·布等物, 賜擒獲之人.

○ 신사일(9.16), 개주(蓋州)에 주둔하는 다이숭가가 명나라 정찰선 2척·백총 1명·병사 9명을 사로잡아, 2명을 베어 죽이고 7명을 보냈다. 도착하자 획득한 은과 면포 등의 물건을 그것을 획득한 자에게 하사했다.

○ 先是, 固山額眞圖爾格以罪解任. 至是, 上命戴罪圖功, 仍令管固山額眞事.

○ 이전에 구사어전 투르거이가 죄를 지어 해임되었다. 이때에 주상은 투르거이에게 공을 세워 죗값을 치르도록 그대로 구사어전의 일을 관리하게 했다.

○ 乙酉, 遣內弘文院大學士希福·學士王文奎·內國史院學士羅碩·員外郎席代·內秘書院學士詹霸·蒙古衙門參政艾松古等, 齎誥命, 封外藩奈曼部落多羅達爾漢郡王袞出斯巴圖魯妻, 爲多羅達爾漢郡王福金, 吳喇忒部落多羅杜稜郡王孫杜稜妻, 爲多羅杜稜郡王福金, 四子部落多羅達爾漢卓禮克圖俄木布妻, 爲多羅達爾漢卓禮克圖福金, 多羅達爾漢戴青東妻, 爲多羅達爾漢戴青福金, 土默特部落多羅達爾漢單把妻, 爲多羅達爾漢福金, 喀喇沁部落多羅杜稜古魯思轄布妻, 爲多羅杜稜福金. 賜袞出斯巴圖魯妻誥命曰, 奉天承運寬溫仁聖皇帝制曰, 朕聞表章懿德, 錫予褒封, 乃聖王之常經, 古今之通典. 今朕誕登大寶, 效法前王, 爰定藩封, 特頒制誥, 封爾多羅達爾漢郡王之妻，爲多羅達爾漢郡王福金. 爾其恪守閨箴，毋違婦德，益輔佐爾多羅達爾漢郡王，敬愼持心，忠勤踐職，勳垂當世，譽顯來玆. 欽哉，勿替朕命. 其餘誥命文皆同.

○ 을유일(9.20), 내홍문원대학사(內弘文院大學士) 히퍼 · 학사(學士) 왕문규(王文奎) · 내국사원학사 로쇼 · 원외랑 시다이(sidai, 席代) · 내비서원학사 잠바 · 몽고아문 참정 아이숭구 등에게 고명(誥命)을 가져가게 하여 외번 나이만 부락의 도로이 다르한 군왕 군추스 바투루의 처를 도로이 다르한 군왕 푸진으로, 우라트 부락의 도로이 두렁 군왕 순 두렁의 처를 도로이 두렁 군왕 푸진으로, 사자(四子) 부락의 도로이 다르한 조릭투 옴부의 처를 도로이 다르한 조릭투 푸진으로, 도로이 다르한 다이칭 등의 처를 도로이 다르한 다이칭 푸진으로, 투메트 부락의 도로이 다르한 샴바의 처를 도로이 다르한 푸진으로, 카라친 부락의 도로이 두렁 구루스히얍의 처를 도로이 두렁 푸진으로 봉했다.

군추스 바투루의 처에게 하사한 고명은 다음과 같다. 「봉천승운관온인성황제(奉天承運寬溫仁聖皇帝)가 제(制)한다. 짐이 듣건대 뛰어난 덕을 표창하고 포봉(褒封)을 하사하는 것은 곧 성왕의 도리이고 고금의 규칙이다. 지금 짐이 제왕의 자리에 올라 전왕(前王)을 본받고 이에 번봉(藩封)을 평정했으므로 특별히 제고(制誥)를 내리니, 도로이 다르한 군왕의 처를 도로이 다르한 군왕 푸진에 봉한다. 너는 부녀자의 도리를 충실히 지키고 부덕(婦德)을 어기지 말라. 더욱 도로이 다르한 군왕을 보좌하고 마음을 공경하고 삼가며 충성스럽고 근실하게 직분을 수행하여 당대에 공을 드리우고 후세에 명예를 드러내라. 삼가고 짐의 명을 저버리지 말라.」

나머지 고명문(誥命文)은 모두 동일하다.

○ 丙戌, 上諭和碩親王・多羅郡王・多羅貝勒・固山額眞等曰, 朕聞駐防開城博爾惠牛彔下, 有兄弟二人, 皆無妻室, 煢獨可矜. 固山額眞・牛彔章京等, 不以奏朕, 朕何由知. 嗣後固山額眞・牛彔章京, 宜查各牛彔下有無妻窮苦者, 可以俘獲婦人, 給爲妻室, 善加撫養. 今承天眷祐之際, 若此等煢獨之人不加體恤, 伊等更何所望耶. 其以此言遍諭衆官.

○ 병술일(9.21), 주상이 호쇼이 친왕・도로이 군왕・도로이 버일러・구사어전 등에게 유시했다. "짐이 듣건대, 개성(開成)에 주둔하는 보르호이 니루 속하에 형제 2명이 있는데 모두 아내가 없다고 하니 의지할 데 없는 외로움이 불쌍하다. 구사어전과 니루장긴 등이 짐에게 아뢰지 않는다면 짐이 어찌 알겠느냐. 이후로 구사어전과 니루장긴은 각 니루 속하에 아내가 없어 곤궁한 자들을 조사하여 노획한 부인들을 아내로 삼아 주고 더욱 잘 어루만져 길러야 한다. 지금 하늘의 도움을 입은 때에 이들 외로운 자들을 구휼하지 않는다면 그들이 다시 어디를 바라볼 수 있겠느냐? 이 말을 관원들에게 두루 유시하라."

○ 外藩奈曼部落達爾漢郡王衮出斯巴圖魯, 科爾沁國喇嘛斯希母, 及喇嘛斯希・東果爾等, 以關雎宮宸妃誕生皇子, 遣使進獻駝馬・貂裘・貂皮等物. 上賜衮出斯巴圖魯・喇嘛斯希母, 及喇嘛斯希, 併其使臣, 綵緞・布疋等物有差.

○ 외번 나이만 부락 다르한 군왕 군추스 바투루, 코르친국 라마스히의 모친・라마스히・동고르 등이 관저궁신비(關雎宮宸妃)가 황자(皇子)를 낳은 일로 사신을 보내 낙타와 말・담비가죽옷・담비가죽

등의 물품을 바쳤다. 주상이 군추스 바투루・라마스히의 모친・라마스히와 그 사신에게 채단(綵緞)・면포 등의 물품을 차등 있게 하사했다.

○ 己丑, 先是, 俄齊爾桑, 以出獵誤射他人馬, 被繫, 曾與固山額眞杜雷, 羈禁於一所. 時值溽暑, 兵部參政穆爾泰, 遣撥什庫, 傳令杜雷並一僕留於禁所, 衆人俱出於外. 俄齊爾桑問曰, 亦令我出乎. 撥什庫云, 爾亦隨衆出坐可也. 杜雷曰, 誰遣爾來者. 撥什庫以穆爾泰對. 杜雷詬曰, 汝奈何妄逐人出. 俄齊爾桑曰, 部中人旣令我出. 豈以爾言而留乎. 遂出, 自設帳房而處. 穆爾泰・布爾薩海至毀之, 爲杜雷・和託, 更設帳房, 且留人拂蠅. 俄齊爾桑被逐, 告於梅勒章京冷僧機. 冷僧機向啟心郎穆成格述其言. 穆成格因問俄齊爾桑, 適巴圖魯俄莫克圖及宜立布至, 問曰, 爾此言徒自怨乎. 抑欲陳控乎. 如徒自怨, 則已, 果欲上聞, 我等代陳之. 俄齊爾桑曰, 縲紲之囚, 何敢復有陳奏, 惟從公等便耳. 冷僧機以此言告侍衛轉奏於上. 俄齊爾桑亦奏聞上, 未發. 俄有一人獲罪應死, 刑部誤將輕罪者執赴市曹. 何洛會見之, 言其非是, 始以應死之人易之. 上又聞之曰, 此皆該部罪也. 姑隱之, 以觀其檢舉與否. 後刑部奏誤擬事. 上曰, 更有類於此事者, 何弗奏耶. 於是法司承命審問, 俄齊爾桑首告事皆實. 布爾薩海・穆爾泰供云, 承政令我問本部貝勒岳託, 聽其設帳房. 我等違諭毀之是實. 穆爾泰又供云, 我令撥什庫逐俄齊爾桑使出是實. 此事亦曾告於岳託, 岳託悉知之, 因爲之庇護隱匿.

○ 기축일(9.24), 이전에 오치르상이 사냥을 나가 다른 사람의 말을 잘못 쏜 일로 체포되어 구사어전 둘러이와 한곳에 구금되었다. 때마침 무더위를 맞아 병부참정 무르타이가 보쇼쿠를 보내 둘러이와 노복

1명은 구금된 곳에 머무르게 하고, 다른 사람들은 모두 밖에 내보내게 했다. 오치르상이 물었다. "나도 나가야 하는가?" 보쇼쿠가 말했다. "당신도 다른 사람들을 따라 나가야 합니다." 둘러이가 말했다. "누가 너를 보내서 왔는가?" 보쇼쿠가 무르타이가 보냈다고 대답하자 둘러이가 꾸짖어 말했다. "너는 어찌 망령되게 다른 이들을 내보내려 하는가." 오치르상이 말하기를 "부(部)의 사람이 나에게 나가라고 했으니 어찌 그대가 말한다고 머무를 수 있겠는가?" 하고 끝내 나가서 스스로 천막을 세워 거처했다. 무르타이와 부르사하이가 와서 천막을 부수고 둘러이와 호토를 위해 다시 천막을 설치하고 사람을 남겨 파리를 쫓게 했다.

오치르상은 쫓겨나 머이런장긴 렁성기에게 알렸고 렁성기는 계심랑 무청거에게 그 말을 전했다. 무청거가 오치르상에게 물으려 할 때 마침 바투루 오목투 · 일리부(ilibu, 宜立布)가 와서 물었다. "너의 이 말은 단순히 원한에서 비롯된 것이냐? 아니면 사실을 말하려 한 것이냐? 만약 단지 원한에서 비롯된 것이면 그만두어라. 정말로 주상에게 상주하려면 우리가 대신 진언하겠다." 오치르상이 말했다. "포승줄에 묶인 죄수가 어찌 감히 다시 상주하겠습니까. 오직 공(公)들의 편리에 따를 뿐입니다." 렁성기는 이 말을 시위(侍衛)에게 고하여 주상에게 상주를 전했다. 오치르상 역시 상주했으나 미처 보내지 못했다. 그때 마침 사형죄를 얻은 사람이 있었는데 형부(刑部)의 잘못으로 가벼운 죄를 지은 자를 저자거리로 사형을 집행하러 갔다. 홀로호이가 그것을 보고 잘못되었다고 말하여 비로소 사형당할 사람이 바뀌었다.

이를 주상이 또 듣고 말했다. "이는 모두 해당 부(部)의 죄다. 잠시 묻어 두었다가 조사할지 여부를 살피겠다." 후에 형부가 일을 잘못 처리했다고 상주하자 주상이 말했다. "이와 비슷한 일이 더 있었을 텐데 어찌 상주가 없는가?" 이에 법사(法司)가 명을 받들어 심문하니, 오치르상이 고발한 일이 모두 사실이었다. 부르사하이와 무르타이가 진술했다. “승정이 저희로 하여금 해당 부(部)의 버일러 요토에게 묻게 하고 천막의 설치를 허락했지만 저희가 유시를 어기고 천막을 부순 것이 맞습니다.” 무르타이가 또 진술했다. “제가 보쇼쿠를 시켜 오치르상을 쫓아낸 것이 맞습니다.” 이 일은 일찍이 요토에게 고하여 요토는 모두 알고 있었으나 그들을 비호하고 은닉한 것이었다.

刑部和碩鄭親王濟爾哈朗, 及諸王·貝勒·貝子·固山額眞·各部大臣會議. 以岳託, 領部務, 徇庇罪人, 隱匿不奏, 罰銀一千兩, 奪其屬員. 伊孫·古爾布什, 應革職, 各罰銀一百兩, 奪其該管人丁. 穆爾泰·布爾薩海, 擅驅繫囚, 庇黨行悳. 穆成格, 訊明情節, 有心壅遏, 均應論死. 俄莫克圖·宜立布, 與聞其事, 亦不代陳, 應各鞭一百. 杜雷, 不畏法紀, 聽布爾薩海等, 驅衆更設帳房, 應罰銀一百兩. 和託, 鞭一百, 奏聞. 上召衆諭之曰, 朕非欲窮竟爾等罪情也. 以爾等互相庇護, 特令察究, 使知有所懲警. 爾等深戒之, 勿復如此, 當洗心滌慮, 以蠲積習. 岳託免罪. 伊孫·古爾布什, 均坐以應得之罪. 穆爾泰, 革職, 解牛彔任, 鞭一百. 布爾薩海, 革職, 解梅勒章京及牛彔任, 鞭一百. 俄莫克圖·宜立布, 俱免罪. 彼本部貝勒·承政, 尚明知匿奏, 彼等有何知識耶. 至驅囚設帳事, 非出於杜雷, 并宥之. 和託, 鞭三十. 啟心郎穆成格, 革牛彔章京職, 解部務及牛彔任, 鎖禁兩月, 仍鞭一百, 罰銀百兩.

형부(刑部) 호쇼이 정친왕 지르갈랑 및 여러 왕·버일러·버이서·구사어전·각 부 대신들이 모여 의논했다.「요토는 부(部)의 일을 관할하면서 죄인을 덮어 주고 숨겨 아뢰지 않았으므로 벌은 1,000냥을 부과하고 속하 관원을 빼앗아야 합니다. 이순과 구르부시는 마땅히 혁직하고 각각 벌은 100냥을 부과하며 관리하는 인정(人丁)을 빼앗아야 합니다. 무르타이와 부르사하이는 제멋대로 수인을 내쫓고 무리를 감싸 주는 은혜를 베풀었습니다. 무청거는 경위를 조사하는 것을 막으려는 마음이 있었으니 모두 사형으로 논해야 합니다. 오목투와 일리부는 그 일을 함께 듣고도 대신 진언하지 않았으니 각각 채찍으로 100대 때려야 합니다. 둘러이는 법의 기율을 두려워하지 않고 부르사하이 등이 사람들을 내쫓고 다시 천막을 세우는 것을 허락했으니 벌은 100냥을 부과해야 합니다. 호토는 채찍 100대를 때려야 합니다.」

논의를 상주하자 주상이 사람들을 불러 유시했다. "짐은 너희의 죄상을 끝까지 파헤치고자 하는 것이 아니다. 너희가 서로 비호하니 특별히 살피게 하여 경계할 바를 알게 하는 것이다. 너희는 깊이 경계하고 다시는 이렇게 하지 말고 마음과 생각을 깨끗이 하여 오랜 습관을 없애라. 요토는 죄를 면해 준다. 이순과 구르부시는 모두 받아야 할 죄에 처한다. 무르타이는 혁직하고 니루 직에서 해임하며 채찍으로 100대 때린다. 부르사하이는 혁직하고 머이런장긴 및 니루 직에서 해임하며 채찍으로 100대 때린다. 오목투와 일리부는 모두 죄를 면해 준다. 저들 해당 부(部)의 버일러와 승정이 명확히 알면서도 숨기고 아뢰지 않았으니, 그들이 어찌 알았겠는가? 수인을 내쫓고 천막을 설치하되 둘러이는 내보내지 않은 것을 아울러 용서한다. 호토는 채찍으로 30대 때린다. 계심랑 무청거는 니루장긴에서 혁직하고 부(部)의 일과 니루 직에서 해임하며 두 달간 구금시킨다. 또한 채찍으로 100대 때리고 벌은 100냥을 부과한다."

○ 先是, 外藩蒙古台吉博洛, 有一女未字. 固山額眞俄莫克圖往視之, 脅博洛曰, 我貝勒欲得此女, 不問貝勒, 不可與人. 博洛告於巴琫塔布囊 · 沙濟達喇, 遂奏聞. 上命法司鞫問. 以俄莫克圖逼脅事, 實應論死. 又以俄莫克圖視女時, 英俄爾岱見之, 曾告於豪格, 而俄莫克圖, 又與豪格具言其事. 乃豪格身任部務, 不以非禮之事告衆, 治俄莫克圖罪, 而貪得博洛女, 豪格應罰銀一千兩, 罷管部務. 英俄爾岱於俄莫克圖, 未往視女時, 先向俄莫克圖云, 我曾見之, 又諂媚貝勒云, 俄莫克圖已往視矣. 英俄爾岱應罰銀五十兩, 奏聞. 上命免俄莫克圖死, 革職, 罷管固山額眞及牛彔事, 鞭一百. 豪格罰銀一千兩, 罷管部務. 英俄爾岱罰銀五十兩.

○ 이전에 외번몽고 타이지 볼로에게 아직 출가하지 않은 딸이 하나 있었다. 구사어전 오목투가 가서 딸을 보고 볼로를 협박하여 말했다. “우리 버일러가 이 여자를 얻고자 한다. 버일러에게 말하지 않고 다른 사람에게 주면 안 된다.” 볼로는 바붕 타부낭((babung tabunang, 巴琫塔布囊)과 샤지다라(šajidara, 沙濟達喇)에게 고했고, 결국 상주했다. 주상이 법사(法司)에 국문할 것을 명했다. 법사에서 상주했다. 「오목투가 협박한 일이 사실이니 사형으로 논해야 합니다. 또 오목투가 여자를 보았을 때 잉굴다이가 그것을 보고 호오거에게 알렸고 오목투도 호오거에게 그 일을 자세히 말했습니다. 이에 호오거는 몸소 부(部)의 업무를 맡고 있으면서도 예(禮)에 어긋나는 일을 사람들에게 고한 일로 오목투의 죄를 다스리지 않았습니다. 볼로의 딸을 탐낸 사안에 대해 호오거에게 벌은 1,000냥을 부과하고 부(部)의 일을 관리하는 직을 파면해야 합니다. 잉굴다이는 오목투가 아직 여자를 보지 않았을 때 먼저 오목투에게 “내가 여자를 보았다.”라고 하고 또 버일러에게 아첨하여 “오목투가 가서 보았다.”라고 말했으니 잉굴다이에게는 벌은 50냥을 부과해야 합니다.」 주상은 오목투의 처형은 면해 주고 혁직하여 구사어전 및 니루의 일을 관리하는 직에서 파면하고 채찍으로 100대 때리도록 했다. 호오거에게는 벌은 1,000냥을 부과하고 부(部)의 일을 관리하는 직에서 파면했다. 잉굴다이에게는 벌은 50

냥을 부과했다.

○ 唐賽達爾漢和碩齊病故, 令其子多爾濟, 仍襲達爾漢和碩齊號.

○ 탕사이 다르한 호쇼치(tangsai darhan hošoci, 唐賽達爾漢和碩齊)가 병사하여, 그 아들 도르지에게 다르한 호쇼치 칭호를 이어받게 했다.

○ 壬辰, 孝慈武皇后忌辰, 遣大臣祭福陵.

○ 임진일(9.27), 효자무황후(孝慈武皇后)의 제삿날이어서 대신을 보내 복릉(福陵)에 제사 지냈다.

○ 賜阿霸垓部落濟農下阿玉石, 貂鑲朝衣 · 甲冑 · 雕鞍 · 銀器 · 綵緞 · 布疋等物.

○ 아바가 부락 지농 속하의 아유시에게 담비가죽을 두른 조의(朝衣) · 갑옷과 투구 · 조각한 안장 · 은그릇 · 채단(綵緞) · 면포 등의 물품을 하사했다.

권39

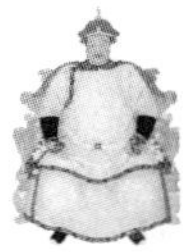

숭덕 2년 10월 ~ 12월

崇德二年, 丁丑, 冬十月, 乙未朔, 定曆法, 頒滿洲 · 蒙古 · 漢文曆.

○ 숭덕 2년 정축년 겨울 10월 을미일 초하루(10.1), 역법을 정하고 만주 · 몽고 · 한문으로 된 역서(曆書)를 반포했다.

○ 庚子, 以土默特部落耿格爾, 於丙子歲克昌平時, 私自祭纛, 革去查薩袞諾顏號, 罰牲畜三九數.

○ 경자일(10.6), 투메트 부락 겅걸이 병자년(1636) 창평(昌平)을 함락시켰을 때 제멋대로 독제(纛祭)를 지냈기에 자사군 노얀(jasagūn noyan, 查薩袞諾顏) 칭호를 박탈하고 가축 27마리를 벌로 취했다.

○ 丙午, 厄魯特部落顧實車臣綽爾濟, 遣其頭目庫魯克, 來貢馬匹 · 白狐皮 · 獺喜獸 · 羢毯等物. 顧實車臣綽爾濟, 初未入貢, 聞上威德遠播, 至丙子年, 乃遣使. 因路遠, 於是歲始至.

○ 병오일(10.12), 울러트 부락 구시 체첸 초르지(gusi cecen corji, 顧實車臣綽爾濟)가 두목 쿨룩(kuluk, 庫魯克)을 보내어 말 · 흰 여우가죽 · 타히(tahi, 獺喜) · 양탄자 등의 물건을 바쳤다. 구시 체첸 초르지는 이전에는 입공하지 않았으나, 주상의 위세와 덕망이 멀리까지 퍼진 것을 듣고 병자년(1636)에야 사신을 보냈다. 그러나 길이 멀기 때문에 올해 도착했다.

○ 黑龍江地方巴爾達齊, 率五十七人, 貢貂皮. 又精格里河渾秦屯內居住扈育布祿, 初未入貢. 至是, 亦率五人來朝, 貢貂皮. 俱令禮部官迎宴之.

○ 흑룡강 지방의 발다치가 57명을 데리고 와서 담비가죽을 조공했다. 또한 징키리강(jingkiri, 精格里河)의 훈친(渾秦, hūncin)[1] 촌락에 거주하는 후유불루(hūyubulu, 扈育布祿)는 이전에는 입공하지 않았으나 이때에 5명을 데리고 내조하여 담비가죽을 조공했다. 모두 예부 관원에게 영접하고 연회를 베풀게 했다.

○ 辛亥, 先是, 征朝鮮師還, 經瓦爾喀地方, 朝鮮遣兵來襲我後. 奈曼

1 渾秦屯: 渾秦布喇라고도 한다. 흑룡강 다우르인의 거주지이고, 슈무루(šumuru, 舒穆祿) 씨가 대대로 거주한 곳이다. 현재 러시아 영역 제야강(징키리강) 유역에 있다.

部落達爾漢郡王袞出斯巴圖魯見之, 不戰先返. 外藩諸扎薩克貝勒, 議罰馬百匹, 後以敗敵有功, 從寬罰三分之二.

○ 신해일(10.17), 이전에 조선을 정벌하러 간 군사들이 귀환하면서 와르카 지방을 지날 때, 조선이 군사를 보내어서 우리 배후를 습격했다. 나이만 부락 다르한 군왕 군추스 바투루가 이를 보고도 싸우지 않고 먼저 돌아갔다. 외번 자삭 버일러들이 의논하여 말 100마리를 벌로 취하기로 했는데, 나중에 적을 물리친 공을 세웠으므로 경감시켜 3분의 2만 취했다.

○ 賜麻福塔巴圖魯 · 葉辰巴圖魯牛彔下一百五十三戶瓦爾喀人, 奴僕 · 牲畜 · 房舍 · 器皿什物俱全. 以其自朝鮮來歸故也.

○ 마푸타 바투루 · 여천 바투루의 니루 속하 153호의 와르카인들에게 노복 · 가축 · 집 · 집기를 하사하여 모두 갖추게 했다. 그들이 조선에서 내귀했기 때문이다.

○ 己未, 萬壽節遣大臣祭福陵. 祝文曰, 維崇德二年, 歲次丁丑, 十月乙未朔, 越二十五日己未. 孝子嗣皇帝皇太極敬遣大臣, 謹以香 · 燭 · 酒 · 果. 敢昭告於皇考太祖承天廣運聖德神功肇紀立極仁孝武皇帝, 皇妣孝慈昭憲純德貞順成天育聖武皇后神位前曰, 時維誕辰, 追慕皇考皇妣, 養育深恩, 與天罔極, 音容莫覩, 霜露增懷. 用申祭告, 伏惟尚饗.

○ 기미일(10.25), 만수절(萬壽節)에 대신을 보내어 복릉(福陵)에 제사 지내게 했다. 축문에서 말했다. 「유세차 숭덕 2년 정축년 10월 을미일 초하루로부터 25일 지난 기미일, 효자 사황제(嗣皇帝) 홍타이지는 공경하는 마음으로 대신을 보내 삼가 향 · 초 · 술 · 과일을 올립니다. 황고(皇考) 태조 승천광운성덕신공조기입극인효무황제(承天廣運聖德神功肇紀立極仁孝武皇帝)와 황비(皇妣) 효자소헌순덕정순성천육성무황후(孝慈昭憲純德貞順成天育聖武皇后)의 신위 앞에서 감히 고합니다. 때는 바야흐로 탄신일이기에 황고와 황비를 추모하오니, 길러 주신 깊은 은혜는 하늘만큼 끝이 없으나, 두 분의 목소리와 모습을 볼 수 없으니 부모님을 그리는 마음이 더하기만 합니다. 이에 제사를 올리고 고하니 엎드려 바라건대 흠향하소서.」

○ 是日, 上御篤恭殿, 內外和碩親王 · 多羅郡王 · 多羅貝勒 · 固山貝子 · 三順王, 及朝鮮質子 · 文武各官, 上表稱賀, 進獻鞍馬 · 黃金 · 緞疋等物. 在內諸王表文曰, 諸王 · 貝勒, 及文武百官, 謹奉表跪奏寬溫仁聖皇帝陛下. 恭遇萬壽聖節, 擧國安寧, 萬民康樂, 上下同歡. 臣等際此昌辰, 不勝歡忭, 伏願聖壽無疆, 謹奉表稱賀以聞. 科爾沁國土謝圖親王巴達禮 · 卓禮克圖親王吳克善 · 扎薩克圖郡王布塔齊 · 巴圖魯郡王滿朱習禮等, 奈曼部落達爾漢郡王袞出斯巴圖魯, 翁牛特部落杜稜郡王孫杜稜, 四子部落達爾漢卓禮克圖俄木布 · 達爾漢戴青東, 敖漢部落固倫額駙班第, 喀喇沁部落查薩袞杜稜古魯思轄布, 土默特部落查薩袞達爾漢單把等, 俱遣貝子 · 大臣, 奉表稱賀, 其文竝同. 恭順王孔有德 · 懷順王耿仲明 · 智順王尙可喜表文曰, 臣等誠懽誠忭, 稽首頓首上言. 伏遇萬壽聖節, 瑞氣氤氳. 太和翔洽, 五穀豐登, 民生安樂. 欽惟我寬溫仁聖皇帝, 盛德格天, 誕受景命, 聿登大寶, 施弘恩於四海, 定太平於萬年. 自今伊始, 率土同懽. 臣等幸際明時, 恭逢聖節, 忝守藩封, 不勝慶幸. 伏願萬壽無疆. 臣等無任瞻天仰聖, 激切屛營之至. 謹奉表稱賀以聞.

○ 이날 주상이 독공전에 드니, 내외 호쇼이 친왕 · 도로이 군왕 · 도로이 버일러 · 구사이 버이서 · 공순왕 · 회순왕 · 지순왕 및 볼모로 온 조선 왕자 · 문무 각 관원들이 표문을 올려 경하하고, 안장을 갖춘 말 · 황금 · 비단 등을 바쳤다. 내지(內地)의 여러 왕들은 표문에서 말했다.「여러 왕 · 버일러 및 문무백관들이 삼가 표문을 받들어 무릎 꿇고 관온인성황제 폐하께 아룁니다. 삼가 만수성절(萬壽聖節)을 맞이하여 온 나라가 안녕하고 만민이 안락하며 상하가 함께 기뻐합니다. 신들은 성세를 맞이하여 기쁨을 이기지 못하며, 만수무강하시기를 엎드려 바랍니다. 삼가 표문을 올려 경하드리며 상주합니다.」

코르친국의 투시예투 친왕 바다리 · 조릭투 친왕 욱샨 · 자삭투 군왕 부타치 · 바투루 군왕 만주시리 등, 나이만 부락 다르한 군왕 군추스 바투루, 옹니우트 부락 두렁 군왕 순 두렁, 사자(四子) 부락 다르한 조릭투 옴부 · 다르한 다이칭 등, 아오한 부락 구룬 어푸 반디, 카라친 부락 자사군 두렁 구루스히얍, 투메트 부락 자사군 다르한 샴바(šamba, 單把) 등은 모두 버이서와 대신을 보내 표문을 올리고 경하했는데 그 글은 모두 같았다.

공순왕 공유덕 · 회순왕 경중명 · 지순왕 상가희는 표문에서 말했다.「신들은 진심으로 기쁜 마음에 머리를 조아려 상언합니다. 삼가 생각건대, 바야흐로 만수성절(萬壽聖節)을 맞이하여 상서로운 기운이 성하고 큰 조화가 이루어졌으며, 오곡은 풍성하고 민생은 안정되었습니다. 삼가 생각건대, 우리 관온인성황제께서는 성덕이 하늘을 본받으시고 나시면서 제왕의 명을 이어받아 제위에 오르셔서, 사해에 홍은을 베푸시고 만대에 태평을 정하셨습니다. 지금부터 온 나라가 함께 기뻐할 겁니다. 신들은 다행히 좋은 때를 만나 성절(聖節)을 삼가 맞이했습니다. 과분하게도 번봉(藩封)을 지키고 있으니 기쁨을 이기지 못하겠습니다. 만수무강하시기를 엎드려 바랍니다. 신들은 하늘을 바라보고 성상(聖上)을 우러르는 간절한 심정을 가눌 길이 없어 삼가 표문을 올려 경하드립니다.」

○ 朝鮮國王李倧, 遣陪臣崔鳴吉等貢方物, 上表慶賀. 表文曰, 朝鮮國王臣李倧, 欽遇崇德二年十月二十五日, 萬壽聖節, 謹奉表稱賀者, 臣倧誠懽誠忭, 稽首頓首上言. 伏以一人有慶, 方呈繞電之祥, 千歲爲春, 庸介齊天之福. 歡聲遠曁, 喜氣旁騰. 欽惟寬溫仁聖皇帝陛下, 道大難名, 功高不世, 縱橫英畧, 渙號令於風雷, 出入神機, 振威靈於遐邇. 鼎臨虹流之節, 益升川至之休. 伏念臣迹滯鼇東, 心切拱北, 疆埸是守, 莫陪駿奔之班, 魏闕懸情, 倍殫鼇忭之悃. 臣無任瞻天仰聖, 激切屏營之至, 謹奉表稱賀以聞.

○ 조선국왕 이종(李倧)이 배신(陪臣) 최명길(崔鳴吉) 등을 보내어 방물을 바치고 표문을 올려서 경하했다. 표문에서 말했다. 「조선국왕 신 이종(李倧)은 숭덕 2년 10월 25일 만수성절(萬壽聖節)을 맞이하여 삼가 표문을 올려 경하드립니다. 신 이종(李倧)은 진심으로 기뻐 머리를 조아려 상언합니다. 바라건대 천자 한 사람의 경사가 있어 상서로운 조짐이 드러나니, 천 년을 한 봄처럼 만수무강하시어 하늘과 같은 복을 받으소서. 환호하는 소리가 멀리까지 미치고 좋은 기상이 두루 솟아오르고 있습니다. 삼가 생각건대 관온인성황제 폐하께서는 도(道)가 커서 이름 짓기 어렵고 공이 높아 세상에 견줄 바 없으며, 영명한 책략을 종횡으로 내시어 비바람 속에서도 호령을 내리시고 신기(神機)를 마음대로 꺼내어서 멀고 가까운 곳 모두에 위엄을 떨치셨습

니다. 바야흐로 탄신일을 맞이하여 물이 계속 흘러내리듯 하는 복을 더욱 받으소서. 삼가 생각하니, 신은 동쪽 나라에 묶여 있어도 마음은 간절히 북쪽에 계신 폐하를 바라고 있습니다. 변방을 지키고 있어 폐하를 모실 수는 없지만 높은 궁궐을 그리워하고 있으니 은혜에 감사하는 정성을 배로 다하겠습니다. 신은 하늘을 바라보고 성상(聖上)을 우러르는 간절한 심정을 가눌 길이 없어 삼가 표문을 올려 경하드립니다.」

又附謝恩表曰, 朝鮮國王臣李倧言, 崇德二年, 七月初三日, 謝恩陪臣議政府左議政李聖求等, 捧到敕諭云, 惟爾黽勉作忠, 洗心陳謝, 吐丹誠於表狀, 傾葵節於包茅, 王既堅事大之志, 朕爰弘字小之恩, 特賜王鞍馬·白金·貂皮等物, 以示優眷. 就令陪臣李聖求齎還, 王其佩服休命, 益勵忠勤, 欽哉故諭. 臣欽此. 臣又欽奉敕諭云, 島孽蕩平, 朕絕門庭之寇, 海氛掃靖, 爾無心腹之憂. 雖藉諸臣之宣力, 實賴藩服之攄誠, 助朕兵船, 用張撻伐, 勳勞聿著, 忠順可嘉, 宜頒恩錫, 以勵有邦. 爾之將士人等, 已經一體賞賚, 其麗民投寓各島者, 亦盡付安州陪臣柳琳訖, 玆特賜王銀幣·馬匹, 就令陪臣林慶業齎回, 爾可祗領. 尚宜時嚴烽瞭, 勿俾餘孽之復猖, 益著忠貞, 作我東藩而永固, 欽哉故諭. 臣欽此欽遵祗領外, 臣與一國臣民, 不勝感激. 謹奉表稱謝者, 臣倧誠惶誠恐, 稽首頓首. 伏以恭修藩職, 麤效報國之誠, 誕降王, 言猥紆錫賚之典. 循涯增惕, 拜嘉深慚. 伏念臣偏荷生成, 仍尸緒業, 憑一介之行李, 替申微忱, 仗九伐之天威, 悉索敝賦. 奚稱藉手之禮. 未有獻馘之功, 筐篚是供, 莫酬山嶽之恩重, 干戈攸指, 訖見島嶼之波清. 纖勞蔑著於從征, 榮褒特加於匪分. 鸞書鳳誥, 恍承天語之叮嚀, 玉檢瑤函, 盡出御府之珍玩, 蔥鏐花錦, 帶龍光而交輝, 黑貂金鞍, 侑駿馬而矜寵, 餘澤霑於賤价, 普渥洽於逋民. 歡呼遍匝於海隅, 共羣工而鰲忭, 髦倪續返於鄕里, 垂並育之鴻功, 古亦罕聞, 臣何得此. 玆蓋伏遇寬溫仁聖皇帝陛下, 仁深字小, 德隆哀窮, 雷動風馳, 咸遠適之震疊, 薄來厚往, 撫要荒而柔懷, 遂令遐陬, 荐蒙異數. 臣敢不激昂晩節, 洗滌初心, 敬佩綸音, 敢忘昭戒之旨, 恪遵侯度, 庶罄朝宗之忠. 臣無任瞻天仰聖, 激切屛營之至. 謹奉表稱謝以聞.

또한 사은표에 덧붙여서 말했다. 「조선국왕 신 이종(李倧)이 말씀드립니다. 숭덕 2년 7월 초3일에 사은 배신(陪臣) 의정부 좌의정 이성구(李聖求) 등이 받들어 가져온 칙유에서 말씀하셨습니다. "생각건대 그대는 부지런히 충을 다하고 마음을 깨끗이 하여 감사를 표했으며 표문과 서장에 일편단심을 토로하고 공물에 한결같이 절개를 쏟았다. 왕이 사대(事大)의 마음을 굳게 했으니 짐은 작은 나라를 아끼는 은혜를 넓히고자 특별히 왕에게 안장을 갖춘 말 · 백금 · 담비가죽 등의 물건을 내려서 우대하고 보살피는 마음을 보인다. 배신(陪臣) 이성구(李聖求)가 가지고 돌아가게 했으니 왕은 짐의 명을 새겨들어서 더욱 충성하고 근면하라. 이에 칙유한다." 신은 이를 받들었습니다.

신이 또 받든 칙유에서 말씀하셨습니다. "섬의 무리가 모두 평정되었다. 짐이 문 안에 들어온 도적을 절멸시켰고 바다의 재앙을 소탕했으니 그대 마음 속 근심이 사라졌다. 비록 여러 신하들이 힘써 준 덕분이지만 실제로는 번복(藩服)의 정성에 힘입은 바가 있어, 병선으로 짐을 도와 정벌하는 데 공로가 두드러지니 충순함이 가상하다. 마땅히 은사(恩賜)를 내려 그 나라를 격려해야 한다. 그대의 장졸에게는 이미 모두 상을 주었고, 조선 백성으로 각 섬에 가서 살고 있는 자들도 안주(安州)의 배신(陪臣) 유림(柳琳)에게 모두 보냈다. 이에 특별히 왕에게 은과 비단과 말을 내린다. 배신(陪臣) 임경업에게 가지고 돌아가게 했으니 그대는 잘 받으라. 때마다 엄히 봉화를 밝히고, 남은 무리들이 다시 창궐하게 하지 못하게 하여 충정을 더욱 드러내 보이고, 우리의 동번(東藩)으로서 영원히 공경하라. 이에 칙유한다."

신은 이를 공경히 받고, 신과 온 나라의 신민이 감격을 이기지 못하겠습니다. 삼가 표문을 받들어 사례를 드리며 신 이종(李倧)은 진심으로 황공하여 머리를 조아립니다. 삼가 생각건대, 번국(藩國)의 직분을 삼가 수행하여 보국의 정성을 조금이나마 다했는데, 황제의 유지를 내리시어 과분하게 포상의 은전을 받았습니다. 직분을 다하기가 더욱 두렵고 감사를 올리지만 더욱 부끄럽습니다. 삼가 생각건대 신은 황상의 살려 주신 은혜를 입어 무능하지만 국가를 이어 가며 약간의 군수품으로 변변찮은 성의를 대신 올렸을 뿐, 구벌(九伐)[2]의 천위(天威)로 온 나라의 힘을 동원한 황상께 의지했으니 어찌 저의 손을 빌렸다 하십니까? 승리를 이룬 공적이 없으니 예물을 바쳐도 산 같은 은혜를 갚을 길 없고, 군대가 이르니 마침내 섬의 맑은 파도가 보이게 되었습니다.

노고가 미미하여 따라간 출정에서 드러나지도 않았는데 영예로운 포상을 과분하게 특별히 더해 주셨습니다. 서신과 고명(誥命)은 기쁘게 받든 폐하의 당부이고 옥첩(玉牒)과 요함(瑤函)은 모두 내부(內府)에서 꺼낸 보물들이며, 황금과 화려한 비단은 영롱한 빛을 머금어 저마다 빛이 나고, 흑담비가죽과 황금 안장은 준마를 돋보이게 하여 총애하게 합니다. 은택은 넘쳐서 미천한 사신에게까지 미쳤고, 은혜는 두루 퍼져서 도망간 백성들에게도 내리고 있습니다. 환호가 바다 구석에도 두루 미치니 신하들이 함께 기뻐하고, 늙고 어린 자들이 향리로 연이어 돌아가니 만인을 모두 기르시는 큰 공적입니다. 옛날에도 듣지 못한 것인데 신이 어찌 이런 행운을 얻었겠습니까?

---

2 구벌(九伐): 죄악을 징계하는 아홉 가지의 토벌로서 『周禮』 「夏官 · 大司馬」에 그 내용이 상세히 나와 있음.

이는 대개 관온인성황제 폐하의 작은 나라를 보살피는 마음이 깊으시고, 불쌍한 이들을 애도하는 덕이 두텁고, 번개가 치고 바람이 몰아치는 것 같이 위엄은 멀고 가까운 곳에 모두 미쳐서 두렵게 하고, 적게 받고 많이 주어서 먼 나라들을 위무하여 회유하고, 마침내 변방의 한 구석을 특별히 계속 예우해 주었기 때문입니다. 신은 감히 만년의 절조를 격려하고 초심을 깨끗하게 하지 않을 수 없어, 황제의 뜻에 경복하여 타이르시는 뜻을 잊지 못하고, 제후의 법도를 각별히 준수하여 조종(朝宗)의 충성을 다할 것입니다. 신은 하늘을 바라보고 성상(聖上)을 우러르는 간절한 심정을 가눌 길이 없어, 삼가 표문을 올려 사례드려 아뢰옵니다.」

又一表曰, 朝鮮國王臣李倧言, 崇德二年, 七月初三日, 謝恩陪臣議政府左議政李聖求等, 齎捧到敕諭云, 王在南漢時, 感部臣英俄爾岱·馬福塔往來道達之恩, 各餽銀二千兩, 通事三人, 各五百兩以酬之, 英俄爾岱·馬福塔奏朕方知, 伊等一則盡心爲主, 一則以向嘗往來, 欲保全爾國, 故身任役使, 傳達言語, 豈望報耶. 王如知感, 但存之於心可耳, 安用賄爲. 且我國從來不加兵於無罪之國, 惟有罪則興師征討. 凡攻城畧地, 仰承天意, 秉義以行. 似此, 奉使諸臣, 豈有藉以納賄之理. 或間有一二越理私取者, 朕亦安能知之. 然謂與諸臣以賄, 則事成, 不與以賄, 則事敗, 寧有此等事耶. 總之欲著忠誠, 全在小心正直, 恪守典常, 非由通賄. 今兩國一家, 猜疑盡釋, 此後儻有貪婪之輩越理私索者, 不惟不可與王知之, 即當奏聞. 若知此等貪劣之人而不以奏聞, 亦非理也. 特諭. 臣欽此欽遵, 外臣與一國臣民不勝感激. 謹奉表稱謝者, 臣倧誠惶誠恐, 稽首頓首. 伏以筐篚輸忱, 敢修虔謝之禮, 絲綸示訓, 特還私餽之儀, 受賜如新, 拜嘉增愧. 伏念臣愚迷最甚, 罪戾實多. 自瀆嚴威, 因致顚隮之禍, 重延墜緒, 偏蒙全活之恩. 頃推報國之餘誠, 竝及將命之舊价, 存亡所繫, 既常有賴於轉言, 恩意宜酬, 或亦無傷於取與. 寧知薄贐. 至徹淵聰. 此物奚爲, 降王言而申論, 元金具在, 付使槖而見歸, 洞釋前疑, 加飭勵於敬謹, 昭垂後戒, 許聞奏於貪婪. 茲皆軫念於敝邦, 實惟罕覯於前代. 追惟往咎, 祗切慚悔之心, 何幸今朝, 獲覩清明之化. 茲蓋伏遇寬溫仁聖皇帝陛下, 神武不殺, 睿知足臨, 美化風行, 深懲冒貨之習, 雄圖天作, 益隆柔遠之謨. 遂令微臣, 猥霑殊寵. 臣敢不祗承帝造, 恪守侯封, 玉帛梯航, 毋獲戾於大國. 苞苴竿牘, 免貽累於同朝. 臣無任瞻天仰聖激切屛營之至. 謹奉表稱謝以聞.

또한 한 표문에서 말했다. 「조선국왕 신 이종(李倧)이 말씀드립니다. 숭덕 2년 7월 초3일 사은배신(謝恩陪臣) 의정부 좌의정 이성구(李聖求) 등이 받들어 온 칙유에서 말씀하셨습니다. "왕이 남한산성에 있을 때, 부신(部臣) 잉굴다이와 마푸타 등이 왕래하며 주선해 준 은혜에 감동하여 각각 은 2,000냥씩을 주었고 통사(通事) 3명에게는 각각 500냥씩 준 일을 잉굴다이와 마푸타가 짐에게 고하여서 이제 알게 되었다. 그들은 한편으로 마음을 다해 주인을 섬기고 한편으로 이전부터 왕래하여 너희 나라를 보전하고자 사신의 일을 맡아 말을 전달했을 뿐이다. 어찌 보답을 바랐겠는가? 왕이 은혜를 알고 감동했다면 마음에 담아 두고만 있어도 되는데 어째서 뇌물을 썼는가? 우리나라는 예선부터 죄가 없는 나라에는 군대를 보내지 않고 오직 죄가 있는 나라만 군대를 일으켜 정벌했다. 모든 성을 공격하고 땅을 공략하는 것은 하늘의 뜻을 받들고 의에 따라 행하였다. 이와 같으니 사신으로 간 신하들이 어찌 자신의 임무를 빙자하여 뇌물을 받겠는가? 간혹 한두 명이 도리를 저버리고 사사로이 받는다 해도 짐이 어찌 알 수 있겠는가? 그러나 신하들에게 뇌물을 주면 일이 성공하고 뇌물을 주지 않으면 일이 실패한다고 여기니 어찌 이러한 일이 있을 수 있는가? 결국 충심을 드러내려면 오로지 신중하고 정직한 마음으로 전장(典章)을 준수해야지 뇌물을 거쳐서는 안 된다. 지금 양국은 한집안이 되어 시기와 의심을 모두 풀었다. 이후 탐욕스러운 무리가 도리를 저버리고 사사로이 요구하는 경우에 왕에게 알리지 않을 수 없으니 즉시 상주하라. 이러한 탐욕스러운 자를 알고도 상주하지 않으면 이 또한 이치가 아니다. 특별히 유시한다."

신은 삼가 유지를 받들고, 외신(外臣)과 온 나라의 신민들이 감격을 이기지 못합니다. 삼가 표문을 바치고 사례를 표하며 신 이종(李倧)은 진심으로 황공하여 머리를 조아립니다. 삼가 생각건대, 예물로 진심을 보여 삼가 사례를 올렸는데, 조서로 훈시를 내리시면서 특별히 사사로운 선물을 돌려주시고 새롭게 하사품까지 받았으니 감사를 올리지만 더욱 부끄럽습니다. 삼가 생각건대 신은 너무나 우매하여 지은 죄가 참으로 많습니다. 스스로 위엄을 더럽혀서 추락의 화를 불렀는데도, 곧 망할 왕조를 다시 이어 나가고 목숨을 부지하는 은혜를 입게 되었습니다. 근자에 보국의 정성을 보였는데 지시를 받든 옛 사신에게도 두루 주었습니다. 나라의 존망이 걸려 있는 일이 늘 사신이 전하는 말에 의지하므로 은혜를 마땅히 갚은 것이니 주고받는 데 문제가 없다고 여겼습니다. 어찌 예물이라고 알았겠습니까. 폐하께서 깊이 살펴보시고, 이 물건은 무엇인가 하고 말씀을 내리셨고, 원래 재물이 모두 여기 있다고 하시면서 사신에게 맡겨 돌려보내시고 이전의 의심을 풀고 공경하고 삼가도록 더욱 깨우치시고 후대에 경계를 내리셨으며 탐욕스러운 이들을 상주하도록 허락하셨습니다. 이는 모두 폐방을 걱정하신 마음에서 비롯되었으니 실로 전대에는 볼 수 없었던 일입니다.

이전의 잘못을 돌이켜 생각하니 참회하는 마음이 간절합니다. 다행히 지금 조대(朝代)에 청명한 감화를 볼 수 있습니다. 이는 대개 관온인성황제 폐하의 신무(神武)는 생물을 죽이지 않으시고 예지는 천하를 다스리시기에 충분하고, 아름다운 교화가 두루 성하여 재물을 탐하는 관습을 깊이 징계하시고 큰 계획을 하늘이 내리시어 먼 곳을 위무하는 방안을 더욱 높이시고, 마침내 신에게 과분하고 특별한 은총을 내리셨기 때문입니다. 신은 감히 황제의 기획을 받들어 제후(諸侯)의 봉작(封爵)을 각별히 준수하겠습니다. 공물을 싣고 먼 길을 가서 대국에 죄를 짓지 않고, 선물과 서신은 알현의 예법에 누를 끼치지 않겠습니다. 신은 하늘을 바라보고 성상(聖上)을 우러르는 간절한 심정을 가눌 길이 없어, 삼가 표문을 올려 사례드려 아뢥니다.」

以萬壽聖節, 賜內六旗諸王 · 貝勒 · 貝子等, 每旗銀六百兩, 恭順王 · 懷順王 · 智順王, 各馬二匹 · 貂皮二十張 · 銀二百兩, 外藩蒙古十三旗諸王 · 貝勒 · 貝子等, 每旗各甲二副 · 雕鞍一副 · 玲瓏撒袋一副 · 弓矢俱全 · 蟒緞二疋 · 素緞十八疋 · 布二百疋, 朝鮮國王長子李溰, 貂皮十五張, 次子李淏, 貂皮十張.

만수성절(萬壽聖節)이어서, 내육기(內六旗)[3]의 왕 · 버일러 · 버이서 등에게 각 기마다 은 600냥, 공순왕 · 회순왕 · 지순왕에게는 각각 말 2마리 · 담비가죽 20장 · 은 200냥, 외번몽고 13기(旗)[4]의 왕 · 버일

3 內六旗는 홍타이지가 직접 관할하는 二旗를 제외한 六旗를 가리킨다. 『청태종실록』에서 숭덕 2년부터 5년까지 4년간 5번 거론되었다. 만주어로는 dorgi ninggun gūsa라고 했다. 『內國史院滿文檔案譯註 崇德二 · 三年分』, p.165, 293, 352.

4 '外藩蒙古 13旗'는 숭덕2년 작성된 몽고문 檔案을 참조하면 아래와 같다. "코르친 우익 투시예투 친왕 2기, 코르친 좌익 조릭투 친왕 2기, 아오한 · 나이만 1기, 바린 1기, 자루트 1기, 사자부 1기, 아루 코르친의 무장의 1기, 옹니우트 1기, 우라

러 · 버이서 등에게는 각 기마다 갑옷 2벌 · 조각한 안장 1벌 · 정교하게 장식한 화살집 1벌 · 활과 화살 · 망단 2필 · 소단(素緞) 18필 · 포 200필, 조선국왕의 장자 이왕(李溰)에게는 담비가죽 15장, 둘째 아들 이호(李淏)에게는 담비가죽 10장을 하사했다.

○ 賜鄂爾多斯部落貢使古塞爾圖吳巴什, 古祿台吉下德勒圖, 善達台吉下哈爾邦, 布達代楚虎爾下恩得貝, 鄂爾多斯濟農下額美巴圖魯, 薩甘台吉下海塞, 沙克察台吉下納彥泰 · 巴圖, 貂裘 · 貂帽 · 鞾帶等物. 其從人, 亦各賜銀兩.

○ 오르도스 부락 조공사신 구설투 우바시(guseltu ubasi, 古塞爾圖吳巴什), 구루 타이지(guru taiji, 古祿台吉) 속하의 더러투(deretu, 德勒圖), 샨다 타이지(šanda taiji, 善達台吉) 속하의 할방(halbang, 哈爾邦), 부다다이 추후르(budadai cūhur, 布達代楚虎爾) 속하의 언더버이(endebei, 恩得貝), 오르도스 지농 속하의 어머이 바투루(emei baturu, 額美巴圖魯), 사간 타이지(sagan taiji, 薩甘台吉)[5] 속하의 하이서, 샥차 타이지(šakca taiji, 沙克察台吉) 속하의 나얀타이(nayantai, 納彥泰) · 바투(batu, 巴圖)에

트 1기, 카라친 1기, 투메트 1기." (達力札布, 「清初"外藩蒙古十三旗"雜考」, 『黑龍江民族叢刊』 2003년 第1期.) 본서 권50 癸丑朔조에 기록된 외번 13기는 아래와 같다. "외번 코르친국의 바투루 군왕 만주시리, 고를로스 부락의 구무, 조릭투 타이지 바이스갈, 두르베트 부락의 서령, 아오한 부락의 도로이 군왕 반디, 우라트 부락의 두바, 자루트 부락의 상가르, 무장 속하의 아유시, 사자 부락의 이르잠, 바린 부락의 섭텅, 옹니우트 부락의 자이상 우바시, 카라친 부락의 자사군 두령 구루스히얍, 투메트 부락의 자사군 다르한 샴바"

5 사간 타이지: 1604-1641?. 『蒙古源流』(Qad-un ündüsün-ü erdeni-yin tobči, 1662)를 편찬한 사강 세첸 홍타이지이다. 다얀 칸의 아들 바르스 볼로드의 후손으로 오르도스 부 소속이었다.

게 담비가죽옷 · 담비 모자 · 가죽신과 요대 등의 물건을 하사했다. 수행한 사람들에게도 각각 은량을 하사했다.

○ 賜喀爾喀部落古木土謝圖汗下貢使洪果兌, 額德圖豆爾格齊諾顏下瑣諾木, 德秦塔布囊碩雷下畢禮克圖山津 · 貝衮渾津, 喀爾喀部落胡土克圖喇嘛下顧實喇嘛, 諾木翰喇嘛下衛徵郎蘇 · 碩雷, 噶爾馬福金下薩馬克 · 囊嘉達爾漢, 吳喇忒部落塞冷下土伯特等, 綵緞 · 文綺. 其從人, 亦各賜布疋.

○ 칼카 부락 구무 투시예투 칸 속하의 조공사신 홍고도이(honggodoi, 洪果兌) · 어더투(edetu, 額德圖), 더오르거치 노얀(deorgeci noyan, 豆爾格齊諾顏) 속하의 소놈, 더친 타부낭 숄로이(decin tabunang šoloi, 德秦塔布囊碩雷) 속하의 빌릭투 산진 · 보이곤 혼진(boigon honjin, 貝衮渾津), 칼카 부락 후툭투 라마 속하의 구시 라마, 노모혼 라마(nomohon lama, 諾木翰喇嘛) 속하의 워이정 랑수(weijeng langsu, 衛徵郎蘇) · 숄로이(šoloi, 碩雷), 가르마 푸진 속하의 사막(samak, 薩馬克) · 낭기야 다르한(nanggiya darhan, 囊嘉達爾漢), 우라트 부락 서렁 속하의 투버트(tubet, 土伯特) 등에게 채단(綵緞) · 문기(文綺)를 하사했다. 수행한 사람들에게도 각각 면포를 하사했다.

○ 賞工部各色匠役四十五人, 奴僕 · 牛隻.

○ 공부의 각종 장인들 45명에게 노복과 소를 상으로 주었다.

○ 庚申, 遣英俄爾岱・馬福塔・達雲, 賜以一品服色, 率從官・通事, 齎敕往朝鮮, 封李倧, 仍爲朝鮮國王. 敕曰, 皇帝敕諭朝鮮國王李倧. 朕惟禮不廢玉帛, 賞以勸忠誠, 所從來尙矣. 念爾歸命, 宜有封錫, 今特遣英俄爾岱・馬福塔・達雲, 封爾爲朝鮮國王, 齎賜玉紐金印・誥命, 并黑狐套一領・製帽黑狐皮一張・貂皮百張・鍍金雕鞍良馬一匹, 王其祗受, 以見朕優賚至意. 故諭. 誥命文曰, 奉天承運寬溫仁聖皇帝制曰, 天地布寒燠之令, 帝王操賞罰之公, 惟叛服之無常, 故恩威之異用. 念爾朝鮮, 係我隣國, 往來行李, 不啻兄弟, 朕方期金石之堅, 王忽起參商之異. 拒我信使, 戒爾邊臣, 王實興戎, 朕方耀武. 雖云聲罪以致討, 惟圖革面而回心. 王今旣悔前非, 朕豈仍念舊惡. 從玆創始, 嘉與維新. 旣定藩封, 宜申新命, 爰銷傳國之印, 用頒同文之符, 特遣使臣, 齎捧印誥, 仍封爾李倧爲朝鮮國王. 嘉乃恭順, 金章寶冊重新, 作我藩屛, 帶河礪山不改. 立一時之名分, 定萬載之綱常, 天地無移, 冠履不易. 王其洗心滌慮, 世修職貢之常, 善始令終, 永保平康之福, 敬之懋哉, 勿替朕命.

○ 경신일(10.26), 잉굴다이・마푸타・다윤(dayūn, 達雲)을 보내어 1품 복색을 내리고, 관원과 통사를 이끌고 칙유를 가지고 조선에 가서, 이종(李倧)을 봉하여 이전대로 조선국왕으로 삼았다. 칙유에서 말했다. 「황제가 조선국왕 이종(李倧)에게 칙유한다. 짐이 생각건대, 예(禮)에 있어서 제후가 바치는 옥백(玉帛)을 폐하지 않고 상을 주어 충성을 권하는 것은 유래가 있는 것이다. 생각건대 네가 귀순했으니 마땅히 봉사(封賜)가 있어야 한다. 이제 특별히 잉굴다이・마푸타・다윤을 보내어 너를 조선국왕으로 봉하고 옥뉴금인(玉紐金印)・고명(誥命)과 함께 검은 여우 가죽외투 1벌・모자를 만드는 검은 여우가죽 1장・담비가죽 100장・도금하고 조각한 안장을 갖춘 말 1마리를 내리

니, 왕은 공경히 받아 내가 우대하는 지극한 뜻을 알라. 이에 유시한다.」

고명문(誥命文)에서 말했다. 「봉천승운관온인성황제가 제(制)하여 말한다. 천지는 기후의 추위와 더위를 조절하고, 제왕은 상벌의 공평함을 관장한다. 반역과 순종이 일정하지 않으므로 은혜와 위엄을 달리 쓴다. 생각건대 너희 조선은 우리와 이웃한 나라이어서 사자(使者)를 왕래시켜 정의가 형제와 같을 뿐 아니라 짐이 바야흐로 금석(金石)처럼 굳기를 기대하였는데, 왕이 문득 삼상(參商)의 이변을 일으켜 우리 신사(信使)를 물리치고 너희 변신(邊臣)들을 경계했다. 이는 왕이 실로 군사를 일으켰으므로 짐이 바야흐로 무위(武威)를 보였다. 죄를 물어 토벌하였다고 하지만 오히려 낯을 바르게 하고 마음을 돌리게 하려 한 것이다. 왕이 이제 과거의 잘못을 뉘우쳤으니, 짐이 어찌 그대로 과거의 악한 짓을 기억하겠는가. 이제부터는 네가 새로워지는 것을 아름답게 여길 것이다. 이미 번봉(藩封)을 정하였으므로 신명(新命)을 펴야 마땅하다. 그래서 전국(傳國)의 인(印)을 없애고 동문(同文)의 보(寶)를 나누어 준다. 특별히 사신에게 인(印)·고(誥)를 주어 보내너 이종(李倧)을 조선 국왕으로 봉한다. 너의 공순(恭順)을 아름답게 여기고 금장(金章)과 보책(寶策)을 새롭게 하여 나의 번병(藩屛)을 삼았으니 황하(黃河)가 띠처럼 가늘어지고 태산(泰山)이 숫돌처럼 닳도록 변하지 말라. 한때의 명분을 세워 만세의 강상(綱常)을 정하니 천지가 변하지 않고 위아래가 바뀌지 않을 것이다. 왕은 마음과 생각을 깨끗이 씻어 대대로 직공(職貢)의 상례를 닦고 처음부터 끝까지 잘하여 길이 평화의 복을 보전하라. 공경히 힘써서 짐의 명을 어기지 말라.」

○ 甲子, 黑龍江地方額駙巴爾達齊, 遣六十二人來貢貂皮.

○ 갑자일(10.30), 흑룡강 지방의 어푸 발다치가 62명을 보내와서 담비가죽을 바쳤다.

○ 二等昂邦章京蒲哈病故, 以其弟劉石襲職, 仍准再襲八次.

○ 이등 암바장긴 부하(buha, 蒲哈)가 병사하여 동생 리오시(liosi, 劉石)에게 습직시키고 이전대로 8번 습직을 허락했다.

十一月, 乙丑朔.

○ 11월 을축일 초하루(11.1).

○ 庚午, 冬至, 大祀天於圜丘. 上先期齋戒三日, 遣都察院承政國舅阿什達爾漢, 率文武各官行禮.

○ 경오일(11.6), 동지일, 환구단(圜丘壇)에서 하늘에 제사를 지냈다. 주상은 이에 앞서 3일 동안 재계하고 도찰원승정 국구 아시다르한을 보내어서 문무 각 관원들을 이끌고 예를 행하게 했다.

○ 朝鮮國王臣李倧, 遣陪臣上表, 賀冬至, 貢方物. 又上陳情疏二道, 移禮部代題, 咨文一道, 一併齎至.

○ 조선국왕 신 이종(李倧)이 배신(陪臣)을 보내어 표문을 올려 동지

를 경하하고 방물을 바쳤다. 또한 진정소(陳情疏) 2통을 올렸기에 예부로 이첩(移牒)하여 대신 제문(題文)을 올리게 했다. 자문(咨文) 1개도 함께 가져왔다.

表曰, 朝鮮國王臣李倧欽遇崇德二年十一月初六日冬至令節, 謹奉表稱賀者. 臣倧誠懽誠忭, 稽首頓首上言. 伏以節回雷復, 方知天地之心, 德配日升, 載衍臣民之慶, 照臨所曁, 悅豫惟均. 欽惟寬溫仁聖皇帝陛下大度包容, 至仁發育, 暢和風而濟衆, 道協神機, 迓景命而受圖, 功參元化. 玆値一陽之長, 益膺五福之臻. 伏念臣猥被鴻私, 叨守鰈域, 封疆有限, 迹旣阻於鵷班, 報答無階, 誠信殫於虎拜. 臣無任瞻天仰聖激切屛營之至, 謹奉表稱賀以聞.

표문에서 말했다. 「조선국왕 이종(李倧)은 숭덕 2년 11월 초6일 동지 명절을 맞이하여 삼가 표문을 올려 경하드립니다. 신(臣) 이종(李倧)은 참으로 즐겁고 기쁘게 머리를 조아려 상언합니다. 삼가 살피건대 절기가 돌아 동지가 되고 바야흐로 천지(天地)의 마음을 알고, 덕이 해가 떠오르는 것과 같고 신민(臣民)의 경사가 커지니 굽어보시는 곳마다 한결같이 기뻐합니다. 경건히 생각건대 관온인성황제 폐하께서는 큰 도량으로 포용하시어 지극한 어짊으로 화합하는 풍모를 기르고 펼쳐 여러 사람을 구제하시고, 도(道)가 신기(神機)와 화합하고 새로운 천명을 맞이하여 도(圖)를 받으시니 천지(天地)의 공적과 함께합니다. 이에 양기(陽氣)가 늘어나는 때를 맞아 오복(五福)의 모임을 받으소서. 삼가 생각건대 신(臣)은 외람되게 큰 은혜를 받아 접역(鰈域)[6]을 맡았

6 접역(鰈域)은 가자미 모양으로 생긴 지역이라는 뜻으로 조선을 가리키는 말이다.

습니다. 봉강(封疆)에 한계가 있어 조정의 백관이 늘어선 반열에 들지 못하고 은혜에 보답할 길이 없으니 정성을 다해 배알합니다. 신은 하늘을 바라보고 성상(聖上)을 우러르는 간절한 심정을 가눌 길이 없어, 삼가 표문을 올려 경하드립니다.」

又一疏曰, 臣竊聞君臣猶父子, 苟有衷懷理宜畢達. 况臣之於陛下受恩偏厚, 眷念之私, 不啻家人者乎. 臣之二子入侍輦轂, 今已半年, 有餘過蒙陛下恩恤. 館接之勤如遇大賓, 燕昵之私, 有逾骨肉, 感激銘佩當何可言. 第惟春初作別, 忽已暮秋, 越音楚奏人情所同, 而狗馬賤疾, 又經累朔, 父子久離, 寸情難禁, 亡妃再期, 廹在冬季, 變除之節, 禮俗所重, 人子情理, 誠可矜念. 倘蒙陛下俯察微悃, 俾釋終天之慟, 則區區情願, 於是畢矣. 此非所敢望而亦不能無望焉. 爲此謹具奏聞.

또 다른 상소에서 말했다. 「신(臣)이 듣건대 임금과 신하는 아버지와 아들 같아서, 진실로 바라는 바가 있으면 모두 아뢰어야 합니다. 하물며 신은 폐하에게 아주 두터운 은혜를 입어 친밀하게 보살피고 생각해 주시는 것이 가족과 같을 뿐만 아니라 신의 두 아들이 황상을 모신 지가 이미 반년이니 폐하의 은혜로운 보살핌을 지나치게 많이 받고도 또 남음이 있습니다. 대하실 때 삼가시는 것이 큰 손님을 맞는 것처럼 하시고 친근히 대하시는 것이 골육(骨肉)을 넘으니, 감격스러워 명심하고 감복하니 무슨 말을 해야 좋을지 모르겠습니다. 생각해 보니 초봄에 작별했는데 어느새 늦가을이 되었으니 고향을 그리워하는 마음이 깊고, 신(臣)의 병이 또한 수개월이 지났으니 아비와 자식이 오랫동안 떨어져 그리운 정을 참기 어렵습니다. 비(妃)가 죽은 지 2년째 날이 겨울에 다가오고, 상복을 벗는 절차는 예속(禮俗)에서 중하게 여기는 바이니 사람의 정리로서 실로 불쌍합니다. 생각건대 혹시 폐하께서 미천한 저의 정성을 살피시어 끝없는 슬픔으로부터 벗어나게 하여 주시면 구차한 소원이 이루어질 것입니다. 이는 감히 바랄 수 없는 것이나 또한 바라지 않을 수 없는 것입니다. 이에 삼가 갖추어 상주합니다.」

又一疏曰, 臣罪戾深重, 自觸天威, 幸賴聖度包荒, 曲加矜宥, 快釋前愆, 許以自新, 存其垂死之性命, 續其既絕之宗祀, 此誠前史之所未聞. 臣與一國臣民, 感戴恩造, 銘鏤心骨, 惟思破腦刳肝, 以圖報效, 而繼因謝恩陪臣之回. 欽奉三道敕旨, 溫言如春, 過賜嘉獎, 至有猜疑盡釋之諭, 而又矜憐小邦凋敝, 務欲宣昭新化. 并發還私餽銀五千兩, 天語諄復, 深以貨取爲戒. 此皆古昔賢王誼辟之事, 而何幸獲睹於今日, 驚惶感喜之私, 又倍前萬萬矣. 故臣於上年之事, 始焉懼, 中焉悔, 終乃反以爲幸. 何則, 自以衰微之國, 獲際興隆之運, 轉一時危亡之禍, 爲永世休寧之福. 玆豈非皇天啟佑, 大朝撫師東土, 使小國君臣, 竝囿於生成之中者耶.

竊惟今日小邦事情, 有大段危迫之狀, 若不從實陳達, 以求始終眷恤之賜, 則日月之明, 何能盡燭於千里之外哉. 小邦自經兵禍, 國內空虛, 烟火蕭條, 咸謂臣於上年誤聽浮妄之議, 獲罪大朝, 使民生至此. 而民間又相傳, 以爲大朝早晩且有徵兵之命, 與其征役於異地, 不如四散而偷生, 互相煽動, 各懷疑懼, 東西逃徙, 洶洶不止. 且上年春間, 牛疫起於平安·黃海等道, 自西而南, 以及忠清道, 至冬稍息. 及王師旋返, 使各道令長, 曉告百姓, 自今以後, 永無兵革之憂, 爾等但務耕作, 共享太平之福, 聞者皆以爲然. 餘存之民, 靡不勸趨農事, 耕墾雖少, 禾稼稍茂. 歸恩造化, 私切感祝, 自謂撫摩安集, 與民休息, 猶足以自存.

乃自夏秋以後, 雨雹爲災, 損穀頗多, 牛疫再發於慶尙·全羅等道, 自南而西, 轉以東北, 遂遍於八道, 比上年尤慘. 百家之村, 無一二牛隻, 明春農事, 更無可望. 邦本在民, 民天在食, 無牛曷耕, 不耕何食, 據今事勢, 不出明年, 民將盡塡於溝壑, 加以災怪疊出, 種種非一. 緣臣無狀, 天怒於上, 民怨於下, 國勢之危, 僅如一縷. 當此之際, 少有動作, 立見土崩. 譬如將墜之葉, 微風必隕, 是用惴惴慄慄, 夙夜危懼, 深恐一朝顚覆, 以貽皇上之憂. 然而私心猶有所恃者, 旣得仰庇聖朝, 情同一家, 疾痛疴癢, 幸有呼告之地耳.

臣伏念小邦臣事明國, 其來已久, 及陛下龍興, 帝業日隆, 天之所命, 人孰敢違. 臣非不知早歸大朝, 可以坐享安便, 而猶且遲回不決, 坐致天兵, 力屈勢窮, 始圖改事, 非故樂於禍敗, 徒以分義爲重也. 今幸受恩大朝, 再有東土, 自正月三十日以前, 則爲明國之臣子, 正月三十日以後, 則爲大淸之臣子. 夫旣委質爲臣, 則固當專心所事, 惟命是從, 故征島之役, 竭力資助, 以效微誠, 至蒙褒嘉之典. 自玆以往, 兩國一家, 休戚是同, 凡可以報大朝之恩者, 摩頂放踵, 亦何所辭.

臣身非臣之身, 乃陛下之所全. 臣之土地人民, 非臣之土地人民, 乃陛下之所與. 然念臣之所以托命於陛下者, 固將爲世世子孫無窮之休慶, 如使情有所未孚, 勢有所自阻, 終至於危亡之域, 而不能仰副皇上全活之意, 則是臣之罪. 故敢將臣實狀實情備細陳列, 因陪臣之往, 附奏以聞. 仰惟皇上威加萬國, 仁覆偏邦, 旣已垂恩, 曲貸於其初, 必能加意存全於厥後. 從今以往, 小邦凡有情願, 或遇事故, 勢須隨事籲訴, 煩瀆之嫌, 恐不暇避. 伏惟皇上垂憐焉. 爲此謹具奏聞.

또 다른 상소에서 말했다. 「신(臣)의 죄가 매우 깊어 스스로 천조(天朝)의 위엄을 건드렸으나 다행히 성상(聖上)께서 포용하시는 도량으로 곡진하게 불쌍히 여겨 용서해 주시고 이전의 허물을 흔쾌히 풀어 주셨으며, 스스로 새롭게 되는 것을 허락하시어 죽을 목숨을 보존시켜 주시고 끊길 종사(宗祀)를 잇게 하셨으니, 이는 실로 이전의 역사에서 들어 보지 못했던 일입니다. 신은 온 나라의 신민(臣民)과 더불어 은혜를 받음을 감격스러워하여 마음에 깊이 새기고, 분골쇄신하여 오직 은혜를 갚으려고 생각합니다. 잇달아 사은배신(謝恩陪臣)이 돌아올 때 받아 온 3통의 칙지(勅旨)를 삼가 받들었습니다. 따뜻한 말씀이 봄날과 같아 아름다운 칭찬을 주신 것이 매우 많고, 의심을 모두 푸시는 유지(諭旨)를 내리셨으며, 더욱 소방(小邦)이 피폐한 것을 불쌍하고 가련하게 여기시어 새로운 교화를 밝게 선포하는 데에 힘쓰라 하셨습니다. 아울러 사사로이 보낸 은 5,000냥을 다시 돌려주시고 간곡히 타이르시며 재물을 취하는 것을 깊이 경계하셨습니다. 이는 모두 옛날 어질고 의로운 임금들이 했던 일을 다행히 오늘날에 다시 보는 것이니, 놀라고 당황스럽고 감격스럽고 기쁜 마음이 이전의 만 배나 됩니다. 그러므로 신은 작년의 일을 처음에는 두려워하고 중간에는 후회하고 끝에는 도리어 다행으로 여기게 되었습니다. 왜냐하면 저희 쇠미한 나라가 흥륭(興隆)한 운세를 만났으며, 한때의 위태로운 재난에서 영원히 평안한 복록으로 바뀌었기 때문입니다. 이 어찌 황천(皇天)이 깨우쳐 보살피고 대조(大朝)가 동토(東土)를 안무하여 소방(小邦)의 임금과 신하들을 살려 준 것이 아니겠습니까.

삼가 생각건대 현재 소방(小邦)의 사정은 대체로 위급하고 절박한 상황입니다. 만약 사실대로 말씀드리지 않고 시종일관 돌보고 구휼해 주시기만을 바란다면, 해와 달 같은 밝음이라도 어찌 천 리 밖에서 모두 헤아리실 수 있겠습니까. 소방(小邦)은 병화를 겪어 나라 안이 텅 비었고 밥 짓는 연기도 나지 않습니다. 모두 이르기를 신이 작년에 그릇되이 망령된 논의를 듣고 대조(大朝)에 죄를 지어 민생을 이렇게 만들었다고 합니다. 민간에서도 서로 전하여 말하기를 대조가 언젠가 징병(徵兵)의 명령을 내릴 것이고 그들에게 다른 지역을 정벌하라고 할 것이니 흩어져 살길을 찾는 것이 낫다고 서로 선동하여 각자 의심을 품고 동서 각지로 달아나 어수선한 것이 그치지 않았습니다. 또한 작년 봄에는 우역(牛疫)이 평안도 · 황해도 등에서 발생하여 서쪽으로부터 남쪽으로 충청도까지 퍼져서 겨울이 되어서야 멈추었습니다. 대조의 군대가 개선하여 돌아갈 때 각 도의 수령들에게 백성들을 가르쳐 일깨우라고 하면서, 이제부터 영원히 병란이 없을 것이니 너희는 단지 경작에 힘써 함께 태평한 복록을 누리라고 했습니다. 이를 들은 자들이 모두 그렇다고 여겼습니다. 남아 있는 백성에게 농사를 장려하고 재촉하여 개간한 땅이 비록 적지만 쌀과 곡식이 점차 많아졌습니다. 은혜로운 조화(造化)에 귀의하여 남몰래 간절히 감축하면서 스스로 생각하기를 백성을 안무하고 편안히 모여 살게 하여 휴식시키면 스스로 살아갈 수 있겠다고 했습니다.

그런데 여름과 가을 이후로 우박이 내리는 재해를 입어 곡식이 피해를 본 것이 매우 많고, 우역(牛疫)이 경상도 · 전라도 등에 재발하여 남쪽과 서쪽으로부터 동북쪽까지 전염되고 팔도에 널리 퍼져서 작년보다 더 참혹하여, 100집의 마을에 소가 1-2마리도 없을 정도라 내년 봄의 농사도 더욱 가망이 없습니다. 나라의 근본은 백성에 있고 백성은 먹는 것을 하늘로 여기는데 소가 없으니 경작을 어찌할 것이며 경작할 수 없으니 무엇을 먹겠습니까. 지금의 형세로 보건대 내년을 넘기기 전에 백성은 모두 굶어 죽게 될 것이며, 괴이한 재앙이 연이어 일어나니 전에 없던 변괴가 한둘이 아닙니다. 신이 부족한 탓으로 위로는 하늘의 노여움을 사고 아래로는 백성의 원망을 사서 국세가 위태로워져 겨우 한 가닥 실과 같게 되었습니다. 이런 때 조금만 움직이면 즉시 무너질 것이니, 떨어지려는 낙엽이 약한 바람에 떨어지는 것과 같습니다. 이 때문에 몹시 두려워 벌벌 떨고 밤낮으로 근심하면서 하루아침에 전복되어 황상께 근심을 끼치지 않을까 매우 염려됩니다. 그래도 제가 마음으로 믿는 것은 의지하는 성조(聖朝)가 정분으로 볼

때 일가(一家)인지라 아프고 괴로운 것을 다행히 아뢸 곳이 있다는 것입니다.

신(臣)이 삼가 생각건대 소방(小邦)이 신하로서 명나라를 섬긴 지 오래되었지만, 폐하께서 제왕의 업적을 일으키시어 날로 융성한 것은 하늘이 명하신 바이니 그 누가 감히 거역하겠습니까. 신은 빨리 대조(大朝)에 귀의해야 한다는 것을 모르지 않았지만, 앉아서 편안함을 누릴 수 있다고 여겨서 오히려 더욱 회피하고 지체하며 결정하지 못하다가 천병(天兵)이 도착하기에 이르렀습니다. 힘이 꺾이고 형세가 궁하여 비로소 다시 섬기려고 하는 것은 신이 재앙을 즐겁게 여기기 때문이 아니고 단지 분수와 의리를 중하게 여기기 때문입니다. 이제 다행스럽게 대조(大朝)의 은혜를 입어 다시 동토(東土)가 있게 되었으니, 정월 30일 이전에는 명나라의 신하였지만 정월 30일 이후로는 대청(大淸)의 신하가 되었습니다. 몸을 바쳐 신하가 되었으니 섬기는 일에 마음을 다해야 합니다. 오직 명령을 따라야 하므로 섬을 정벌할 때 힘을 다해 도왔는데, 조그만 성의를 칭찬해 주시는 은전(恩典)을 입었으니 이로써 두 나라가 일가(一家)이며 좋은 일과 걱정스러운 일을 함께 하는 것입니다. 대조의 은혜에 보답할 수만 있다면 몸을 다 바친다고 해도 무엇을 사양하겠습니까.

신의 몸은 신의 것이 아니고 폐하께서 온전하게 하신 것이고, 신의 토지와 인민은 신의 토지와 인민이 아니고 폐하께서 주신 것입니다. 다만 생각건대 신이 폐하로부터 위임받은 것이므로 대대로 자손이 지켜 나간다면 끝없는 경사일 것입니다. 만약 마음을 흡족하게 하지 못하여 스스로 위축되고 결국 위망에 이르러 황상의 모두를 살리는 뜻에 부응하지 못하면 이는 신의 죄입니다. 그러므로 감히 신의 실제 상황과 실제 사정을 세세히 갖추어 진술해서 배신(陪臣)이 가는 길에 함께 상주를 올립니다. 우러러 생각건대 황상께서 위엄을 만국에 떨치시고 인의를 여러 나라에 두루 드리우시어 은혜를 입어 처음에 용서를 받았고, 그 이후로도 특별히 무사할 수 있었습니다. 이제부터 소방(小邦)이 바라는 바가 있거나 사변이 있어서 일에 따라 고하고 하소연해야 할 상황이어도, 번거롭게 했다는 혐의를 피하지 못할까 염려됩니다. 삼가 바라건대 황상께서 가엾게 여겨 주십시오. 이에 삼가 갖추어 상주합니다.」

咨禮部文曰, 崇德二年四月二十三日, 平安道觀察使南𡨋來報云, 平安道兵使柳琳·義州府尹官林慶業因攻皮島時, 各率部下兵從征有功, 蒙大國召至京領賞, 林慶業即時赴召, 柳琳見海中有明國兵船, 以爲緊急, 在彼隄防, 未得赴京, 及後往赴, 已近盛京, 有旨不令進城, 遂渡江而回. 議政府提審, 柳琳答曰, 我因先攻島時, 漢兵乘船逃潰者甚多, 又聞明陳都督率兵來隣近處駐劄, 邊民屢報, 漢兵船隻不斷往來, 我心恐懼, 在此堅意隄防.

雖大國有召, 實不知我邊屢有事情, 我既爲守邊之將, 豈可不顧而去. 曾往白馬城報知馬福塔, 轉報於多羅武英郡王, 王曾諭既有邊事, 可留兵使防守, 蒙此遂回安州, 堅守各城防海, 而漢兵船隻, 往來不絶, 又監司南𡨋病重, 不能任觀察事, 其地無人料理. 儻海邊有不測, 難免誤事之罪, 所以違命不去, 以正義論之, 心甚不安, 左右兩難, 聞英俄爾岱·馬福塔, 欲速起身, 即差人往侍講院, 衙門聲明人未到, 而大國兵已回通遠堡.

後多羅武英郡王遣通事金汝亮至安州, 令視海中船有無, 果見船往來不絶. 汝亮語我曰, 汝既爲兵使, 決不可棄去. 待後至上國, 我必自奏. 又恐再來調, 屢向侍講院問去, 侍講院移文云, 有貢物之人, 自盛京回說, 雖是守邊要緊, 不可怠慢, 上命, 宜急去, 聞言即馳馬赴召, 離京止三日之地, 不容進城, 遂且羞且懼, 不得已而回. 當上命初到時, 未及去之罪, 實非抗命, 乃代人理事而曲受之耳. 不然, 雖甚愚魯, 豈肯違皇帝之命, 而自罹罪條, 有是理乎.

我因賦性愚魯, 專以守邊爲緊要, 不敢輕離, 致此違命之罪, 甘死不辭, 不然我豈病狂之人而敢違皇帝之命乎. 凡大國大小官員來時, 我一一迎接, 毫無差錯, 今爲領賞而去, 有何難事, 乃故意違命以犯重罪耶. 望乞轉奏大國, 姑赦無辜之罪. 據此情由, 議政府審得平安道兵使柳琳皇帝既有命, 安坐不赴, 難免違抗之罪, 議杖一百, 追回敎書, 降爲民. 本年七月二十一日, 將送白馬山城獄中具啟國王, 王言此罪甚重, 依議遂送入獄內, 因念柳琳既奉聖旨, 理宜星夜馳赴, 乃爲守邊延遲不至, 罪當重究. 今依律議處, 并因朝貢陪臣之便咨明, 貴部煩爲轉奏施行.

예부에 보낸 자문(咨文)에서 말했다. 「숭덕 2년 4월 23일, 평안도 관찰사 남헌(南憲)이 와서 보고했습니다. “평안도병사(平安道兵使) 유림(柳琳) · 의주부윤관 임경업이 피도를 공략할 때 각기 병사를 이끌고 정벌에 종군한 공이 있어서 대국(大國)이 경사로 불러 상을 주는 은혜를 입었습니다. 임경업은 즉시 갔고, 유림은 바다에서 명나라의 병선을 보고 긴급하다고 여겨 그것을 방어하느라 경사에 가지 못하고 그 후에 갔는데, 성경(盛京)에 가까이 근접했을 때 성에 들어오는 것을 허락하지 않는 지(旨)가 있어 강을 건너 되돌아왔습니다.”

의정부에서 심문하니 유림이 말했습니다. “제가 이전에 섬을 공략할 때 배를 타고 도망친 한인 병사가 매우 많았습니다. 또 듣기에 명나라의 진 도독(陳都督)이 병사를 데리고 가까운 곳까지 접근하여 주둔했다고 변경 백성들이 계속 보고해 오며, 한인 병사들의 선박이 끊이지 않고 왕래하니 제 마음속에 두려움이 생겨 여기에서 굳은 뜻으로 지켜야겠다고 생각했습니다.

비록 대국(大國)의 부름이 있었지만 실로 우리 변경에 일이 있을지 모르니, 제가 변경을 방어하는 장수로서 어찌 돌보지 않고 갈 수 있었겠습니까. 그래서 백마성(白馬城)에 가서 마푸타에게 보고하고 마푸타는 도로이 무영군왕에게 전달하여 보고했습니다. 무영군왕은 변경에 사안이 있으니 병사(兵使)가 남아 방어하는 것이 옳다고 했습니다. 이에 안주(安州)로 돌아가서 성들을 굳게 지키고 해안을 방어했는데, 한인 군대의 배가 끊임없이 왕래하고 또 감사(監司) 남헌(南憲)은 병이 위중하여 관찰사의 임무를 맡을 수 없어 그 지역을 담당할 사람이 없었습니다. 만약 해안에 변란이 생기면 일을 그르친 죄를 면하기 어려울 것이고 명령을 어기고 가지 않았기 때문에 정의(正義)로써 논할 것이니 마음이 매우 불안하고 어찌할 바를 몰랐습니다. 듣건대 잉굴다이·마푸타가 빨리 출발하기를 원하여 사람을 시강원(侍講院)으로 보냈는데, 아문에서 말하기를 명나라 사람은 아직 도착하지 않았고 대국(大國)의 병사는 이미 통원보(通遠堡)로 돌아갔다고 했습니다.

후에 도로이 무영군왕이 통사(通事) 김여량(金汝亮)을 안주에 보내어 바다에 배가 있는지 없는지를 보라고 지시해서 보니 과연 배가 끊임없이 왕래하고 있었습니다. 김여량이 제게 말하기를, '너는 병사(兵使)를 맡았으니 내버려 두고 가면 안 된다. 기다린 후에 상국(上國)에 가면 내가 반드시 상주를 올릴 것이다.'라고 했습니다. 또한 다시 와서 조치할까 염려되어 누차 시강원(侍講院)에 물어보았는데, 시강원에서 전해 온 글에서 '조공하러 다녀온 사람이 성경(盛京)에서 돌아와서 말하기를 비록 변경을 지키는 일이 긴요하여 태만하면 안되지만 주상의 명이니 급히 가야 한다.'라고 했습니다. 이 말을 듣고 부름에 응하고자 즉시 말을 달려 경사(京師)에서 3일 거리 떨어진 곳까지 갔지만 성(城)에 들어가는 것을 허락받지 못하여 매우 부끄럽고 두려워하며 부득이하게 돌아왔습니다. 주상의 명이 처음 도착했을 때에 가지 못한 죄는 실로 항명하려는 것이 아니었고 다른 사람을 대신하여 일을 맡은 것일 뿐입니다. 그렇지 않다면 비록 제가 매우 우둔하지만 어찌 황제의 명을 어기고 스스로 죄를 범할 리가 있겠습니까.

제 성품이 우둔해서 오로지 변경을 지키는 것만을 중요하게 여겨 감히 가벼이 자리를 비우지 못해 이처럼 명을 어기는 죄를 범하였으니, 기꺼이 죽을 것이고 변명을 하지 않겠습니다. 그렇지 않으면 제가 어찌 미친 자라서 황제의 명을 거역했겠습니까. 대국의 대소 관원이 왔을 때 제가 하나하나 영접하면서 조금도 착오가 없어 이제 상을 받으러 가려는데 무슨 어려운 일이 있어 고의로 명을 어겨 중죄를 범했겠습니까. 바라건대 대국(大國)에 상주를 전해 주어서 무고한 죄를 면하게 해 주십시오."

이러한 사정에 의거하여, 의정부에서 판단하건대 평안도병사 유림이 황제의 명이 있었는데도 앉아만 있고 나아가지 않았으니 거역한 죄를 면하기 어려워, 장 100대를 때리고 되돌아온 칙서에 따라 관직을 삭탈하기로 의논했습니다. 올해 7월 21일, 백마산성(白馬山城)의 감옥으로 보내고 국왕에게 갖추어 아뢰니 왕이 말하기를 "이 죄가 매우 중하니 논의에 따라 감옥으로 보내라"라고 했습니다. 생각건대 유림(柳琳)은 성지(聖旨)를 받았으니 이치상 밤낮으로 달려갔어야 함에도 불구하고 변경을 지키면서 미루고 지체하여 나아가지 않았으니 죄를 엄히 논해야 합니다. 지금 법률에 의거하여 처분을 논하고 있으며, 아울러 조공차 보낸 배신(陪臣) 편에 자명(咨明)하니, 귀 부(部)에서 번거롭겠지만 상주하여 주시기를 바랍니다.」

○ 朝鮮國陪臣議政府左議政崔鳴吉·左參贊金南重奏言, 昔年進貢明朝時, 自義州送至遼陽, 夫馬發回, 至遼陽以西, 凡貢物及陪臣餱糧, 皆用官車牛遞至京, 其陪臣騎乘, 行李皆自僱車輛裝載. 今通遠堡, 即明國之遼陽, 雖立邊未久, 不敢請用官車, 若使通遠堡居民, 預備牛車定就僱價, 陪臣到堡, 將行李餱糧以車載去, 可省小邦馬匹,亦可不用大國草料，通遠堡民亦得其利，似屬至便．又聞定制小邦陪臣到堡門，不許擅入，必待城守大人報知禮部回時，令之入，方入．若此者，恐非皇帝所以待屬國之道．小國致貢於天朝固禮之所宜，況兩國既爲父子，有何疑惑瞞昧，而阻攔使臣乎．臣竊思尋常往來之人不許擅入，爲防姦細，若來貢之人，到時宜即聽入，以申皇朝信義．至於小邦既臣事皇朝，凡國姓及祖宗聖諱，宜明示小邦，以便凜遵．

○ 조선국 배신 의정부 좌의정 최명길(崔鳴吉)·좌참찬 김남중(金南重)이 상주하여 말했다.「지난날 명나라에 진공(進貢)할 때 의주에서 출발하여 요양에 도착하면 인부와 말은 되돌아오고, 요양 서쪽으로는 공물(貢物)과 배신들의 식량을 모두 관의 소가 끄는 수레로 운반하면서 경사까지 갔으며, 배신들은 말을 탔고 짐은 모두 수레를 빌려서 실었습니다. 지금 통원보(通遠堡)는 명나라의 요양(遼陽)이니, 비록 변경에 들어간 지 오래되지 않았고 감히 관의 수레를 쓰겠다고 청할 수는 없지만, 만약 통원보에 사는 백성에게 소가 끄는 수레를 준비하고 임대료를 정했다가 배신들이 통원보에 도착해서 짐과 식량을 수레에 실어 가게 하면 소방(小邦)의 말을 줄일 수 있고 대국(大國)의 말먹이도 쓰지 않고 통원보의 백성들도 이익을 취할 수 있으니 매우 편리할 것입니다. 또한 소방의 배신이 통원보의 문에 도착하면 임의로 들어오라고 허락하지 않고, 성을 지키는 대인(大人)이 예부에 보고하고 답변이 오기를 기다렸다가 들어오라는 명령이 와야만 비로소 들어오게 하는 법제가 정해졌다고 들었습니다. 만약 이것이 사실이라면 황제가 속국을 대우하는 도리에 어긋나지 않을까 염려됩니다. 소국(小國)이 천조(天朝)에 입공하여 예의를 굳게 지키는 것은 당연한데, 하물며 두 나라가 이미 부자가 되었거늘 어떠한 의혹과 속임이 있어 사신을 막겠습니까. 신(臣)이 삼가 생각건대 평소에 왕래하는 사람이 임의로 들

어오는 것을 허락하지 않는 것은 세작을 막기 위함이지만, 입공(入貢) 하러 온 사람이면 도착했을 때 즉시 들어오게 하여 황조(皇朝)의 신의를 높여야 합니다. 소방은 이미 신하로서 황조를 섬기고 있으니 국성(國姓)과 조종(祖宗)의 성휘(聖諱)를 소방에 분명히 보여서 편의대로 엄격히 지키게 해야 합니다.」

○ 辛未, 以朝鮮所貢獺皮·青黍皮, 賜喀爾喀部落使臣土謝圖汗下京理·諾爾舍進, 碩雷下貝衮渾津·希喇布, 賽音台吉下得進, 豆爾格齊台吉下瑣諾木, 蘇尼特部落騰機思下哈喇吳巴什·阿巴圖, 叟塞濟農下巴綏, 阿海台吉下宜爾巴, 衛徵貝勒下吳巴什, 車臣福金下朱喇戚, 湯古忒台吉下額爾克, 塞冷諾木齊下巴牙思護朗, 哈喇户藍下阿爾哈, 騰機特下土古爾, 蒿齊忒部落巴琫下塞莫, 博洛特下諾木齊等有差.

○ 신미일(11.7), 조선이 공물로 납부한 수달가죽·청서피(青黍皮)[7]를 칼카 부락의 사신이자 투시예투 지농 속하의 깅리(gingli, 京理)·노르 샤진(nor šajin, 諾爾舍進), 숄로이 속하의 보이곤 혼진(boigon honjin, 貝衮渾津)·시랍(sirab, 希喇布), 사인 타이지(sain taiji, 賽音台吉) 속하의 더진(dejin, 得進), 더오르거치 타이지(deorgeci taiji, 豆爾格齊台吉) 속하의 수놈, 수니트 부락 텅기스 속하의 하라 우바시(hara ubasi, 哈喇吳巴什)·아바투(abatu, 阿巴圖), 서오서 지농(seose jinong, 叟塞濟農) 속하의 바수이(basui, 巴綏), 아하이 타이지 속하의 이르바(irba, 宜爾巴), 워이정 버일러 속하의 우바시, 체첸 푸진 속하의 주라치(juraci, 朱喇戚), 탕

7 만문본 『청태종실록』에는 šempi로 기록되어 있다. šempi는 녹색으로 염색한 가죽(綠斜皮)이다.

구트 타이지 속하의 어르커, 서령 놈치 속하의 바야스훌랑(bayashūlang, 巴牙思護朗), 하라 훌란(hara hūlan, 哈喇戶藍) 속하의 아르가(arga, 阿爾哈), 텅기트(tenggit, 騰機特) 속하의 투굴(tugūl, 土古爾), 호오치트 부락 바붕 속하의 서모(semo, 塞莫), 볼로트[8] 속하의 놈치 등에게 차등 있게 하사했다.

○ 壬申, 先是, 貝勒穆章下阿布爾古欲逃, 鄭肯以告穆章, 不信遂致逃去, 原議罰馬一百, 及追至半途而返, 又議罰馬二十, 共罰馬一百二十, 上命止罰馬二十. 又阿布爾古欲逃時, 鄭肯亦曾告於台吉海塞, 海塞亦不信致逃, 原議罰馬五十, 及追至半途而返, 又議罰馬十, 共罰馬六十, 上命止罰馬十. 又四子部落瑣諾木追阿布爾古, 半途而返, 議罰馬十, 上從之.

○ 임신일(11.8), 이전에 버일러 무장 속하의 아부르구(aburgū, 阿布爾古)가 도망치려고 하여 정긍(鄭肯)이 이 사실을 무장에게 고했으나 믿지 않아 결국 도망쳤기에, 처음에 논의하여 벌로 말 100마리를 부과했다. 또한 쫓다가 도중에 돌아왔기에 또 논의해서 벌로 말 20마리를 부과하여 합계 말 120마리를 부과했다. 주상은 단지 말 20마리만

---

8 볼로트: bolot, 博羅特. ?-1654. 다라이순 칸(1520-1557)의 증손. 호오치트의 수장 가운데 하나. 1637년 무리를 이끌고 청에 귀부했다. 1646년 볼로트가 관할하는 호오치트의 일부는 자삭旗로 편제되고 볼로트는 자삭 어르더니 군왕(扎薩克額爾德尼郡王)에 분봉되었다. 1651년, 가르마 서왕이 부족민을 이끌고 청에 귀순해서, 1개의 자삭기를 더 설치하고, 가르마 서왕은 호오치트 자삭 군왕(浩齊特扎薩克郡王)에 분봉되었다. 두 자삭기는 시린골 맹에 소속되었다. 현재 호오치트 행정구역은 폐지되었고, 영역은 분할되어 東우주무친기와 西우주무친기에 속한다.

을 벌로 부과하게 했다. 또한 아부르구가 도망치고자 했을 때 정긍(鄭肯)은 타이지 하이서에게도 고했으나 하이서도 이를 믿지 않아 도망치기에 이르렀으니, 처음에 논의하여 벌로 말 50마리를 부과했다. 또한 쫓다가 도중에 돌아왔기에 또 논의하여 벌로 말 10마리를 부과하여 합계 말 60마리를 부과했다. 주상은 단지 말 10마리만을 벌로 부과하게 했다. 사자(四子) 부락 소놈이 아부르구를 추격했으나 도중에 돌아왔기에 벌로 말 10마리를 부과하기로 논의했다. 주상이 이에 따랐다.

○ 是日, 杜爾伯特達爾漢貝勒阿都齊遣根車布等, 送其女於固山貝子岳託爲妻. 命多羅貝勒豪格福金 · 多羅饒餘貝勒阿巴泰福金 · 固山貝子羅託福金, 迎於北, 演武場宴之.

○ 이날 두르베트 다르한 버일러 아두치(aduci, 阿都齊)가 건첩(genceb, 根車布) 등을 파견하여, 그 딸을 구사이 버이서 요토에게 시집보냈다. 도로이 버일러 호오거의 푸진 · 도로이 요여 버일러 아바타이의 푸진 · 구사이 버이서 로토(loto, 羅託)의 푸진에게 명하여 북쪽으로 맞이하러 가게 했고, 연무장에서 연회를 베풀게 했다.

○ 丁丑, 烏朱穆秦部落濟農聞上惠養國人, 恩意周至, 率其貝勒三十人擧部來歸.

○ 정축일(11.13), 우주무친 부락 지농이 주상께서 국인(國人)을 아끼고 길러 은혜로운 뜻이 두루 미친다는 것을 듣고, 그의 버일러 30명을 이끌고 부락을 들어 귀순해 왔다.

○ 賜土默特部落貢使噶布楚喇嘛等, 銀兩有差.

○ 투메트 부락의 조공사신 갑추 라마(g'abcu lama, 噶布楚喇嘛) 등에게 은량(銀兩)을 차등 있게 하사했다.

○ 己卯, 先是, 出獵時, 選諸章京從行, 希爾艮及伊父雅賴在選內. 希爾艮啟睿親王多爾袞曰, 我父子同一甲喇不可俱往, 乞免我父從行. 睿親王不聽竟選雅賴, 希爾艮乃詭令本牛彔席翰, 言於固山額眞譚泰云, 我父已免行, 令朱爾堪代之矣. 譚泰遂令朱爾堪從行, 至獵處上閱從行衆章京問曰, 朱爾堪不諳行獵, 誰令之來, 索尼奏曰, 原令雅賴從行, 伊子希爾艮乃紿言其父已免行, 故令朱爾堪來. 上命法司鞫之, 坐希爾艮欺誑罪, 議鞭一百, 革職, 解甲喇 · 牛彔任. 上命罰希爾艮銀三百兩以贖.

○ 기묘일(11.15), 이전에 사냥을 나갔을 때 장긴들을 선발하여 따라가도록 했는데 히르건(hirgen, 希爾艮)과 그의 아버지 야라이(yarai, 雅賴)가 선발에 포함되었다. 히르건이 예친왕(睿親王) 도르곤에게 말했다. "부자(父子)가 같은 잘란이므로 함께 갈 수 없으니, 청컨대 제 아버지가 따라가는 것을 면하게 해 주십시오." 예친왕이 허락하지 않고 마침내 야라이를 선발했다. 그러자 히르건은 본 니루의 시한을 시켜서 구사어전 탄타이에게 거짓말을 하게 했다. "나의 부친은 따라가는 것을 면했으니, 주르칸(jurkan, 朱爾堪)이 대신하게 하십시오." 탄타이는 마침내 주르칸에게 따라가도록 했다. 사냥터에 도착하자 주상이 따라 나온 장긴들을 사열하고 물었다. "주르칸은 사냥할 줄 모르는데 누가 오라고 했는가?" 소닌이 상언했다. "원래 야라이에게 따라오라

고 했는데 그의 아들 히르건이 그의 부친이 따라가는 것을 면했다고 거짓말하여 주르칸이 왔습니다.” 주상이 법사(法司)에서 그를 심문하게 하니, 히르건은 속이고 기만한 죄에 처하여 채찍으로 100대를 때리고, 혁직하여 잘란과 니루의 직책에서 해임하기로 의논했다. 주상이 히르건에게 벌은 300냥을 속(贖)으로 납부하게 했다.

○ 庚辰, 鑄給都察院印信.

○ 경진일(11.16), 도찰원의 인신(印信)을 주조하여 지급했다.

○ 賜阿霸垓部落濟農下阿玉石等, 貂帽·玲瓏鞓帶·撒袋·弓矢·銀緞·莊屯·馬匹·牛羊·奴僕.

○ 아바가 부락 지농 속하의 아유시 등에게 담비가죽 모자·정교하게 장식한 가죽띠·화살집·활과 화살·은과 비단·장둔(莊屯)·말·소와 양·노복을 하사했다.

○ 辛巳, 遣朝鮮國陪臣崔鳴吉等歸國, 以國王李倧, 表賀萬壽, 敕諭之曰, 朕惟運際方升, 時逢初度, 以王恪修職貢, 宜加賚予, 所有賜物, 順付陪臣崔鳴吉齎回, 王其祗受, 以昭朕意. 賜李倧雕鞍馬一·貂皮百二十張·銀百兩, 賞正副使及書狀官, 各鞍馬一·貂皮十張·銀五十兩·韃一雙, 大通官三員各貂皮七張·銀三十兩·韃一雙, 管理貢物官二十八員, 各貂皮五張·銀二十兩·韃一雙, 從役二十六人各銀五兩. 又以其表賀冬至, 敕諭之曰, 朕惟陰極陽生, 節候不爽, 君令臣共, 體統昭然. 王旣修職貢之常, 朕宜有錫予之典, 所有賜物, 就付陪臣崔鳴吉齎回, 王其祗受, 以彰優眷. 賜李倧貂皮百二十張·銀百兩, 賞正副使各貂皮十張·銀五十兩·鞾一雙, 書狀官貂皮八張·銀四十兩·鞾一雙, 大通官三員各貂皮五張·銀二十兩·鞾一雙, 管理貢物官二十八員, 各貂皮三張·銀十五兩·鞾一雙, 從役二十六人, 各銀四兩.

○ 신사일(11.17), 조선국 배신(陪臣) 최명길(崔鳴吉) 등이 귀국할 때, 국왕 이종(李倧)이 만수성절(萬壽聖節)을 축하하는 표문을 올린 것에 대해 칙유하여 말했다. 「짐이 생각건대 운이 상승하는 때를 처음 만나 왕이 직공(職貢)을 정성스럽게 수행하므로 하사품을 늘려야 한다. 모든 하사품을 배신(陪臣) 최명길(崔鳴吉)에게 주어 가져가게 하니, 왕은 이를 공손히 받아 짐의 뜻을 알라.」 이종(李倧)에게 조각한 안장을 갖춘 말 1마리·담비가죽 120장·은 100냥을 하사하고, 정사(正使)와 부사(副使) 및 서장관(書狀官)에게 각자 안장을 갖춘 말 1마리·담비가죽 10장·은 50냥·신발 1켤레, 대통관(大通官) 3명에게는 각자 담비가죽 7장·은 30냥·신발 1켤레, 공물을 관리하는 관원 28명에게는 각자 담비가죽 5장·은 20냥·신발 1켤레, 수행 온 인부 26명에게는 각자 은 5냥을 상으로 주었다.

또 동지영절(冬至令節)에 축하하는 표문을 올린 것에 대해 칙유(敕諭)하여 말했다. 「짐이 생각건대 음이 극에 달하면 양이 생겨나서 절후(節候)가 어긋남이 없고, 임금은 명령하고 신하는 공경하니 체통(體統)이 밝다. 왕이 항상 직공(職貢)의 도리를 다하므로 짐은 마땅히 하사의 은전(恩典)을 갖추어 모든 하사품을 배신(陪臣) 최명길(崔鳴吉)이 돌아갈 때 보내니, 왕은 이를 공손히 받아 두터운 은혜를 드러내라.」 이종(李倧)에게 담비가죽 120장·은 100냥을 하사하고 정사(正使)와 부사(副使)에게 담비가죽 10장 · 은 50냥 · 신발 1켤레, 서장관(書狀官)에게는 담비가죽 8장 · 은 40냥 · 신발 1켤레, 대통관(大通官) 3명에게는 각자 담비가죽 5장 · 은 20냥 · 신발 1켤레, 공물을 관리하는 관원 28명에게는 각자 담비가죽 3장 · 은 15냥 · 신발 1켤레, 수행 온 인부 26명에게는 각자 은 4냥을 상으로 주었다.

又諭曰, 覽王奏稱, 小邦自經兵禍, 國內空虛, 又稱, 民間相傳有徵兵之命, 疑懼逃徙, 且牛疫起於國中等語. 誠若此, 則王之奏請固宜. 朕豈慮不及此. 但徵兵自當量時度勢, 詎可強以所難堪乎. 且王曩者委身歸誠, 爲生靈計也, 朕之所以置王者, 亦爲生靈計也. 朕既爲民而加恩於其初, 寧不斟酌於其後乎. 初王在南漢時, 被迫委身, 一則爲宗社計, 一則恐以一身之故, 而致亡國殃民, 縱戮及一身, 亦不敢惜. 惟欲全其廟社生靈. 抑又見朕素不爽信, 諒必格外恩全, 故不惑不懼而來. 若計不出此, 而株守山城, 怯不敢下, 必將喪身絕祀. 朕縱恩撫朝鮮之民, 而兵戈離散之餘, 必有大不堪者, 則東方一國終至破壞矣. 王之如此深謀長算, 不知者或謂窮斯來歸, 以知者觀之, 謂之大知可, 謂之大勇亦可. 但朕之所慮者恐王復似當年聽書生迂見, 以空言掩飾, 巧計朦朧爲尚耳. 夫文人固不可不用, 而書生之談, 亦未可盡信. 蓋書生, 但知摘句尋章, 拘泥成說, 不知達變通權, 雖有文章詞藻, 竟何益哉. 朕曩已灼見其然矣. 故諭.

또 유시했다. 「왕이 "소방(小邦)은 병화를 겪어 나라 안이 비었습니다."라고 하고, 또 "백성 사이에서는 군사를 징발하는 명령이 있을 것이라고 서로 전하므로, 의심하고 두려워하여 도주하며, 또한 우역(牛疫)이 나라 안에 일어났습니다."라고 한 말들을 보았다. 진실로 그렇다면 왕이 상주하는 것은 참으로 마땅하다. 짐이 어찌 거기까지 생각하지 않겠는가? 다만 군사를 징발하는 것은 스스로 마땅히 시세를 헤아려서 할 것이다. 어찌 감당하기 어려운 것을 강요하겠는가? 또 왕이 지난번에 몸을 맡겨 투항한 것도 백성을 위한 계책이었고, 짐이 왕을 용서한 것도 백성을 위한 생각이었다. 짐이 백성을 위하여 이미 은혜를 베풀었는데 어찌 나중에 살피지 않겠는가? 이전에 왕이 남한산성에 있다가 곤궁에 처하여 투항했는데, 하나는 종사(宗社)를 위한 생각이고 하나는 일신(一身) 때문에 나라가 망하고 백성이 해를 입는 데 이를까 우려되어 일신에 죽음이 미치는 것도 아까워하지 않았던 것이다. 오직 종사와 백성을 보전할 것을 생각했을 것이다. 또 짐이 평소에 신의를 잃지 않았기에 반드시 은혜를 받으리라고 믿고 의심하거나 두려워하지 않고 왔을 것이다. 만약 이렇게 생각하지 않고 남한산성을 지키면서 겁을 내고 감히 항복하지 못했다면 반드시 몸을 잃고 제사가 끊어졌을 것이다. 짐이 비록 조선의 백성을 은혜로 어루만지더라도 전쟁으로 흩어진 후에 분명 크게 감당하지 못할 일이 있었을 것이고 동방의 한 나라가 끝내 파괴되었을 것이다. 왕이 이렇게 깊이 생각하고 길게 헤아린 것을 모르는 사람은 곤궁하여 내귀했다 할 것이고, 지혜로운 사람은 이를 보고 대단히 지혜로웠다고 하거나 용맹했다고 할 것이다. 다만 짐은 왕이 다시 그때처럼 서생(書生)의 사리에 맞지 않는 견해를 듣고, 빈말로 감추고 교묘한 계책으로 모호하게 하는 것을 숭상할까 우려한다. 문인을 진실로 쓰지 않을 수 없으나, 서생의 이야기 또한 모두 믿어서는 안 된다. 대개 서생은 옛사람의 글귀를 뽑아 문장을 지을 줄만 알지 통설에 얽매여 변통할 줄 모르니, 비록 문장을 아름답게 짓더라도 결국 무엇이 이롭겠는가? 짐은 이전에 이미 그러한 것을 분명히 보았다. 이에 유시한다.」

又諭曰, 覽王奏. 父子情切, 寸情難禁, 亡妃再期, 迫在冬季. 仰祈矜恤, 遣子使歸, 以全至情. 又云, 臣聞君臣猶父子, 苟有衷懷, 理宜畢達, 此語誠然, 朕終不以爲非, 但王之二子, 朕非左右乏人, 而藉之爲侍衛也, 非有利於師行, 而藉之以坐鎭也, 更非王本意內附, 而令子來也, 言及於此, 不幾誤與. 王果抒誠圖報, 渾忘彼此之見, 不待奏請, 聽其自往自來, 方是兩國一家之象. 今既言君臣猶父子, 兩國猶一家, 而復有歸國之請者, 又似仍在異國也, 萬一朕心稍疑則如之何. 王子若未諳事宜, 而興此念, 王應訓之云, 吾等忠誠未著, 胡爲不候上命, 便有歸省之思, 以起君父之疑哉. 如此教誡, 乃爲義方之訓, 特諭.

또 유시했다. 「왕의 상주(上奏)를 보았다. 왕은 말하기를 "아비와 자식의 정이 절절하여 그리운 정을 참기 어렵고 비(妃)가 죽은 지 2년째 날이 겨울에 다가옵니다. 우러러 바라건대 긍휼히 여겨 주시어 보낸 아들을 돌려보내 주시면 지극한 정을 온전히 할 것입니다."라고 했다. 또 말하기를 "신이 듣건대 군신(君臣)은 부자(父子)와 같으므로 진실로 마음에서 우러나는 생각이 있으면 이치상 모두 아뢰어야 합니다."라고 했다. 이 말은 참으로 옳으니 짐이 그르다고 여기지 않는다. 다만 왕의 두 아들은 짐이 좌우에 사람이 없어 시위(侍衛)로 삼고자 데려온 것이 아니고, 전쟁에 도움이 될까 하여 주둔하면서 지키게 하려고 데려온 것도 아니며, 더욱이 왕이 본래 내부(內附)하기 위해 자식들을 보내온 것도 아니다. 이렇게까지 말한 것은 잘못에 가깝지 않은가. 왕이 과연 정성을 다하여 보답하려 하고 너와 나라는 구별을 잊으면 주청할 필요 없이 오고 가도록 할 것이니 이야말로 두 나라가 일가(一家)인 모습이다. 이제 이미 군신(君臣)이 부자(父子)와 같고 두 나라가 일가(一家)라고 말했는데 다시 귀국을 청하는 것은 다른 나라에 있다고 생각해서일 것이다. 만약 짐이 조금이라도 의심한다면 어떻게 할 것인가. 왕자가 만약 사리를 모르고 이런 생각을 품으면 왕이 훈계하여, "우리의 충성이 나타나지 않았는데, 어째서 주상의 명령을 기다리지 않고 귀성(歸省)하려는 생각을 품어 군부(君父)의 의심을 일으키느냐"라고 해야 한다. 이러한 훈계야말로 의리로 가르치는 교훈인 것이다. 특별히 유시한다.」

○ 癸未, 追封超品一等公額駙楊古利爲武勳王, 諭祭立碑. 祭文云, 寬溫仁聖皇帝制曰, 朕聞, 有大功之人, 必有非常之報, 念爾超品一等公楊古利, 輔理國政, 效力宣猷. 今又戰歿, 爰倣古制, 追封爾爲武勳王, 用彰忠績, 萬世無替. 其碑文云, 寬溫仁聖皇帝制曰, 咨爾超品一等公額駙楊古利, 爲國宣力, 克建懋勳, 爰倣古制, 追封爾爲武勳王, 遣官諭祭立碑墓道, 以垂不朽.

○ 계미일(11.19), 초품일등공(超品一等公) 어푸 양구리를 무훈왕(武勳王)으로 추봉(追封)하여 제사 지내도록 유시하고 비석을 세웠다. 제문(祭文)에서 말했다. 「관온인성황제가 말한다. 짐이 듣건대 큰 공을 세운 사람은 반드시 특별한 보답이 있어야 한다. 생각건대 그대 초품일등공 양구리는 국정을 보좌했고 도리를 밝히는 데 힘썼다. 이제 전사했으므로 옛 제도를 본받아 그대를 무훈왕(武勳王)으로 추봉하여 충신의 공적을 밝히니, 만세에 변함이 없을 것이다.」 비문에서 말했다. 「관온인성황제가 말한다. 아! 그대 초품일등공 어푸 양구리는 나라를 위해 진력하고 큰 공훈을 세웠으니, 이에 옛 제도를 본받아 그대를 무훈왕(武勳王)으로 추봉하고 관리를 파견하여 제사를 지내도록 유시하며, 묘도(墓道)에 비석을 세워 영구히 전한다.」

○ 戊子, 東海虎爾哈部落分齊喀及俄莫什與其妻, 攜馬四匹來歸, 賜奴僕·牛隻·衣服·米糧·房屋·器皿等物, 并給分齊喀妻室.

○ 무자일(11.24), 동해(東海) 후르카 부락 푼치카(funcika, 分齊喀)·오모시(omosi, 俄莫什)와 그의 처가 말 4마리를 가지고 와서 내귀하니, 노복·소·의복·곡식·집·그릇 등의 물건을 하사하고, 푼치카에게는 처실(妻室)을 주었다.

○ 己丑, 賜黑龍江地方貢使扈育布祿·納爾開·額訥布及二等十人三等四十九人, 蟒緞朝衣·衣服·緞布·鞾·帽·玲瓏鞓帶·撒袋·弓矢·鞍轡·牛角等物有差.

○ 기축일(11.25), 흑룡강 지방의 조공사신 후유불루(hūyubulu, 扈育布祿)·나르카이(narkai, 納爾開)·어너부(enebu, 額訥布) 및 이등 10명, 삼등 49명에게 망단 조의(蟒緞朝衣)·의복·비단과 면포·신발·모자·정교하게 장식한 가죽띠·화살집·활과 화살·안장과 고삐·소뿔 등의 물건을 차등 있게 하사했다.

○ 賜杜爾伯特部落達爾漢貝勒阿都齊使臣根車布·額倫徹, 馬牛·蟒緞·雕鞍·布疋等物, 復賜宴遣之.

○ 두르베트 부락의 다르한 버일러 아두치(aduci, 阿都齊)의 사신 건첩(genceb, 根車布)·어런처(erence, 額倫徹)에게 소와 말·망단(蟒緞)·조각한 안장·포필(布疋) 등의 물건을 하사하고, 다시 연회를 베풀어 주고 보냈다.

○ 牛彔章京巴圖魯薩木哈圖病故, 以其子扎海襲職, 仍准再襲七次.

○ 니루장긴 바투루 삼하투가 병사했기에 그 아들 자하이(jahai, 扎海)에게 습직시키고 7번 습직을 허락했다.

○ 庚寅, 巳刻, 上率和碩親王 · 多羅郡王 · 多羅貝勒 · 固山貝子等, 率兵出懷遠門西, 獵於打草灘 · 卓索 · 土兒格尼等處, 是日, 駐蹕沙嶺東.

○ 경인일(11.26), 사시(巳時)에 주상이 호쇼이 친왕 · 도로이 군왕 · 도로이 버일러 · 구사이 버이서 등과 병사를 이끌고 회원문(懷遠門)을 나와 서쪽으로 가서 타초탄(打草灘) · 조소(joso, 卓索) · 투르거니(turgeni, 土兒格尼) 등지에서 사냥했다. 이날, 사령(沙嶺) 동쪽에서 머물렀다.

十二月, 乙未朔, 黑龍江地方羌圖禮 · 阿爾哈 · 固穆考等一百二十二人, 來貢貂皮, 命禮部參政喇瑪往迎宴之.

○ 12월 을미일 초하루(12.1), 흑룡강 지방 키양투리(kiyangturi, 羌圖禮) · 알하(alha, 阿爾哈) · 굼코오(gūmkoo, 固穆考) 등 122명이 와서 담비가죽을 바치니, 예부참정 라마(lama, 喇瑪)에게 가서 영접하고 잔치를 베풀게 했다.

○ 遣黑龍江地方扈育布祿·納爾開·巴爾達齊弟額訥布等六十一人歸國，賜宴遣之.

○ 흑룡강 지방의 후유불루(hūyubulu, 扈育布祿)·나르카이(narkai, 納爾開)·발다치의 동생 어너부(enebu, 額訥布) 등 61명이 귀국하려고 하여 연회를 베풀어 주고 보냈다.

○ 丙申，上至打草灘地方行獵時，阿山旗內卓羅牛彔下翁克，馳馬衝突多羅武英郡王阿濟格，鞭八十. 梅勒章京安達禮，馳馬衝突本旗固山貝子滿達海，鞭六十. 阿爾奇禪牛彔下護軍校雅爾希，馳馬衝御前一等侍衛圖爾哈圖，又取箭，不與避匿，鞭七十.

○ 병신일(12.2), 주상이 타초탄(打草灘) 지방에 사냥을 갔을 때 아산의 기(旗)의 졸로 니루 속하의 옹커이(ongkei, 翁克)가 말을 타고 달리다 도로이 무영군왕 아지거와 부딪쳤기에 채찍으로 80대를 때렸다. 머이런장긴 안다리가 말을 타고 달리다 본 기(旗) 구사이 버이서 만다하이(mandahai, 滿達海)[9]와 부딪쳤기에 채찍으로 60대를 때렸다. 아르기찬(argican, 阿爾奇禪) 니루 하의 호군교 야르히(yarhi, 雅爾希)가 말을 타고 달리다 어전일등시위(御前一等侍衛) 투르하투와 부딪쳤고, 또한 화살을 취하여 주지 않고 은닉했기에 채찍으로 70대를 때렸다.

---

9 만다하이: mandahai, 滿達海. 1622-1652. 아이신기오로 씨. 누르하치의 손자. 다이샨의 일곱째 아들. 다이샨이 사망한 후 禮親王 작위를 세습했고 후에 巽親王으로 개칭했다. 만다하이가 사망한 후 생전의 죄를 물어 작위가 버일러로 강등되었다.

○ 甲辰, 命葉克書爲右翼, 星訥爲左翼, 與其下阿福尼 · 赫葉訥 · 馬喇希 · 喀木戚哈 · 喀爾喀瑪 · 巴圖魯俄莫克圖 · 薩哈納 · 穆成格 · 叟塞 · 阿林 · 巴牙爾圖 · 塞赫 · 喀喇爾代 · 訥爾得 · 宜木圖 · 希福等, 率兵六百人往征卦爾察.

○ 갑진일(12.10), 역슈가 우익을 맡고 싱너가 좌익을 맡아, 그 속하 아푸니 · 허여너(heyene, 赫葉訥) · 말라히 · 캄치하 · 카르카마 · 바투루 오목투 · 사하나 · 무청거 · 서오서(seose, 叟塞) · 아린 · 바야르투 · 서허이(sehei, 塞赫) · 카랄다이(karaldai, 喀喇爾代) · 널더이(neldei, 訥爾得) · 임투 · 히퍼와 함께 병사 600명을 이끌고 구왈차를 정벌하게 했다.

○ 壬子, 翁牛特部落杜稜郡王下拖克拖會, 及二十五人, 於門綽克額勒孫地方, 爲明兵所殺, 奪去馬百有十四, 是夜, 綽克圖額塞得里, 率二十人往追, 次日敦朱克率四十人塞桑吳巴什率三十人, 往追, 俱不及. 遂自敖木輪河還時, 杜稜郡王下昌圖來報, 承政塞冷 · 尼堪, 以其事聞.

○ 임자일(12.18), 옹니우트 부락의 두령 군왕 속하의 톡토호이와 25명이 몬촉 얼러순(moncok elesun, 門綽克額勒孫)[10] 지방에서 명나라 병사에게 살해당하고 말 110마리를 빼앗겼다. 그날 밤 촉투 어서더리(coktu esederi, 綽克圖額塞得里)가 20명을 이끌고 추격했고 다음날 돈죽(donjuk, 敦朱克)이 40명, 자이상 우바시가 30명을 이끌고 추격했으나

10 門綽克은 현재 내몽고 通遼市 奈曼旗 平安鄉 滿楚克廟村.

모두 잡지 못했다. 마침내 오오 무렌(oo muren, 敖木輪)[11] 강에서 돌아올 때 두렁 군왕 속하의 창투(cangtu, 昌圖)가 와서 보고하니 승정 서령·니칸이 그 일을 아뢰었다.

○ 癸丑, 上還宮, 行獵凡二十三日. 上殪虎四, 射野猪·鹿·麆·黃羊一百五十有九.

○ 계축일(12.19), 주상이 환궁하니 사냥 나간 지 23일 만이었다. 주상은 호랑이 4마리를 죽이고, 멧돼지·사슴·노루·황양(黃羊) 159마리를 쏘아 잡았다.

○ 往征瓦爾喀諸將, 遣六人奏捷言, 兩黃旗至瓦爾喀地方, 舒書·塔克朱率甲士六十人, 入兀爾格陳地方, 獲塞約·艾塔哈·佛珠·吳克星額·塔克都, 男子三十人, 家口八十, 馬七十有三, 貂·猞狸猻·狼·水獺·虎·貉·青鼠等皮, 共一百四十一張, 貉皮裘一領. 兩紅旗下恩古里·克布圖率甲士六十八人入綏分地方, 獲岡球·畢爾哈木·巴爾朱, 男子二十八人, 家口六十五, 貂·水獺·猞狸猻·貉等皮, 共五十六張. 竝令克布圖率甲士三十八人, 齎至. 恩古里率甲士三十人, 向鴉藍地方. 兩白旗下哈什談·滿都戶於所入汎地, 獲紀木善·伊訥肯·索畢·白得根·哈力戶·阿爾珠·客木訥·畢爾珠, 男子一百三十人, 家口三百三十, 馬八十有七, 貂·狐·獺·狼·貉·

11 'oo muren'(敖木倫, 鄂木倫河)은 大淩河의 다른 이름이다. 大淩河는 고대에 白狼水라고 불렀고, 遼代에는 靈河로, 金代에는 淩河로 불렀으며, 그 후에는 大淩河로 불렀다.

青鼠·騷鼠等皮, 共五百八十二張, 貂·狐·青鼠等裘, 共七領.

○ 와르카를 정벌하러 간 장수들이 6명을 보내 승전보를 올렸다. 「두 황기가 와르카 지방에 도착하여, 슈슈(šušu, 舒書)와 탁주(takju, 塔克朱)가 갑사(甲士) 60명을 이끌고, 우르구천(urgucen, 兀爾格陳) 지방에 들어가 서요오(seyoo, 塞約)·아이타하(aitaha, 艾塔哈)·퍼주(feju, 佛珠)·욱싱거(uksingge, 吳克星額)·탁두(takdu, 塔克都) 등 남자 30명, 가구(家口) 80명, 말 73마리, 담비·스라소니·늑대·수달·호랑이·오소리·청서(靑鼠) 등의 가죽 모두 141장, 오소리 가죽옷 1벌을 얻었습니다. 두 홍기 하의 엉구리(engguri. 恩古里)·컵투(kebtu, 克布圖)가 갑사(甲士) 68명을 이끌고 수이푼(suifun, 綏分) 지방으로 들어가 강키오(gangkio, 岡球)·비르가무(birgamu, 畢爾哈木)·발주(balju, 巴爾朱) 등 남자 28명, 가구(家口) 65명, 담비·수달·스라소니·오소리 등의 가죽 56장을 얻었습니다. 아울러 컵투에게 갑사(甲士) 38명을 이끌고 가져가게 했습니다. 엉구리는 갑사(甲士) 30명을 이끌고 야란 지방으로 갔습니다. 두 백기하의 하시탄·만두후는 주둔지로 들어가 김샨(gimšan, 紀木善)·이너컨(ineken, 伊訥肯)·소비(sobi, 索畢)·버더건(bedegen, 白得根)·하리후(harihū, 哈力戶)·알주(alju, 阿爾珠)·커무너(kemune, 客木訥)·빌주(bilju, 畢爾珠) 등 남자 130명, 가구(家口) 330명, 말 87마리, 담비·여우·수달·늑대·오소리·청서(靑鼠)·족제비 등의 가죽 모두 582장, 담비·여우·청서(靑鼠) 등으로 만든 가죽옷 7벌을 얻었습니다.」

○ 朝鮮國陪臣韓亨吉書狀官李侯陽來貢元旦禮物, 於東京迎宴之.

○ 조선국 배신(陪臣) 한형길(韓亨吉)과 서장관(書狀官) 이후양(李侯陽; 李後陽)이 원단(元旦)에 예물을 가져와 바치니, 동경(東京)에서 영접하고 잔치를 베풀었다.

○ 賜蘇尼特部落貢使騰機思墨爾根下吳巴什 · 阿巴圖, 叟塞濟農下巴綏, 蒿齊忒部落巴琫下塞莫等, 綵緞 · 布疋.

○ 수니트 부락의 조공사신으로 온 텅기스 머르건 속하의 우바시 · 아바투(abatu, 阿巴圖), 서오서 지농 속하의 바수이(basui, 巴綏), 호오치트 부락의 바붕 속하의 서모(semo, 塞莫) 등에게 채단(綵緞) · 포필(布疋)을 하사했다.

○ 召烏朱穆秦部落祁他特台吉 · 衛徵塔布囊 · 瑣諾木塔布囊 · 博倫塔布囊 · 達喇海 · 納木渾津, 竝隨從人等, 進淸寧宮賜宴. 復命七旗王 · 貝勒等, 各宴之.

○ 우주무친 부락의 키타트 타이지 · 워이정 타부낭 · 소놈 타부낭 · 보룬 타부낭 · 달라하이 · 나무 혼진 및 수행한 사람들을 부르고, 청녕궁에 가서 연회를 베풀었다. 거듭 명하여 일곱 기(旗)의 왕과 버일러들에게 각자 연회를 베풀게 했다.

○ 戊午, 蒿齊忒部落博羅特 · 托尼洛二貝勒, 率五百二十戶, 自克魯倫河來歸, 先遣博羅特貝勒下得都赫奏聞.

○ 무오일(12.24), 호오치트 부락의 볼로트(bolot, 博羅特)·토닐로(tonilo, 托尼洛) 두 버일러가 520호(戶)를 이끌고 케룰렌강(kerulen, 克魯倫河)에서 내귀했다고 이전에 파견한 볼로트 버일러 속하의 더두허이(deduhei, 得都赫)가 상주했다.

○ 冊封朝鮮使臣. 英俄爾岱·馬福塔·達雲等還, 奏言. 臣等沿途往來, 朝鮮國俱遵依定例, 敬禮接待, 無有違錯. 多羅武英郡王阿濟格於牛莊, 遣丹岱·薩蘇喀·譚拜·拜賽, 率護軍四十人, 厮卒二十人, 騎兵四十人, 前往捉生於二十六日, 入白土場二十七日, 遇明兵七百於清河, 突入擊敗之, 獲馬二十有二, 纛二.

○ 조선에 책봉하러 사신으로 갔던 잉굴다이·마푸타·다윤 등이 돌아와 상주하여 말했다. "신들이 길을 따라 왕래하니, 조선국이 모두 정례(定例)를 따라 공경하여 예를 갖추고 접대에 어긋남이 없었습니다. 도로이 무영군왕 아지거가 우장(牛莊)에서 단다이·사수카·탐바이·바이사이를 파견하여 호군 40명·쿠툴러 20명·기병(騎兵) 40명을 이끌고 먼저 가서 26일에 포로를 잡았고, 27일에 백토장(白土場)으로 들어가 청하(淸河)에서 명나라 병사 700명과 마주치자 돌진하여 격파하고 말 22마리·독(纛) 2개를 얻었습니다."

○ 己未, 黑葉氏十人, 來貢貂皮等物.

○ 기미일(12.25), 허여(heye, 黑葉) 씨 10명이 담비가죽 등의 물건을 가져와 바쳤다.

○ 癸亥, 祭太廟福陵. 上先期齋戒一日, 遣大臣行禮.

○ 계해일(12.29), 태묘(太廟)와 복릉(福陵)에 제사 지냈다. 주상은 이에 앞서 하루 동안 재계하고, 대신을 보내어 예를 행하게 했다.

○ 甲子, 托科羅氏 · 默爾車勒氏 · 巴雅喇氏, 三姓遣二十二人, 來貢貂皮.

○ 갑자일(12.30), 토코로(tokoro, 托科羅) 씨 · 멀처러(melcere, 默爾車勒) 씨 · 바야라(bayara, 巴雅喇) 씨 세 씨족이 22명을 파견하여 담비 가죽을 가져와서 바쳤다.

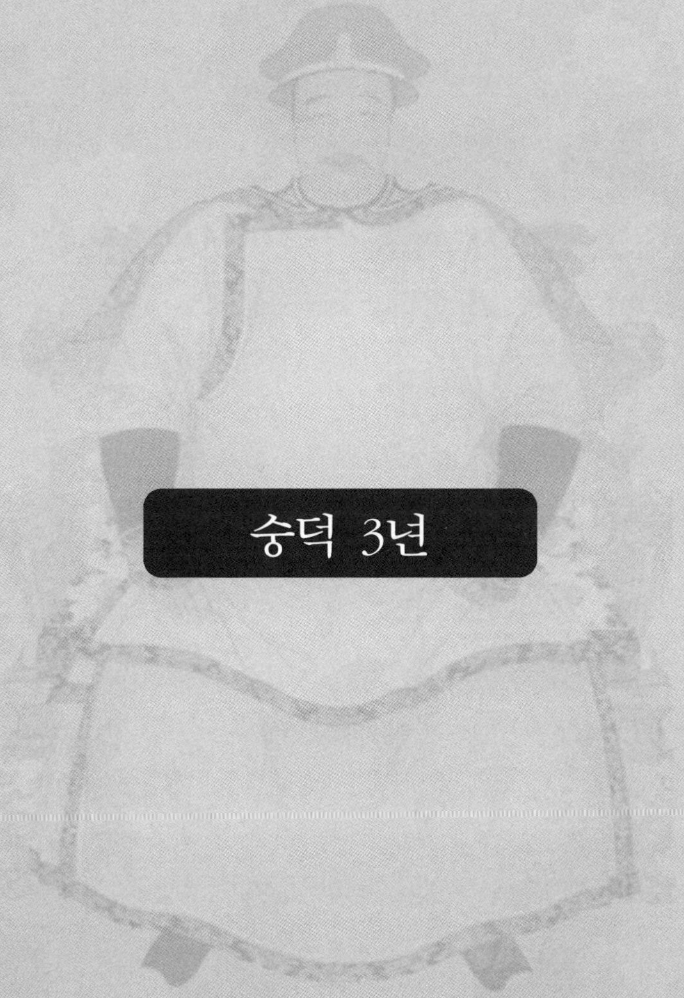

숭덕 3년

권40

숭덕 3년 정월 ~ 2월

崇德三年戊寅, 春正月, 乙丑朔寅刻, 上率和碩親王·多羅郡王·多羅貝勒·固山貝子·文武大臣, 詣堂子行禮, 遣官祭太廟. 卯刻, 還宮, 拜神, 陳設大駕鹵簿, 文武群臣, 左右序立畢. 辰刻, 上御崇政殿, 諸王·貝勒·貝子等進表, 其文曰, 和碩親王·多羅郡王·多羅貝勒·固山貝子, 率文武群臣等, 誠懽誠忭, 稽首頓首, 謹奉表於寬溫仁聖皇帝陛下. 上天仁愛下民, 四時順序, 風雨調和, 年穀用登, 人民樂業. 此皆我皇上奉天命以首出, 布善政而致和, 是以德同大造, 普樂利於寰區, 節居履端, 萃共球於屬國, 人心丕應, 景命維新. 臣等幸際昌期, 恭逢泰運, 春和始布, 淑氣方凝. 伏願皇上益懋民安物阜之庥, 丕膺日升月恒之福, 臣等無任瞻天仰聖, 踴躍懽忭之至, 謹奉表稱賀以聞.

○ 숭덕 3년 무인년 봄 정월 을축일 초하루(1.1), 인시에 주상이 호쇼이 친왕·도로이 군왕·도로이 버일러·구사이 버이서·문무 대신들을 이끌고 당자(堂子)에 가서 예를 행하고 관원을 파견하여 태묘에 제사 지냈다. 묘시에 궁으로 돌아와 신에게 배례하고 대가(大駕)와

노부(鹵簿)를 차려 놓으니 문무 신하들이 좌우에 순서대로 서서 예를 마쳤다. 진시에 주상이 숭정전(崇政殿)에 드니 여러 왕 · 버일러 · 버이서들이 표문(表文)을 올렸다. 그 글에서 말했다. 「호쇼이 친왕 · 도로이 군왕 · 도로이 버일러 · 구사이 버이서들이 문무 신하들을 이끌고 진실로 기뻐서 머리를 조아리며 삼가 관온인성황제 폐하께 표문을 올립니다. 하늘이 하민(下民)을 어진 마음으로 사랑하시니 사계절의 질서가 맞고 바람과 비가 조화로워서 한 해 곡식은 잘 여물고 인민은 즐거이 생업에 종사합니다. 이는 모두 우리 황상이 천명을 받아 태어나시고 선정을 베풀어 조화로움에 이른 것이니, 덕은 천지조화와 같아서 즐거움과 이로움이 널리 천지에 퍼졌습니다. 절기로 정월 초하루가 되어 속국에서 예물이 모여들며 인심이 널리 따르고 크고 복된 명이 다시 새로워졌습니다. 신(臣)들이 다행히도 창성한 시기에 태평한 운수를 만나니 봄의 화창한 기운이 퍼져 나가기 시작하고 봄의 맑은 기운이 바야흐로 모여들고 있습니다. 엎드려 바라건대 황상께서는 더욱 백성을 안정시키고 만물을 풍부하게 하는 데에 힘쓰셔서 날로 번창하는 큰 복을 받으소서. 신들은 하늘을 바라보고 성상(聖上)을 우러러 뛸 듯이 기쁜 마음을 가눌 길이 없어 삼가 표문을 올려 경하드립니다.」

又上皇后箋, 其文曰, 和碩親王 · 多羅郡王 · 多羅貝勒 · 固山貝子, 率文武群臣等, 誠懽誠忭, 稽首頓首, 謹奏箋於皇后殿下. 黼座凝庥, 肇萬年之統緒, 金輿贊化, 佐當宁之經綸, 應地無疆, 配天立極, 履端伊始, 八埏歸王會之圖, 厚德覃敷, 四國仰璇宮之則. 臣等幸際昌期, 恭逢泰運, 春和始布, 淑氣方凝. 伏願皇后福履永綏, 徽音益茂. 臣等無任踴躍懽忭之至, 謹奉箋稱賀以聞. 讀畢, 行三跪九叩頭禮.

또 황후에게 전문(箋文)을 올렸다. 그 글에서 말했다. 「호쇼이 친왕 · 도로이 군왕 · 도로이 버일러 · 구사이 버이서들이 문무 신하들을 이끌고 진실로 기쁘게 머리를 조아리며 삼가 황후전하(皇后殿下)께 전문(箋文)을 올립니다. 보좌에 복이 모여들어 만년의 황실 계보를 시작하시고 황제를 보필하고 황제의 다스림을 보좌하심이 땅과 같이 넓고 하늘과 같이 높습니다. 정월 초하루부터 팔방(八方)의 끝에서 천자에게 조공하러 귀순해 오고 후한 덕(德)이 널리 퍼져 사방의 나라가 왕궁(王宮)의 법도를 우러러봅니다. 신들이 다행히도 창성한 시기에 태평한 운수를 삼가 만나니 봄의 화창한 기운이 퍼져 나가기 시작하고 봄의 맑은 기운이 바야흐로 모여들고 있습니다. 삼가 바라건대 황후께서는 영원한 복을 누리시고 아름다운 명성이 더욱 풍성해지십시오. 신들은 뛸 듯이 기쁜 마음을 가눌 길이 없어 삼가 전문(箋文)을 올려 경하드립니다.」 읽은 후 삼궤구고두의 예를 행하였다.

次滿洲 · 蒙古 · 漢軍固山額眞, 率各旗官員, 按旗行禮.

다음으로 만주 · 몽고 · 한군의 구사어전들이 각 기(旗)의 관원들을 이끌고 기(旗)에 따라 예를 행하였다.

次朝鮮國王子李溰 · 李淯, 率來朝陪臣, 進表箋朝賀. 其奉皇上表文曰, 朝鮮國王臣李倧, 欽遇崇德三年正月初一日元旦令節, 謹奉表稱賀者, 臣倧誠懽誠忭, 稽首頓首上言. 伏以功参造化, 方仰建極之宏規, 節居生成, 恭申朝正之盛禮, 歡聲匝域, 喜氣冲霄. 欽惟寬溫仁聖皇帝陛下, 鳳曆授時, 龍飛興運, 聲靈所曁, 儼地闢而天開, 德化攸同, 知遠懷而近悅. 茲當履端之始, 聿逬鼎新之庥. 伏念臣叨守藩封,偏蒙帝力，如天洪覆，既霑字小之恩，與物皆春，敢忘無外之澤. 臣無任瞻天仰聖，激切屛營之至，謹奉表稱賀以聞.

다음으로 조선국왕의 아들 이왕(李溰)과 이요(李淯)가 내조한 배신(陪臣)들을 이끌고 표전(表箋)을 올려 조하(朝賀)했다. 황상에게 올린 표문(表文)에서 말했다. 「조선국왕 신(臣) 이종(李倧)은 숭덕 3년 정월 초하루 원단(元旦)을 공경히 맞이하여 삼가 표문을 올려 경하드립니다. 신 이종은 진실로 기뻐서 머리를 조아려 상언합니다. 삼가 생각건대, 공덕(功德)이 천지의 조화에 참여하니, 바야흐로 국가를 세우는 큰 기획을 우러르게 되었습니다. 만물이 생성하는 절기를 맞아 정월 초하루에 삼가 조회하는 성대한 예(禮)를 펼치니 온 나라가 환호하고 기쁜 기운이 하늘에 닿습니다. 삼가 관온인성황제께서 봉력(鳳曆)[1]을 반포하시어, 용이 날아오르듯 기운이 흥하고 성령(聲靈)이 미치는 곳마다 천지(天地)가 개벽하듯 덕화(德化)에 호응하니, 먼 곳의 사람은 회유되고 가까운 곳의 사람은 기뻐함을 압니다. 정월 초하루의 시작에 새롭게 복을 맞이했습니다. 엎드려 생각건대, 신(臣)은 외람되이 번봉(藩封)을 지키는 임무를 맡아 황제의 도움을 입은 것이 하늘과 같이 넓고, 작은 나라를 아끼시는 은혜를 입어서 만물과 더불어 봄기운을 나누게 되었으니 내외를 구분하지 않는 은택을 어찌 감히 잊겠습니까. 신은 하늘을 바라보고 성상(聖上)을 우러르는 간절한 심정을 가눌 길이 없어, 삼가 표문을 올려 경하드립니다.」

其上皇太子箋文曰，朝鮮國王臣李倧，恭逢崇德三年正月初一日元

1 鳳曆은 冊曆을 가리킨다.

旦令節, 謹奉箋稱賀者, 臣倧誠懽誠忭, 稽首頓首上言, 伏以三微啟序, 回協氣於紫宮, 二極承乾, 藹祥雲於青殿, 鴻庥川至, 燕賀雷騰. 恭惟皇太子殿下, 德量淵冲, 英姿玉裕, 夙播仁聞, 允孚遠近之望, 密贊神功, 方開亨泰之運, 兹當端月之會, 益增前星之輝. 伏念臣叨續先基, 實荷皇眷, 蹄涔跡滯, 縱阻呼嵩之班, 鶴禁心懸, 敢愆事大之禮. 臣無任激切屛營之至, 謹奉箋稱賀以聞.

황태자에게 올린 전문(箋文)에서 말했다. 「조선국왕 신(臣) 이종(李倧)은 숭덕 3년 정월 초하루 원단(元旦)을 공경히 맞이하여 삼가 전문(箋文)을 올려 경하드립니다. 신 이종은 진실로 기뻐서 머리를 조아려 상언합니다. 삼가 생각건대, 천(天)·지(地)·인(人)의 시작을 맞아 기운이 자궁(紫宮)에 모이고 양극(兩極)이 하늘을 받드니 제왕의 청전(青殿)에 상서로운 구름이 피어오르고 큰 복이 강처럼 흘러드니 기쁘게 경하드리기를 우레가 치듯 합니다. 삼가 생각건대 황태자 전하의 덕스러운 도량이 못처럼 깊고 꽃다운 모습이 옥처럼 부드러우며, 일찍부터 어질다는 명성이 퍼지니 원근의 바람에 진실로 합당합니다. 신묘한 공적을 도와 바야흐로 태평한 운수를 열었으니, 이 정월을 맞이하여 황태자의 광채가 더욱 커졌습니다. 삼가 생각건대 신이 외람되이 선왕(先王)의 기업(基業)을 이을 수 있었던 것은 실로 황상의 돌보시는 은혜를 입었기 때문입니다. 비록 소방(小邦)에 몸이 매여 경하의 자리에 가지 못하나, 태자가 계신 곳에 마음을 두고 있으니 감히 사대(事大)의 예를 어기겠습니까. 신은 감격을 가눌 길이 없어 삼가 전문(箋文)을 받들어 경하드립니다.」

次外藩蒙古諸王·貝勒等, 各率本部落官員, 進表箋朝賀. 其表箋與在內諸王表箋文同.

다음으로 외번몽고의 여러 왕·버일러들이 각자 부락의 관원들을 이끌고 표전(表箋)을 올려 조하했다. 그 표전은 내지(內地)의 여러 왕들의 표전과 같았다.

次三順王, 遣官進表箋朝賀. 其奉皇上表文曰, 恭順王臣孔有德·懷順王臣耿仲明·智順王臣尚可喜, 誠懽誠忭, 稽首頓首, 謹奉表稱賀者. 我國家蒙天眷佑, 四時順序, 風雨調和, 百穀用登, 蒸民樂業, 此皆我寬溫仁聖皇帝陛下, 纘肇基之跡, 式廓輿圖, 恢受命之符, 誕膺天眷, 德同覆載, 弘安阜於群生, 福集共球, 來享王於萬國. 臣有德等, 幸際昌期, 恭逢新歲, 身羈外鎮, 心拱闕廷, 慶有象之昇平, 祝無疆之聖壽. 臣等無任瞻天仰聖, 踴躍懽忭之至, 謹奉表稱賀以聞.

다음으로 공순왕·회순왕·지순왕이 관원을 파견하여 표전(表箋)을 올리고 조하(朝賀)했다. 황상에게 올린 표문(表文)에서 말했다. 「공순왕 신 공유덕·회순왕 신 경중명·지순왕 신 상가희는 진실로 기뻐서 머리를 조아리며 삼가 표문을 올려 경하드립니다. 우리나라가 하늘의 보우하심을 입어 사계절의 질서가 맞고 바람과 비가 조화로워서 백곡이 잘 여물고 모든 백성들이 즐거이 생업에 종사합니다. 이는 모두 우리 관온인성황제 폐하께서 창업의 자취를 계승하여 강역을 넓히시고 천명(天命)의 부절(符節)을 품어 하늘의 도움을 받으신 것입니다. 덕은 천지와 같이 널리 많은 생명을 안정시키고 복이 모여 조공하니 만국(萬國)에서 와서 왕업을 향유합니다. 신 공유덕 등은 다행히 창성한 시기에 삼가 새해를 맞이하니, 몸은 외진(外鎭)에 매어 있으나 마음은 궁궐을 향해 있습니다. 나라의 태평함을 경하드리고 무궁한 장수를 축원드립니다. 신들은 하늘같은 성상(聖上)을 우러르니 뛸 듯이 기쁜 마음을 견딜 수 없어 삼가 표문을 올려 경하드립니다.」

其上皇后箋文曰, 恭順王臣孔有德·懷順王臣耿仲明·智順王臣尙可喜, 誠懽誠忭, 稽首頓首, 謹奉箋稱賀者. 恭惟皇后殿下, 道協紫宸, 啟萬年之景運, 德符皇極, 襄首出之鴻猷, 應地資生, 承乾育物, 芳型懋著, 昭壼教於中宮, 懿德覃敷, 表母儀於天下, 用能奠安宗社, 昌茂本支. 臣有德等, 叨守邊陲, 恭逢新歲, 望闕廷而拜手, 祝慈壽之無疆. 臣等無任踴躍懽忭之至, 謹奉箋稱賀以聞.

황후에게 올린 전문(箋文)에서 말했다. 「공순왕 신 공유덕·회순왕 신 경중명·지순왕 신 상가희는 진실로 기뻐서 머리를 조아리며 삼가 전문(箋文)을 올려 경하를 드립니다. 삼가 생각건대 황후전하께서는 도(道)가 자신(紫宸)과 화합하여 만년의 상서로운 운수를 여셨고, 덕은 황극(皇極)에 부합하여 빼어난 계책을 도우셨습니다. 땅에 기대어 생장을 돕고 하늘을 받들어 만물을 키우시며, 아름다운 모습이 빼어나게 드러나서 중궁(中宮)에 부녀자의 모범을 밝히시고, 아름다운 미덕을 펼쳐서 천하에 어머니의 모범을 드러내셨습니다. 종사(宗社)를 안정시키시고 자손을 크게 번창시키셨습니다. 신 공유덕 등은 외람되이 변경을 지키는 임무를 맡아, 삼가 새해를 맞이하여 궁궐을 바라보며 손을 맞잡고 절하여 자수(慈壽)의 만수무강을 축원합니다. 신들은 뛸 듯이 기쁜 마음을 가눌 길이 없어 삼가 전문을 올려 경하드립니다.」

次黑龍江朝正進貢之羌圖禮·雅克舒等一百七十二人, 朝賀. 禮畢,上還宮.

다음으로 흑룡강에서 새해 정월의 공물을 바치러 온 키양투리(kiyangturi, 羌圖禮)·약슈(yakšu, 雅克舒) 등 172명이 조하(朝賀)했다. 예(禮)를 마치고 주상이 환궁했다.

○ 丁卯, 以慶賀元旦, 頒賜內六旗和碩親王·多羅郡王·多羅貝勒·固山貝子等, 每旗銀九百兩, 外藩十三旗王·貝勒·貝子等, 每旗蟒緞一·緞八·布百·甲胄一·玲瓏撒袋一·雕鞍一.

○ 정묘일(1.3), 원단(元旦)을 경하하고자 내육기(內六旗)의 호쇼이 친왕·도로이 군왕·도로이 버일러·구사이 버이서들에게 기(旗)마다 은 900냥씩을 하사하고, 외번 13기(旗)의 왕·버일러·버이서들에게 기(旗)마다 망단(蟒緞) 1필·비단 8필·면포 100필·갑옷과 투구 1벌·정교하게 장식한 화살집 1개·조각한 안장 1개씩을 하사했다.

○ 賜來朝土謝圖親王下代齊·扎薩克圖郡王下翁科特·達爾漢和碩齊下登得赫·喇嘛什希下門都, 杜爾伯特部落塞稜格下嫩能格·科爾沁福妃下俄爾寨圖·卓禮克圖親王下叟塞·木寨下和邵·東果爾下克什宜·布木巴下達灑·古木下克克宜, 柰曼部落達爾漢郡王下阿邦·班第額駙下寨薩戶, 扎魯特部落內齊下巴木布海·桑噶爾下納特海·達爾漢卓禮克圖下阿爾賓, 巴林部落滿珠習禮下卓索·阿玉石下孟格壘·杜稜郡王下布達甘·達爾漢戴青下雅海·穆章下祁他特, 喀喇沁部落查薩袞杜稜下博提·塞冷下伯龍, 土默特部落查薩衮達爾漢單把下博洛虎·俄木布下固爾德, 吳喇忒部落杜巴下吳巴什·俄本下圖倫·巴克巴海下席喇·穆章下察甘世寶·宜爾扎木下巴蜂等, 緞布有差, 命禮部宴而遣之.

○ 내조(來朝)해 온 투시예투 친왕 속하의 다이치(daici, 代齊)·자삭투 군왕 속하의 옹고트(onggot, 翁科特)·다르한 호쇼치(darhan hošoci, 達爾漢和碩齊) 속하의 던더허이(dendehei, 登得赫)·라마스히(lamashi, 喇嘛什希) 속하의 먼두(mendu, 門都), 두르베트 부락 서렁거(serengge, 塞稜格) 속하의 너넝거(nenengge, 嫩能格)·코르친 복비(福妃) 속하의 올제이투(oljeitu, 俄爾寨圖)·조릭투 친왕(joriktu cin wang, 卓禮克圖親王) 속하의 서오서(seose, 叟塞)·무자이(mujai, 木寨) 속하의 호쇼오(hošoo, 和邵)·동고르 속하의 커시이(kesii, 克什宜)·붐바(bumba, 布木巴) 속하의 다샤이(dašai, 達灑)·구무(gumu, 古木) 속하의 커커이(kekei, 克克宜), 나이만 부락 다르한 군왕(darhan giyūn wang, 達爾漢郡王) 속하의 아방(abang, 阿邦)·반디 어푸(bandi efu, 班第額駙) 속하의 자이사후(jaisahū, 寨薩戶), 자루트 부락 너이치(neici, 內齊) 속하의 밤부하이(bambuhai, 巴木布海)·상가르 속하의 나트하이(nathai, 納特海)·다르한 조릭투(darhan joriktu, 達爾漢卓禮克圖) 속하의 아르빈(arbin, 阿爾賓), 바린 부락 만주시리(manjusiri, 滿珠習禮) 속하의 조소(joso, 卓索)·아유시(ayusi, 阿玉石) 속하의 멍걸러이(menggelei, 孟格壘)·두렁 군왕(dureng giyūn wang, 杜稜郡王) 속하의 부다간(budagan, 布達甘)·다르한 다이칭(darhan daicing, 達爾漢戴靑) 속하의 야가이(yagai, 雅海)·무장(mujang, 穆章) 속하의 키타트(kitat, 祁他特), 카라친 부락 자사군 두렁(jasagūn dureng, 查薩衮杜稜) 속하의 보티(boti, 博提)·서렁(sereng, 塞冷) 속하의 벌룽(belung, 伯龍), 투메트 부락 자사군 다르한 샴바(jasagūn darhan šamba, 查薩衮達爾漢單把) 속하의 보로후(borohū,

博洛虎)·옴부(ombu, 俄木布) 속하의 굴더이(guldei, 固爾德), 우라트 부락 두바(duba, 杜巴) 속하의 우바시(ubasi, 吳巴什)·우번(ūben, 俄本) 속하의 툴런(tulen, 圖倫)·박바가이(bakbagai, 巴克巴海) 속하의 시라(sira, 席喇)·무장(mujang, 穆章) 속하의 차간시보오(cagansiboo, 察甘世寶)·이르잠(irjam, 宜爾扎木) 속하의 바붕(babung, 巴蜂) 등에게 비단과 면포를 차등 있게 하사하고, 예부에 명하여 잔치를 베풀고 보내게 했다.

○ 賜烏朱穆秦部落台吉祁他特下瑣諾木塔布囊·博倫塔布囊, 達喇海衛徵塔布囊·納木渾津等, 緞布有差.

○ 우주무친 부락 타이지 키타트 속하의 소놈 타부낭·보론 타부낭, 달라하이 워이정 타부낭·나무 혼진(namu honjin, 納木渾津) 등에게 비단과 면포를 차등 있게 하사했다.

○ 賜恭順王孔有德·懷順王耿仲明·智順王尚可喜, 馬匹·貂皮·銀兩等物. 來朝官員, 亦各賜貂皮. 仍命禮部宴之.

○ 공순왕 공유덕·회순왕 경중명·지순왕 상가희에게 말·담비 가죽·은량 등의 물건을 하사하고 내조해 온 관원들에게도 각각 담비 가죽을 하사했다. 이어서 예부에 명하여 잔치를 베풀게 했다.

○ 賜朝鮮國王李倧雕鞍·馬匹·貂皮·銀兩等物, 來朝議政府右參政韓亨吉·書狀官李候陽·大通官二員·管理貢物官十八員及其從役人等, 各賜鞍馬·貂皮·銀兩有差. 仍命禮部宴之.

○ 조선국왕 이종(李倧)에게 조각한 안장·말·담비가죽·은량 등의 물건을 하사하고, 내조해 온 의정부 우참정(右參政; 右贊成) 한형길(韓亨吉)·서장관(書狀官) 이후양(李候陽; 李後陽)·대통관(大通官) 2명·공물을 관리하는 관원 18명 및 그 종역인(從役人)들에게도 각각 안장을 갖춘 말·담비가죽·은량 등을 차등 있게 하사했다. 이어서 예부에 명하여 연회를 베풀게 했다.

○ 己巳, 先是, 冰圖王孔果爾, 有馬三十匹, 往牧於所屬卦爾察費克圖屯. 十二月十三日, 遇逃人喀木尼漢, 殺牧人十名, 盡奪其馬, 復入屯中, 奪馬十四而去. 屯中七人往追, 一人還屯報信, 六人追及之, 三人被殺. 於是, 喀木尼漢前行, 又奪查木布賴馬千匹. 會命土謝圖王下俄爾多木, 卓禮克圖王下託和泰, 率兵二百人, 往尼喀善城, 駐防躡蹤. 於是日將晚, 至其地聞信, 即率甲士百人躡蹤往追. 查木布賴部下巴特圖戶·巴布賽, 亦率三十人隨後往追. 又查木布賴之弟塞爾固倫, 率所部兵, 從喀木尼漢屯駐處, 橫截追之. 俄爾多木·託和泰, 追至喇哈濟爾噶地方, 遣疲乏馬匹還汛, 調所留兵百人, 隨後來追, 自簡甲士四十人前進, 隨遣巴特圖戶·超巴哈二人入奏. 於是日至奏言, 逃人喀木尼漢, 棄幼子五人, 盡殺疲馬, 仍向原籍逃去. 今值大雪, 臣等務必窮追. 彼如西走, 臣等當至博穆博果爾地方, 彼如北走, 臣等當至黑龍江地方, 彼如東走, 臣等當至額爾德木爾地方, 即於所至之處, 乘其馬匹追之.

○ 기사일(1.5), 이전에 빙투 왕 콩고르(bingtu wang konggor, 冰圖王孔果爾)가 말 30마리를 그에 속한 구왈차의 픽투 촌락(fiktu gašan, 費克圖屯)[2]에 보내어 방목시켰었다. 12월 13일에 도망치던 캄니간(kamnigan, 喀木尼漢) 사람이 목인(牧人) 10명을 살해하고 그 말들을 모

두 빼앗고 다시 촌락 안으로 들어가 말 10마리를 빼앗아 달아났다. 촌락 안에 있던 사람 7명이 추격하러 가서 1명은 소식을 알리기 위해 촌락으로 돌아오고, 6명이 추격하다가 3명이 피살되었다. 이때 캄니간 사람이 나아가서 잠불라(jambula, 査木布賴)의 말 1,000마리를 또 빼앗았다. 마침 투시예투 왕 속하의 올도무(oldomu, 俄爾多木)와 조릭투 왕 속하의 토호타이(tohotai, 託和泰)에게 병사 200명을 이끌고 니카샨 성(nikašan, 尼喀善城)에 가서 주둔하면서 흔적을 쫓게 했는데, 이날 해가 저물 무렵 그 지역에 이르러 소식을 듣고 곧바로 갑사(甲士) 100명을 이끌고 흔적을 쫓아 추격했다. 잠불라의 부하인 바트투후(battuhū, 巴特圖戶)와 바부사이(babusai, 巴布賽)도 30명을 이끌고 그 뒤를 따라 추격하러 갔다. 잠불라의 동생 서르굴런(sergulen, 塞爾固倫)도 관할 병력을 이끌고 캄니간이 머물던 곳으로부터 가로질러 추격했다. 올도무·토호타이는 라하 질가(laha jilga, 喇哈濟爾噶) 지방까지 추격하다가 병들고 지친 말들을 돌려보내고, 주둔하고 있던 병사 100명을 조발하여 뒤따라 추격하게 했다. 그들 자신은 갑사(甲士) 40명을 뽑아서 전진하고, 이어서 바트투후·초오바하(coobaha, 超巴哈) 두 사람을 파견하여 들어와 상주하게 했다. 이날 도착하여 상주하여 말했다. "도주한 캄니간 사람이 어린 자식 5명을 버리고 병든 말을 모두 죽인 다음 원적지로 도망쳐 갔습니다. 지금 큰 눈이 왔지만 신들은 힘을 다해 반드시 끝까지 추격할 것입니다. 그가 서쪽으로 가면 신들은 봄보고르의 땅으로 가야 하고, 그가 북쪽으로 가면 신들은 흑룡강 지방으로 가야 하고, 그가 동쪽으로 가면 신들은 얼더무르(eldemur, 額爾德木爾) 지방으로 가야 합니다. 도착한 곳에서 그곳의 말을 타고 추격할 것입니다."

---

2 픽투(fiktu, 費克圖)는 현재 흑룡강성 하얼빈시 賓西鎭.

○ 庚午, 遣歸朝貢諸使臣, 賜宴於館驛.

○ 경오일(1.6), 조공하러 온 사신들을 돌려보내며 관역(館驛)에서 잔치를 베풀어 주었다.

○ 辛未, 先是, 多羅武英郡王阿濟格出略, 鑲白旗額克親家人於昌平州獲婦人二口. 鑲紅旗固山額眞葉臣所屬特津牛彔下順托惠挾仇, 預候於正紅旗葉克書之門, 遇額克親家人毆之, 將婦人奪去, 額克親訟之法司. 至是, 審實, 順托惠, 鞭一百, 貫耳鼻, 盡奪其所俘獲, 以與額克親. 葉臣亦坐以應得之罪. 其婦人仍歸額克親.

○ 신미일(1.7), 이전에 도로이 무영군왕 아지거가 약탈하러 나갔을 때 양백기의 억친(ekcin, 額克親)의 가인(家人)이 창평주(昌平州)에서 부인(婦人) 2명을 획득했다. 양홍기의 구사어전 여천(yecen, 葉臣)에 속한 터진(tejin, 特津) 니루 속하의 숀토호이(šontohoi, 順托惠)가 원한을 품고 정홍기 역슈(yekšu, 葉克書)의 문 앞에서 미리 기다리고 있다가 억친의 가인(家人)을 만나 구타하고 부인들을 빼앗아 갔다. 그러자 억친이 법사(法司)에 고소했다. 이때에 심리하니 사실이었으므로 숀토호이를 채찍으로 100대 때리고, 귀와 코를 뚫고 노획한 것을 모두 빼앗아 억친에게 주었다. 여천 역시 연좌되어 받아야 할 죄를 얻었으며, 그 부인들은 억친에게 돌려주었다.

○ 是日, 上諭武英郡王阿濟格曰, 爾出略時, 順託惠奪額克親所獲婦人, 罪既審實, 爾何故止鞭五十而釋之. 前牛彔章京哈哈納之子, 以姦淫俘獲婦人處死, 何彼罪偏重此罪偏輕. 情同罰異, 非爾瞻狥情面故爲私庇乎. 且曩者出邊回軍時, 爾當令人於邊內屯積糧草, 用紅衣礮攻敵人邊臺, 以張聲勢, 使輜重前行, 爾爲殿後, 此主將之道也. 乃令輜重在後, 爾獨前行, 此與敗走何異. 昔皮島之事, 原應革爾王爵, 朕姑從寬免. 朕之訓爾不啻再三, 此後不復加訓誨矣. 上又以固山貝子岳託偏狥情面, 曾遣人密爲訓飭又復面加誡諭. 至是, 面責之. 仍命爲多羅貝勒管旗務.

○ 이날 주상이 무영군왕 아지거에게 유시했다. "네가 약탈하러 갔을 때, 숀토호이가 억친이 얻은 부인들을 빼앗은 것이 사실로 밝혀졌는데도 왜 너는 단지 채찍형 50대에 그치고 풀어 주었는가. 전에 니루장긴 하하나(hahana, 哈哈納)의 아들이 노획해 온 부인을 간음했다고 사형에 처했는데 어째서 그의 죄는 무겁고, 이 자의 죄는 가볍게 처리했는가. 정황은 같지만 벌은 다르게 적용했으니 네가 정에 이끌려 사사로이 비호한 것이 아니겠는가. 또 이전에 변경을 나갔다가 회군했을 때 너는 마땅히 사람들을 시켜서 변경 안에 곡식을 쌓아 두고 홍의포로 적의 변대(邊臺)를 공격하여 성세를 드러내고, 치중(輜重)을 앞으로 보내고 네가 후미에 있어야 했다. 그것이 바로 주장(主將)의 도리인 것이다. 그런데 너는 치중을 뒤에 두고 너 홀로 앞서 왔으니 패주한 것과 무엇이 다른가. 이전에 피도(皮島)의 일로 너의 왕작(王爵)을 삭탈해야 했으나 짐이 일단 관대하게 면해 주었다. 짐이 너를 훈계한 것이 한두 번이 아니다. 다음에는 다시 훈계하지 않을 것이다." 주상은 또한 구사이 버이서 요토가 정에 이끌린 일에 대해 일찍이 사람을 보내어 몰래 가르쳤고 또 대면하여 직접 가르치고 깨우쳤다. 이때에 대면하여 책망했으나, 그대로 도로이 버일러로 삼아 기무(旗務)를 관장하게 했다.

○ 是日, 土默特部落古祿格楚虎爾等來朝, 貢馬及蟒緞 · 素緞 · 雕翎等物.

○ 이날 투메트 부락의 굴루거 추후르(guluge cūhur, 古祿格楚虎爾) 등이 내조하여 말과 망단(蟒緞) · 소단(素緞) · 독수리 깃털 등의 물건을 바쳤다.

○ 丙子, 牛彔章京博唐果病故, 以其子達爾海襲職. 三等甲喇章京顧爾漢病故, 以其弟顧素襲職, 仍准再襲六次. 三等甲喇章京商鑑和洛病故, 以其孫海山襲職, 仍准再襲三次

○ 병자일(1.12), 니루장긴 보탕고(botanggo, 博唐果)가 병사하여 그의 아들 다라하이(darahai, 達爾海)에게 습직하게 했다. 삼등 잘란장긴 구르한(gūrhan, 顧爾漢)이 병사하여 그의 동생 구수(gūsu, 顧素)에게 습직시키고, 이어서 6번 습직을 허락했다. 삼등 잘란장긴 샹기얀 홀로(šanggiyan holo, 商鑑和洛)가 병사하여 그의 손자 하이산(haisan, 海山)에게 습직시키고, 이어서 3번 습직을 허락했다.

○ 陞牛彔章京哈哈納爲三等甲喇章京.

○ 니루장긴 하하나를 삼등 잘란장긴으로 승진시켰다.

○ 己卯, 都察院承政祖可法 · 張存仁等, 疏劾戶部承政韓大勳曰, 大

凌河官員, 困厄至極. 荷蒙皇上矜全恩養, 賜以宅舍·田園豐且足矣. 妻妾·奴僕衆且多矣. 輕裘肥馬榮且貴矣. 犬馬圖報, 分所應然. 梅勒章京韓大勳, 不惟毫不知感, 乃反盜用庫金, 而且恣意荒淫, 縱情聲色, 以致妄費不貲, 廉恥不顧, 種種劣蹟, 法難寬宥. 伏乞皇上將韓大勳速正典刑, 以肅官箴.

○ 기묘일(1.15), 도찰원승정 조가법(祖可法)·장존인(張存仁) 등이 호부승정 한대훈(韓大勳)을 탄핵하는 소(疏)를 올렸다. 「대릉하 관원들은 몹시 곤궁했는데, 황상이 불쌍히 여겨 은혜로운 길러 주심을 입었습니다. 내려 주신 집과 농장도 풍족하고, 처첩과 노복도 많고, 가벼운 옷과 살진 말도 좋으니 견마(犬馬)와 같이 보답하기를 도모하는 것이 마땅합니다. 머이런장긴 한대훈(韓大勳)은 조금도 감사할 줄을 모를 뿐만 아니라 도리어 국고(國庫)에서 도둑질을 했고 제멋대로 음탕한 짓을 저질러 마음대로 여색을 밝혔습니다. 허비한 것이 헤아릴 수 없으며, 염치는 돌아보지 않고 갖가지 못난 행동을 했으니 법으로 관대히 용서하기 어렵습니다. 삼가 바라건대 황상께서는 한대훈(韓大勳)을 속히 전형(典刑)으로 다스려 관원이 경계로 삼게 하십시오.」

又奏言, 臣聞國家掄才, 期得眞士以圖實政, 但賢才不擇地而生, 從來豪傑多出寒微. 傅說擧於版築, 太公起自屠釣, 韓信乞食漂母, 寧戚爲人飯牛, 後遭時遇主, 皆功名著於當時, 顯於後世. 近見禮部諭令生儒應試, 滿洲·蒙古·漢人家僕, 皆不准與試. 此拘於倡優·隸卒之例耳. 今各家奴僕, 皆自四方俘獲之人, 中間豈無眞才耶. 昔金·元二代俘獲儒生, 皆令換出, 後得其效, 垂之史冊, 傳爲盛事. 況皇上前科取士, 有奴僕中式者, 卽行換出, 仁聲遠播, 今忽改前制, 皇上聖意，或恐多費一番更張耳. 臣等竊謂各家奴僕，皆宜准其考試. 但當分定取中額數，除良家子弟中額若干名外，奴僕准額取十名. 若得十名眞才，何惜以十人換出. 伏乞皇上恩准施行，庶眞才不致掩抑而國家亦得實用矣.

또 상주하여 말했다. 「신이 듣건대 국가에서 인재를 가리는 것은 참된 선비를 얻어서 정사(政事)에 충실함을 도모하려는 것입니다. 다만 어진 인재는 장소를 골라서 태어나지 않기에 예부터 호걸은 한미한 곳에서 나는 경우가 많았습니다. 부열(傅說)[3]은 공사장 일꾼에서 등용되었고, 강태공(姜太公)은 낚시를 하던 중에 기용되었으며, 한신(韓信)은 표모(漂母)에게 음식을 구걸해 먹었고, 영척(寧戚)은 남을 위해서 소를 먹였습니다. 훗날 때와 주인을 만나서 그들 모두 공명(功名)이 당시와 후세에 뚜렷하게 드러났습니다. 근래에 보니 예부가 유생(儒生)에게 시험에 응하도록 유시하면서 "만주 · 몽고 · 한인의 가복(家僕)은 모두 응시를 허락하지 않는다."라고 했으나, 이는 창기(倡妓)와 배우(俳優)와 예졸(隸卒) 같은 부류만 해당되는 것입니다. 지금 각 가(家)의 노복은 모두 사방에서 사로잡힌 사람들인데 그들 가운데 어찌 훌륭한 인재가 없겠습니까. 옛날 금(金)과 원(元), 두 나라에서는 사로잡아 온 유생을 모두 면천시켜서 훗날 그 효과를 얻었음이 역사서에 기록되어 훌륭한 일로 전해지고 있습니다. 하물며 황상께서는 이전에 시험으로 인재를 선발할 때 노복 가운데 합격한 자가 있으면 바로 면천시켜 자애로운 명성이 멀리 퍼졌습니다. 지금 갑자기 이전의 제도를 바꾸신 것은 황상의 성스러운 생각에 '다시 바꾸면 곤란하다.'

3 부열(傅說, B.C. 1335?-B.C. 1246?)은 은나라 高宗 때의 정치가. 공사장 일꾼에서 재상으로 등용되어 업적을 남겼다.

라고 걱정하시는 것일 뿐입니다. 신들이 삼가 생각건대, 각 가(家)의 노복들에게 모두 고시(考試)를 허락해야 합니다. 다만 합격자의 수를 나누어 정해서, 양가 자제의 합격자 몇 명을 제외하고 노복의 합격자는 10명으로 하는 것이 마땅합니다. 만약 훌륭한 인재 10명을 얻을 수 있다면 그 10명의 면천을 어찌 아까워하겠습니까. 삼가 바라건대, 황상께서 은혜로이 시행을 허락하신다면 훌륭한 인재가 위축되지 않고 나라에도 효용이 있을 것입니다.」

上覽畢, 遣大學士范文程·剛林, 學士羅碩·啟心郎索尼, 諭可法等曰, 前得遼東時, 其民人抗拒者被戮, 俘取者爲奴. 朕因念此良民, 在平常人家爲奴僕者甚多, 殊爲可憫. 故命諸王等以下及民人之家, 有以良民爲奴者, 俱著察出, 編爲民戶, 又兩三次考試, 將少通文義者, 即拔爲儒生. 今在各家充役之家人, 間有一二生員, 然非先時濫行占取者可比, 皆攻城破敵之際, 或經血戰而獲者有之, 或因陣亡而賞給者亦有之. 即如克皮島時, 滿洲官屬·兵丁効死力戰, 不若爾漢人泛同賓客坐視不顧. 是以此次所得之人, 皆以死戰擒獲及因陣亡而賞給者, 乃欲無故奪之, 則彼奮力之勞, 捐軀之義, 何忍棄之. 若另以人補給, 所補者獨非人乎. 無罪之人強令爲奴, 亦屬可憫. 爾等所奏, 止知愛惜漢人, 不知愛惜滿洲有功之人與補給爲奴之人也. 諭畢, 祖可法·張存仁等奏言, 臣等見不及此, 叩首謝罪.

주상이 읽은 후 대학사 범문정·가린, 학사 로쇼, 계심랑 소닌을 보내어 조가법(祖可法) 등에게 유시했다. "전에 요양을 얻었을 때 민인(民人) 가운데 항거하는 자는 도륙하고, 사로잡은 자는 노복으로 삼았다. 짐은 이 양민(良民)들이 일반 인가(人家)의 노복이 된 경우가 많은 것을 몹시 측은하게 여겼다. 그 때문에 여러 왕(王) 이하 민인(民人)의 집에 이르기까지 양민(良民)으로 노복이 된 사람이 있으면 모두 자세히 조사하여 민호(民戶)로 편성하고, 두세 차례 시험을 쳐서 조금이라도 문의(文義)가 통하는 사람은 바로 뽑아서 유생(儒生)으로 삼았다. 지금 각 가(家)에 충당된 가인(家人) 가운데 간혹 한두 명 생원(生員)이 있지만, 이전에 함부로 취하던 것에 비할 바가 아니다. 모두 성을 공격하고 적을 격파할 때 혈전을 벌여서 얻은 자도 있고 전사했다고 상으로 준 자도 있다. 바로 피도(皮島)를 점령했을 때 만주의 관속(官屬)과 병정이 목숨을 걸고 힘껏 싸운 것과 같으며, 너희 한인들이 모두 남의 일처럼 여기고 좌시하며 돌아보지 않은 것과는 같지 않다. 그러므로 이때 얻은 사람들은 모두 목숨을 걸고 싸워서 사로잡았거나 전사했다고 하여 상으로 준 자들이다. 그러니 까닭 없이 빼앗아서 그들이 힘써 싸운 노고와 목숨을 바친 의리를 차마 버릴 수 있겠는가. 만약 다른 사람을 대신 주고자 한다면, 대신 주는 자는 또한 사람이 아니란 말인가? 죄 없는 사람을 억지로 노복으로 삼는 것도 측은한 일이다. 너희가 상주한 것은 다만 한인을 아낄 줄만 알고, 만주의 공로가 있는 사람이나 대신 노복으로 줄 사람을 아낄 줄 모르는 것이다." 유시한 후 조가법(祖可法)·장존인(張存仁) 등이 상주하여 말했다. "신들의 견해가 거기까지 미치지 못했습니다. 머리 숙여 사죄합니다."

○ 是日, 遣內弘文院大學士希福·禮部承政滿達爾漢等, 致祭皇后父福親王之墓, 撰文立碑.

○ 이날 내홍문원대학사(內弘文院大學士) 히퍼·예부승정 만다르한 등을 보내 황후의 아버지인 복친왕의 묘에 제사 지내고 문장을 지어 비석을 세우게 했다.

○ 庚辰，駐守歸化城土默特部落頭目，遣查甘等三人奏言，臣等偵得，歸化城北有阿祿喀爾喀部落查薩克圖汗，率兵及家口，至其地，周圍駐營．似欲侵犯我城．伏乞皇上速發大兵．上乃集王·大臣於篤恭殿，諭曰，阿祿喀爾喀侵犯歸化城，爾等其令軍士，早夜秣馬，預備糗糧．朕將親統大軍討之．

○ 경진일(1.16), 귀화성(歸化城)에서 주둔하고 있는 투메트 부락의 두목이 자간(jagan, 查甘) 등 3명을 보내 상주하여 말했다.「신들이 정탐해 보니, 귀화성 북쪽에 있는 아루 칼카 부락의 자삭투 칸[4]이 병사와 무리를 이끌고 이 지역에 와서 주변을 포위하여 군영을 세우고 주둔하고 있습니다. 우리 성을 침범하려 하는 것 같습니다. 엎드려 바라건대, 황상께서 속히 대군을 보내 주십시오.」 주상이 이에 왕·대신을 독공전(篤恭殿)에 모아 유시했다. "아루 칼카가 귀화성을 침범하려 하니, 너희는 군사들에게 명하여 밤낮으로 말을 먹이고 마른 식량을 준비하라. 짐이 장차 친히 대군을 이끌고 토벌하겠다."

○ 甲申，授布爾吉爲牛彔章京，賜之敕書曰，爾以革職閒員，值武英郡王阿濟格，率兵征燕京，入長城時，留爾殿後收兵．有敵兵尾我後，陳於谷口，爾分我兵爲兩隊，棄其前陣，從後攻入敗之，追殺至居庸關．又於涿州下營時，遇有敵兵，奮力擊敗．是用授爾爲牛彔章京，准

4 자삭투 칸 수반다이: 재위 1637-1650. 칼카 자삭투 칸부의 칸. 아버지 라이후르가 1587년 오이라트와의 전투에서 사망한 후, 1596년 칼카 좌우익이 타르니 강변에서 회맹하여 수반다이를 자삭투 칸으로 추대했다. 17세기 전반기에 칼카 좌익의 곰보가 즉위하기 전까지 수반다이가 칼카 좌우익의 맹주였다. 1640년 칼카와 오이라트의 회맹을 주도하여 〈몽골-오이라트 법전〉을 제정했다.

再襲二次.

○ 갑신일(1.20), 부르기(burgi, 布爾吉)에게 니루장긴을 제수하고 칙서를 내렸다. 「너는 혁직된 한원(閒員)이었다. 무영군왕 아지거가 병사를 이끌고 연경을 정벌하러 장성에 들어갈 때 너를 맨 뒤에 잔류시켜 병사를 수습하게 했었다. 적병이 우리의 뒤를 좇아와서 골짜기 어귀에 포진하자, 너는 우리 병사를 2개 부대로 나누어 적의 앞쪽 진영은 놔두고 뒤쪽으로 공격해 들어가 격파하고, 추격하여 죽이면서 거용관(居庸關)까지 이르렀다. 또 탁주(涿州)에 주둔할 때 적병을 만나자 힘을 다해 격파했다. 이에 너에게 니루장긴을 제수하고 2번 습직을 허락한다.」

○ 牛彔章京佛瑣里, 以不能管牛彔事, 解任. 令其弟虎沙襲替, 仍准再襲四次.

○ 니루장긴 포소리(fosori, 佛瑣里)가 니루의 일을 관리하지 못하므로 해임했다. 그의 동생 후샤(hūša, 虎沙)에게 습직시키고 4번 습직을 허락했다.

○ 陞兵部參政三等甲喇章京甘都, 爲二等甲喇章京. 工部參政半箇牛彔章京星訥, 爲三等甲喇章京. 授刑部啟心郎王廷選, 爲牛彔章京. 增甘都敕詞曰, 以爾任兵部參政, 三年考滿稱職, 是用陞爾爲二等甲喇章京. 世襲如舊. 增星訥敕詞曰, 以爾任工部參政, 三年考滿稱職, 是用陞爾爲三等甲喇章京. 世襲如舊. 賜王廷選敕書曰, 爾由生員出身, 任爲刑部啟心郎, 六年考滿, 諳通國語, 勤勞稱職, 是用授爾爲牛彔章京.

○ 병부참정 삼등 잘란장긴 간두(gandu, 甘都)를 이등 잘란장긴으로, 공부참정 반개니루장긴 싱너(singne, 星訥)를 삼등 잘란장긴으로 승진시켰다. 형부계심랑(刑部啟心郎) 왕정선(王廷選)에게 니루장긴을 제수했다. 간두에게 칙사(敕詞)를 더해 주어 말했다. 「너는 병부참정에 임용되어 3년 고만(考滿)에서 칭직(稱職)으로 평가되었으므로 너를 이등 잘란장긴으로 승진시킨다. 세습은 이전과 같이 한다.」 싱너에게 칙사(敕詞)를 더해 주어 말했다. 「너는 공부참정에 임용되어 3년 고만(考滿)에서 칭직(稱職)으로 평가되었으므로, 너를 삼등 잘란장긴으로 승진시킨다. 세습은 이전과 같이 한다.」 왕정선(王廷選)에게 칙서를 하사해 말했다. 「너는 생원 출신으로 형부계심랑(刑部啟心郎)에 임용되어 6년 고만(考滿)에서 만주어에 능통하며 근로(勤勞)와 칭직(稱職)으로 평가되었다. 이에 너에게 니루장긴을 제수한다.」

○ 分一等甲喇章京龔袞之一牛彔章京, 令其弟訥爾特承襲. 賜訥爾特敕書曰, 爾父雅喜禪, 以牛彔章京, 値界凡之戰, 超衆獨前, 長白山之戰, 又率先衝敵, 復回破其大營, 故擢爲二等甲喇章京. 既克遼東, 陞爲三等梅勒章京, 後以罪降爲一等甲喇章京. 病亡, 以爾兄龔袞襲職, 仍准再襲七次. 乃爾兄龔袞又復獲罪, 故分伊一牛彔章京, 命爾訥爾特承襲, 仍准再襲三次.

○ 일등 잘란장긴 궁군(gunggun, 龔袞) 속하 1개 니루장긴을 분리해서 그의 동생 너르터이(nertei, 訥爾特)에게 습직하게 했다. 너르터이에

게 칙서를 하사해 말했다. 「너의 아버지 야히찬(yahican, 雅喜禪)은 니루장긴으로서 자이피얀 전투 때 여러 사람보다 앞서 홀로 전진했고, 장백산 전투에서도 솔선해서 적에게 돌격하고 다시 돌아와 적의 대영(大營)을 격파했으므로 이등 잘란장긴으로 발탁했다. 요동을 정벌한 후 삼등 머이런장긴으로 승진시켰으나, 이후 죄를 지어 일등 잘란장긴으로 강등되었다. 병사하여 너의 형 궁군에게 습직시키고 7번 습직을 허락했다. 그런데 너의 형 궁군이 또 죄를 저질렀으므로 그의 1개 니루장긴을 분리해서 너 너르터이에게 습직시키고 3번 습직을 허락한다.」

○ 陞牛彔章京黃雲龍, 爲三等甲喇章京. 增其敕詞曰, 自癸酉年, 編審壯丁後, 增丁二百五名, 又獲逃人四十七名, 姦細一名, 復鼓勵臺軍, 獲姦細七名, 鹽場守臺滿洲, 獲船中十一人. 管臺九年, 累著勞績, 因陞爲三等甲喇章京.

○ 니루장긴 황운룡(黃雲龍)을 삼등 잘란장긴으로 승진시켰다. 그에게 칙사(敕詞)를 더해 주어 말했다. 「계유년(1633)부터 장정의 편성을 살피게 한 이래, 장정 205명이 늘었고 또 도망자 47명과 간첩 1명을 잡았다. 또 대(臺)의 군사들을 독려하여 간첩 7명을 잡았고, 염장(鹽場)에서 대(臺)를 지키는 만주인이 배 안에서 11명을 잡았다. 대(臺)를 관리한 9년 동안 공적이 현저하므로 삼등 잘란장긴으로 승진시킨다.」

○ 先是, 多羅饒餘貝勒阿巴泰率兵步獵, 鑲黃旗翁阿岱牛彔下新滿洲額木圖射一虎中之, 巴山亦射之. 虎逸去, 比往射處驗視, 額木圖曰, 我箭射中, 鏃上尚帶毛血, 巴山曰, 恐是我箭, 取視之, 乃額木圖箭也. 後其虎爲阿巴泰所殺, 既還營, 額木圖告於阿巴泰曰, 此虎乃我所射中, 時有巴山見之, 阿巴泰遣其從人費揚古 · 加哈, 偕額木圖, 往射虎處, 視血跡有無. 二人回報云, 額木圖射處無血, 貝勒射處有血, 阿巴泰即令費揚古 · 加哈, 送額木圖, 至驗傷官俄莫克圖處質對, 二人並以驗視血跡, 誑言告之, 俄莫克圖於送到之日不驗, 遲至三日, 始行質驗, 又不以費揚古 · 加哈, 驗視血跡之言, 告於同驗各官. 質驗時, 額木圖曰, 我之射虎, 巴山曾親見之, 同驗各官, 不詳問親見之巴山, 遂斷爲阿巴泰所射之虎, 給與之. 比還, 額木圖訟於部. 部臣質問巴山, 言額木圖射中果實, 於是議, 以質驗官宜里布 · 薩必圖 · 喇薩里 · 阿薩里 · 拜音察里 · 俄木瑣科等, 瞻狥阿巴泰情面, 各坐以應得之罪, 以俄莫克圖, 不將費揚古 · 加哈, 驗視血跡之言, 告於同驗各官, 加倍坐以應得之罪, 阿巴泰曰, 如以爲額木圖射中, 彼時虎曾咆哮否, 部臣曰, 恐貝勒射中時, 亦未必咆哮也, 阿巴泰曰, 我射中時, 虎曾咆哮, 管獵章京俱知之, 及問之, 皆云未聞, 部臣遂不直阿巴泰, 議以額木圖既言射中虎時, 巴山曾見之, 今質訊巴山, 言額木圖射中果眞, 阿巴泰當時何不給與, 乃送往質驗之處, 其不直一. 至於驗視有無血跡, 阿巴泰不遣部中人驗視, 乃令其從人不曉事之新滿洲前往, 明欲己之從人偏袒, 及額木圖言其射虎處有血, 又不令從中之人, 再往驗視, 其不直二. 阿巴泰應坐以應得之罪, 虎肉仍償還額木圖. 又訊費揚古 · 加哈據供, 額木圖射處無血, 貝勒射處有血, 曾向俄莫克圖告之. 又訊兩新滿洲據供, 我等射處有血, 曾向俄木瑣科告之, 及訊俄木瑣科, 亦云未聞有血之言. 費揚古 · 加哈, 欺壓新人, 諂奉貝勒, 各坐以應得之罪.

○ 이전에 도로이 요여 버일러 아바타이가 병사를 이끌고 도보 사

냥을 했을 때 양황기 웅가다이 니루 속하의 신만주 엄투(emtu, 額木圖)가 호랑이 한 마리를 활로 맞추었는데, 바산(basan, 巴山)도 활을 쏘았다. 호랑이가 달아나자 함께 가서 쏜 곳을 조사해 보고 엄투가 "내 화살이 적중했다. 화살촉에 아직 털과 피가 붙어 있다."라고 했다. 바산이 "아마도 내 화살일 것이다."라고 하며 받아서 보았는데 엄투의 화살이었다. 이후 그 호랑이를 아바타이가 죽였다. 숙영지에 돌아오자 엄투가 아바타이에게 고했다. "이 호랑이는 제가 맞춘 것입니다. 그때 바산이 보았습니다." 아바타이는 종인(從人)[5] 피양구(fiyanggū, 費揚古)와 기야하(giyaha, 加哈)를 보내 엄투와 함께 호랑이를 맞춘 곳에 가서 혈흔이 있는지를 보게 했다.

두 사람이 돌아와서 보고했다. "엄투가 맞추었다고 하는 곳에 피는 없고, 버일러께서 맞춘 곳에 피가 있습니다." 아바타이는 즉시 피양구와 기야하를 시켜 엄투를 보내게 해서 상처를 검사하는 관원 오목투(omoktu, 俄莫克圖)에게 가서 대질조사하게 했다. 두 사람은 모두 혈흔을 조사했다고 오목투에게 거짓으로 고했다. 오목투는 도착한 날에 조사하지 않고 3일을 지체하고 비로소 대질조사를 했고, 또 피양구와 기야하가 혈흔을 조사했다는 말을 함께 조사하는 관리들에게 고하지 않았다. 대질조사 때 엄투가 "내가 호랑이를 쏜 것을 바산이 일찍이 직접 보았다."라고 했다. 함께 조사하는 관리들은 직접 보았다는 바산에게 자세히 묻지 않았고, 마침내 아바타이가 호랑이를 맞추었다고 판단하여 호랑이를 아바타이에게 주었다.

엄투는 돌아와서 형부(刑部)에 고발했다. 부신(部臣)이 바산에게 물

---

5 『내국사원당』은 구추(gucu)라고 기록했다. 만주어 구추의 본래 의미는 '친구'이다. 청 초기 구추는 부족의 귀족과 특수한 의존관계를 맺고 있는 사회구성원으로서 일종의 피고용인이었다. 귀족은 구추에게 물질적 조건을 제공했고 대신에 구추는 귀족에게 충성했다. 『內國史院滿文檔案譯註 崇德二・三年分』, p.201.

어보니, 엄투가 활로 맞춘 것이 사실이라고 했다. 이에 의정하기를, 대질조사했던 관리인 일리부(ilibu, 宜里布)·사비투(sabitu, 薩必圖)·라사리(lasari, 喇薩里)·아사리(asari, 阿薩里)·바인차리(baincari, 拜音察里)·옴소코(omsoko, 俄木瑣科) 등이 아바타이의 눈치를 보았으니 각각 받아야 할 죄에 처해야 하고, 오목투는 피양구와 기야하가 혈흔을 조사했다고 한 말을 함께 조사하는 관리들에게 고하지 않았으므로 받아야 할 죄를 배로 하여 처벌해야 한다고 했다. 아바타이가 "만약 엄투가 활로 맞추었다면 그때 호랑이가 벌써 포효하지 않았겠는가?"라고 하자, 부신(部臣)은 "아마 버일러께서 맞추었을 때도 포효는 없었습니다."라고 했다. 아바타이가 "내가 맞추었을 때 호랑이가 포효했었다. 사냥을 관리했던 장긴들이 모두 알 것이다."라고 했다. 그래서 물어보니, 모두 듣지 못했다고 했다.

부신(部臣)은 마침내 아바타이를 옳지 않다고 여기고 의논했다. 「엄투가 말하기를 "호랑이를 맞추었을 때 바산도 보았다."라고 하기에 지금 바산에게 물어보니 엄투가 맞춘 것이 사실이라고 말합니다. 아바타이는 당시에 어째서 호랑이를 엄투에게 주지 않고 대질조사하는 곳에 보냈겠습니까. 이것이 옳지 않은 첫 번째입니다. 혈흔이 있는지 조사할 때 아바타이가 형부의 사람을 보내서 조사하지 않고 자기 종인(從人)과 사정에 어두운 신만주를 보낸 것은 명백히 자기 종인이 편들어 주기를 바란 것이고, 또 엄투가 자기가 호랑이를 맞춘 곳에 피가 있다고 말했는데도 공정한 사람을 다시 보내어 조사시키지 않았으니, 이것이 옳지 않은 두 번째입니다. 아바타이를 받아야 할 죄에 처해야 하고, 호랑이 고기는 그대로 엄투에게 돌려주어야 합니다. 또 피양구와 기야하를 심문하니 진술하기를, "엄투가 활을 쏜 곳에 피가 없고 버일러가 쏜 곳에 피가 있다고 오목투에게 고했습니다."라고 합니다. 또 두 신만주를 심문하니 진술하기를 "우리가 쏜 곳에 피가 있다고 옴소코에게 고했습니다."라고 합니다. 옴소코를 심문하니 "피가 있다는 말을 듣지 못했습니다."라고 합니다. 피양구와 기야하가 신만주를 핍박하고 버일러에게 아첨했으니 각각 받아야 할 죄에 처해야 합니다.」

○ 翁牛特部落杜稜郡王阿喇納卒. 遣承政庫魯克達爾漢阿賴往祭之.

○ 옹니우트 부락의 두렁 군왕 아라나(arana, 阿喇納)가 죽었다. 승정 쿨룩 다르한 알라이를 보내 제사 지내게 했다.

○ 賜土默特部落朝貢使臣章京擺都喇·博津, 及瓦瓦·席代·塞冷·博洛齊·詹丹·達賴·莫爾圖·單把·門都·圖爾噶特·恩克·桑噶爾寨·班第·扎甘等, 貂鑲朝衣·鞍轡·銀兩·撒袋等物有差.

○ 투메트 부락의 조공 사신 장긴 바이둘라(baidula, 擺都喇)·보진(bojin, 博津) 및 와와(wawa, 瓦瓦)·시다이(sidai, 席代)·서렁(sereng, 塞冷)·보로치(boroci, 博洛齊)·잔단(jandan, 詹丹)·달라이(dalai, 達賴)·몰투(moltu, 莫爾圖)·샴바(šamba, 單把)·먼두(mendu, 門都)·툴가터이(tulgatei, 圖爾噶特)·엉커이(engkei, 恩克)·상가르자이(sanggarjai, 桑噶爾寨)·반디(bandi, 班第)·자간(jagan, 扎甘) 등에게 담비가죽으로 테를 두른 조의·안장과 고삐·은량·화살집 등의 물품을 차등 있게 하사했다.

○ 賜黑龍江朝貢羌圖禮等一百十四人, 蟒衣·帽鞾·鞓帶等物有差.

○ 흑룡강에서 조공하러 온 키양투리(kiyangturi, 羌圖禮) 등 114명에

게 망의(蟒衣)·모자와 신발·가죽띠 등의 물품을 차등 있게 하사했다.

○ 先是, 麟趾宮貴妃之姊, 嫁於烏朱穆秦部落塞冷額爾德尼. 至是, 塞冷額爾德尼令其妻及子台吉敦多布, 送其女至盛京, 聽上賜婚. 上賜固山貝子尼堪爲妻, 大宴成婚. 尼堪獻雕鞍馬匹·甲胄·綵緞·銀器等物. 上命盡賜塞冷額爾德尼之妻及其子敦多布.

○ 이전에 인지궁귀비(麟趾宮貴妃)의 언니가 우주무친 부락의 서렁 어르더니에게 시집갔다. 이때에 서렁 어르더니가 그의 처와 아들 타이지 돈돕(dondob, 敦多布)으로 하여금 그의 딸을 데리고 성경(盛京)에 와서 주상에게 혼인을 시켜달라고 청하게 했다. 주상이 구사이 버이서 니칸에게 처로 하사하고 큰 잔치를 열어 혼사를 치렀다. 니칸이 조각한 안장을 갖춘 말·갑옷과 투구·채단(綵緞)·은그릇 등의 물품을 바쳤다. 주상이 명하여 모두 서렁 어르더니의 처와 아들 돈돕에게 하사했다.

○ 丁亥, 以戶部承政巴思翰, 不稱職解任, 令得穆圖代之.

○ 정해일(1.23), 호부승정 바스한(bashan, 巴思翰)이 직무를 잘 수행하지 못하기 때문에 해임하고 덤투(demtu, 得穆圖)[6]가 대신하게 했다.

---

6 덤투: demtu, 得穆圖. ?-1652. 보르지기트 씨. 몽고정백기인. 삼등공 우너거(unege, 武納格. ?-1635)의 장남. 니루장긴(佐領)으로 관직을 시작하여 1638년 戶部承政이 되었다. 많은 전투에서 활약했다.

○ 庚寅, 都察院承政阿什達爾漢·多爾濟達爾漢諾顔, 祖可法, 張存仁等奏言, 頃奉上諭, 命臣衙門嚴察亂政欺詐之輩. 臣等竊思, 大凌河圍至三月而後克之, 蒙皇上天恩, 赦各官拒命之罪, 不加誅戮, 撫而養之, 如韓大勳者, 任以戶部承政, 乃毫不思報効, 而反盜取庫金, 誠爲罪魁. 若不速正典刑以彰國憲, 則其他罪犯之小於韓大勳者, 皆將廢法不行矣. 伏乞聖裁. 上曰, 爾等所奏是. 候朕徐思.

○ 경인일(1.26), 도찰원승정 아시다르한·도르지 다르한 노얀·조가법(祖可法)·장존인(張存仁) 등이 상주해 말했다. 「근래 상유(上諭)를 받드니, 저희 아문으로 하여금 정사를 어지럽히고 기만하는 무리를 엄히 규찰하라 하셨습니다. 신들이 삼가 생각건대, 대릉하를 3개월 포위하고 함락한 뒤, 황상의 하늘과 같은 은혜를 입어 각 관리들의 명령을 거역한 죄를 용서하셨고 더 죽이지 말고 어루만져 부양하도록 하셨습니다. 그러나 한대훈(韓大勳)과 같은 자는 호부승정에 임용되어서 조금도 힘을 보태 보답할 것을 생각하지 않고 오히려 창고의 금을 훔쳤으니 진실로 큰 죄입니다. 만약 속히 사형으로 바로잡아 나라의 법을 밝히지 않는다면 한대훈보다 작은 다른 범죄에는 모두 법이 어그러져 형을 집행할 수 없게 될 것입니다. 엎드려 황상의 재가를 바랍니다.」 주상이 말했다. "너희가 상주한 것이 옳다. 짐이 천천히 생각하겠다."

○ 賜朝鮮貢果品太監林有聞等, 貂皮·銀兩等物, 宴於驛館, 遣之.

○ 조선의 과실(果實)을 조공하러 온 태감 임유문(林有聞) 등에게 담비가죽·은량 등의 물품을 하사하고, 역관에서 잔치한 후에 보냈다.

○ 辛卯, 禮部參奏固山貝子博洛所居月臺, 違制高四尺許, 竟不析毁. 送刑部議. 尋議, 博洛應罷其議政, 罰銀四百兩. 上命仍留議政, 罰銀一百兩.

○ 신묘일(1.27), 예부에서 구사이 버이서 볼로가 지은 월대(月臺)[7]가 제도를 어기고 높이 4척 남짓인데도 끝내 허물지 않는다고 탄핵하는 상주를 올렸다. 형부(刑部)에 보내 논의하게 했다. 얼마 후 논의하여, 볼로를 의정(議政)에서 파면하고 벌은 400냥을 부과해야 한다고 했다. 주상이 명하여 의정(議政)에 유임시키고 벌은 100냥을 부과했다.

○ 是日, 賜錦州北大尖山臺來歸李有明 · 白楊貴, 妻室 · 奴僕 · 牛驢 · 衣服等物.

○ 이날 금주(錦州)의 북쪽 대첨산대(大尖山臺)에서 내귀해 온 이유명(李有明)과 백양귀(白楊貴)에게 처와 집 · 노복 · 소와 나귀 · 의복 등의 물품을 하사했다.

○ 壬辰, 遣烏朱穆秦部落塞冷額爾德尼之妻及其子台吉敦多布還. 命多羅饒餘貝勒阿巴泰 · 固山貝子碩託 · 扎喀納, 送於五里外, 宴而餞之.

○ 임진일(1.28), 우주무친 부락의 서렁 어르더니의 처와 아들 타이

7 월대(月臺)는 건물 앞에 설치하는 넓은 기단 형식의 대(臺).

지 돈돕을 환송했다. 도로이 요여 버일러 아바타이 · 구사이 버이서 쇼토 · 자카나에게 명해 5리 밖까지 배웅하고 잔치한 후 전별하게 했다.

○ 是日, 皇第八子薨.

○ 이날 여덟째 황자가 죽었다.

○ 癸巳, 牛彔章京張大國病故, 以其兄子元勳襲職, 仍准再襲一次.

○ 계사일(1.29), 니루장긴 장대국(張大國)이 병사하여 그의 형의 아들 장원훈(張元勳)에게 습직시키고 1번 습직을 허락했다.

○ 甲午, 戌刻, 世祖章皇帝生, 上之第九子也. 聖母太皇太后, 時爲永福宮莊妃, 娠十一月誕生. 是夕, 紅光照耀宮闈, 經久不散, 香氣瀰漫數日.

○ 갑오일(1.30), 술시(戌時)에 세주장황제(世祖章皇帝)가 태어났다. 주상의 아홉째 아들이다. 성모태황태후(聖母太皇太后)는 이때 영복궁 장비(永福宮莊妃)였는데 임신한 지 11개월째에 태어났다. 이날 저녁에 붉은 빛이 궁궐에 빛났는데 오래도록 흩어지지 않았고 향기가 며칠 동안 널리 퍼졌다.

○ 初戶部承政韓大勳，爲其家人李登，赴法司首告．盜取庫內金·銀·珍珠等物，搜獲黃金七兩·銀十五兩五錢·珍珠七兩九錢．及訊大勳據供，從刑部齎貯金二十七兩，我與布丹·赫世密三人同謀盜取是實等語．及查刑部送來金·銀·財物，係韓大勳·布丹·赫世密·羅洛·車克·筆帖式巴木拜·阿爾拜等承收，乃止將銀物數目登記於簿，其金二十七兩，並未登記．漢啟心郎高士俊·朱國柱，漢筆帖式汪起蛟·魏雲程等，曾將此金查明封固，止以他物，登記於簿，而此金並未登記．坐此議，衆人同謀盜金，故不記檔案，俱應論死．承政英俄爾岱·馬福塔·吳守進，奉命察計庫內被盜金銀珠寶數目，反多出東珠八顆，黃金四十六兩一錢五分，銀四千四百七十兩，紡絲·綾·杭紬四百七十四疋．英俄爾岱等，既不知盜去數目，又不知所盜之金，未曾登簿，難辭疏忽之咎，應各革一世職，罰銀一百兩，奏聞．上命韓大勳免死，革職，追所盜金·銀·珍珠入官．首告李登夫婦，准其離主．英俄爾岱·馬福塔·吳守進，免革職，罰銀一百兩．布丹·羅洛·車克，免死，贖身，仍留部用，赫世密，係值月官，他物皆記檔案，獨金數未經登記，姑免死，革職，解部任，鞭一百，貫耳，阿爾拜，係值月筆帖式，他物皆記檔案，獨金數未經登記，姑免死，解部任，鞭一百，貫耳鼻，巴木拜，雖非值月筆帖式，亦曾與布丹會計銀物數目，鞭八十，解部任，高士俊·朱國柱·汪起蛟·魏雲程，各鞭一百，貫耳鼻，俱解部任．

○ 처음에 호부승정 한대훈(韓大勳)을 그의 가인(家人) 이등(李登)이 법사(法司)에 가서 고발했었다. 창고 안에서 훔친 금·은·진주 등의 물품을 수색하여 얻은 것이 황금 7냥·은 15냥 5전·진주 7냥 9전이었다. 또 한대훈을 심문하니 진술하기를, 형부(刑部)에서 가져와 저장해 둔 금 27냥은 자신과 부단(budan, 布丹)·허시미(hesimi, 赫世密) 3명

이 공모해서 훔친 것이 사실이라고 했다. 또 형부에서 보내온 금·은·재물을 조사해 보니 한대훈·부단·허시미·롤로(lolo, 羅洛)·처커(ceke, 車克)·비트허시 밤바이(bambai, 巴木拜)·아르바이(arbai, 阿爾拜) 등이 받은 것들에서 단지 은과 재물의 항목이 장부에 기록되어 있었고 금 27냥은 기록되어 있지 않았다. 한인 계심랑(啟心郎) 고사준(高士俊)·주국주(朱國柱), 한인 비트허시 왕기교(汪起蛟)·위운정(魏雲程) 등은 일찍이 이 금들을 조사해서 밀봉해 두고 단지 다른 물품만을 장부에 기록해 두었으므로 이 금들은 기록되지 않았다.

이에 논의했다. 「여럿이 공모하여 금을 훔치고 당안에 기록하지 않았으므로 모두 사형죄에 처해야 합니다. 승정 잉굴다이·마푸타·오수진(吳守進)이 명을 받들어 창고 안에서 도둑맞은 금·은·보화의 항목을 헤아려 계산했는데, 동주(東珠) 8개, 황금 46냥 1전 5분, 은 4,470냥, 방사(紡絲)·능(綾)·항주(杭紬) 474필이 더 나왔습니다. 잉굴다이 등은 도둑맞은 항목도 모르고 도둑맞은 금이 장부에 기재되지 않은 것도 몰랐으니 소홀히 한 잘못을 용서하기 어려우므로 각각 1번 세직을 혁직하고 벌은 100냥을 부과해야 합니다.」

상주를 올리자 주상은 한대훈에게 사형죄를 면해 주고 혁직하며 훔친 금·은·진주를 추징해서 관청에 들이게 했다. 고발한 이등(李登) 부부는 주인에게서 이탈하도록 허락했다. 잉굴다이·마푸타·오수진(吳守進)은 혁직을 면해 주고 벌은 100냥을 부과했다. 부단·롤로·처커는 사형죄를 면해 주고 속(贖)을 취하며 계속 부(部)에 남아 일하게 했다. 허시미는 그달의 당직 관원이면서 다른 물품은 모두 당안에 기재하고 오직 금의 수만 기재하지 않았으니 이번에는 사형죄는 면해 주고 혁직하며 부(部)에서 해임하고 채찍으로 100대 때리고 귀를 뚫었다. 아르바이는 그 달의 당직 비트허시(bithesi, 筆帖式)이면서 다른 물품은 모두 당안에 기재하고 오직 금의 수만 기재하지 않았으니 이번에는 사형죄를 면해 주고 부(部)에서 해임하며 채찍으로 100대 때리고 귀와 코를 뚫었다. 밤바이는 비록 그달의 당직 비트허시는 아니지만 부단과 은·재물들의 항목을 계산했었으므로 채찍으로 80대 때리고 부(部)에서 해임했다. 고사준(高士俊)·주국주(朱國柱)·왕기교(汪起蛟)·위운정(魏雲程)은 각각 채찍으로 100대 때리고 귀와 코를 뚫었으며 모두 부(部)에서 해임했다.

二月, 乙未朔.

○ 2월 을미일 초하루(2.1).

○ 丁酉, 上親征喀爾喀, 率和碩豫親王多鐸·多羅武英郡王阿濟格·多羅郡王阿達禮·多羅貝勒岳託·固山貝子, 衆大臣及護軍. 午刻, 出撫近門, 謁堂子畢, 起行. 命和碩禮親王代善·和碩鄭親王濟爾哈朗·和碩睿親王多爾袞·多羅安平貝勒杜度·多羅饒餘貝勒阿巴泰等留守, 併監築遼陽都爾鼻城. 是日, 車駕出沙嶺舊邊駐蹕.

○ 정유일(2.3), 주상이 호쇼이 예친왕(豫親王) 도도·도로이 무영군왕 아지거·도로이 군왕 아달리·도로이 버일러 요토·구사이 버이서·여러 대신과 호군을 이끌고 몸소 칼카 정벌에 나섰다. 오시(午時)에 무근문(撫近門)을 나와 당자(堂子)에 고한 후 출발했다. 호쇼이 예친왕(禮親王) 다이샨·호쇼이 정친왕 지르갈랑·호쇼이 예친왕(睿親王) 도르곤·도로이 안평 버일러 두두·도로이 요여 버일러 아바타이 등에게 명하여 남아서 지키게 하고 아울러 요양(遼陽)과 두르비 성(城)의 축조를 감독하게 했다. 이날 황제가 사령(沙嶺)의 옛 변경을 지나서 머물렀다.

○ 戊戌, 拜賽自歸化城還奏, 歸化城人, 未至所約之地. 是日, 駐蹕章古臺.

○ 무술일(2.4), 바이사이(baisai, 拜賽)가 귀화성(歸化城)에서 돌아와 상주하기를, 귀화성 사람들이 약속한 곳에 도착하지 않았다고 했다. 이날 장구타이(janggūtai, 章古臺)에 머물렀다.

○ 己亥, 遣拜賽偕十六人, 往探查薩克圖汗, 確信報聞. 是日, 駐蹕剛干地方.

○ 기해일(2.5), 바이사이를 16명과 함께 보내 자삭투 칸에게 가서 정탐하고, 정확한 정보를 알리라고 했다. 이날 항간(hanggan, 剛干) 지방에 머물렀다.

○ 喀喇沁部落查薩衮杜稜, 具綵緞 · 馬匹 · 牛羊, 進獻. 酌納之.

○ 카라친 부락의 자사군 두렁(jasagūn dureng, 查薩衮杜稜)이 채단(綵緞) · 말 · 소와 양을 갖추어 바쳤다. 주상이 헤아려 받았다.

○ 丁未, 大軍至喀爾占地方, 外藩諸王 · 貝勒等, 各率所部兵來會. 土謝圖親王巴達禮 · 扎薩克圖郡王布塔齊 · 達爾漢和碩齊 · 明阿達爾 · 明安 · 叟塞 · 古魯 · 山寨 · 達喇木習禮 · 布達席理 · 喇嘛斯希 · 塞冷 · 喇嘛斯 · 噶爾瑪 · 阿津達 · 卓禮克圖親王吳克善 · 巴圖魯郡王滿朱習禮·綽爾濟·木寨·額參·哈貝·綽渾·大桑噶爾寨·綽諾衮·巴固喇·達賴·布達席理·古木·敦多布·查木布喇·塞爾固倫·達爾漢郡王衮出斯巴圖魯·桑堪·班第額駙·杜巴·桑噶爾寨·班第·綽克托·多和·俄本·俄爾本·內齊·常加布·根度爾·桑圖·桑古賴·額爾古德克·俄爾博克·扎木蘇·多爾濟·桑噶爾·昂阿·毛祁他特·巴牙爾圖·青巴圖魯·巴特瑪·積爾哈朗·額滕·恩克參·喇巴泰·孔果爾·阿玉石·多爾濟·阿拜圖·穆章·達賴·海塞·古魯·伊綏·綽思熙·昂阿爾朱里·達爾漢卓禮克圖俄木布·宜爾扎木·瑣諾木·巴特瑪·顧稜, 巴林部落滿珠習禮·阿玉石·達爾漢戴青東·薩陽·達喇海·巴木布·班第等, 各獻馬駝, 俱却之. 遂起行, 至西拉木輪·喀喇木輪兩河交界處, 駐蹕.

○ 정미일(2.13), 대군이 할잔(haljan, 喀爾占) 지방에 이르자 외번의 여러 왕과 버일러들이 각각 속하 부(部)의 병사를 이끌고 와서 합류했다. 투시예투 친왕 바다리·자삭투 군왕 부타치·다르한 호쇼치(darhan hošoci, 達爾漢和碩齊)·밍가다르(minggadar, 明阿達爾)·밍간(minggan, 明安)·서오서(seose, 叟塞)·구루(guru, 古魯)·산자이(sanjai, 山寨)·다람시리(daramsiri, 達喇木習禮)·부다시리(budasiri, 布達席理)·라마스히(lamashi, 喇嘛斯希)·서렁(sereng, 塞冷)·라마스(lamas, 喇嘛斯)·가르마(g'arma, 噶爾瑪)·아진다(ajinda, 阿津達)·조릭투 친왕 욱샨·바투루 군왕 만주시리·초르지(corji, 綽爾濟)·무자이(mujai, 木寨)·에센(esen, 額參)·하보이(haboi, 哈貝)·초혼(cohon, 綽渾)·대(大) 상가르자이(amba sanggarjai, 大桑噶爾寨)·초노곤(conogon, 綽諾衮)·바굴라(bagūla, 巴固喇)·달라이(dalai, 達賴)·부다시리(budasiri, 布達席理)·구무(gumu, 古木)·돈돕(dondob, 敦多布)·잠불라(jambula,

查木布喇)·서르굴런(sergulen, 塞爾固倫)·다르한 군왕 군추스 바투루·상칸(sangkan, 桑堪)·반디 어푸·두바(duba, 杜巴)·상가르자이·반디·촉토(cokto, 綽克托)·도호(doho, 多和)·우번(ūben, 俄本)·올본(olbon, 俄爾本)·너이치(neici, 內齊)·창기야부(canggiyabu, 常加布)·건두르(gendur, 根度爾)·상투(sangtu, 桑圖)·상굴라이(sanggūlai, 桑古賴)·어르구덕(ergudek, 額爾古德克)·올복(olbok, 俄爾博克)·잠수(jamsu, 扎木蘇)·도르지·상가르(sanggar, 桑噶爾)·앙가(angga, 昂阿)·모오 키타트(moo kitat, 毛祁他特)·바야르투(bayartu, 巴牙爾圖)·칭 바투루(cing baturu, 青巴圖魯)·바트마(batma, 巴特瑪)·지르갈랑(jirgalang, 積爾哈朗)·어텅(eteng, 額滕)·엉커선(engkesen, 恩克參)·라바타이(labatai, 喇巴泰)·콩고르(konggor, 孔果爾)·아유시(ayusi, 阿玉石)·도르지·아바이투(abaitu, 阿拜圖)·무장(mujang, 穆章)·달라이·하이서(haise, 海塞)·구루(guru, 古魯)·이수이(isui, 伊綏)·초스히(coshi, 綽思熙)·앙갈주리(anggaljuri, 昂阿爾朱里)·다르한 조릭투 옴부·이르잠·소놈·바트마·구렁(gureng, 顧稜), 바린 부락의 만주시리·아유시·다르한 다이칭 등·사양(sayang, 薩陽)·달라하이·밤부(bambu, 巴木布)·반디 등이 각각 말과 낙타를 바쳤는데, 주상이 모두 받지 않았다. 마침내 출발하여 시라무렌(sira muren, 西拉木輪)과 카라무렌(kara muren, 喀喇木輪) 두 강이 교차하는 지역에 머물렀다.

○ 戊申, 駐蹕哈納哈達地方.

○ 무신일(2.14), 하나 하다(hana hada, 哈納哈達) 지방에 머물렀다.

○ 是日, 布兒山津奏請上幸其家, 具盛筵進獻, 並獻鞍馬·駝牛, 却之.

○ 이날 부두이 산진(budui sanjin, 布兌山津)이 주청하여 주상이 그의 집에 행차했다. 부두이 산진은 성대한 연회를 마련하여 바쳤고 아울러 안장을 갖춘 말·낙타와 소를 바쳤으나 주상이 받지 않았다.

○ 己酉, 駐蹕託郭圖地方.

○ 기유일(2.15), 토고투(togotu, 託郭圖) 지방에 머물렀다.

○ 壬子, 過興安嶺行獵. 是夕, 駐蹕達爾那洛湖東.

○ 임자일(2.18), 흥안령(興安嶺)을 넘어 사냥했다. 이날 저녁에 달노로 호수(dal noro omo, 達爾那洛湖) 동쪽에 머물렀다.

○ 癸丑, 拜賽自歸化城還奏言, 臣探知明人, 告喀爾喀蒙古云, 皇上率大軍至此, 喀爾喀蒙古驚懼, 未嘗侵犯我歸化城, 亦未得與明人交易, 已於正月三十日倉皇而去. 上猶疑喀爾喀蒙古或逐好水草處駐營, 復遣莽柰都爾, 率八人往探. 於是行獵, 至達爾那洛湖西, 駐蹕.

○ 계축일(2.19), 바이사이(baisai, 拜賽)가 귀화성(歸化城)에서 돌아와서 상주하여 말했다. 「신이 명나라 사람에게 탐문하여 알아보니, 명나라 사람이 칼카 몽고에게 황상께서 대군을 이끌고 이곳에 이르셨다고 알려 주자, 칼카 몽고가 놀라고 두려워하여 우리의 귀화성(歸化城)을 침범하지 않고 명나라 사람들과 교역도 하지 않고 정월 30일에 급하게 떠났습니다.」 주상은 여전히 칼카 몽고가 좋은 물과 풀이 있

는 곳을 좇아 주둔했을지도 모른다고 의심하여 다시 망나이 두르(mangnai dur, 莽奈都爾)를 보내어 8명을 이끌고 가서 정탐하게 했다. 이때 사냥을 하고 달 노로 호수 서쪽에 가서 머물렀다.

○ 乙卯, 行獵, 至奎屯布喇克地方駐蹕.

○ 을묘일(2.21), 사냥을 하고 쿠이툰 불락(kuitun bulak, 奎屯布喇克) 지방에 가서 머물렀다.

○ 庚申, 明鎭守東江總兵沈志祥, 欲率石城島官屬兵丁來降, 先遣吳朝佐·金光裕齎奏, 至盛京, 留守諸王設宴, 宴之.

○ 경신일(2.26), 명나라의 진수동강총병(鎭守東江總兵) 심지상이 석성도(石城島)의 관속(官屬)과 병정을 이끌고 투항하고자 하니, 먼저 오조좌(吳朝佐)와 김광유(金光裕)를 보내 상주문을 가지고 가게 했다. 이들이 성경(盛京)에 이르자 남아서 지키는 여러 왕들은 연회를 마련하여 베풀었다.

○ 辛酉, 駐蹕朶雲地方. 令新附烏朱穆秦部落塞臣濟農朝見, 設黃幄列儀仗, 和碩親王·多羅郡王·多羅貝勒·固山貝子·文武羣臣, 各於帳外依次序列. 上於巳刻出行幄, 率和碩親王·多羅郡王·多羅貝勒·固山貝子·文武羣臣, 並新附塞臣濟農及其臣屬, 拜天禮畢, 還御黃幄. 塞臣濟農率所部諸貝勒及臣屬朝見上, 行三跪九叩頭禮. 塞臣濟農, 具筵進上. 塞臣濟農·台吉吹僧格·桑噶爾寨·噶喇木扎布·

泰尹珠思·蘇格戴青·戴青·西達·瑣諾木·塞冷·宜爾扎爾·山津·吳克索木, 及德爾格爾衛徵·塔布囊·滾桑班第代·阿哈土謝圖, 阿霸垓部落台吉噶喇木扎布·蘇尼特部落吳善葉爾登·台吉塞冷·達爾馬等, 各獻馬駝·鞍轡·甲胄等物. 酌納之.

○ 신유일(2.27), 도욘(doyon, 朶雲) 지방에 머물렀다. 새로 귀부한 우주무친 부락 세첸 지농(secen jinong, 塞臣濟農)을 알현하게 했다. 황색 장막을 설치하고 의장을 배열하여 호쇼이 친왕·도로이 군왕·도로이 버일러·구사이 버이서·문무 신하들이 각자 장막 바깥에서 서열에 따라 배열했다. 주상은 사시(巳時)에 임시 장막을 나와 호쇼이 친왕·도로이 군왕·도로이 버일러·구사이 버이서·문무 신하들과 새로 귀부한 세첸 지농과 그의 신속(臣屬)들을 이끌고 하늘에 절하는 예를 올린 뒤에 황색 장막으로 돌아왔다. 세첸 지농은 부락의 여러 버일러들과 신속들을 이끌고 주상을 알현하고 삼궤구고두의 예를 행하였다. 세첸 지농은 연회를 갖추어 주상에게 바쳤다. 세첸 지농·타이지 초이성거(coisengge, 吹僧格)·상가르자이(sanggarjai, 桑噶爾寨)·가람잡(g'aramjab, 噶喇木扎布)·타인주스(tainjus, 泰尹珠思)·수거 다이칭(suge daicing, 蘇格戴青)·다이칭(daicing, 戴青)·시다(sida, 西達)·소놈(sonom, 瑣諾木)·서렁(sereng, 塞冷)·이르잘(irjal, 宜爾扎爾)·산진(sanjin, 山津)·욱솜(uksom, 吳克索木)과 덜거르 워이정 타부낭(delger weijeng tabunang, 德爾格爾衛徵塔布囊)·군상 반디다이(gunsang bandidai, 滾桑班第代)·아하 투시예투(aha tusiyetu, 阿哈土謝圖), 아바가 부락 타이지 가람잡(g'aramjab, 噶喇木扎布), 수니트 부락 우샨 열덩(ušan yeldeng, 吳善葉爾登)·타이지 서렁(sereng, 塞冷)·다르마(darma, 達爾馬) 등이 각자 말과 낙타·안장과 고삐·갑옷과 투구 등의 물품을 바치자 주상이 헤아려 받았다.

○ 蒿齊忒部落博洛特·諾木齊率其臣屬朝見上, 行三跪九叩頭禮畢, 博洛特·諾木齊·台吉托益洛·塔布囊阿納特, 及顧實等, 各獻駝馬·鞍轡, 酌納之, 賜大宴, 命較射角觝以試武力.

○ 호오치트 부락의 볼로트(bolot, 博洛特)·놈치(nomci, 諾木齊)가 신속(臣屬)을 이끌고 주상을 알현하고 삼궤구고두의 예를 행하였다. 예를 마치고 볼로트·놈치·타이지 토일로(toilo, 托益洛)·타부낭 아나트(anat, 阿納特)·구시(gusi, 顧實) 등이 각자 낙타와 말·안장과 고삐를 바치자 주상이 헤아려 받았다. 큰 연회를 베풀어 활쏘기와 씨름으로 무예를 시연하게 했다.

○ 是日, 留守諸王, 以明石城島總兵沈志祥來歸, 遣禮部參政哈什談齎食物, 並攜和碩禮親王代善馬二, 和碩鄭親王濟爾哈朗馬二, 和碩睿親王多爾袞馬二, 多羅安平貝勒杜度馬一, 兵部馬三, 往迎.

○ 이날 남아서 지키는 여러 왕들은 명나라의 석성도총병(石城島總兵) 심지상이 내귀하자 예부참정 하시탄(hasitan, 哈什談)을 보내어 음식을 가지고 가게 했다. 또한 호쇼이 예친왕(禮親王) 다이샨의 말 2마리, 호쇼이 정친왕 지르갈랑의 말 2마리, 호쇼이 예친왕(睿親王) 도르곤의 말 2마리, 도로이 안평 버일러 두두의 말 1마리, 병부의 말 3마리를 이끌고 가서 맞이하게 했다.

○ 壬戌, 遣多羅安平貝勒杜度·固山額眞阿代·承政索海·八固山大臣, 以每牛彔馬四運米, 往迎沈志祥. 將士遇志祥於海邊, 令將士各照品級乘馬引歸, 駐營沙河堡候旨. 其來歸官員兵民, 副將九員·參將八員·遊擊十八員·都司二十一員·守備三十員·千總四十員·生員二人·帶甲兵丁四百四十人·無甲兵丁八百七十九人·水手百七十七名·居民八十六人, 並婦女幼小通計二千四百五十四名口. 內有明國奉差副將一員, 男婦十三名口.

○ 임술일(2.28), 도로이 안평 버일러 두두·구사어전 아다이(adai, 阿代)·승정 소오하이·여덟 구사의 대신을 보내어 니루마다 말 4마리를 내어 쌀을 운송하게 하여 심지상을 맞이하게 했다. 장수와 병사들은 심지상을 해변에서 만나자, 심지상 측 사람들을 각 품급에 따라 말에 태우고 데려온 뒤에 사하보(沙河堡)에 머물러 지(旨)를 기다렸다. 내귀한 관원과 병사와 일반 백성은 부장 9명·참장 8명·유격 18명·도사 21명·수비 30명·천총 40명·생원 2명·갑옷 입은 병사 440명·갑옷 없는 병사 879명·수수(水手) 177명·거주민 86명, 부녀자와 어린아이를 포함하여 모두 2,454명이었다. 그 중에는 명나라의 봉차부장(奉差副將) 1명과 남녀 13명이 있었다.

○ 是日, 遣前鋒將領碩翁科羅巴圖魯勞薩·梅勒章京席特庫等, 自朶雲齎書, 與明宣府各官曰, 大清國寬溫仁聖皇帝, 致書明國宣府執事, 壬申之夏, 朕率大軍, 往征察哈爾, 察哈爾汗聞風, 遠遁歸化城, 及各寨部衆, 咸歸於朕. 彼時, 曾謂宣府執事人等曰, 爾宣·大之人, 無怨於朕, 惟遼東邊官, 欺陵特甚, 朕故征之. 今爾等與朕修好互市, 凡歲幣之與察哈爾者, 悉應與我國. 爾云, 察哈爾, 雖遁其身尚在, 儻復來索歲幣, 柰何. 彼若尚存, 而以歲幣與貴國, 無乃不可乎. 故雖與而不盡如例, 但與我國講和開市, 因對天地盟誓, 我大軍遂不入境而還. 嗣後朕踐此盟言, 靜俟一載, 兩次遣人致書, 爾竟背盟, 並無一語回答, 朕是以有甲戌之役. 今天下, 蒙古入我版圖, 朝鮮爲我藩服, 察哈爾汗畏威遠竄, 身死國亡, 妻子臣民, 我悉綏定. 爾曩者窮遁之辭, 謂察哈爾汗尙在也. 今將更以何辭推諉乎. 彼北邊蒙古喀爾喀者, 豈與爾有誓好之情耶. 乃與之歲幣開市而結盟之國, 反不與歲幣開市者, 何哉. 朕今親統大軍, 駐布顏阿海遊牧之地以待, 爾如能悔過, 以歲幣與我, 開市互易, 則不入爾宣大之地, 止征遼東, 夫逆則征伐, 和則貿易, 古亦有之. 爾若不審天時, 逆朕之命, 朕當令朝鮮 · 蒙古諸大軍, 分路縱畧, 廢爾農時, 恐後悔無及也. 朕以實告爾, 爾其速圖, 而裁答焉.

○ 이날 전봉장령 송코로 바투루 로오사와 머이런장긴 시터쿠 등을 보내어, 도욘 지방으로부터 서신을 가지고 명나라 선부(宣府)의 각 관원에게 전달하게 했다. 서신의 내용은 다음과 같았다. 「대청국 관온인성황제는 명나라 선부(宣府)의 관리들에게 서신을 보낸다. 임신년(1632) 여름, 짐은 대군을 이끌고 가서 차하르를 정벌했다. 차하르 칸은 소문만 듣고도 멀리 귀화성(歸化城)으로 달아났으며, 각 채(寨)와 부(部)의 백성들은 모두 짐에게 내귀했다. 그때 선부의 관리들에게 "너희 선부와 대동(大同) 사람들은 짐에게 원한이 없었으나, 오로지 요동(遼東) 변방의 관원들만은 경멸하는 것이 심했기에 짐은 그들을 정벌했다. 이제 너희는 짐과 강화하고 호시를 열고자 하니, 차하르에게 수었던 세폐는 모두 우리나라에 주어야 한다."라고 말했다. 너희는 "차하르 칸은 비록 달아났으나 여전히 살아 있으니 만약 다시 와서 세폐를 요구하면 어찌하겠는가? 그가 여전히 살아 있으니 세폐를 귀국에 주는 것이 어찌 가능하겠는가?"라고 말하고 세폐를 주어도 이전에 차하르에게 주었던 것과 똑같이 주지 않았다. 그러나 너희가 우리나라와 강화하고 호시를 열겠다고 천지에 맹세했기 때문에 우리 대군은

끝내 귀국의 경내로 들어가지 않고 돌아왔다. 이후 짐은 이 맹세를 지키고 1년 동안 기다리며 두 차례 사람을 보내어 서신을 전달했으나, 뜻밖에도 너희는 맹세를 저버리고 한마디의 답신도 없었다. 이 때문에 짐이 갑술년(1634)의 전역을 일으킨 것이다. 지금 천하는 몽고가 우리의 판도로 들어왔고, 조선이 우리의 번복(藩服)이 되었으며, 차하르 칸은 위세를 두려워하여 멀리 달아나 몸은 죽고 나라는 망하고 그의 처자와 신민들은 우리가 모두 안정시켰다. 너희는 이전에 회피하는 핑계로 차하르 칸이 여전히 살아 있다고 했는데 이제는 또다시 무슨 말로 둘러댈 것인가? 북변의 몽고 칼카가 너희와 맹세한 사정이라도 있는가? 세폐를 주고 호시를 열어서 맹세를 맺은 나라에게 도리어 세폐를 주지 않고 호시를 열지 않으려는 것은 무슨 일인가? 짐은 지금 대군을 친히 통솔하고 부얀 아하이(buyan ahai, 布顏阿海) 유목지에 주둔하면서 기다리고 있다. 너희가 만약 잘못을 뉘우치고 세폐를 우리에게 주고 호시를 열고 서로 교역한다면, 너희 선부와 대동에는 들어가지 않고 요동(遼東)만을 정벌할 것이다. 거스르면 정벌하고 강화하면 무역하는 일은 예부터 있었다. 너희가 만약 천시(天時)를 살피지 않고 짐의 명을 거스르면, 짐은 조선과 몽고의 대군에게 명하여 길을 나누어 공략하게 할 것이니 너희가 농사지을 시기를 놓치고 나중에 후회해도 늦을 것이다. 짐은 사실대로 너희에게 알려주는 것이니, 너희는 속히 생각하여 답하라.」

○ 癸亥, 科爾沁國土謝圖親王巴達禮 · 卓禮克圖親王吳克善, 具筵獻上.

○ 계해일(2.29), 코르친국 투시예투 친왕 바다리 · 조릭투 친왕 욱샨이 연회를 마련하여 주상에게 바쳤다.

권41

숭덕 3년 3월 ~ 5월

崇德三年, 戊寅, 三月, 甲子朔, 上自朶雲起行, 至博碩堆駐蹕.

○ 숭덕 3년 무인년 3월 갑자일 초하루(3.1), 주상은 도욘(doyon, 朶雲)에서 출발하여 보쇼도이(bošodoi, 博碩堆)에 가서 머물렀다.

○ 是日, 遣牛彔章京法譚率八人, 賫敕諭留守盛京諸王, 敕曰, 寬溫仁聖皇帝, 敕諭留守盛京諸王. 朕曾有旨命, 倣都爾鼻城規模, 築遼陽城, 今觀都爾鼻城甚小. 朕思大軍出征之後, 遼陽乃駐防地, 士馬繁衆, 城小何以能容. 今城基未築, 可每面再廣十丈. 朕籌畫再三, 故有是命. 又喀爾喀蒙古來歸化城, 爲漢人所恐云大清兵已至矣. 彼遂驚懼, 竝未犯我, 歸化城中一物, 亦竝未與漢人交市, 於正月三十日, 倉皇而遁. 但恐彼去未遠, 或覓好水草處駐營, 已經遣人往探, 若果未遠, 朕必前往. 其輸運米糧, 須待此處人到, 再行輸運, 不然, 朕亦竟從此班師, 行糧已足, 不必更運矣.

○ 이날 니루장긴 파탄(fatan, 法譚)을 보내어 8명을 이끌고 칙서를 가지고 가서 성경(盛京)에 남아서 지키는 여러 왕들에게 유시하게 했다. 칙서에서 말했다. 「관온인성황제가 성경(盛京)에 남아서 지키는 여러 왕들에게 칙서를 내려 유시한다. 짐은 일찍이 명을 내려 두르비(durbi, 都爾鼻) 성의 규모를 본떠서 요양성(遼陽城)을 축성하게 했다. 그런데 지금 두르비 성을 보니 너무 작다. 짐이 생각건대, 대군이 출정한 후에 요양(遼陽)이 대군의 주둔지가 될 경우, 병사와 말은 많은데 성이 작으면 어떻게 수용할 수 있겠는가? 지금 아직 성의 기반을 세우지 않았으니 각 면(面)마다 10장(丈) 더 늘려라. 짐이 재삼 헤아려 보았기에 이러한 명을 내리는 것이다. 또한 칼카 몽고는 귀화성(歸化城)에 와서 한인들로부터 대청의 군사가 왔다는 말에 겁을 먹고 우리를 침범하지도 않고 귀화성 내에 물품 하나도 한인들과 교역하지 않은 채 정월 30일 급하게 달아났다. 아마도 저들이 간 곳은 멀지 않거나 혹은 수초(水草)가 좋은 곳을 찾아서 주둔했을 것이므로, 사람을 보내어 가서 탐문하게 했다. 만약 그들이 정말로 먼 곳에 있지 않으면 짐은 반드시 갈 것이다. 군량 운송은 반드시 이곳의 사람이 도착하기를 기다렸다가 다시 운송하라. 그렇지 않으면 짐 또한 여기서 군사를 이끌고 돌아갈 것이다. 군량은 이미 족하니 더 운송할 필요가 없다.」

○ 乙丑, 敖漢部落額駙班第 · 奈曼部落達爾漢郡王子巴達理 · 扎魯特部落內齊 · 桑噶爾弟毛祁他特 · 巴林部落阿玉石 · 喀喇沁部落查薩袞杜稜等, 同具筵進上. 時烏朱穆秦部落塞冷額爾德尼等後至, 朝見畢, 塞冷額爾德尼等九人, 以其地所產馬駝進獻.

○ 을축일(3.2), 아오한 부락 어푸 반디(efu bandi, 額駙班第), 나이만 부락 다르한 군왕의 아들 바다리(badari, 巴達理), 자루트 부락 너이치

(neici, 內齊), 상가르(sanggar, 桑噶爾)의 동생 모오 키타트(moo kitat, 毛祁他特), 바린 부락 아유시(ayusi, 阿玉石), 카라친 부락 자사군 두렁(jasagūn dureng, 查薩袞杜稜) 등은 함께 연회를 마련하여 주상에게 올렸다. 이때 우주무친 부락 서렁 어르더니(sereng erdeni, 塞冷額爾德尼) 등은 나중에 도착했다. 알현을 마치고 서렁 어르더니 등 9명은 자신들의 땅에서 가져온 말과 낙타를 바쳤다.

○ 丙寅, 前遣往探喀爾喀兵之莽奈都爾等, 還奏言, 喀爾喀查薩克圖汗, 聞皇上統大軍至, 大懼, 已率兵遠遁矣.

○ 병인일(3.3), 이전에 칼카에 가서 정탐하도록 보낸 병사 망나이 두르 등이 돌아와서 상주하여 말했다. 「칼카 자삭투 칸은 황상께서 대군을 이끌고 이르신 것을 듣고 크게 두려워하여 병사들을 이끌고 멀리 달아났습니다.」

○ 命八家及公以下, 梅勒章京以上, 各出銀兩, 赴歸化城貿易.

○ 팔가(八家) 및 공(公) 이하 머이런장긴 이상에게 명하여 각각 은량은 내어 귀하성(歸化城)에 가서 무역하게 했다.

○ 丁卯, 以烏朱穆秦部落貝勒塞臣濟農 · 塞冷額爾德尼 · 吹僧格台吉, 蘇尼特部落吳善葉爾登 · 多爾濟喀喇巴圖魯 · 達爾馬台吉, 蒿齊忒部落博洛特 · 諾木齊 · 伊爾畢思車臣諾顏 · 額林臣台吉 · 都思噶爾台吉 · 和綽科沁台吉 · 戴青台吉 · 退洛 · 蘇格戴青 · 席達台吉 ·

噶喇木扎布台吉·瑣諾木台吉·布達席禮噶喇木扎布台吉, 及塞臣濟農下袞桑班第達·阿哈土謝圖, 塞冷額爾德尼下布達什塔布囊, 博羅特下顧實等, 各率師來會. 賜甲胄·雕鞍·撒袋·腰刀·弓矢·綵緞·布疋·銀器等物有差.

○ 정묘일(3.4), 우주무친 부락 버일러 세첸 지농·서렁 어르더니·초이성거 타이지, 수니트 부락 우샨 열덩·도르지 카라 바투루(dorji kara baturu, 多爾濟喀喇巴圖魯)·다르마 타이지, 호오치트 부락 볼로트·놈치·이르비스 체첸 노얀(irbis cecen noyan, 伊爾畢思車臣諾顏)·어린천 타이지(erincen taiji, 額林臣台吉)·두스가르 타이지(dusg'ar taiji, 都思噶爾台吉)·호초코친 타이지(hocokocin taiji, 和綽科沁台吉)·다이칭 타이지·토일로(toilo, 退洛)·수거 다이칭·시다 타이지·가람잡 타이지·소놈 타이지·부다시리(budasiri, 布達席禮)의 가람잡 타이지, 그리고 세첸 지농 속하의 군상 반디다·아하 투시예투, 서렁 어르더니 속하의 부다시 타부낭(budasi tabunang, 布達什塔布囊), 볼로트 속하의 구시 등은 각자 군사를 이끌고 와서 모였다. 갑옷과 투구·조각한 안장·화살집·요도·활과 화살·채단(綵緞)·포필(布疋)·은그릇 등의 물건을 차등 있게 하사했다.

○ 戊辰, 復賜烏朱穆秦部落車臣濟農·塞冷額爾德尼·伊爾畢思車臣諾顏子戴青·吹僧格台吉·蘇格戴青·察漢巴拜·德爾格爾衛徵塔布囊·阿哈圖塔布囊, 蘇尼特部落吳善葉爾登·多爾濟喀喇巴圖魯, 蒿齊忒部落博洛特·諾木齊·達雅·顧實等, 甲胄·鞍馬·撒袋·弓矢·腰刀·鞓帶·糚緞·倭緞·布疋·玉杯·銀器·青黍皮等物有差, 以獻駝馬故也.

○ 무진일(3.5), 우주무친 부락 체첸 지농(cecen jinong, 車臣濟農)·서렁 어르더니·이르비스 체첸 노얀의 아들 다이칭·초이성거 타이지·수거 다이칭·차간 바바이(cagan babai, 察漢巴拜)·덜거르 워이정 타부낭·아하투 타부낭(ahatu tabunang, 阿哈圖塔布囊), 수니트 부락 우샨 열덩·도르지 카라 바투루, 호오치트 부락 볼로트·놈치·다야(daya, 達雅)·구시(gusi, 顧實) 등에게 갑옷과 투구·안장을 갖춘 말·화살집·활과 화살·요도·가죽띠·장단(粧緞)·왜단(倭緞)·베·옥배·은그릇·청서피(靑黍皮) 등의 물건을 차등 있게 다시 하사했다. 낙타와 말을 헌상했기 때문이다.

○ 己巳, 遣烏朱穆秦部落諸貝勒還.

○ 기사일(3.6), 우주무친 부락의 버일러들을 돌려보냈다.

○ 先是, 行獵博碩堆時, 右翼葉臣旗下席翰·康喀賴二甲喇合圍中斷, 有黃羊逸出, 衆皆亂射. 貝子碩託見之, 遂拔席翰·康喀賴佩箭, 記其名, 以彼亂行圍斷, 將以議罪也. 隨令倫拜·吞齊喀二甲喇駐其斷處, 及回後隊, 見吞齊喀圍亦斷, 竟還本翼, 碩託遂鞭吞齊喀. 上命巴布泰子噶布喇, 往問何甲喇圍斷. 碩託對曰, 吞齊喀甲喇圍斷, 已鞭之矣. 碩託遂送席翰等於兵部議罪. 尋兵部承政古爾布什·伊孫等議, 席翰·吞齊喀, 應革甲喇章京任, 罰馬. 康喀賴甲喇, 雖未動, 而一兵之箭, 爲人拔去, 失於覺察. 吳善, 乃督察一旗大臣. 本旗圍斷, 亦失於覺察, 康喀賴·吳善, 應均坐以應得之罪. 其斷圍處護軍校四人, 管束不嚴, 應各鞭六十, 又甲士三名, 應各鞭二十七. 上命, 席翰·吞齊喀, 革甲喇章京任, 免罰馬, 仍坐以應得之罪. 康喀賴亦坐以應得之罪. 吳善免罰. 護軍校紀山 · 艾通噶 · 蘇拜 · 戴古禮等四人, 各鞭三十, 甲士退喀納 · 塞克圖 · 布塔什, 各鞭二十七.

○ 이전에 보쇼도이에서 사냥할 때, 우익 여천 기 속하 시한(sihan, 席翰)과 캉칼라이(kangkalai, 康喀賴)의 두 잘란이 합동으로 포위한 것이 중간에 끊겼는데, 황양(黃羊)이 도망가자 병사들이 화살을 난사했다. 버이서 쇼토가 이를 보고 시한과 캉칼라이가 차고 온 화살을 뽑아서 이름을 적어 갔다. 그들이 제멋대로 행동하여 포위가 끊어졌기에 죄를 의논하려고 했기 때문이다. 이어 룸바이(lumbai, 倫拜)와 툰치카(tuncika, 吞齊喀)의 두 잘란에게 포위가 끊어진 곳에 주둔하게 했으나, 후방 대오로 돌아오자 툰치카의 포위도 끊어져서 마침내 본 익(翼)으로 돌아간 것을 보고 쇼토는 툰치카를 채찍으로 때렸다. 주상이 바부타이(babutai, 巴布泰)의 아들 가불라(gabula, 噶布喇)를 보내서 잘란의 포위가 왜 끊어졌는지를 묻자 쇼토는 "툰치카의 잘란의 포위가 끊겼기 때문입니다. 이미 채찍으로 때렸습니다."라고 대답했다. 쇼토가 시한 등을 병부에 보내어 죄를 의논하게 하니 병부승정 구르부시(gurbusi, 古爾布什) · 이순(isun, 伊孫) 등이 의논했다. 「시한과 툰치카는 잘란장긴의 직에서 혁직하고 벌로 말을 취해야 합니다. 캉칼라이의 잘란은 움직이지 않았으나 병사 1명의 화살이 뽑혀 갔으니 제대로 감독하지 못한 잘못이 있고, 우샨은 한 기를 감독하는 대신으로 자신의 기의 포위가 끊어졌으니 또한 제대로 감독하지 못한 것입니다. 캉칼라이와 우샨 모두 받아야 할 죄에 처해야 합니다. 포위가 끊어진 곳의 호군교 4명은 단속이 엄밀하지 못했으니 각각 채찍 60대에 처하고, 갑병 3명은 각각 채찍 27대에 처해야 합니다.」

주상이 명하여 시한과 툰치카는 잘란장긴의 직에서 혁직하고 벌로 말을 취하는 것은 면해 주되 받아야 할 죄에 처하고, 캉칼라이 또한 받아야 할 죄에 처하고, 우샨은 벌을 면해 주고, 호군교(護軍校) 기산(gisan, 紀山)·아이퉁가(aitungga, 艾通噶)·수바이(subai, 蘇拜)·다이구리(daiguri, 戴古禮) 등 4명은 각각 채찍 30대를 때리고, 갑병 투이카나(tuikana, 退喀納)·석투(sektu, 塞克圖)·부타시(butasi, 布塔什)는 각각 채찍 27대를 때리게 했다.

○ 是日, 行獵, 仍駐蹕博碩堆.

○ 이날 사냥했다. 계속 보쇼도이에서 머물렀다.

○ 庚午, 北方阿祿喀爾喀部落查薩克圖汗下達爾漢喇嘛·塞臣綽爾濟·俄木布·卓禮克圖, 歸化城土默特古祿格章京等, 遣使獻名馬·單峯駝·無尾羊·綵緞等物. 使臣布顏圖·杭古章京·額齊格喇嘛·托博克達賴·趙宜什巴漢察·得木齊俄木布·阿果·根都陶虎章京等, 各獻蟒緞·倭緞·雕翎等物.

○ 경오일(3.7), 북방(北方) 아루 칼카 부락 자삭투 칸 속하 다르한 라마·세첸 초르지(secen corji, 塞臣綽爾濟)·옴부(ombu, 俄木布)·조릭투(joriktu, 卓禮克圖), 귀화성(歸化城) 투메트 굴루거 장긴 등은 사신을 보내어 명마(名馬)·단봉낙타·꼬리 없는 양·채단(綵緞) 등의 물품을 헌상했다. 사신 부얀투(buyantu, 布顏圖)·항구 장긴(hanggū janggin, 杭古章京)·어치거 라마(ecige lama, 額齊格喇嘛)·토복 달라이(tobok dalai, 托博克達賴), 조오의 시바간차(joo i sibaganca, 趙宜什巴漢察)·덤치 옴부(demci ombu, 得木齊俄木布)[1]·아고(ago, 阿果)·건두(gendu, 根都)·토오후 장긴(toohū janggin, 陶虎章京) 등은 각각 망단(蟒

緞)·왜단(倭緞)·독수리 깃털 등의 물품을 헌상했다.

○ 壬申, 翁牛特部落達爾漢戴青·四子部落達爾漢卓禮克圖穆章·吳喇忒三部落諸貝勒, 具筵獻上.

○ 임신일(3.9), 옹니우트 부락 다르한 다이칭, 사자(四子) 부락 다르한 조릭투 무장(darhan joriktu mujang, 達爾漢卓禮克圖穆章), 우라트 세 부락의 버일러들이 연회를 마련하여 주상에게 바쳤다.

○ 甲戌, 駐蹕義奚里. 是夜, 前鋒將領碩翁科羅巴圖魯勞薩等, 齎書諭明宣府官, 還奏言, 路遇蒙古碩雷使者, 往明國交易, 獲其馬百四十·駝四十. 其蒙古人, 給以羊隻爲行糧, 遣之去. 獲二漢人以還. 上曰, 何爲輕釋蒙古耶. 遂於夜分, 復遣勞薩等, 率每旗章京一員·甲士十五人追之, 縱釋二漢人去.

○ 갑술일(3.11), 이히리(ihiri, 義奚里)에 머물렀다. 이날 밤, 전봉장령 숑코로 바투루 로오사 등은 서신을 가지고 명나라 선부(宣府)의 관원을 칙유하고 돌아와서 상주하여 말했다. "도중에 명나라에 교역하러 가는 몽고 숄로이의 사자를 만나, 말 140마리와 낙타 40마리를 빼앗았습니다. 그 몽고인에게는 양을 주어 양식으로 삼게 하여 보냈습니다. 한인 2명을 노획하고 돌아왔습니다." 주상이 말했다. "어째서 경솔하게 몽고인을 풀어 주었는가?" 결국 한밤중에 다시 로오사 등에

1 덤치는 몽골에서 감찰관을 의미한다.

게 각 기(旗)의 장긴 1명과 갑병 15명을 이끌고 가서 뒤좇도록 했으며, 한인 2명은 풀어 주었다.

○ 己卯, 以碩翁科羅巴圖魯勞薩等所獲駝馬, 賜一等公以下 · 牛彔章京以上各官.

○ 기묘일(3.16), 숑코로 바투루 로오사 등이 노획한 낙타와 말을 일등공(一等公) 이하 니루장긴 이상의 관원들에게 하사했다.

○ 庚辰, 上至登努蘇特地方而還.

○ 경진일(3.17), 주상이 덩누수터이(dengnusutei, 登努蘇特) 지방에 갔다가 돌아왔다.

○ 辛巳, 駐蹕納里河地方.

○ 신사일(3.18), 나리 강(nari muke, 納里河) 지방에 머물렀다.

○ 壬午, 駐蹕上都河源.

○ 임오일(3.19), 상도하(上都河)의 수원에 머물렀다.

○ 是日, 巳刻, 上都河西虎勒湖南三里許, 平地湧泉, 高五尺.

○ 이날 사시(巳時)에 상도하(上都河) 서쪽 후러 호수(hure omo, 虎勒湖) 남쪽 3리 부근 평지에서 샘이 솟아올랐는데 높이가 5척이었다.

○ 甲申, 駐蹕博落爾濟地方. 留右翼大臣雍舜 · 左翼大臣伊孫 · 每旗章京二員 · 每牛彔甲士三名, 令攜疲馬徐行而歸.

○ 갑신일(3.21), 보롤지(borolji, 博落爾濟) 지방에 머물렀다. 우익대신 용숀(yongšon, 雍舜)과 좌익대신 이순(isun, 伊孫)과 기(旗)마다 장긴 2명과 니루마다 갑병 3명을 남겨 두어서 지친 말을 끌고 천천히 귀환하게 했다.

○ 丙戌, 駐蹕克宜蚌地方

○ 병술일(3.23), 커이붕(keibung, 克宜蚌) 지방에 머물렀다.

○ 丁亥, 賜科爾沁國土謝圖親王巴達禮 · 卓禮克圖親王吳克善 · 桑噶爾寨杜稜 · 蒙夸達爾漢和碩齊 · 古木, 敖漢部落額駙班第, 扎魯特部落內齊 · 馬尼青巴圖魯 · 巴牙爾圖 · 杜巴 · 吳本, 四子部落達爾漢卓禮克圖穆章, 翁牛特部落達爾漢戴青, 巴林部落阿玉石, 喀喇車里克部落噶爾馬, 毛明安部落巴特瑪, 四子部落宜爾扎木, 翁牛特部落薩陽 · 班布等, 各鞍馬 · 貂裘 · 衣服等物, 仍賜宴遣歸.

○ 정해일(3.24), 코르친국 투시예투 친왕 바다리 · 조릭투 친왕 욱샨 · 상가르자이 두렁(sanggarjai dureng, 桑噶爾寨杜稜) · 몽쿠와 다르한 호쇼치 · 구무(gumu, 古木), 아오한 부락 어푸 반디, 자루트 부락 너이치 · 마니 칭 바투루(mani cing baturu, 馬尼青巴圖魯) · 바야르투(bayartu, 巴牙爾圖) · 두바(duba, 杜巴) · 우번(ūben, 吳本), 사자(四子) 부락 다르한 조릭투 무장, 옹니우트 부락 다르한 다이칭, 바린 부락 아유시, 카라처릭 부락 가르마(g'arma, 噶爾馬), 모오밍간 부락 바트마(batma, 巴特瑪), 사자(四子) 부락 이르잠(irjam, 宜爾扎木), 옹니우트 부락 사양(sayang, 薩陽) · 밤부(bambu, 班布) 등에게 안장을 갖춘 말 · 담비가죽옷 · 의복 등의 물품을 각각 하사했다. 이어서 연회를 베풀고 돌려보냈다.

○ 以翁牛特部落達爾漢戴青下塞內渾津 · 正黃旗阿爾哈車臣, 每遇會議聽斷, 勤勞平允, 特賜車臣號爲扎爾固齊, 賜塞內豹裘 · 緞布.

○ 옹니우트 부락 다르한 다이칭 속하 서너이 혼진(senei honjin, 塞內渾津) · 정황기 아르가 체첸(arga cecen, 阿爾哈車臣)은 회의에서 의사를 결정할 때마다 근면하고 공평했기에, 아르가 체첸에게는 자르구치 호칭을 특별히 하사하고, 서너이 혼진에게는 표범가죽옷 · 비단과 면포를 하사했다.

○ 戊子, 駐蹕察木哈地方.

○ 무자일(3.25), 참하(camha, 察木哈) 지방에 머물렀다.

○ 己丑, 命內國史院大學士剛林同三人, 齎信符, 赴盛京, 令速發駐防前鋒兵, 迎我國赴歸化城交易之人.

○ 기축일(3.26), 내국사원대학사(內國史院大學士) 가린에게 명하여 3명과 함께 신부(信符)를 가지고 성경(盛京)으로 가서 주방(駐防)하는 전봉병(前鋒兵)을 속히 보내 우리나라에서 귀화성(歸化城)으로 교역하러 간 사람을 맞이하게 했다.

○ 是日, 駐蹕吳蘭臯地方.

○ 이날 울란 고오(ulan goo, 吳蘭臯) 지방에 머물렀다.

○ 庚寅, 駐蹕興安嶺上三湖地方.

○ 경인일(3.27), 홍안령(興安嶺)의 상삼호(上三湖)[2] 지방에 머물렀다.

○ 辛卯, 度興安嶺, 至英格地方, 駐蹕溫泉.

○ 신묘일(3.28), 홍안령(興安嶺)을 넘어 영거(yengge, 英格) 지방에 도착해서 온천에 머물렀다.

---

2 『내국사원당』에 ninggui ilan omo로 기록되어 있다. 『內國史院滿文檔案譯註 崇德二·三年分』, p.281.

○ 壬辰, 駐蹕吳蘭哈達地方.

○ 임진일(3.29), 울란 하다(ulan hada, 吳蘭哈達) 지방에 머물렀다.

○ 癸巳, 駐蹕席爾哈地方.

○ 계사일(3.30), 시르가(sirga, 席爾哈) 지방에 머물렀다.

夏四月, 甲午朔.

○ 여름 4월 갑오일 초하루(4.1).

○ 上自席爾哈起行, 至布克圖里駐蹕.

○ 주상이 시르가(sirga, 席爾哈)에서 출발하여 북투르(buktur, 布克圖里)에 도착해서 머물렀다.

○ 是日, 遣前鋒將領, 率每甲喇護軍一名, 往明境躡踪.

○ 이날 전봉장령(前鋒將領)을 보내 잘란마다 호군 1명씩을 이끌고 명나라의 경계에서 흔적을 좇아가게 했다.

○ 是夜二鼓, 兵部啟心郎詹霸 · 禮部筆帖式恩格德等齎留守諸王奏疏, 及新附總兵官沈志祥奏疏, 朝鮮國王李倧謝恩表至. 留守諸王疏云, 奉命留守盛京和碩禮親王代善 · 和碩鄭親王濟爾哈朗 · 和碩睿親王多爾衮 · 多羅安平貝勒杜度, 叩首謹奏. 蒙上天垂佑, 皇上洪福, 國家乂安, 又皇上德威遠播, 有明國駐守東江總兵官沈志祥, 率石城島之衆來歸, 又聞葉克書 · 星訥等, 征黑龍江地方捷音, 臣等不勝懽忭, 謹用馳奏. 其沈志祥, 攜來將士民人男婦, 名口數目, 開列奏聞. 又葉克書 · 星訥等, 師至薩哈爾察, 俘獲男子六百四十名, 家口一千七百二十名, 馬一百五十六匹, 牛一百四頭.

○ 이날 밤 2고(二鼓)에, 병부계심랑(兵部啟心郎) 잠바 · 예부 비트허시 엉거더이 등이 성경(盛京)에 남아서 지키는 왕들의 주소(奏疏), 새로 귀부한 총병관 심지상의 주소(奏疏), 조선국왕 이종(李倧)의 사은표(謝恩表)를 가져왔다.

남아서 지키는 여러 왕들이 소(疏)에서 말했다. 「명을 받들어 성경(盛京)을 지키는 호쇼이 예친왕(禮親王) 다이샨 · 호쇼이 정친왕 지르갈랑 · 호쇼이 예친왕(睿親王) 도르곤 · 도로이 안평 버일러 두두가 머리 숙여 삼가 상주합니다. 하늘의 보우와 황상의 홍복(洪福)을 입어 나라가 평안하고, 또 황상의 덕위(德威)가 널리 퍼져 명나라의 동강(東江)을 지키는 총병관 심지상이 석성도(石城島)의 무리를 데리고 내귀했습니다. 또한 역슈 · 싱너 등이 흑룡강 지방을 정벌하여 승전보를 가져온 것을 듣고 신들은 기쁨을 금할 수 없어 삼가 급히 아룁니다. 심지상이 데리고 온 장수와 병사와 민인, 남자와 여자의 수를 열거하여 상주합니다. 또한 역슈 · 싱너 등의 군대가 사할차까지 가서 획득한 남자가 640명, 가구(家口)가 1720명, 말이 156마리, 소가 104마리입니다.」

一并附奏, 沈志祥疏云, 竊惟人臣擇主而事, 自古爲然. 臣本明人, 筮仕有年, 設若君明臣良, 同心合德, 豈肯一旦背主乎. 自崇禎即位以來, 姦佞成黨, 忠臣孝子反受其殃, 不能盡心竭力, 是以孔耿尙三帥, 有先見之明, 歸誠聖主, 效職盡瘁, 以報知遇之隆恩也. 今臣馬齒未長, 願效三帥之誠, 率領副將八員 · 參將八員 · 遊擊十六員 · 都司二十員 · 守備三十員 · 千總四十員 · 兵丁家屬共約四千餘名口, 於本年二月二十一日, 自石城島起行, 由黃古島上岸屯劄. 伏乞皇上念臣赤心, 憐臣堅志, 速賜綸音, 以便趨叩. 爲此具本, 差遊擊金光裕 · 崔光先齎奏以聞. 又一疏言, 臣等於黃古島駐營, 本月二十二日遣奏後, 申刻, 追兵約五六千, 於對岸下營, 臣率衆兵衝擊. 至二十五日, 皇上守邊牛彔章京賴朱戶, 亦曾目見. 今春雨不絶, 屯兵曠野, 糧穀皆無, 衆兵饑餓. 伏乞皇上速賜車馬 · 糧穀, 不惟臣一人幸甚, 即官民男婦, 沾恩不淺矣. 謹奏.

덧붙인 주(奏)에서 심지상이 아뢰었다. 「삼가 생각건대 신하된 자가 임금을 골라 섬기는 일은 예로부터 있었습니다. 신(臣)은 본디 명나라 사람으로 관직에 오른 지 여러 해 되었으니, 만일 임금이 밝고 신하가 어질어 한마음으로 덕을 합했다면 어찌 기꺼이 하루아침에 임금을 배신했겠습니까. 숭정제(崇禎帝)가 즉위한 이래로 간사하고 아첨하는 자들이 당을 만들어, 충신과 효자가 도리어 재난을 입어 마음과 힘을 다할 수 없습니다. 이 때문에 공유덕 · 경중명 · 상가희 세 장수가 선견지명이 있어 성주(聖主)께 귀순하여 직분에 정성껏 힘쓰면서 두터이 대우해 주신 큰 은혜를 갚으려 하는 것입니다. 이제 신(臣)은 더 늦기 전에 세 원수의 귀순을 본받아 부장 8명 · 참장 8명 · 유격 16명 · 도사 20명 · 수비 30명 · 천총 40명 · 병사와 그 가속을 합쳐 약 4,000여 명을 데리고 올해 2월 21일에 석성도(石城島)를 출발해 황고도(黃古島)에 상륙하여 주둔했습니다. 엎드려 바라건대 황상께서는 신(臣)의 진심을 헤아리시고 신(臣)의 굳은 뜻을 불쌍히 여기셔서 속히 윤음(綸音)을 내려 고두하러 갈 수 있게 해 주십시오. 이 때문에 주본(奏本)을 갖추고 유격 김광유(金光裕)·최광선(崔光先)을 보내서 아뢥니다.」

또 하나의 소(疏)에서 말했다. 「신들은 황고도(黃古島)에 주둔하던 군영에서 이달 22일에 상주를 보냈습니다. 그 후 신시(申時)에 적의 추격병 약 5,000-6,000명이 건너편 언덕 아래 군영을 세우자 신(臣)은 병사를 이끌고 공격했습니다. 25일에 이르러 이를 황상의 변방을 지키는 니루장긴 라이주후(laijuhū, 賴朱戶)가 보았습니다. 지금 봄비가 그치지 않고 주둔군이 황야에 있어 군량이 떨어졌으며 여러 병사들이 굶주리고 있습니다. 엎드려 바라건대 황상께서 속히 수레와 말·곡식을 내려 주시면 단지 신(臣) 한 사람만의 행복이 아니라 관원과 민인 남녀가 누릴 은혜가 적지 않을 것입니다. 삼가 아룁니다.」

李倧表云, 朝鮮國王臣李倧言, 崇德二年十一月二十日, 臣欽奉敕諭, 朕惟禮不廢玉帛, 賞以勸忠誠, 所從來尙矣. 念爾歸命, 宜有封錫. 今特遣英俄爾岱·馬福塔·達雲, 封爾爲朝鮮國王, 齎賜玉紐金印·誥命, 并黑狐套一領·製帽黑狐皮一張·貂皮百張·鋄金雕鞍良馬一匹, 王其祗受, 以見朕優賚至意, 故諭. 臣欽此欽遵祗領外, 臣與一國臣民, 不勝感激. 謹奉表稱謝者, 臣倧誠惶誠恐, 稽首頓首. 伏以續已墜之緖, 幸保舊邦, 霑申錫之恩, 濫膺新命, 千載異數, 八區同歡. 伏念臣猥以庸資, 叨逢昌會, 轉禍爲福, 曲荷生全, 欲報無階. 惟思銜結, 屬茲使節之臨貺, 獲承天語之丁寧, 寵賚便蕃, 狐貂隨玉扎共至, 榮輝炳煥, 冠服與金章竝來, 矧斯良駟之特頒, 復兼彩罽之殊渥, 鴻慈及此, 鮫淚難禁. 茲蓋伏遇寬溫仁聖皇帝陛下, 好生之仁, 不殺爲武, 存亡繼絕, 啟光前之宏休, 遠悅邇安, 遵厚往之盛典, 遂令藩服得蒙陶甄. 臣敢不稽首拜嘉, 刺骨增感, 益堅素節, 遙瞻北極之尊, 倍竭丹忱, 永祝南山之壽. 臣無任望天仰聖, 激切屛營之至, 謹奉表稱謝以聞.

이종(李倧)이 표문에서 말했다. 「조선국왕 신(臣) 이종(李倧)이 아뢥니다. 숭덕 2년 11월 20일 신(臣)은 칙유를 받았습니다. "짐이 생각건대, 예(禮)에 있어서 옥백(玉帛)을 폐하지 않고 상을 주어 충성을 권하는 것은 이전부터 있어 왔다. 생각건대 너희가 귀순하였으니, 봉사(封賜)가 있어야 하겠기에 이제 특별히 잉굴다이·마푸타·다윤을 보내어 너를 조선국왕으로 봉하고 옥뉴금인(玉紐金印)·고명(誥命)과 아울러 검은 여우 가죽외투 1벌·모자를 만드는 데 사용할 검은 여우가죽 1장·담비가죽 100장·도금하고 조각한 안장을 갖춘 말 1마리를 내리니, 왕은 공경히 받아 내가 우대하는 지극한 뜻을 알라. 이에 유시한다."

신은 이를 삼가 공경히 따르며 받고, 온 나라의 신민(臣民)과 함께 감격을 이기지 못합니다. 삼가 표문을 받들고 사례를 올리니 신 이종(李倧)은 진실로 황공하여 머리를 조아립니다. 삼가 끊어질 국가를 이어 주시고 다행히 오래된 나라를 보존하게 해 주셨습니다. 내리시는 은혜를 입고 외람되이 새로운 명을 받아 천고에 없는 특별한 예우를 받으니 온 천하가 함께 기뻐합니다. 엎드려 생각건대 신은 외람되이 용렬한 자질로 황공하게도 경사스런 시기를 만나 화가 복으로 바뀌었으며 구차하게도 목숨을 보전했으니 보답할 길이 없습니다. 오직 보은하기만을 생각했는데, 사절이 돌아왔을 때 황상의 사려깊은 말씀을 받았고, 총애하여 내리신 물건이 더욱 많아 여우·담비가죽부터 옥찰(玉扎)에 이르고 영광이 밝게 빛나 관복(冠服)과 금장(金章)도 아울러

왔습니다. 더구나 이 좋은 준마를 특별히 내리시어 채색한 융단과 같은 후한 은혜를 더해 주시니 이처럼 큰 사랑에 눈물을 흘리지 않을 수 없습니다.

이는 모두 관온인성황제 폐하의 살리기를 좋아하는 인자함으로, 죽이지 않는 것을 무(武)로 삼아, 끊어지고 망한 것을 다시 잇고 전에 없는 큰 아름다움을 일깨워 빛내고, 먼 곳은 기뻐하고 가까운 곳은 편안하며, 돌아가는 사람을 후하게 대하는 성전(盛典)을 준행하시어 번복(藩服)이 좋은 다스림을 입게 하여 주심을 만난 때문입니다. 신이 감히 머리를 조아려 절하면서 뼈를 찌르며 더욱 감읍(感泣)하고 절의를 더욱 굳건히 하며 북극성 같이 높으신 황제를 아득히 바라보고 배로 정성을 더해 영원히 남산(南山)처럼 장수하시기를 축원하지 않을 수 있겠습니까. 신은 하늘을 우러르고 성상(聖上)을 우러름에 그지없이 간절하고 황송함을 이기지 못하겠기에 삼가 표문을 올려 사례하여 아뢰니다.」

又一表文云, 朝鮮國王臣李倧言, 崇德二年十二月十八日, 謝恩陪臣議政府左議政崔鳴吉等, 賫捧到敕諭, 朕惟運際方升, 時逢初度, 以王恪修職貢, 宜加賚予, 所有賜物, 順付陪臣崔鳴吉賫回, 王其祇受, 以昭朕意. 故諭. 臣欽此, 臣又欽奉敕諭云, 朕惟陰極陽生, 節候不爽, 君令臣共, 體統昭然. 王既修職貢之常, 朕宜有錫予之典, 所有賜物, 就付陪臣崔鳴吉賫回, 王其祇受, 以彰優眷. 故諭.

臣欽此, 臣又欽奉敕諭, 覽王奏, 稱小邦自經兵禍, 國內空虛, 又稱民間相傳有徵兵之命, 疑懼逃徙, 且牛疫起於國中等語. 誠若此, 則王之奏請固宜, 朕豈慮不及此. 但徵兵自當量時度勢, 詎可強以所難堪乎. 且王曩者, 委身歸誠, 爲生靈計也. 朕之所以奠安爾國者, 亦爲生靈計也. 朕既爲民而加恩於其初, 寧不斟酌於其後乎. 初王在南漢時, 被迫委身, 一則爲宗社計, 一則恐以一身之故, 而致亡國殃民, 縱戮及一身, 亦不敢惜. 惟欲全其廟社生靈. 抑又見朕素不爽信, 諒必格外恩全, 故不惑不懼而來. 若計不出此, 而株守山城, 怯不敢下, 必將喪身絕祀. 朕縱恩撫朝鮮之民, 而兵戈離散之餘, 必有大不堪者, 則東方一國終至破壞矣. 王如此深謀長算, 不知者或謂窮斯來歸, 以知者觀之, 謂之大智可, 謂之大勇亦可. 但朕之所慮者, 恐王復似當年聽書生迂見, 以空言掩飾, 巧計朦朧爲尙耳, 夫文人固不可不用, 而書生之談, 亦未可盡信, 蓋書生但知摘句尋章, 拘泥成說, 不知達變通權, 雖有文章辭藻, 竟何益哉, 朕曩已灼見其然矣. 故諭.

臣欽此, 臣又欽奉敕諭曰, 覽王奏, 父子情切等語, 又云君臣猶父子, 苟有衷懷, 理宜畢達, 此語誠然, 朕終不以爲非. 但王之二子, 朕非左右乏人, 而藉之爲侍衛也, 非有利於師行, 而藉之以坐鎭也, 更非王本意內附, 而令子來也. 言及於此, 不幾誤歟. 王果抒誠圖報, 渾忘彼此之見, 不待奏請, 聽其自往自來, 方是兩國一家之象. 今旣言君臣猶父子, 兩國猶一家, 而復有歸國之請者, 又似仍在異國也. 萬一朕心稍疑, 則如之何, 王子若未諳事宜而興此念, 王應訓之云, 吾等忠誠未著, 胡爲不候上命, 便有歸省之思, 以啟君父之疑哉. 如此教誡, 乃爲義方之訓, 特諭. 臣欽此欽遵祗領外, 臣與一國臣民, 不勝感激. 謹奉表稱謝者, 臣倧誠惶誠恐, 稽首頓首.

伏以雨露洊降, 旣嘉執壤之誠, 日月俯臨, 特副瞻天之懇, 懽聲雷動, 喜氣雲騰. 伏念臣智昧炳幾, 性實無僞. 自蒙洪造, 惟效忠之是期. 仰恳皇仁, 常有恃而竊幸. 曷忍衷曲之少隱, 輒擬疾痛之必呼. 頃因輸忱, 兼敢煩籲, 寒威挾纊, 濫沐申錫之恩, 溫語如綸, 更承丁寧之旨. 曲軫凋瘵, 終始仁民, 過獎庸愚, 反覆垂戒. 夫何顧眷之此極, 莫不蹈舞而胥欣. 至如孱息之請還, 蓋亦私情之所蔽. 匪怒伊教, 若提耳而諄諄, 雖悔可追, 徒咋舌而惴惴. 拜寵貺而感激, 奉明命而涕洟. 玆蓋伏遇寬溫仁聖皇帝陛下，除垢滌愆，卹災釋難，勸耕作得其所，推一視於小邦，返髦倪復厥居，致咸囿於大德，遂俾駑劣，偏荷鴻慈. 臣敢不爲臣勿欺，教子惟謹，被東漸之化，永世何忘，殫北拱之心，晚節益勉. 臣無任望天仰聖，激切屛營之至，謹奉表稱謝以聞.

또한 다른 표문에서 말했다. 「조선국왕 신(臣) 이종(李倧)이 아룁니다. 숭덕 2년 12월 18일, 사은 배신(陪臣) 의정부 좌의정(左議政) 최명길(崔鳴吉) 등이 칙유(敕諭)를 가지고 왔습니다. "짐이 생각건대 운이 상승하는 때를 처음 만나 왕이 직공(職貢)을 정성스럽게 수행하므로 하사품을 더하고 모든 하사품은 배신(陪臣) 최명길(崔鳴吉)에게 주어 가져가게 하니, 왕은 이를 공손히 받아 짐의 뜻을 알라. 이에 유시한다." 신이 이를 삼가 받들고, 신이 또한 칙유(勅諭)를 삼가 받들었습니다. "짐이 생각건대 음이 극에 달하면 양이 생겨나서 절후(節候)가 어긋남이 없고, 임금은 명령하고 신하는 공경하니 체통(體統)이 밝다. 왕이 항상 직공(職貢)의 도리를 다하므로 짐은 마땅히 하사의 은전(恩典)을 갖추어 모든 하사품을 배신(陪臣) 최명길(崔鳴吉)이 돌아갈 때 보내니, 왕은 이를 공손히 받아 두터운 은혜를 드러내라. 이에 유시한다." 신은 삼가 받들었습니다.

신은 또한 칙유를 아래와 같이 받들었습니다. "왕이 '소방(小邦)은 병화를 겪어 나라 안이 비었습니다.'라고 하고, 또 '백성 사이에서는 군사를 징발하는 명령이 있을 것이라고 서로 전하므로, 의심하고 두려워하여 도주하며, 또한 우역(牛疫)이 나라 안에 일어났습니다.'라고 한 말들을 보았다. 진실로 그렇다면 왕이 상주하는 것은 참으로 마땅하다. 짐이 어찌 거기까지 생각하지 않겠는가? 다만 군사를 징발하는 것은 스스로 마땅히 시세를 헤아려서 할 것이다. 어찌 감당하기 어려운 것을 강요하겠는가? 또 왕이 지난번에 몸을 맡겨 투항한 것도 백성을 위한 계책이었고, 짐이 왕을 용서한 것도 백성을 위한 생각이었다. 짐이 백성을 위하여 이미 은혜를 베풀었는데 어찌 나중에 살피지 않겠는가? 이전에 왕이 남한산성에 있다가 곤궁에 처하여 투항했는데, 하나는 종사(宗社)를 위한 생각이고 하나는 일신(一身) 때문에 나라가 망하고 백성이 해를 입는 데 이를까 우려되어 일신에 죽음이 미치는 것도 아까워하지 않았던 것이다. 오직 종사와 백성을 보전할 것을 생각했을 것이다. 또 짐이 평소에 신의를 잃지 않았기에 반드시 은혜를 받으리라고 믿고 의심하거나 두려워하지 않고 왔을 것이다. 만약 이렇게 생각하지 않고 남한산성을 지키면서 겁을 내고 감히 항복하지 못했다면 반드시 몸을 잃고 제사가 끊어졌을 것이다. 짐이 비록 조선의 백성을 은혜로 어루만지더라도 전쟁으로 흩어진 후에 분명 크게 감당하지 못할 일이 있었을 것이고 동방의 한 나라가 끝내 파괴되었을 것이다. 왕이 이렇게 깊이 생각하고 길게 헤아린 것을 모르는 사람은 곤궁하여 내귀했다 할 것이고, 지혜로운 사람은 이를 보고 대단히 지혜로웠다고 하거나 용맹했다고 할 것이다. 다만 짐은 왕이 다시 그때처럼 서생(書生)의 사리에 맞지 않는 견해를 듣고, 빈말로 감추고 교묘한 계책으로 모호하게 하는 것을 숭상할까 우려한다. 문인을 진실로 쓰지 않을 수 없으나, 서생의 이야기 또한 모두 믿어서는 안 된다. 대개 서생은 옛사람의 글귀를 뽑아 문장을 지을 줄만 알지 통설에 얽매여 변통할 줄 모르니, 비록 문장을 아름답게 짓더라도 결국 무엇이 이롭겠는가? 짐은 이전에 이미 그러한 것을 분명히 보았다. 이에 유시한다." 신은 삼가 받들었습니다.

신은 또한 칙유를 아래와 같이 받들었습니다. "왕의 상주(上奏)를 보니, 부자(父子)의 정이 절절하다는 등의 말이 있었고, 또 군신(君臣)은 부자(父子)와 같아서 진실로 마음에서 우러나는 생각이 있으면 이치상 아뢰어야 마땅하다는 등의 말이 있었다. 이 말은 참으로 옳으니 짐이 그르다고 여기지 않는다. 다만 왕의 두 아들은 짐이 좌우에 사람이 없어 시위(侍衛)로 삼고자 데려온 것이 아니며, 전쟁에 도움이 될까 하여 주둔하면서 지키게 하려고 데려온 것도 아니며, 더욱이 왕이 본래 내부(內附)하기 위해 자식들을 보내온 것도 아니다. 이렇게까지 말한 것은 잘못에 가깝지 않은가. 왕이 과연 정성을 다하여 보답하려 하고 너와 나라는 구별을 잊으면 주청할 필요 없이 오고 가도록 할 것이니 이야말로 두 나라가 일가(一家)인 모습이다. 이제 이미 군신(君臣)이 부자(父子)와 같고 두 나라가 일가(一家)라고 말했는데 다시 귀국을 청하는 것은 다른 나라에 있다고 생각해서일 것이다. 만약 짐(朕)이 조금이라도 의심한다면 어떻게 할 것인가. 왕자가 만약 사리를 모르고 이런 생각을 품으면 왕이 훈계하여, '우리의 충성이 나타나지 않았는데 어째서 주상의 명을 기다리지 않고 귀성(歸省)하려는 생각을 품어 군부(君父)의 의심을 일으키느냐'라고 해야 한다. 이러한 훈계야말로 의리로 가르치는 교훈인 것이다. 특별히 유시한다." 신(臣)이 이를 삼가 공경히 받들고, 온 나라의 신민(臣民)과 함께 감격을 이기지 못하겠습니다. 삼가 표문을 받들고 사례를 올리는 신(臣) 이종(李倧)은 진실로 황공하여 머리를 조아립니다.

삼가 생각건대 비와 이슬이 내리듯 하는 은전(恩典)을 받았고 즐겁게 예물을 바치는 정성을 다했으며, 해와 달처럼 임하시어 하늘에 호소하는 간절함을 특별히 이루어 주시니 환호성이 땅을 흔들고 기쁜 기운이 구름처럼 오릅니다. 삼가 생각해 보건대 신(臣)의 지혜로는 일의 기미를 잘 알지 못하지만 성품에는 실로 거짓이 없습니다. 스스로 큰 은총을 입어 오직 충성을 다할 것만을 맹세했으며 황상의 인자함에 의지해 항상 믿으면서 총애를 입었습니다. 마음속에 조금이라도 숨긴 바가 있다면 언제나 고통으로 울부짖듯 했습니다. 최근에 정성을 바치면서 감히 번거롭게 간청했는데 매서운 추위에 솜으로 품는 것처럼 외람되이 큰 은혜를 입었으며 비단실과 같이 따뜻한 말씀을 내려 주셨으니 다시 사려 깊은 칙지(勅旨)를 받들게 되었습니다. 백성의 궁핍함을 배려하시어 시종일관 백성들을 어질게 대하시며, 용렬하고 어리석은 자를 과분하게 칭찬해 주시고 계속해서 타이르셨습니다. 어떤 돌봄이 이보다 더 지극하겠습니까. 춤을 추며 기뻐하지 않을 수 없습니다.

어린 자식의 귀환을 청했던 일은 대체로 사사로운 정 때문에 마음이 가려진 것이었습니다. 노여워하지 않고 가르치시기를 마치 귀를 잡고 일러주듯이 하시어 비록 후회하더라도 되돌릴 수 없으니 다만 두려워합니다. 주신 총애에 절하며 감격하고 밝은 명을 받들어 눈물 흘립니다. 이것은 대개 관온인성황제 폐하께서 부끄러움을 없애고 허물을 씻어 재난에서 구해 주시며 경작을 권하여 살 바를 얻게 하시고, 소방(小邦)을 하나로 보시고 늙은이와 어린아이를 거처로 다시 돌려보내 모두가 큰 덕을 받게 하셔서 마침내 노둔하고 용렬한 신(臣)도 자애로운 은혜를 입게 해 주심을 만난 때문입니다. 신(臣)이 감히 신하됨에 속임이 없고 자식을 가르침에 더욱 삼가지 않겠습니까. 동쪽으로 전해 주시는 교화를 입어 영원토록 잊지 않고 북쪽으로 주상을 섬기는 마음으로 늙어서도 더욱 힘쓰겠습니다. 신은 감히 하늘을 우러르고 성상(聖上)을 우러름에 그지없이 간절하고 황송함을 이기지 못하고 삼가 표문을 올려 사례하여 아뢰닙니다.」

○ 乙未, 駐蹕遼河地方.

○ 을미일(4.2), 요하(遼河) 지방에 머물렀다.

○ 遣禮部侍郎朱世起, 齎羊·酒·行糧諸物, 往迎新附總兵官沈志祥.

○ 예부시랑 주시키(jusiki, 朱世起)에게 양 · 술 · 식량 등 여러 물품을 가지고 가서 새로 귀부한 총병관 심지상을 맞이하게 했다.

○ 丁酉, 駐蹕杜稜城.

○ 정유일(4.4), 두렁(dureng, 杜稜) 성에 머물렀다.

○ 是日, 明鎭守山海關太監高起潛遣瞽者周元忠偕六人, 詭以議和. 來報, 留守王 · 貝勒信其言, 遣內弘文院大學士希福, 禮部啟心郎額爾格圖 · 詹霸, 迎宴之.

○ 이날 명나라 진수산해관태감(鎭守山海關太監) 고기잠(高起潛)이 맹인 주원충(周元忠)을 6명과 함께 보내 화의하자고 속였다. 와서 고하니 남아서 지키던 왕 · 버일러가 그 말을 믿고 내홍문원대학사(內弘文院大學士) 히퍼, 예부계심랑 어르거투 · 잠바(jamba, 詹霸)를 보내 맞이하고 연회를 베풀었다.

○ 戊戌, 駐蹕札哈納里忒地方.

○ 무술일(4.5), 자하(jaha, 扎哈)의 나리트(narit, 納里忒) 지방에 머물렀다.

○ 翁牛特部落杜稜郡王遣塞桑吳巴什來迎, 獻馬駝 · 牛羊.

○ 옹니우트 부락 두렁 군왕이 자이상 우바시를 보내와서 영접하며 말과 낙타, 소와 양을 바쳤다.

○ 己亥, 駐蹕察木哈地方.

○ 기해일(4.6), 참하(camha, 察木哈) 지방에 머물렀다.

○ 翁牛特部落台吉班第 · 達喇海來迎, 具筵以進, 竝獻駝馬, 賜以撒袋 · 弓矢 · 鞓帶 · 皮張等物.

○ 옹니우트 부락 타이지인 반디 · 달라하이가 와서 영접하며 잔치를 열고 낙타와 말을 바쳤다. 화살집 · 활과 화살 · 가죽띠 · 가죽 등의 물품을 하사했다.

○ 庚子, 駐蹕俄岳博洛地方.

○ 경자일(4.7), 오요볼로(oyobolo, 俄岳博洛) 지방에 머물렀다.

○ 是日, 令每三丁出夫一名, 竣都爾鼻城工, 改名爲屛城. 賜二門額, 一曰安邊門, 一曰廣邊門.

○ 이날 3정(丁)마다 인부 1명씩을 내어서 두르비(durbi, 都爾鼻) 성의 공사를 완성하게 하고 이름을 병성(屛城)이라고 고쳤다. 두 문에 현

판을 하사하여 하나를 안변문(安邊門)이라 했고 다른 하나를 광변문(廣邊門)이라고 했다.[3]

○ 辛丑, 杜爾伯特部落塞冷下卦爾察扎馬奈 · 布参特來朝貢貂皮.

○ 신축일(4.8), 두르베트 부락 서렁 속하의 구왈차 사람 자마니(jamani, 扎馬奈) · 부선터(busente, 布參特)가 내조하여 담비가죽을 공물로 바쳤다.

○ 是日, 戶部承政英俄爾岱 · 馬福塔, 攜御用馬匹及諸王 · 貝勒 · 貝子馬匹來迎, 竝以所理國事具奏言, 臣等往鳳凰城 · 鹻場 · 攬盤等處, 開擴邊境, 自鳳凰城至鹻場, 自攬盤至鳳凰城新闢邊界, 較舊界, 各擴出五十里. 此二百里, 應用釘樁繩索, 恐鳳凰城應用不敷, 令沿邊四城均力協濟. 又開蓋州至熊耀, 新闢邊界八十七里, 較舊界擴出四十八里, 其釘樁繩索, 令兩城人均辦.

○ 이날 호부승정 잉굴다이 · 마푸타가 어용(御用) 말 및 여러 왕 · 버일러 · 버이서의 말을 이끌고 와서 영접하고, 아울러 국사(國事)에 관한 일을 상주했다. "신들이 봉황성(鳳凰城) · 감장(鹻場) · 남반(攬盤) 등지에 가서 변경을 확장하여, 봉황성에서부터 감장까지, 남반에서 봉황성까지 경계를 새롭게 넓혔으니 이전 경계와 비교해 보면 각각

3 屏城은 만주어로 daliha hecen(차단한 성), 安邊門은 jecen be elhe obure duka(변경을 평화롭게 만드는 문), 廣邊門은 jecen be badarambure duka(변경을 확장시키는 문)이다. 『內國史院滿文檔案譯註 崇德二 · 三年分』, p.284.

50리씩 확장되었습니다. 이 200리는 울타리와 노끈을 써야 하는데, 봉황성에서만 조달하면 부족할까 염려되니 경계에 접하고 있는 4개 성(城)에서 나누어 협력하게 하십시오. 또한 개주(蓋州)에서 웅악(熊岳)·요주(耀州)까지 확장하여 새롭게 넓힌 경계가 87리이니 이전 경계와 비교할 때 48리 확장되었습니다. 거기에 쓸 울타리와 노끈은 두 성(城)의 사람들에게 나누어 할당하십시오."

○ 喀喇沁部落查薩袞杜稜之母, 遣那木賽來迎. 獻馬駝·蟒衣·涼帽·牛羊等物, 酌納之.

○ 카라친 부락 자사군 두렁의 모친이 남사이(namsai, 那木賽)를 보내 와서 영접했다. 말과 낙타·망의(蟒衣)·여름모자·소와 양 등의 물품을 바치니 헤아려 받았다.

○ 壬寅, 上至遼陽, 閱視新築城垣.

○ 임인일(4.9), 주상이 요양(遼陽)에 이르러 새로 쌓는 성벽을 둘러보았다.

○ 土默特部落查薩袞達爾漢遣博羅科來迎, 獻馬匹·綵緞·文綺, 賜以駱駝·雕鞍·佩刀等物.

○ 투메트 부락 자사군 다르한이 보로코(boroko, 博羅科)를 보내와서 영접하며 말·채단(綵緞)·문기(文綺)를 바치니 낙타·조각한 안

장 · 패도(佩刀) 등의 물품을 하사했다.

○ 是日, 駐蹕俄黑渡口.

○ 이날 워허 도곤(wehe dogon, 俄黑渡口)에 머물렀다.

○ 癸卯, 駐蹕陽石木河地方.

○ 계묘일(4.10), 양시무 강 지방에 머물렀다.

○ 甲辰, 駐蹕遼河地方.

○ 갑진일(4.11), 요하(遼河) 지방에 머물렀다.

○ 乙巳, 上至盛京, 入外攘門, 還宮.

○ 을사일(4.12), 주상이 성경(盛京)에 이르러 외양문(外攘門)으로 들어와 궁으로 돌아왔다.

○ 遣禮部承政庫魯克達爾漢阿賴 · 祝什昌 · 姜新, 參政朱世起 · 哈什談, 迎黑龍江凱旋兩翼大臣葉克書 · 星訥等, 宴之.

○ 예부승정 쿨룩 다르한 알라이·축십창(祝什昌; 祝世昌)[4]·강신(姜新), 참정 주시키(jusiki, 朱世起)·하시탄(hasitan, 哈什談)을 보내 흑룡강에서 개선하는 양익(兩翼)의 대신 역슈·싱너 등을 맞이하게 하고 연회를 베풀었다.

○ 丁未, 都察院承政祖可法·張存仁奏言, 戶部掌司錢穀, 職任匪輕. 今見戶部無舊管·新收·開除·實在四柱之數, 則收放多未詳明, 又無年終考核之例, 則侵冒難以清理, 因而奸人起盜竊之心, 同官無稽察之責, 此韓大勳窺之已熟, 所以敢於侵盜. 若非天意, 不容使自敗露, 即屢盜金銀, 亦不之覺也. 韓大勳所犯罪大, 萬難寬宥. 臣等仰思皇上聖意, 以爲恩養日久, 所費巨萬, 今其所盜, 爲數甚微, 故未忍遽誅. 但法不可廢. 廢法則恐再有如韓大勳者, 何以示儆乎. 抑聖意或因彼係新人, 誅之, 恐傷恩養盛名. 但賞罰者, 人主之大柄, 若徒用恩而廢法, 此又開新人爲盜之門也. 伏乞皇上將韓大勳速正典刑, 以彰國法, 以儆將來. 仍嚴敕戶部, 速立舊管·新收·開除·實在文簿, 年終再令公明官員稽察, 庶倉庫無侵尅之弊矣.

○ 정미일(4.14), 도찰원승정 조가법(祖可法)·장존인(張存仁)이 상주하여 말했다. 「호부는 세금을 주관하므로 직무가 가볍지 않습니다. 지금 보건대 호부에는 구관(舊管)·신수(新收)·개제(開除)·실재(實在)[5] 수치의 항목이 없어 수입과 지출이 대체로 상세하지 않고 또한

---

4 祝什昌은 祝世昌을 가리킨다. 순치초찬본『청태종실록』에는 祝世昌이라고 기록되어 있다.

5 舊管은 회계기간 초기의 잔고, 新收는 회계기간 내에 생긴 수입, 開除는 회계기간 내에 지출한 액수, 實在는 회계기간 말기에 남은 액수이다. 舊管+新收-開除=實在이다.

연말에 감사하는 규정이 없어 세금을 훔쳐도 처리하기 어렵습니다. 그로 인해 간사한 자는 훔치려는 마음을 품고 관할 관리는 조사하는 책임이 없으니 이를 한대훈(韓大勳)이 엿보아 잘 알게 되어서 감히 도둑질을 한 것입니다. 만약 하늘의 뜻이 아니어서 스스로 드러나게 하지 않았다면 금은을 누차 도둑질하고 발각되지 않았을 것입니다. 한대훈이 범한 죄는 매우 커서 용서하기 어렵습니다. 신들이 삼가 황상의 뜻을 생각하건대, 그간 은혜로 보살핀 날이 오래되었고 쓴 비용이 매우 많은데 지금 훔친 것은 수치상 미미한지라 죽이지 못하시는 것 같습니다. 그러나 법은 폐할 수 없습니다. 법을 폐하면 또다시 한대훈과 같은 자가 나타날까 염려되니, 어떻게 경계를 보일 수 있겠습니까. 그렇지 않으면 황상의 뜻은 아마 그가 새로 온 사람이므로 만약 죽이면 은혜로 양육한다는 명성에 해를 입지 않을까 염려하시는 것 같습니다. 그러나 상벌은 군주된 자의 큰 권한이니, 만약 은혜만 쓰고 법을 폐하면 새로 온 사람이 도둑질하는 문을 열어 주는 것입니다. 엎드려 바라건대 황상께서는 한대훈을 속히 법으로 다스려 국법을 보이시고 앞으로의 경계로 삼으십시오. 또한 호부에 엄한 칙지를 내려 속히 구관(舊管)·신수(新收)·개제(開除)·실재(實在)의 장부를 갖추게 하고, 연말마다 공명하게 관원을 조사하게 하면 창고에 도둑질의 폐해가 없어질 것입니다.」

○ 祖可法·張存仁又奏言. 臣等查得, 刑部外郎陳七, 於去年, 受贓壞法, 爲本衙門快役張和尙告發, 審實, 責革. 及皇上於二月初三日出征, 刑部隨於初四日, 復將陳七收用. 據刑部易外郎首告, 臣等隨赴刑部察問, 有言不知者, 有言陳七善書算者. 臣等又赴吏部察問, 皆言陳七不宜用, 隨以犯罪, 三次不允復用文帖, 面與臣等看過. 次日, 在篤恭殿, 吏部親王反責臣言爲謬. 臣等勘得, 陳七小人. 似無關於輕重, 然從來壞事者, 多由此等小人. 自古有污吏, 必有貪官. 蓋小人, 善迎合, 工諛佞, 止知有利, 不知有義, 止知徇私, 不知爲公, 止爲身謀, 不顧法紀. 臣等實知小人不宜用, 故以陳七爲不可用也. 竊思人材難得, 生平全美者本少, 但素行端正, 才能可取者, 或一時差誤, 猶可使之改過自新. 若陳七魑魅小人, 雖經創懲, 不知警省, 再行錄用, 則更加狼藉. 我皇上聖明天縱, 知小人之壞事, 曾面諭該部. 凡壞法之人, 不詳復用. 今首用壞法之陳七, 實違聖旨. 況皇上聖明御極, 正進賢退不肖之時, 此一小人, 忽進忽退, 有違法紀. 臣等職司風憲, 所知者朝廷之法. 雖觸權貴, 不避也. 上嘉之.

○ 조가법(祖可法)과 장존인(張存仁)이 다시 상주하여 말했다. 「신들이 조사해 보니 형부외랑(刑部外郎) 천치(cenci, 陳七)는 작년에 뇌물을 받아 법을 어겨 본 아문의 쾌역(快役) 장화상(張和尙)에게 고발되었고, 심문 결과 그것이 사실이기에 혁직되었습니다. 황상께서 2월 3일에 출정하시자 형부(刑部)[6]는 4일에 다시 천치를 거두어 썼습니다. 형부의 교체된 외랑(外郎)의 고발에 따라 신들이 형부에 가서 조사해 물으니, 누구는 모른다고 하고 누구는 천치가 서산(書算)을 잘한다고 했습니다. 신들이 다시 이부에 가서 조사해 물으니, 모두 천치를 기용해서는 안 된다고 말했고, 죄를 저지른 것을 이유로 세 차례 재기용을 거절했던 문첩(文帖)을 신들에게 보여 주었습니다. 다음 날 독공전(篤恭殿)에서 이부의 친왕[7]은 도리어 신들이 잘못을 저질렀다고 질책했습니다. 신들이 조사한 결과 천치는 소인배입니다. 경중과 상관없이 종래부터 일이 어그러지는 것은 대부분 이러한 소인배들로부터 비롯되

6 지르갈랑을 가리킨다.
7 도르곤을 가리킨다.

었습니다. 예로부터 오리(汚吏)가 있으면 탐관(貪官)도 있습니다. 대개 소인배들은 잘 영합하고 잘 아첨하는 자들로, 이익만을 알고 의로움은 모르고, 사사로움에 이끌릴 줄만 알고 공(公)을 위할 줄은 모르며, 자기 한 몸만을 위할 뿐 법과 기강은 돌아보지 않습니다. 신들은 진실로 소인배를 기용해서는 안 된다는 것을 압니다. 그러므로 천치는 기용해서는 안 됩니다. 가만히 생각하면 인재는 얻기 어렵습니다. 평생이 완벽한 자는 본래 드물지만, 평소의 행실이 단정하고 재능을 취할 만한 자는 혹여나 한 번 잘못을 저지르더라도 고쳐서 새롭게 할 수 있습니다. 만약 천치가 악귀와 같은 소인이라면 전에 징계를 받았더라도 깨우치고 반성할 줄 모를 것이며, 다시 기용되면 더욱 어지러워질 것입니다. 우리 황상께서는 현명하고 뛰어나시기에 소인배가 일을 그르친다는 것을 알고 계십니다. 일찍이 저희 부(部)에 유시하시어 법을 어지럽힌 자를 다시 기용해서는 안 된다고 하셨습니다. 지금 법을 어지럽힌 천치를 우선적으로 기용하는 것은 진실로 성지(聖旨)에 어긋나는 것입니다. 하물며 황상처럼 현명하신 분이 황위(皇位)에 계시니, 곧 현명한 자들이 나아가고 불초한 자들이 물러나는 때입니다. 이 하나의 소인배가 나갔다 들어오는 것은 법과 기강을 어그러뜨립니다. 신들은 감찰의 직분을 맡았으니 아는 것은 조정의 법도뿐입니다. 권세가들을 거스른다 하더라도 피할 수는 없습니다.」 주상이 기뻐했다.

○ 庚戌, 朝鮮國安州兵使柳琳, 以免罪於大清門外謝恩, 賜鞍馬一匹.

○ 경술일(4.17), 조선국 안주병사(安州兵使) 유림(柳琳)이 죄를 용서받았으므로 대청문(大淸門) 밖에서 사은했다. 안장을 갖춘 말 1마리를 하사했다.

○ 以朝鮮國王李倧, 遣陪臣議政府右議政申景禛 · 漢城府判尹李行遠, 來貢方物謝恩. 賜李倧貂皮一百二十 · 銀百, 賞景禛 · 行遠, 各鞍馬一 · 貂皮十 · 銀五十, 書狀官李球 · 大通官三員 · 掌理貢物官二十五員, 及隨從二十九人, 各賜貂皮 · 銀兩有差. 以納木判書, 首先隨李倧諸子入質, 受恩日久. 至是, 歸國. 又安州通使朴仁侯, 齎送碑文, 竝奏報禁煙事理, 李倧家長劉士誠, 來報倭國內亂等事, 并隨從人, 亦各賜貂皮 · 銀兩有差. 仍賜宴於館舍.

○ 조선국왕 이종(李倧)이 배신(陪臣) 의정부 우의정(右議政) 신경정(申景禎; 申景禛)과 한성부판윤(漢城府判尹) 이행원(李行遠)[8]을 보내와서 방물을 바치고 사은했다. 이종(李倧)에게 담비가죽 120장과 은 100냥을 하사하고, 신경정(申景禎; 申景禛)과 이행원(李行遠)에게 각각 안장을 갖춘 말 1마리 · 담비가죽 10장 · 은 50냥을 상으로 내렸으며, 서장관(書狀官) 이구(李球; 李稠)[9]와 대통관(大通官) 3명 · 공물(貢物)을 관리하는 관원 25명과 수행인 29명에게 각각 담비가죽과 은량을 차등 있게 하사했다. 납목(納木; 南以雄) 판서(判書)는 먼저 이종(李倧)의 아들들이 볼모로 올 때 따라와 은혜를 입은 지 오래되었는데 이때에 귀국했다. 또 안주통사(安州通使) 박인후(朴仁侯; 朴仁厚)[10]는 비문을 보내고 담배를 금지한 이치에 대해 상주했으며, 이종(李倧)을 시종하는 군관[11] 유사성(劉士誠; 柳時成)[12]은 왜국(倭國)의 내란 등의 일을 보고했다. 아울러 수행인들에게도 각각 담비가죽과 은량을 차등 있게 하사

---

8 李行遠: 1592-1648. 조선의 대사헌, 이조판서, 병조판서 등을 역임한 문신.

9 『同文彙考』 補編 권7 「使行錄」 丁丑에 李稠로 기록되어 있다.

10 『조선왕조실록』, 『비변사등록』, 『승정원일기』에서 漢譯 朴仁厚가 확인된다.

11 원문의 家長은 만주어 giyajan의 음사로서, 王府에서 시종하는 軍官을 의미한다.

12 『同文彙考』 補編 권7 「使行錄」 戊寅에 柳時成으로 기록되어 있다.

했고 관사(館舍)에서 잔치를 베풀었다.

○ 壬子, 皇后千秋節. 內六旗王 · 貝勒 · 貝子等, 各獻金 · 珠 · 貂皮 · 牛 · 羊等物.

○ 임자일(4.19), 황후의 탄신일이다. 내육기(內六旗)의 왕 · 버일러 · 버이서 등이 각각 금 · 진주 · 담비가죽 · 소 · 양 등의 물품을 바쳤다.

○ 癸丑, 遣內弘文院學士胡球 · 戶部承政馬福塔 · 禮部叅政蔡永年, 往鞍山城, 慰勞新附總兵官沈志祥, 諭之曰, 爾等可傳諭沈總兵, 彼至時, 即當召見, 因國中痘疫流行, 伊適自南來, 故不即見也. 爾等當重加撫慰, 設大宴宴之. 鐵嶺撫順二處地方, 任其自擇居住. 馬福塔 · 胡球等傳諭, 設大宴. 志祥聞命大悅, 附奏云, 既蒙聖恩, 令自擇地. 今願往撫順駐劄. 遂發牛 · 馬 · 車輛, 乘傳至撫順. 其官屬兵民, 俱給房屋, 及一切應用器物.

○ 계축일(4.20), 내홍문원학사 후키오 · 호부승정 마푸타 · 예부참정 채영년(蔡永年)에게 안산성(鞍山城)에 가서 새로 귀부한 총병관 심지상을 위로하게 하며 유시했다. "너희는 심 총병(沈總兵)에게 유시를 전해라. '네가 도착하는 즉시 불러서 보는 것이 마땅하나, 나라 안에 천연두가 유행하고 있고 네가 남쪽에서 오고 있으므로 곧바로 보지 않는 것이다.' 너희는 마땅히 깊이 위무하고 큰 잔치를 열어 주고, 철령(鐵嶺)과 무순(撫順) 두 지방 가운데 스스로 거주할 곳을 택하게 하라." 마푸타 · 후키오 등이 유시를 전하고 큰 잔치를 베풀었다. 심지상

은 명을 듣고 크게 기뻐하여 부주(附奏)를 올렸다. 「이미 성은을 입었는데 스스로 살 곳을 고르게 해 주시니 바라건대 무순(撫順)에 가서 주둔하고자 합니다.」 이에 소·말·수레를 지급해서 역참을 이용해 무순에 가게 하고, 관속(官屬)과 병민(兵民) 모두에게 집과 일체 사용할 기물들을 지급했다.

○ 甲寅, 吏部參政兼管牛彔季思哈病故, 以巴達爲吏部參政.

○ 갑인일(4.21), 이부참정이자 니루의 일을 관리한 기스하가 병사하여 바다(bada, 巴達)를 이부참정으로 삼았다.

○ 往征虎爾哈部落大臣尼噶里·巴爾哈孫·薩寧噶·塔哈布·海塞·朱馬喇等師還. 命參政哈什談, 迎宴之.

○ 후르카 부락을 정벌하러 간 대신 니가리(nigari, 尼噶里)·발가순(balgasun, 巴爾哈孫)·사닝가(saningga, 薩寧噶)·타하부·하이서·주마라 등의 군사가 돌아왔다. 참정 하시탄에게 맞이하고 잔치하게 했다.

○ 乙卯, 土謝圖親王額駙巴達禮所尙公主, 遣卓禮克圖達爾漢妻, 來獻鞍馬·貂皮等物.

○ 을묘일(4.22), 투시예투 친왕 어푸 바다리에게 시집간 공주(公主)가 조릭투 다르한의 아내를 보내와서 안장을 갖춘 말과 담비가죽 등의 물품을 바쳤다.

○ 席北地方阿拜·阿閔來朝, 貢貂皮.

○ 시버 지방의 아바이(abai, 阿拜)와 아민(amin, 阿閔)이 내조하여 담비가죽을 바쳤다.

○ 遣朝鮮謝恩貢使右議政申景禎·漢城府判尹李行遠等歸國, 命東京禮臣佟養謙, 設宴餞之.

○ 조선의 사은공사(謝恩貢使) 우의정 신경정(申景禎; 申景禛)과 한성부판윤(漢城府判尹) 이행원(李行遠) 등을 보내 귀국시키고, 동경(東京) 예부의 신하 동양겸(佟養謙)에게 명하여 잔치를 베풀어 전송하게 했다.

○ 岳託貝勒新福金, 訴其大福金, 於刑部言, 大福金設食, 召我近前, 摘我額上一髮. 似是魘魅之術. 於是, 我不食其食, 還至室, 令塔爾布, 往索所摘之髮, 不與我必控訴. 塔爾布曰, 若出此言, 爾首領不保矣. 遂去, 竟不還報, 因遣兩婦人, 往索之. 大福金亦遣兩婦人來言, 適見爾髮上有蟣子, 爲爾捉之, 誤摘爾髮, 已於爾面前擲之矣. 留爾髮何爲. 若聲言此事, 彼此俱各不便. 又遣包衣大準布祿·薩木哈圖, 亦以此言來恐我. 刑部訊之, 俱實. 大福金應論死. 塔爾布偏護大福金, 恐嚇新福金, 亦應論死. 準布祿·薩木哈圖, 知二福金之事, 不行擧首, 應各鞭一百, 奏聞. 上曰, 彼母以犯上罪伏誅, 其妹亦伏誅. 若朕親自審理, 處以重罪, 彼將謂我仇其母, 故入其罪. 若輕之, 彼豈知我寬宥之恩也. 此事朕不親問. 爾親王·郡王·貝勒·議政貝子·固山額眞·承政·議政大臣, 可公同質之. 於是, 衆議, 此係魘魅, 罪在不赦，覆奏．上曰，此事恐有可疑處．命復審之．皆言無疑，仍以論死，奏聞．上曰，此罪本不當赦，但其父已絕嗣，彼又有幼子，姑免死，令於其家另室居住，撫養幼子．許伊爲幼子賽神，不許爲貝勒賽神，亦不得至貝勒所，貝勒亦不得往視．違者，送法司治罪，仍注冊存案．塔爾布，因伊父有功，免死，鞭八十．準布祿 · 薩木哈圖，亦各鞭八十．

○ 요토 버일러의 새 푸진이 대(大) 푸진[13]을 형부(刑部)에 고발하여 말했다. "대푸진은 음식을 차려 두고 저를 불러 가까이 오게 하고 제 이마에서 머리카락을 한 가닥 뽑았습니다. 저주술인 듯했습니다. 이에 저는 차려 둔 음식을 먹지 않고 방에 돌아왔고, 타르부에게 가서 뽑힌 머리카락을 찾게 했습니다. 제게 가져오지 않으면 반드시 고소하려고 했습니다. 타르부는 '만약 이 말을 꺼내면 당신은 목숨을 보전할 수 없을 겁니다.'라고 하고 떠난 후 끝내 돌아와 보고하지 않았습니다. 이에 부인(婦人) 2명을 보내 머리카락을 찾게 했습니다. 대푸진은 다시 부인 2명을 보내와 말했습니다. '마침 너의 머리카락 위에 이가 있는 것을 보고 너를 위해 잡아 주려 하다가 잘못하여 너의 머리카락을 뽑은 것이고, 이미 너의 앞에서 던져 버렸다. 남아 있는 머리카락이라는 것은 무엇을 가리키는 것이냐? 이 일을 떠벌려 봐야 피차 모두가 불편해질 것이다.' 또 보오이 다(booi da, 包衣大)[14] 줌불루(jumbulu,

---

13 요토의 대푸진의 어머니는 누르하치와 군다이의 딸인 망구지(1590-1635)이다. 아버지는 하다 부의 버일러 멍거불루의 아들 우르구다이(?-1628)이다. 즉 요토의 대푸진은 요토의 고종사촌이다. 망구지는 1635년 모반사건에 연루되어 사형당했다.

14 보오이 다(booi da)는 왕부(王府)의 보오이(booi)를 관리하거나 황실 내무부(內務府)의 하부 조직인 혼토호(hontoho, 管領)와 그에 속한 인원인 신저쿠(sinjeku)를 관할하는 관원이다. 包衣大, 包衣達로 음역되거나 管領으로 의역되었다.

準布祿)와 삼하투를 보내 역시 같은 말로 저를 협박했습니다."

형부(刑部)가 조사하니 모두 사실이었다. 대푸진은 사형으로 논해야 하고, 타르부는 대푸진을 두둔하고 새 푸진을 협박했기에 역시 사형으로 논해야 하며, 줌불루와 삼하투는 두 푸진의 일을 알고 있으면서도 고발하지 않았기에 각기 채찍으로 100대 때려야 한다고 상주했다. 주상이 말했다. "그녀의 어미는 나에게 대적한 죄로 죽임을 당했고, 여동생[15]도 죽임을 당했다. 만약 짐이 직접 심리하여 중죄로 처분하면 그녀는 내가 어미의 원수라서 일부러 죄를 주었다고 말할 것이고, 가볍게 처분한다면 그녀는 나의 관대한 은혜를 알 수 없을 것이다. 이 일은 짐이 직접 심문하지 않을 것이니, 너희 친왕 · 군왕 · 버일러 · 의정(議政) 버이서 · 구사어전 · 승정 · 의정대신이 함께 판단하라." 이에 모두 의논하고 이것은 저주이므로 용서할 수 없는 죄라고 다시 상주했다.

주상은 이 일에 의심스러운 곳이 있을까 염려된다고 말하고 다시 심리할 것을 명했다. 모두가 의심스러운 부분이 없으며 사형으로 그대로 논해야 한다고 상주했다. 주상이 말했다. "이 죄는 원래 용서해서는 안 된다. 하지만 그의 아비에게 후사가 없고 본인에게도 어린 자식이 있으니, 이번에는 사형은 면해 주고 그 집의 별실에 거주하게 하면서 어린 자식을 기르게 하라. 그녀가 어린 자식을 위해 치성하는 것은 허락하되, 버일러를 위해 치성하는 것은 허락하지 않는다. 버일러의 거처에 가서도 안 되고, 버일러도 보러 가서는 안 된다. 어기면 법사(法司)에 보내 죄로 다스리고, 그 일을 적어 남겨 둘 것이다. 타르부는 그의 아버지가 공을 세웠으니, 사형은 면해 주고 채찍으로 80대 때려라. 줌불루와 삼하투도 각각 채찍으로 80대 때려라."

---

15 요토의 대푸진의 여동생은 호오거의 아내이다. 1635년 어머니 망구지가 모반죄에 연루되어 사형당했을 때 남편 호오거에게 죽임당했다.

○ 戊午, 喀愷·塔海·尼噶里·恩古里·朱馬喇·塔哈布·哈什談·滿都戶等, 東征所獲瓦爾喀新滿洲男子六百九十二名, 婦人五百五十七口, 幼穉二百口, 賜伊等衣服·居室·器用. 耕牛·牲畜等物俱全.

○ 무오일(4.25), 카카이·타하이·니가리(nigari, 尼噶里)·엉구리·주마라·타하부·하시탄·만두후 등이 동쪽을 정벌하여 와르카 신만주 남자 692명·부인 557명·어린아이 200명을 얻었다. 그들에게 의복·집·기물·경작할 소·가축 등의 물품을 하사하여 모두 갖추게 했다.

○ 己未, 總兵官沈志祥, 遣遊擊金光裕, 齎疏謝恩. 疏云, 臣本樗櫟散材, 窮居島嶼. 雖隔海隅, 如在咫尺, 夙慕仁聲, 輸誠歸附之念, 蓋有年矣. 因上下之議未定, 久延未果. 今臣志決定, 故率衆來歸. 臣始入境, 蒙皇上賜臣馬匹, 使兵無步履之艱, 賜臣米糧, 使衆無餘餒之慮. 不獨微臣戴德如天, 即官屬兵丁, 咸深覆載之感. 臣屢蒙宴賞, 每切銘心鏤骨. 又蒙皇上賜以專城, 臣雖未至, 心知皇上封臣之處, 必係善地. 臣過蒙天恩優渥, 捐軀難報. 臣謹率各官, 望闕匍匐叩謝.

○ 기미일(4.26), 총병관 심지상이 유격 김광유(金光裕)를 통해 소(疏)를 보내 사은했다. 소(疏)에서 말했다. 「신(臣)은 본래 쓸모없는 사람으로 궁벽한 섬에 기거했습니다. 비록 바다 구석에 떨어져 있었지만 가까이에 있는 듯 일찍부터 어진 명성을 흠모했고, 진실로 귀부의 뜻을 가진 지 여러 해가 되었지만 위아래의 의논이 정해지지 않았기에 오랫동안 실현할 수 없었습니다. 이제 신의 뜻이 정해졌기에 무리를 이끌고 내귀합니다. 신이 경내에 들어왔을 때 황상께서 신에게 말

을 내려 주시어 병사들이 걷는 어려움이 없었고, 신에게 양곡을 내려 주시어 무리가 굶주릴 걱정이 없었습니다. 미천한 신만이 하늘과 같은 덕을 받은 것이 아니라 관속(官屬)과 병정 모두가 천지(天地)와 같은 두터운 은혜를 느끼고 있습니다. 신은 여러 차례 잔치와 상(賞)을 받아 매번 몸과 마음에 깊이 새겼습니다. 또 황상께서 전관(專管)하라고 하사하신 성(城)은, 비록 신이 아직 도착하지 못했지만 황상께서 신을 봉해 주신 곳이니 분명 좋은 땅일 것임을 알고 있습니다. 신은 하늘과 같은 두터운 은혜를 받았으니 죽음으로도 보답하기 어렵습니다. 신은 삼가 관원들을 이끌고 궁궐을 향해 엎드려 고두하여 감사를 표합니다.」

○ 吳拜率前鋒八十名, 往寧遠, 敗敵哨卒十人, 獲蒙古三人 · 馬十匹而還.

○ 우바이가 전봉(前鋒) 80명을 이끌고 영원(寧遠)에 가서 적의 초졸(哨卒) 10명을 격퇴하고 몽고인 3명과 말 10마리를 얻어 돌아왔다.

○ 五月, 癸亥朔, 賜葉克書 · 星訥所獲薩哈爾察等, 衣服有差.

○ 5월 계해일 초하루(5.1), 역슈와 싱너가 획득한 사할차 사람들에게 의복을 차등 있게 하사했다.

○ 先是, 征喀爾喀蒙古時, 上諭前鋒將領碩翁科羅巴圖魯勞薩等曰, 爾等若遇喀爾喀敵人衆多, 力不能勝, 即還報. 力能勝, 則取之, 拒者殺之. 勞薩等違命, 得喀爾喀蒙古四十人 · 漢人三名, 收其財物 · 牲畜, 縱之使去. 下法司鞫之, 皆實. 勞薩悖旨貪財, 擅縱敵人, 應論死. 席特庫 · 布顏 · 努山 · 鄂碩, 均應革職, 各鞭一百, 贖身. 上命俱宥之, 各坐以應得之罪.

○ 이전에 칼카 몽고를 정벌할 때 주상이 전봉장령(前鋒將領) 숑코로 바투루 로오사 등에게 유시했다. "너희는 칼카를 마주칠 때 적의 무리가 많아서 승산이 없으면 돌아와서 보고하고 승산이 있으면 취하라. 저항하는 자는 죽여라." 로오사 등은 명을 어기고 칼카 몽고 사람 40명 · 한인 3명을 취해서 그들의 재물과 가축만 거두고 그들은 놓아주고 도망가게 했다. 법사(法司)에 내려 국문하니 모두 사실이었다. 로오사는 지(旨)를 어기고 재물을 탐하여 제멋대로 적을 놓아주었으므로 사형으로 논하고, 시터쿠 · 부얀 · 누산 · 오쇼는 모두 혁직하고 각각 채찍으로 100대를 때리고 속(贖)을 취하도록 논했다. 주상은 모두 용서하고 각각 받아야 할 죄로 처벌했다.

○ 以國舅阿什達爾漢, 及尼堪 · 塞冷, 往科爾沁國察審各案, 扶同徇庇, 下法司訊鞫. 翁嫩捕得鱘魚, 欲獻上, 爲伊爾都齊妻奪去. 阿什達爾漢不議伊爾都齊妻罪, 罪一. 又有換逃人馬匹私騎, 以致疲斃者. 阿什達爾漢亦徇情不行議罪, 罪二. 又扎薩克圖郡王下人, 擅乘御馬, 以致疲乏病瘡. 阿什達爾漢亦徇情不行議罪, 罪三. 阿什達爾漢往外藩時, 止圖王 · 貝勒財物, 不顧朝廷, 懷私徇庇, 應革職, 解部任, 奴僕俱入官. 尼堪 · 塞冷既通同徇情三次, 又扎薩克圖郡王下納木, 於圍獵時, 亂行, 阿喇善拔其箭, 拒不與, 反與相毆. 尼堪 · 塞冷, 不將重犯納木審擬. 尼堪應籍家產一半, 塞冷應贖身, 俱解部任. 兵部承政伊孫·古爾布什, 不執究納木, 應均坐以應得之罪, 奏聞. 上命宥阿什達爾漢·尼堪罪, 其科爾沁國私贈財物, 追出入官. 塞冷係新人, 伊孫·古爾布什於事無涉, 俱免罪.

○ 국구(國舅) 아시다르한 · 니칸 · 서렁이 코르친국에 여러 사안을 조사하러 가서 함께 비호하여 사정을 봐주었기에 법사(法司)에 내려 보내 국문했다. 「옹논(ongnon, 翁嫩)이 잡은 철갑상어를 주상에게 바치려고 하다가 일두치의 처에게 빼앗겼는데, 아시다르한은 일두치의 처의 죄를 논하지 않았습니다. 이것이 첫째 죄입니다. 또 도망자의 말을 바꾸어 사사로이 타서 말을 쇠약하게 만든 사람이 있었는데, 아시다르한은 또 사사로운 정에 얽매여 죄를 심의하지 않았습니다. 이것이 둘째 죄입니다. 또 자삭투 군왕 속하의 사람이 멋대로 어마(御馬)를 타서 지치고 병들게 만들었는데, 아시다르한은 또 사사로운 정에 얽매여 죄를 심의하지 않았습니다. 이것이 셋째 죄입니다. 아시다르한은 외번(外藩)에 가서 왕 · 버일러가 주는 재물만을 탐하고 조정은 돌아보지 않았으며 사심을 품고 사정을 봐주었으니 혁직하고 부(部)의 직에서 해임하며 노복은 모두 관(官)으로 들여야 합니다. 니칸 · 서렁은 이미 공모하여 세 차례나 사정을 봐주었습니다. 또 자삭투 군왕 속하의 나무(namu, 納木)가 몰이사냥에서 어지럽게 행동하여 아라샨(arašan, 阿喇善)의 화살을 뽑았으나 화살을 주지 않고 오히려 그와 싸웠는데도 니칸과 서렁은 중죄인인 나무를 심의하지 않았습니다. 니칸은 가산의 절반을 몰수하고 서렁은 속(贖)을 취하고 두 사람 모두 부(部)의 직에서 해임해야 합니다. 병부승정 이순과 구르부시는 나무를 잡아 조사하지 않았으니 모두 받아야 할 죄에 처해야 합니다.」 주상은 명하여 아시다르한과 니칸의 죄를 용서해 주고 코르친국이 사사로이 재물을 준 것은 모두 관에 몰수하게 했다. 서렁은 새로 귀부한 자이

고, 이순과 구르부시는 일에 관계되지 않았으므로 모두 죄를 면해 주었다.

○ 丙寅, 明防守建昌城兵, 自冷口出邊行獵, 有蒙古恩克貝·布顏圖·俄爾寨圖三人, 攜馬十匹來歸.

○ 병인일(5.4), 명나라의 건창성(建昌城)을 지키는 병사가 냉구(冷口)에서 변경을 나가 사냥했는데, 몽고인 엉커버이(engkebei, 恩克貝)·부얀투·올제이투(oljeitu, 俄爾寨圖) 3명이 말 10마리를 끌고 내귀했다.

○ 丁卯, 遣薩哈爾察部落額駙巴爾達齊, 偕所尚公主歸, 賜衣帽·玲瓏撒袋·弓矢·鞍轡·駝馬·帳房等物, 仍設宴, 餞巴爾達齊於禮部.

○ 정묘일(5.5), 사할차 부락의 어푸 발다치와 그에게 시집간 공주(公主)가 돌아갔다. 옷과 모자·정교하게 장식한 화살집·활과 화살·안장과 고삐·낙타와 말·천막 등의 물품을 하사하고, 잔치를 베풀어 발다치를 예부에서 전별했다.

○ 癸酉, 修治盛京至遼河大路. 兩傍濬壕, 中間增土, 高三尺, 廣十丈, 令八家及八旗每牛彔, 出甲兵六十, 及三順王下甲兵皆赴工, 給羊六百犒之. 命和碩睿親王多爾袞·多羅饒餘貝勒阿巴泰, 及固山額眞等董其役.

○ 계유일(5.11), 성경(盛京)에서 요하(遼河)까지 큰길을 수리하여 양쪽에 해자를 파고 중간에 흙을 보태어 높이 3척(尺), 넓이 10장(丈)으로 했다. 팔가(八家) 및 팔기(八旗)의 니루마다 갑병(甲兵) 60명, 공순왕·회순왕·지순왕 속하의 갑병(甲兵)을 모두 공사에 차출하고 양 600마리를 지급하여 그들을 위로했다. 호쇼이 예친왕(睿親王) 도르곤·도로이 요여 버일러 아바타이·구사어전 등에게 노역을 감독하게 했다.

○ 甲戌, 以內院官石岱·塞冷·扈藍代·塞稜·瑣諾木·畢禮克圖等家貧, 各賞人十二名, 牛二頭, 地六十晌.

○ 갑술일(5.12), 내원(內院)의 관원 시다이·서령·훌란다이(hūlandai, 扈藍代)·서령·소놈·빌릭투 등이 집안이 빈곤하므로 각각 상으로 사람 12명·소 2마리·땅 60상(晌)을 주었다.

○ 乙亥, 先是, 上征喀爾喀旋師, 至博落爾濟, 以馬匹疲乏, 命右翼大臣雍舜·左翼大臣伊孫, 率將士攜疲馬徐歸. 至宜扎爾地方, 因草惡, 諸將議曰, 衆馬疲乏, 御馬二匹亦乏, 當遣人前往相視草地. 如草惡, 可還至克本地方, 歇馬一二日方行. 覺善曰, 如此, 何不將御馬, 用轎擡去. 兩翼大臣伊孫·雍舜等, 以其言狂慢, 送刑部鞫訊. 覺善所言, 是實. 刑部鄭親王濟爾哈朗奏, 先征朝鮮時, 宜希達來獻所得馬. 時上已安寢. 誑云有急事, 強請上起. 及次早, 令選良馬與新歸附人, 又曰不拘何馬取去, 何必選擇. 又恩克爲其王選護衛, 多取十名, 希圖貼丁免差. 至審訊時, 恩克又言不獨我旗多選, 兩黃旗亦有之. 及查案, 兩黃旗竝未多選. 今覺善又出此狂慢之言, 是和碩禮親王一旗中,有此三大事, 此非一部所能獨審. 於是, 集諸王·貝勒·固山額眞以下, 議政大臣, 及梅勒章京以上, 於篤恭殿, 會議. 諸臣議, 和碩禮親王代善, 中懷悖亂, 有慢上之心. 故所屬之官, 屢行無狀, 如此應削王爵, 籍沒所屬人員, 覺善應論死籍沒家產, 奏聞. 上曰, 何可以此罪及禮親王耶. 爾等所議, 無乃謂王不悅朕所行政令. 故其屬下人員中, 常有此等傲慢事乎. 覺善與安嶺外得罪. 豈可累及在家之親王. 其免議覺善無知狂言, 亦從寬免罪.

○ 을해일(5.13), 이전에 주상이 칼카 정벌에서 승리하고 돌아오면서 보롤지(borolji, 博落爾濟)에 이르렀다. 말이 지쳤기 때문에 우익대신 용숀과 좌익대신 이순에게 명령하여 장수와 병사를 이끌고 지친 말을 데리고 천천히 돌아오게 했다. 이자르(ijar, 宜扎爾) 지방에 이르러서 풀의 상태가 나빴기 때문에 여러 장수와 병사가 의논하여 말했다. "말 무리가 피곤하고 어마(御馬) 2마리도 지쳐 있다. 사람을 보내 앞서가게 해서 초지(草地)를 살펴보고, 풀의 상태가 나쁘면 커이분(keibun, 克本) 지방으로 돌아가 말을 하루이틀 쉬게 한 다음 가야 한다." 기오샨이 말했다. "그렇다면 어찌 어마(御馬)를 가마에 태워 가지 않는가?" 양익(兩翼)의 대신 이순과 용숀 등은 그 말이 방자하다 하여 형부(刑部)에 보내 국문하게 했다. 기오샨이 그 말을 한 것이 사실이었다.

형부(刑部)의 징신왕 시브갈당이 상주했다. 「이전에 조선을 정벌할 때 이히다(ihida, 宜希達)가 획득한 말을 바치러 왔습니다. 그때 주상은 취침 중이셨는데, 급한 일이 있다는 말로 속여 억지로 주상을 깨웠습니다. 다음날 아침에 좋은 말을 골라 새로 귀부한 사람에게 주게 했는데, 또 말하기를 '아무 말이나 가져가라. 어째서 꼭 골라내야 하는가?' 했습니다. 또 엉커는 그의 왕을 위해 호위(護衛)를 뽑을 때 10명을 더

뽑음으로써 장정을 초과하여 차역(差役)을 면하고자 했습니다. 또한 심문할 때 엉커는 '우리 기(旗)만 많이 선발한 것이 아니다. 두 황기도 마찬가지였다.'라고 했습니다. 기록을 조사하니 두 황기는 장정을 초과 선발하지 않았습니다. 이제 기오샨이 또 어리석고 방자한 말을 했으니, 호쇼이 예친왕(禮親王)의 한 기(旗) 안에서만 큰일이 세 번 있었던 것입니다. 이는 하나의 부(部)에서만 심문할 일이 아닙니다.」

이에 여러 왕 · 버일러 · 구사어전 이하, 의정대신 · 머이런장긴 이상을 모아 독공전(篤恭殿)에서 회의했다. 여러 신하들이 의논하여, 호쇼이 예친왕(禮親王) 다이샨은 패란(悖亂)의 마음을 품고 주상을 업신여기는 마음을 가졌기에 소속된 관원들이 누차 함부로 행동한 것이 이와 같으니 왕 작위를 삭탈하고 소속 인원을 몰수해야 하며, 기오샨은 사형으로 논하고 가산을 몰수해야 한다고 상주했다. 주상이 말했다. "어찌 이 죄가 예친왕(禮親王)에게까지 미친단 말인가. 너희의 주장은 왕이 짐(朕)이 행하는 정령(政令)에 불만을 가졌기 때문에 속하 인원들 사이에서 항상 이러한 오만한 일이 일어난다는 것이 아닌가? 기오샨은 흥안령(興安嶺) 밖에서 죄를 얻었다. 어찌 집에 있던 친왕을 연루시키는가. 기오샨이 무지하여 어리석은 말을 한 것을 용서해 주고 관대하게 죄를 면해 주어라."

○ 甲申, 蒙古蘇尼特部落騰機思台吉, 遣使來朝, 貢馬.

○ 갑신일(5.22), 몽고 수니트 부락의 텅기스 타이지가 사신을 보내 내조하여 말을 바쳤다.

○ 丙戌, 朝鮮國王李倧, 以上旋師, 遣太監韓儒琦, 來貢土產果品.

○ 병술일(5.24), 조선국왕 이종(李倧)이 주상이 개선한 일로 태감 한유기(韓儒琦)를 보내와서 토산 과일을 바쳤다.

○ 己丑, 賜朝鮮太監韓儒琦貂皮・銀兩, 仍於館舍設宴遣之.

○ 기축일(5.27), 조선 태감 한유기(韓儒琦)에게 담비가죽과 은량을 하사하고, 관사(館舍)에서 잔치를 베풀어 보냈다.

○ 賞從葉克書・星訥, 征薩哈爾察兵丁, 及從喀愷等, 征阿庫里・尼滿兵丁, 銀兩有差. 又以得特牛彔下哈寧噶・納海牛彔下吳達納・法譚牛彔下扈沙・納爾賽牛彔下殷達洪・希福牛彔下福僧格・阿爾津牛彔下根特木・愛音布牛彔下雅藍・巴布海牛彔下羅多禮・額塞牛彔下碩穆丕・屯泰牛彔下雅拜・喀爾喀瑪牛彔下希福訥・褚庫牛彔下拖爾什・巴爾噶孫牛彔下門都孫・譚拜牛彔下孟果爾對・楊善牛彔下阿愷等, 往略別路, 多獲人口, 倍賞之.

○ 역슈와 싱너를 따라 사할차를 정벌한 병정 및 카카이를 따라 아쿨리・니만을 정벌한 병정에게 상으로 은량을 차등 있게 하사했다. 또, 더터(dete, 得特) 니루 속하의 하닝가・나하이 니루 속하의 우다나(udana, 吳達納)・파탄(fatan, 法譚) 니루 속하의 후사(husa, 扈沙)・나르사이(narsai, 納爾賽) 니루 속하의 인다훈(indahūn, 殷達洪)・히퍼 니루 속하의 푸성거(fusengge, 福僧格)・아르진 니루 속하의 건터무(gentemu, 根特木)・아임부(aimbu, 愛音布) 니루 속하의 야란(yaran, 雅藍)・바부하이 니루 속하의 로도리(lodori, 羅多禮)・어서이 니루 속하의 솜피(sompi, 碩穆丕)・툰타이(tuntai, 屯泰) 니루 속하의 야바이

(yabai, 雅拜)・카르카마 니루 속하의 히퍼너(hifene, 希福訥)・추쿠 니루 속하의 토르시(torsi, 拖爾什)・발가순 니루 속하의 먼두순(mendusun, 門都孫)・탐바이 니루 속하의 몽골투이(monggoltui, 孟果爾對)・양샨 니루 속하의 아카이(akai, 阿愷) 등은 다른 길로 약탈하러 가서 인구(人口)를 많이 획득했으므로 상을 갑절로 주었다.

권42

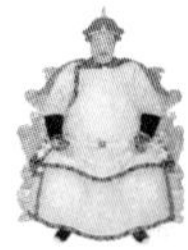

숭덕 3년 6월 ~ 7월

崇德三年, 戊寅, 六月, 壬辰朔.

○ 숭덕 3년 무인년 6월 임진일 초하루(6.1).

○ 辛丑, 遣達雅齊塔布囊·衛寨桑, 往明張家口互市.

○ 신축일(6.10), 다야치 타부낭·우이 자이상(ūi jaisang, 衛寨桑)을 보내어 명나라의 장가구(張家口)에 가서 호시(互市)하게 했다.

○ 兀扎喇部落井瑙·馬考·扎柰·桑吉察等來朝, 貢貂鼠·猞狸猻·水獺等皮.

○ 우잘라 부락의 딩누(dingnu, 井瑙)·마쿠(makū, 馬考)·자나이(janai, 扎柰)·상기차(sanggica, 桑吉察) 등이 내조하여 담비·스라소

니 · 수달 등의 가죽을 바쳤다.

○ 丁未, 鄂爾多斯部落額林臣濟農等六十四人, 土默特部落古祿格章京 · 陶虎章京等九十六人來朝, 貢馬駝 · 數珠 · 綵緞等物. 遣官迎至五里外演武場, 賜宴, 入城.

○ 정미일(6.16), 오르도스 부락의 어린천 지농 등 64명, 투메트 부락의 굴루거 장긴(guluge janggin, 古祿格章京) · 토오후 장긴(toohū janggin, 陶虎章京) 등 96명이 내조하여 말과 낙타 · 염주 · 채단(綵緞) 등의 물건을 바쳤다. 관원을 파견하여 5리 밖 연무장까지 가서 잔치를 베풀고 성으로 들어왔다.

○ 辛亥, 賜朝貢蘇尼忒部落騰機思下阿巴圖 · 察漢, 叟塞濟農下巴綏, 蒿齊忒部落巴琫下塞莫等, 緞布有差.

○ 신해일(6.20), 조공해 온 수니트 부락의 텅기스(tenggis, 騰機思) 속하의 아바투 · 차간, 서오서 지농(seose jinong, 叟塞濟農) 속하의 바수이(basui, 巴綏), 호오치트 부락의 바붕 속하의 서모(semo, 塞莫) 등에게 비단과 면포를 차등 있게 하사했다.

○ 癸丑, 阿祿部落貝子達賴故, 遣蒙古衙門副理事官胡什格, 往弔之.

○ 계축일(6.22), 아루 부락의 버이서 달라이(dalai, 達賴)가 사망하여 몽고아문의 부이사관(副理事官) 후시거(hūsige, 胡什格)를 보내어 조

문하게 했다.

○ 庚申, 更定蒙古衙門爲理藩院.

○ 경신일(6.29), 몽고아문을 이번원으로 개정했다.

○ 先是, 土默特部落古祿格·杭古·陶虎·圖美·多爾濟·特濟·拜都喇·大諾爾布·小諾爾布等二十二人, 原係土默特部落博碩克圖汗所屬, 後察哈爾汗征服之, 遂爲察哈爾所屬, 及察哈爾汗逃奔湯古忒國, 古祿格等遂散居山谷間, 我國遣額爾德尼達爾漢喇嘛收其潰散之民, 遂來降. 至是, 以其衆編立旗分牛彔, 設固山額眞·梅勒章京·牛彔章京, 仍依品級, 各授以世職.

○ 이전에 투메트 부락의 굴루거·항구(hanggū, 杭古)·토오후(toohū, 陶虎)·투머이(tumei, 圖美)·도르지(dorji, 多爾濟)·터지(teji, 特濟)·바이둘라(baidula, 拜都喇)·대(大) 노르부(amba norbu, 大諾爾布)·소(小) 노르부(ajige norbu, 小諾爾布) 등 22명은 원래 투메트 부락의 보속투 칸에 속했었는데 후에 차하르 칸이 정복하여 마침내 차하르에 속하게 되었다. 차하르 칸이 탕구트국으로 도주하자 굴루거 등은 산골짜기 사이에 흩어져 거주하다가, 우리나라가 보낸 어르더니 다르한 라마가 그 흩어진 백성을 수습하니 마침내 항복해 왔다. 이때에 그 무리를 팔기의 니루로 편제하고 구사어전·머이런장긴·니루장긴을 설치하고 품급에 의거해 각기 세직(世職)을 제수했다.

秋七月，壬戌朔，命內弘文院大學士希福·內國史院大學士剛林·學士羅碩，傳諭和碩親王·多羅郡王·多羅貝勒·固山貝子，及羣臣曰，國家創制顯庸·臣民共爲遵守，而宗族姻戚，尤宜奉公守法以爲之倡．今和碩親王·多羅郡王·多羅貝勒·固山貝子·固倫公主·和碩公主·和碩格格·多羅格格·固山格格·固倫額駙·和碩額駙·多羅額駙·固山額駙等，等級名號，皆有定制，昭然不紊．乃竟不遵成憲，僭忒妄行，皆由禮部不嚴加稽察，任其苟且悠忽之故．凡國家制度，汝等如見有不可行之處，即當於創行之初，直諫以爲不可行．否則指陳其不可行處，奏請改正．如所言果當，朕自聽納．乃旣不出此，而自和碩親王·多羅郡王·多羅貝勒·固山貝子等本身以下，竟不遵行定例，方受朕誡諭時，皆俯首稱是，乃久則忘之何耶．昔爾等請朕上尊號時，朕深知爾等所行如此，是以固辭不受，謂國中有嫉妬不良之人，難以化誨，彼時爾等皆毅然身任，以爲斷無此事，於是始從爾等所請，隨創立制度以辨等威，乃三年以來竟不遵循，古語云，國有慶，忌者嫉之，國有禍，逆者幸之．今爾等或見國中有慶，則神沮色變，見國中有禍，則心悅色喜，是與忌且逆者無異矣．昔金太祖·太宗兄弟同心，克成大統．今朕當創業之時，爾等何故皆不同心體國，恪守典常耶．自後，若再不遵行定制，則法令不彰，紀綱蔑棄，一切典禮冊籍，皆可毀而不留，即朕御前儀仗諸物，亦何必陳設耶．爾等宜痛自改悔，勿至彼時謂朕所見之未廣也．朕篤親親之誼，不欲拒絕爾等，故特開誠訓諭焉．諭畢，諸和碩親王·多羅郡王·多羅貝勒等奏曰，恭承聖諭，其罪皆在臣等，臣等其何辭，若臣等躬行正道，誰敢有不遵行者．惟臣等怠玩，不勤加檢點，以致如此．今後當各修身守分，勉力遵行．若夫見國中有慶而色變，見有禍而心悅者，皇上必實有所見而言之．但皇上知之，而猶渾融其辭，不顯斥其人者，蓋欲不良之輩，洗心改行，以共底於善，故爲此誡諭耳．臣等衆人中，善者當益加

> 奮勉, 其不善者, 旣承皇上誡諭, 若仍不洗心滌慮, 而怙惡如故, 自當罪及其身矣.

○ 가을 7월 임술일 초하루(7.1), 내홍문원대학사(內弘文院大學士) 히퍼·내국사원대학사(內國史院大學士) 가린·학사(學士) 로쇼(lošo, 羅碩)에게 명하여, 호쇼이 친왕(hošoi cinwang, 和碩親王)·도로이 군왕(doroi giyūnwang, 多羅郡王)·도로이 버일러(doroi beile, 多羅貝勒)·구사이 버이서(gūsai beise, 固山貝子)·여러 신하들에게 유시를 전하여 말했다. 「국가는 제도를 만들어 드러내고 신민은 이를 준수하고, 종족(宗族)과 인척(姻戚)은 더욱 공무를 중히 여기고 법을 지킴으로써 모범이 되어야 한다. 지금 호쇼이 친왕·도로이 군왕·도로이 버일러·구사이 버이서·구룬 공주(gurun i gungju, 固倫公主)·호쇼이 공주(hošoi gungju, 和碩公主)·호쇼이 거거(hošoi gege, 和碩格格)·도로이 거거(doroi gege, 多羅格格)·구사이 거거(gūsai gege, 固山格格)·구룬 어푸(gurun i efu, 固倫額駙)·호쇼이 어푸(hošoi efu, 和碩額駙)·도로이 어푸(doroi efu, 多羅額駙)·구사이 어푸(gūsai efu, 固山額駙) 등의 등급과 칭호가 모두 제도로 정해져서 분명하고 혼란이 없다.

그런데도 정해진 법을 준수하지 않고 멋대로 함부로 행하니, 모두 예부에서 엄히 단속하지 않고 내버려두며 소홀하기 때문이다. 모든 국가제도에 있어 너희는 시행할 수 없는 것을 보면 즉시 시행 초기에 시행될 수 없다고 직간하라. 그러지 않으면 시행할 수 없는 것을 지적하고 진술하고 주청하여 고쳐라. 만약 말한 것이 타당하면 짐이 직접 듣고 받아들이겠다. 그렇게 하지 않고 호쇼이 친왕·도로이 군왕·도로이 버일러·구사이 버이서 등 본인부터 그 이하까지 정해진 제도를 준수하지 않고 짐이 훈계할 때에는 모두 머리를 숙이고 맞다고 말하고 시간이 지난 후 잊어버리니 어찌된 일인가.

이전에 너희가 짐에게 존호를 올릴 때에 짐은 너희가 이렇게 하리라는 것을 잘 알았다. 그래서 존호를 고사하고 받지 않으면서 나라 안에 질투하고 불량한 사람이 있어서 감화시키기 어렵다고 말했었다. 그때 너희가 모두 결연하게 책임을 지고 결단코 그런 일이 없을 것이라고 하여, 이에 처음부터 끝까지 너희가 청한 대로 제도를 창립하여 등급을 구분했다. 이후 너희는 3년간 제도를 준수하지 않았다. 옛말에 "나라에 경사가 있으면 질시하는 자는 그것을 싫어하고, 나라에 우환이 있으면 반역자는 그것을 다행으로 여긴다."라고 했다. 지금 너희 가운데 어떤 자는 나라에 경사가 있으면 정신이 막히고 안색을 잃으며, 나라에 우환이 있으면 마음이 즐겁고 안색이 밝아지니, 이는 질시하고 반역하는 자와 다르지 않다.

옛날에 금 태조와 태종 형제는 한마음으로 큰 화합을 이루었다. 지금 짐은 창업의 시기를 맞았는데 너희는 어찌하여 한마음으로 나라를 다스리고 제도를 지키지 않는가. 이후로 또다시 제도를 지키지 않으면 법령이 드러나지 않고 기강이 폐기되고 모든 전례(典禮)의 책자가 훼손되고 남지 않을 것이니, 짐 앞에 의장(儀仗)의 제반 물건은 무엇하러 늘어놓겠는가. 너희는 통렬히 스스로 참회하여 그때가 오면 짐의 소견이 짧았다고 말하지 말라. 짐은 친척을 친하게 여기는 뜻을 중히 여기고 너희를 거절하지 않으려고 하기에 특별히 진실한 마음으로 훈유(訓諭)한다.」

유시를 마치자 여러 호쇼이 친왕·도로이 군왕·도로이 버일러들이 상주하여 말했다. 「공경스러이 성유(聖諭)를 받듭니다. 그 죄는 모두 신들에게 있습니다. 신들이 무슨 말을 하겠습니까. 만약 신들이 몸소 정도(正道)를 행하였다면 누가 감히 법규를 준행하지 않았겠습니까. 오직 신들이 태만하여 점검에 힘쓰지 않아서 이에 이르렀습니다. 이후로 마땅히 몸을 조심하고 분수를 지켜서 힘써 준행하겠습니다. 나라에 경사가 있을 때 안색이 변하는 자가 보이고 재난이 있을 때 기뻐하는 자가 보였기에 황상께서 반드시 보신 것을 말했을 것입니다. 그러나 황상께서는 그것을 알고도 말을 모호하게 하셔서 누구인지 드러내지 않고 불량한 자들을 개심하고 개정시켜서 함께 선함에 이르게 하려고 이 계유(誡諭)를 내리셨습니다. 신들 가운데 선한 자는 더욱 노력해야 하고, 선하지 않은 자가 황상의 계유(誡諭)를 받았는데도 계속 개심하지 않고 이전처럼 악을 행하면 스스로 죄가 자신에게 미칠 것입니다.」

○ 丙寅, 先是, 鑲藍旗章京喀木戚哈·塞赫, 往征黑龍江時, 率兵八十名, 至本旗所指攻敵之地, 既成圍而縱敵遁去, 又另指授地方, 令其追擊, 喀木戚哈, 亦未追及, 致令脫逃, 一無所獲. 又正紅旗章京輝山, 征鴉藍地方時, 於所指授之地, 俘獲人口, 盡繫縲之, 後復監守不嚴, 遂致遁走, 一無所獲. 又不赴會師之地, 徑歸其家. 於是法司議喀木戚哈·塞赫·輝山, 俱應論死, 籍沒家產, 奏聞. 上命從寬俱免死, 鞭一百.

○ 병인일(7.5), 이전에 양람기 장긴 캄치하(kamciha, 喀木戚哈)·서허이(sehei, 塞赫)가 흑룡강을 정벌할 때에 병사 80명을 이끌고 본 기(旗)가 공격하라고 지시받은 곳에 가서 포위를 했으나 적을 놓쳐서 탈출하게 만들었다. 또 다른 곳을 지시하여 추격하게 했지만 캄치하는 또 추격하지 못해서 적이 탈출하기에 이르렀고 한 명도 잡지 못했다. 또한 정홍기 장긴 호이산(hoisan, 輝山)은 야란(yaran, 鴉藍) 지방에 정벌을 갔을 때, 지시받은 곳에서 사람을 잡아서 모두 포박했는데 후에 감시를 소홀히 하여 도주해서 한 명도 노획하지 못했다. 또 군대의 합류지점에 가지 않고 바로 집으로 돌아갔다. 이에 법사(法司)에서 캄치하·서허이·호이산을 모두 사형죄로 논하고 가산을 적몰해야 한다

고 상주했다. 주상은 명하여 관대하게 모두 사형을 면해 주고 채찍 100대를 때렸다.

○ 先是, 查薩克圖汗兵來犯歸化城, 我兵往征時, 宗室侍衛濟馬護, 遇明哨卒, 追及之, 仍被逸去, 法司議濟馬護應革去侍衛, 鞭一百, 罰奴僕入官. 上宥之, 諭曰, 爾濟馬護, 可入前鋒員內效力, 爾素能射, 若能於臨陣時先入, 擒斬敵人, 即赦爾罪, 但先入之後, 應退即退, 勿得妄行. 倘再敢怠忽, 不能奏功, 仍照此定案坐罪.

○ 이전에 자삭투 칸의 군대가 귀화성을 공격하여 우리 군대가 가서 정벌할 때에, 종실시위(宗室侍衛) 지마후(jimahū, 濟馬護)는 명나라 초병과 조우하여 추격했지만 놓쳤다. 법사(法司)에서 논의하기를 지마후의 시위 직을 혁직하고 채찍 100대를 때리고 노복을 관에 몰수해야 한다고 했다. 주상은 너그럽게 용서하고 유시했다. "너 지마후는 전봉(前鋒)의 일원이 되어 힘쓰라. 너는 원래 활쏘기에 능하니 전투를 맞아 앞서 돌격하고 적을 잡아서 베면 너의 죄를 용서하겠다. 그러나 앞서 돌격한 후에 퇴각해야 할 때 퇴각하고 함부로 행동하지 말라. 만약 또다시 감히 태만하여 공적을 세우지 못하면 지금 정해진 논의대로 벌을 주겠다."

○ 丁卯, 諭西北蒙古喀爾喀部落查薩克圖汗下使臣達爾漢囊蘇喇嘛曰, 朕以兵討有罪, 以德撫無罪, 惟行正義, 故上天垂佑, 將蒙古諸國, 悉以與朕. 今蒙古國主察哈爾汗之子見在朕皆撫養. 爾喀爾喀, 當念爾主既在我國, 既應歸順, 以安其生, 今反興兵搆怨, 來侵我歸化城, 甚非爾分所當爲也. 朕欲平定區宇, 理應加兵於爾, 爾亦當以加兵是懼, 顧不自審量, 欲侵犯於我, 豈不大可恥乎. 想爾之心, 以既與我爲仇, 必奔往征討所不至之處, 偷安旦夕. 但爾所能至, 我師豈有不能至者乎. 昔遼金元三國之主, 當征戰時, 西伐厄訥忒黑, 東抵朝鮮, 北及黑龍江, 南至於海, 無遠弗届. 朕今日正與相等也. 爾等知罪而來, 則已, 否則必不爾宥. 又諭曰, 我國行事, 悉循大義. 雖興師征討, 從不加戮於使臣, 頃所言者, 爾主之咎, 於爾何尤. 遂命給以食物, 囊蘇喇嘛不勝欣幸, 不能回奏一語, 良久曰, 仰承聖諭, 當往導吾主愚蒙耳.

○ 정묘일(7.6), 서북몽고 칼카 부락 자삭투 칸의 사신 다르한 낭수 라마에게 유시했다. “짐이 죄지은 자를 토벌하고 죄 없는 자를 덕으로 무휼하여 오직 정의를 행하기 때문에 하늘이 보우하시어 몽고 여러 나라를 모두 짐에게 주었다. 지금 몽고국의 주인 차하르 칸의 아들을 짐이 모두 보살피고 있다. 너희 칼카는 너희의 주인이 우리나라에 있음을 생각하여 귀순해서 편안히 살아야 하는데, 지금 반대로 군사를 일으켜 원한을 맺고 우리의 귀화성을 침범했으니 심히 너희의 분수에 맞지 않다. 짐이 천하를 평정하려 하니 마땅히 너희를 공격해야 하고 너희도 당연히 공격을 두려워해야 하는데, 스스로 헤아려 돌아보지 않고 우리를 침범하려고 하니 어찌 부끄럽지 않은가. 생각건대 너희의 마음은 나와 원수가 되고 토벌이 미치지 않는 곳으로 도망쳐서 일시적으로 편안하겠다는 것이다. 그러니 너희가 갈 수 있는 곳에 나의 군대가 어찌 가지 못하겠는가. 예전에 요, 금, 원 세 나라의 주인은 정복전을 할 때에 서쪽으로 어너트컥(enetkek, 厄訥忒黑)[1]을 정벌하고 동

1 enetkek은 몽고어 enedkeg이 만주어화한 어휘로 인도(印度)를 가리킨다. 소그드어 yntk'k에서 유래했다.

쪽으로 조선에 닿았으며, 북쪽으로 흑룡강에 미치고 남쪽으로 바다에 이르렀으니 먼 것을 생각하지 않았다. 짐이 지금 그와 같다. 너희는 죄를 알고 항복해 오면 된다. 그렇지 않으면 너희를 반드시 용서하지 않겠다." 또 유시했다. "우리나라가 일하는 것은 모두 대의(大義)에 따른다. 비록 정벌해도 사신을 죽인 적은 없다. 근래 말한 것은 너의 주인의 잘못이지 너에게 무슨 허물이 있겠는가." 마침내 명하여 음식을 주게 하니 낭수 라마가 매우 기뻐서 한마디도 대답하지 못하다가 한참 지난 후에 말했다. "성유(聖諭)를 우러러 받들고, 가서 저의 우매한 주인을 인도하겠습니다."

○ 賜土默特部落朝貢梅勒章京古祿格, 甲喇章京陶虎·達木巴爾札木蘇·多爾濟, 牛彔章京達蘭泰·瓦瓦·根都·石魯克·沙當, 及隨從人等衣帽·玲瓏撒袋·弓矢·銀兩有差. 仍命八家以次宴之.

○ 투메트 부락에서 조공하러 온 머이런장긴 굴루거(guluge, 古祿格), 잘란장긴 토오후(toohū, 陶虎)·담바르 잠수(dambar jamsu, 達木巴爾札木蘇)·도르지(dorji, 多爾濟), 니루장긴 달란타이(dalantai, 達蘭泰)·와와(wawa, 瓦瓦)·건두(gendu, 根都)·실룩(siluk, 石魯克)·샤당(šadang, 沙當)과 수행한 사람들에게 옷과 모자·정교하게 장식한 화살집·활과 화살·은량을 차등 있게 하사했다. 뒤이어 팔가(八家)에 명하여 순서대로 잔치를 베풀게 했다.

○ 戊辰, 遣內國史院學士羅碩·內弘文院學士胡球·副理事官查布海等, 傳諭新附石城島總兵官沈志祥, 及其部下衆民曰, 朕聞, 爾攜來民人屢致逃亡, 殊不可解. 爾等既航海來歸, 當視朕愛養若何, 以定行止. 方爾等初來時, 適朕師行未還. 所以未及加恩, 朕正在酌量愛養. 爾等何爲遽生去志耶. 況朕非誇言, 蒙天眷佑, 朝鮮已平, 蒙古·瓦爾喀諸國皆附. 今所存者止明國而已. 儻復蒙天佑, 以明國予我, 爾等將安所托足乎. 且爾等雖逃, 各邊防兵哨卒, 周圍駐守. 儻被擒獲殺戮, 朕心殊爲不忍. 爾等徒自陷於死耳. 自今以後, 勿生去志, 有貧窮不能自給者, 朕當撫育之, 志祥對曰, 聖諭誠然, 凡逃去者, 皆昏庸不知法度之人. 與禽獸無異, 非良民也. 若良民安肯逃哉.

○ 무진일(7.7), 내국사원학사 로쇼·내홍문원학사 후키오·부이사관 차부하이 등을 파견하여 새로 귀부한 석성도총병관(石城島總兵官) 심지상과 그의 관하 여러 민인(民人)에게 유시를 전하여 말했다. 「짐이 듣기에 네가 데리고 온 민인이 누차 도망갔다고 하니 전혀 이해할 수 없다. 너희가 항해하여 내귀한 것은 짐이 아끼고 기르는 것이 어떠한지 보고 행동을 정한 것이다. 너희가 처음 왔을 때 마침 짐이 전투에서 돌아오지 않아서 은혜를 내리지 못했기 때문에 짐은 바로 헤아려서 아끼고 길렀는데 너희는 왜 갑자기 떠나려고 하는가. 하물며 짐이 과장하는 것이 아니라 하늘의 보우하심을 입어 조선이 평정되었고 몽고와 와르카 등 여러 나라가 모두 귀부했다. 지금 남아 있는 것은 오직 명나라뿐이다. 만약 다시 하늘이 보우하시어 명나라를 우리에게 준다면 너희는 장차 어디에 발을 붙일 것인가. 또한 너희가 도망해도 각 변경에 병사와 초소병이 주위를 지키고 있으니 만약 잡혀서 죽임 당하면 짐의 마음이 매우 안타까울 것이다. 너희는 헛되이 스스로 죽음에 빠질 뿐이다. 지금부터 떠나려고 생각하지 말라. 빈궁하여 자급하지 못하는 자가 있으면 짐이 그를 보살필 것이다.」

심지상이 대답하여 말했다. 「성유(聖諭)가 참으로 맞습니다. 도망치는 자는 모두 어리석고 법도(法度)를 모르는 자이니 짐승과 다를 바

없고 양민이 아닙니다. 양민이라면 어찌 도망치려고 하겠습니까.」

○ 庚午, 先是, 遣禮部官哈爾松阿, 往撫順所, 召新附總兵官沈志祥入見. 至是, 沈志祥至, 命禮部承政滿達爾漢·姜新, 啟心郎祁充格, 迎於五里外, 賜宴畢, 入城.

○ 경오일(7.9), 이전에 예부 관원 하르숭가(harsungga, 哈爾松阿)를 파견하여 무순소(撫順所)에 가서 새로 귀부한 총병관 심지상을 불러서 알현하게 했다. 이때에 심지상이 도착하자 명하여, 예부승정 만다르한·강신(姜新), 계심랑 키충거가 5리 밖에 나가서 영접하고 주연을 베푼 후 성(城)으로 들어왔다.

○ 壬申, 上御崇政殿, 新附總兵官沈志祥, 率其部下官朝見, 獻蟒緞布疋等物, 上俱不納, 賜志祥蟒衣·凉帽·玲瓏鞓帶·貂皮·猞狸猻·狐皮·豹皮裘·撒袋·弓矢·雕鞍·甲冑, 駝馬, 仍賜宴於禮部.

○ 임신일(7.11), 주상이 숭정전(崇政殿)에 들자, 새로 귀부한 총병관 심지상이 그 부하 관원을 이끌고 알현하여 망단(蟒緞)과 포필(布疋) 등의 물건을 바쳤다. 주상은 모두 받지 않고, 심지상에게 망의(蟒衣)·여름모자·정교하게 장식한 가죽띠·담비가죽·스라소니와 여우 가죽·표범가죽옷·화살집·활과 화살·조각한 안장·갑옷과 투구·낙타와 말을 하사했다. 이어서 예부에서 잔치를 베풀었다.

○ 遣額爾德尼達爾漢囊蘇喇嘛·多爾濟達爾漢諾顏·艾松古等, 率四十人, 往蒙古土默特部落, 會議頒示制度.

○ 어르더니 다르한 낭수 라마 · 도르지 다르한 노얀 · 아이숭구 등을 파견하여 40명을 이끌고 몽고 투메트 부락에 가서 회의하고 제도를 반포하게 했다.[2]

○ 遣達雅齊塔布囊, 率喀喇沁部落畢喇什 · 喇什希布等, 往明張家口, 與明鎮守官, 議歲幣, 一如與喀喇沁貝勒之數, 兼議開關互市.

○ 다야치 타부낭을 파견하여 카라친 부락의 비라시(birasi, 畢喇什) · 라시힙(lasihib, 喇什希布) 등을 이끌고 명나라의 장가구(張家口)에 가서 명나라의 진수관(鎮守官)과 세폐에 대해 의논하여 카라친 버일러에게 주는 액수를 이전과 같게 하고, 아울러 호시를 열도록 논의하라고 했다.

○ 先是, 征歸化城時, 諭梅勒章京吳善 · 吳巴海, 將各旗所攜之米, 留之中途, 俟還軍時, 仍各領去. 吳巴海廝卒, 及本旗人, 盜取鑲黃旗圖赫臣之米, 圖赫臣往告吳善, 欲察明盜米之人, 追還所失之米, 乃吳善等竝不察出給還. 圖赫臣遂告於刑部, 審實, 議吳巴海違禁, 縱廝卒盜米, 應鞭一百, 貫耳鼻, 解梅勒章京及牛彔任, 吳善既經圖赫臣將盜米之事告知, 亦不行察出, 扶同隱匿, 應坐竊盜例, 擬革職解

2 이때 낭수 라마 등은 투메트에 흑담비가죽 1,700여 장, 인삼 2,700근을 선물했다. 『內國史院滿文檔案譯註－崇德二, 三年分』, p.427.

梅勒章京任, 奏聞. 上曰, 吳善·吳巴海, 隱匿本旗罪人, 已成積習, 既爲大臣, 復庇護偷盜之人, 知其罪而不究, 更誰責耶. 遂召衆於篤恭殿諭之, 坐吳善·吳巴海以竊盜罪, 其鞭責貫耳鼻之罪, 俱准折贖.

○ 이전에 귀화성을 정벌할 때에 머이런장긴 우샨·우바하이에게 유시하여, 각 기(旗)에서 가져간 쌀을 도중에 남겨 두고 회군할 때 각자 가지고 가게 했다. 우바하이의 쿠툴러와 그의 기(旗)의 사람이 양황기의 투허천(tuhecen, 圖赫臣)의 쌀을 도둑질했다. 투허천이 우샨에게 가서 고하여 쌀을 도둑질한 사람을 조사하고 잃어버린 쌀을 환수하려고 했으나, 우샨 등은 조사하여 되돌려주지 않았다. 투허천은 결국 형부(刑部)에 고했고, 조사하니 사실이었다. 의논하여, 우바하이는 금령을 위반하고 쿠툴러에게 쌀을 도둑질하게 했으니 채찍 100대를 때리고 귀와 코를 뚫고 머이런장긴과 니루의 관할 직에서 해임해야 하며, 우샨은 투허천이 쌀 도둑질 사건을 보고하여 알았는데도 조사하여 밝히지 않았고 범인을 도와서 은닉했으니 절도 연좌 규정에 의거해 머이런장긴의 직무를 혁직하고 해임해야 한다고 상주했다. 주상이 말했다. "우샨과 우바하이는 자신의 기(旗)의 죄인을 숨겨서 폐단을 만들었는데, 대신으로서 또다시 도둑을 비호하고 그 죄를 알고도 규명하지 않았으니 다시 누구를 탓하겠는가." 마침내 여럿을 독공전(篤恭殿)에 불러서 유시했다. "우샨과 우바하이는 절도죄에 연루되었다. 채찍형과 귀·코를 뚫는 죄를 모두 속(贖)하는 것을 허가한다."

○ 丙子, 中元節, 先期齋戒三日, 是日, 享太廟, 上親率諸王·貝勒·貝子行禮, 又遣大臣祭福陵.

○ 병자일(7.15), 중원절(中元節)에 미리 재계를 3일간 하고, 이날 태묘에 제사 지냈다. 주상은 친히 여러 왕 · 버일러 · 버이서를 이끌고 예를 행하고 또한 대신을 보내어 복릉(福陵)에 제사 지냈다.

○ 烏朱穆秦部落多爾濟濟農, 送其女與多羅郡王阿達禮爲妃, 將至, 命阿達禮率貝子 · 大臣, 渡遼河, 迎宴之.

○ 우주무친 부락의 도르지 지농이 그의 딸을 보내어 도로이 군왕 아달리의 비(妃)로 삼게 했다. 도착할 무렵 아달리에게 명하여 버이서와 대신들을 이끌고 요하를 건너서 맞이하여 연회를 베풀게 했다.

○ 丁丑, 諭禮部曰, 國家創立制度, 所以辨等威, 昭法守也. 乃往往有不遵定制, 變亂法度者, 若不立法嚴禁, 無以示儆. 自後若王 · 貝勒 · 貝子等犯者, 議罰, 官員犯者, 幽繫三日, 議罰, 庶民犯者, 枷號八日, 責治而釋之. 凡出入起坐有違誤者, 坐以應得之罪, 一切名號等級, 及已更定稱謂, 有錯誤者, 嚴行戒飭之. 若有效他國衣帽, 及令婦人束髮裹足者, 是身在本朝, 而心在他國也. 自今以後, 犯者, 俱加重罪. 如奴僕擧首者, 出戶, 旁人告首者, 與賞, 仍治本管官罪, 著爲定例.

○ 정축일(7.16), 예부에 유시했다. 「국가의 제도를 만드는 것은 신분과 지위를 분별하여 법을 지키는 것을 밝히는 것이다. 그런데 왕왕 정해진 제도를 준수하지 않고 법도를 어지럽히는 자가 있으니, 법을 세워서 엄금하지 않으면 일깨움을 보일 수 없다. 이후로 왕 · 버일러 · 버이서들이 법을 위반하면 의논하여 처벌한다. 관원이 법을 위반

하면 3일간 감금하고 의논하여 처벌한다. 일반 백성이 법을 위반하면 8일간 칼(枷號)을 채우고 문책한 후에 석방한다. 출입과 기거에 잘못이 있으면 받아야 할 죄에 처한다. 모든 칭호와 등급과 이미 개정된 명칭에 착오가 있으면 엄하게 꾸짖을 것이다. 만약 다른 나라의 옷과 모자를 본받거나 부인이 머리를 묶고 발을 싸매면[3] 몸은 우리나라에 있되 마음은 다른 나라에 있는 것이다. 이후로 위반하는 자는 모두 중벌을 내릴 것이다.[4] 노복이 고발하면 호(戶)에서 분리시키고,[5] 이웃이 고발하면 상을 준다. 이어 관할하는 관원의 죄를 다스릴 것이다. 이를 정례(定例)로 한다.」

○ 諭工部承政孟阿圖曰, 爾今年老, 且復有疾, 不必管理部務, 宜閒居調養, 仍用爾承政儀從, 出入導行. 病痊之日, 朕當起用. 爾等舊臣, 朕見之輒爲心喜, 爾仍不時朝見可也.

○ 공부승정 뭉가투에게 유시했다. "너는 지금 늙었고 병이 있으니 부(部)의 업무를 관리하지 말고 쉬며 요양해야 한다. 너의 승정 수행인원은 이전대로 사용하여 출입할 때 데리고 다녀라. 병이 치료되는 날 짐이 마땅히 기용할 것이다. 짐은 너희 오랜 신하를 볼 때마다 마음

---

3 "머리를 묶고 발을 싸맨다"는 것은 여성이 머리를 중국식으로 위로 올려서 묶고 전족을 하는 것을 가리킨다. 아래 참고. 『內國史院滿文檔案譯註－崇德二·三年分』, p.441.

4 중벌의 내용은 중국식으로 머리를 올려 묶으면 머리껍질을 벗겨서 죽이고, 전족을 하면 발을 잘라서 죽이는 것이다. 아래 참고. 『內國史院滿文檔案譯註 崇德二·三年分』, p.442.

5 "노복이 고발하면 戶에서 분리시킨다"는 것은 노복이 주인의 비리를 고발하면 그후에 주인의 보복을 당하지 않도록 주인의 戶에서 분리시켜 준다는 의미이다.

이 기쁘다. 너는 수시로 짐을 알현할 수 있다."

○ 以多羅貝勒岳託女, 妻科爾沁國冰圖王之子達爾漢卓禮克圖巴敦, 設宴成婚. 巴敦獻上貂裘·雕鞍·甲胄·駝馬等物, 木寨·桑噶爾寨, 亦獻駝馬·貂皮, 酌納之.

○ 도로이 버일러 요토의 딸을 코르친 빙투 왕의 아들 다르한 조릭투 바둔(badun, 巴敦)의 처로 삼아, 잔치를 열고 혼인을 했다. 바둔은 담비가죽옷·조각한 안장·갑옷과 투구·낙타와 말 등의 물건을 바치고, 무자이(mujai, 木寨)·상가르자이(sanggarjai, 桑噶爾寨)는 낙타와 말·담비가죽옷을 바치니, 헤아려서 받았다.

○ 諭都察院承政張存仁·祖可法等曰, 爾等果盡忠爲國, 凡有見聞, 當秉公入告, 實力擧行, 則委任爾等, 庶爲有益. 若禮部承政祝世昌, 狗庇漢人, 奏請禁止陣獲良人婦女, 賣與樂戶爲娼之疏, 甚爲悖謬. 朕豈肯令陣獲良人之子女爲娼乎. 况朕所獲漢人, 必加撫養. 漢人若得我國之人, 無論男女, 豈肯容留, 必盡遭屠戮矣. 朕觀祝世昌, 身雖在此, 心之所嚮, 猶在明也. 祝世昌果係忠臣, 彼明國以大元田·劉·張三姓功臣之裔爲樂戶, 即當奏請禁止, 何竟無一言耶. 若滿洲官庇護滿洲, 蒙古官庇護蒙古, 漢官庇護漢人, 彼此不和, 乃人臣之大戒. 譬諸五味, 止用酪則過酸, 止用鹽則過鹹, 不堪食矣. 唯調和得宜, 斯爲美耳. 今滿洲·蒙古·漢人, 彼此和好, 豈不爲善乎. 朕以娼妓有妨風俗, 久經禁革, 祝世昌沽名請禁, 心迹顯然. 爾等聞祝世昌之言, 絶不參奏, 是爾等之失也. 昔曾子曰, 吾日三省吾身, 爲人謀而不忠乎. 與朋友交而不信乎. 傳不習乎. 爾等若能時時省察其身, 則可以寡過矣.

○ 도찰원승정 장존인(張存仁)과 조가법(祖可法) 등에게 유시했다. 「너희가 나라를 위해 충심을 다하여 보고 들은 것을 공정하게 보고하고 힘써 행하면 너희에게 일을 맡긴 것이 비로소 보람이 있을 것이다. 예부승정 축세창(祝世昌)과 같이 한인을 비호하여 전쟁에서 포로로 잡힌 양인(良人) 부녀자를 악호(樂戶)에 팔아 창기(娼妓)로 삼는 것을 금지해 달라는 주소(奏疏)를 올리는 것은 매우 옳지 못하다. 짐이 어찌 포로로 잡힌 양인(良人)의 자녀를 창기(娼妓)로 삼겠는가? 하물며 짐은 사로잡은 한인은 반드시 어루만져 기른다. 그러나 한인은 우리나라 사람을 잡으면 남녀를 막론하고 살려 두지 않고 반드시 모두 살육한다. 짐이 축세창을 보니 몸은 비록 이곳에 있으나 마음이 향하는 곳은 여전히 명나라이다. 축세창이 진실로 충신이라면 저들 명나라가 대원(大元)의 전(田) · 유(劉) · 장(張) 세 성씨의 공신(功臣)들의 후예를 악호(樂戶)로 삼았을 때 금할 것을 청해야 했으나, 어찌 한마디도 하지 않았는가. 만약 만주 관리가 만주인을 비호하고 몽고 관리가 몽고인을 비호하고 한인 관리가 한인을 비호하여 서로 불화한다면 신하된 자가 크게 경계해야 할 것이다. 다섯 가지 맛으로 비유하자면, 식초만 쓰면 너무 시고 소금만 쓰면 너무 짜서 먹을 수 없게 되니 오직 조화가 적절해야 맛이 있다. 지금 만주 · 몽고 · 한인이 서로 화목하니 어찌 좋지 않은가. 짐은 창기(娼妓)가 풍속을 해친다고 여겨 오래전에 금지했다. 축세창이 명성을 좇아 금령을 청했으니 그 뜻이 분명한데, 너희는 축세창의 말을 듣고도 탄핵하여 상주하지 않았으니 이는 너희의 잘못이다. 일찍이 증자(曾子)는 "나는 하루에 세 번 나 자신을 살피며, 다른 사람을 위해 일을 도모할 때 충심이 없었는지, 벗과 교류하며 믿음이 없었는지, 가르치며 익히지 않았는지 돌아보았다."라고 말했다.

너희가 수시로 자신을 성찰하면 잘못을 줄일 수 있을 것이다.」

○ 又召內弘文院大學士希福 · 內國史院大學士剛林 · 學士羅碩等諭之曰, 朕從來不喜以空言文飾, 要取虛譽. 昔漢文帝欲建一臺, 計費百金, 以爲百金乃中人十家之產, 遂止而弗建. 朕以爲此亦空言取譽, 殊不足取. 朕蒙天垂佑, 各國臣服, 財用饒裕. 當此之際, 我國新舊人等, 有窮困無妻奴馬匹者, 若不急加恩養, 更於何時養之. 人君宵旰勤勞, 以修治道, 國計民生, 最爲要務, 理財裕國, 亦爲民而已. 今養此窮困之人, 財物牲畜, 何物不有. 若吝惜而不肯養人, 留之何用耶. 希福等奏曰, 皇上此言, 誠萬民之福也. 前代之君, 積聚財物牲畜, 未有歷久長存. 後人稱羨之者, 惟散財養人, 乃爲聖朝盛事耳.

○ 또 내홍문원대학사(內弘文院大學士) 히퍼 · 내국사원대학사(內國史院大學士) 가린 · 학사(學士) 로쇼 등에게 유시했다. 「짐은 원래 공허하고 가식적인 말로 헛된 명예를 추구하는 것을 좋아하지 않는다. 일찍이 한문제(漢文帝)는 대(臺)를 세우려다가 비용이 100금(金)이 든다고 하자 100금은 보통사람 10집의 재산에 해당한다고 하며 그만두고 세우지 않았다. 짐은 이 또한 헛된 말로 명예를 구하는 것이니 특별히 참고할 만하지 못하다고 생각한다. 짐이 하늘의 도움을 입어 각국이 복속해 오고 재물이 풍족하게 되었다. 이러한 때에 우리나라에 귀부해 온 신인(新人)과 구인(舊人)들 가운데 곤궁하여 처나 노예나 말이 없는 자가 있으니, 서둘러 은혜로 보살피지 않으면 언제 보살피겠는가. 군주에게는 새벽부터 밤늦게까지 노력하며 정치를 다스리고 국계(國計)와 민생을 살피는 것이 가장 중요한 일이니, 재물을 헤아려 나라를 부유하게 하는 것 또한 백성을 위한 일일 뿐이다. 지금 이 곤궁한 사람들을 보살피는 데에 재물과 가축 등 어떤 물건이 없겠는가. 만약

재물을 아까워하여 보살피지 않는다면 남겨서 어디에 쓰겠는가.」 히퍼 등이 상주했다. 「황상의 이 말씀은 실로 만민(萬民)의 복입니다. 이전 군주들이 재물과 가축을 모으는 것은 오래가지 못했습니다. 후대 사람들이 칭송하는 것은 오직 재물을 베풀어 사람들을 보살핀 것이니, 이는 곧 성조(聖朝)의 위업이 될 것입니다.」

○ 又諭和碩親王·多羅郡王·多羅貝勒·固山貝子等曰, 爾等爲朕股肱耳目, 凡擧錯好惡, 當一秉至公, 勿仍向日偏私之習, 蓋人誰無過, 貴於能改. 爾等若見朕所行有未當處, 卽當直言進諫, 朕亦樂於聞過, 以便改圖. 今國家仰蒙天佑, 爾等財物亦既充裕, 家產亦既豐饒. 其在下之人, 或有窮困而衣食不足者, 或有無故寃抑者. 爾等與其任此輩在外嗟怨, 退有後言, 何不令窮困寃抑之人, 親自陳奏乎. 且此等之人, 爾等既知之, 亦當以某也窮困, 某也寃抑, 入告於朕. 如窮困之人, 不加恩養, 寃抑之事, 不爲昭雪, 則朕之過也. 朕嘗見有生計充餘, 身享富厚, 猶不知足, 營求不已, 戚戚爲憂, 此等之人, 甚屬卑鄙. 至有有功之人, 衆人擧而用之, 彼反視若讐敵, 無功之人, 衆人錯而舍之, 彼反加以恩養. 獨不思朕之擧錯, 皆因擧人之公, 不存偏私之見. 彼乃惡衆人之所擧, 愛衆人之所錯, 其意何居. 若衆之所擧, 或有誤用, 衆之所錯, 或有寃抑, 則不妨秉公直言, 期於至當. 不然, 不愛有功之人, 而反愛無功有罪之人, 是豈特無忠義誠實之心, 且懷悖逆之志, 故如此耳. 似此居心行事, 若被有功之人, 如孟坦告訐, 則爾等所愛無功之人, 必如孟魁之族, 皆坐死矣. 卽爾等之身, 亦受黜辱, 所愛無功之人, 尙得在爾左右乎. 人有言曰, 越山易, 越法難. 國法攸昭, 天鑒不爽, 朕心時加敬謹, 爾等安能妄越於法耶.

○ 또 호쇼이 친왕·도로이 군왕·도로이 버일러·구사이 버이서

들에게 유시했다. 「너희는 짐이 믿고 의지하는 신하이니, 무릇 천거하고 해임하고 좋아하고 싫어하는 것은 공정해야 하며 예전처럼 사사로이 해서는 안 된다. 누구인들 허물이 없겠는가마는 고칠 수 있음을 귀하게 여기는 것이다. 너희는 짐이 하는 일에 옳지 않은 점을 발견하면 즉시 직언하라. 짐 또한 과오를 듣고 기꺼이 고칠 것이다. 지금 나라가 하늘의 도움을 입어 너희는 재물이 넉넉하고 가산도 풍족하다. 아랫사람들 중에 가난하여 의식(衣食)이 부족하거나 억울하게 죄를 쓴 자가 있으면, 너희는 그들이 밖에서 원망하고 물러나 뒤에서 말하고 있는데도 어찌 가난하고 억울한 사람에게 직접 상주하게 하지 않는가? 이 사람들을 너희는 이미 알고 있으니 누구는 가난하고 누구는 억울하다고 짐에게 보고해야 한다. 만약 가난한 자에게 은혜를 베풀지 않고 억울한 일을 풀어 주지 않는다면 짐의 잘못이다. 짐은 일찍이 생계가 넉넉하고 후한 복을 누리면서도 만족할 줄 모르고 끝없이 욕심을 부리며 걱정하는 사람을 보았으니, 이런 자들은 심히 비루하다.

공적이 있는 자를 여럿이 천거하여 등용하면 그들은 오히려 원수로 여기고, 공적이 없는 자를 여럿이 해임하면 그들은 오히려 은혜를 베푼다. 이는 짐이 등용하고 해임하는 것이 모두 공정함을 따르고 사사로운 뜻이 없음을 모르는 것이다. 그들이 여럿이 천거하는 자를 미워하고 여럿이 해임하는 자를 아끼는 뜻은 어디에 있는가. 만약 여럿이 천거하는 자에게 잘못이 있거나 여럿이 해임하는 자에게 억울함이 있다면 꺼리지 말고 공정하게 직언해야 한다. 그렇지 않고 공적이 있는 자를 아끼지 않고 공적이 없고 죄지은 자를 아낀다면 이는 다만 충의와 성실의 뜻이 없을 뿐 아니라 패역의 뜻을 품었기 때문에 이러한 것이다. 이런 마음으로 일을 하여 공적이 있는 자를 뭉탄(mungtan, 孟坦)처럼 고발하면, 너희가 아끼는 공적이 없는 자는 뭉쿠이(mungkui, 孟魁) 일족과 같이 모두 주살될 것이고 너희도 치욕을 당할 것이니, 너희가 아끼는 공적이 없는 자가 그대로 너희 곁에 남아 있겠는가? 사람들이 말하기를 "산을 넘는 것은 쉽고 법을 어기는 것은 어렵다."라고 했다. 국법이 밝게 빛나고 하늘이 틀림없이 보고 계시며 짐이 수시로 경계하고 있는데, 너희가 어찌 멋대로 법을 어길 수 있겠는가?」

○ 又諭諸王・貝勒・貝子等曰, 我國家蒙天眷佑, 漢人・蒙古・虎爾哈・瓦爾喀, 在在歸附, 皆分給與諸王・貝勒・貝子, 令加恩養. 因爾等有加恩養者, 有不加恩養者, 是以朕前此屢經誡諭, 乃猶不加撫恤. 致降人竊謂曰, 我等同來事主, 某已富貴, 某猶貧困, 在外嗟怨者有之, 來告於朕者亦有之. 夫降附之人, 棄其父母之國而來歸, 誠宜加意撫綏, 使之得所, 乃朕諭爾等恩養, 爾等反以爲煩苦, 不遵朕旨. 今彼來告, 朕心惻然, 無言可答. 爾等既堅忍如此, 諒必有定見, 應如何答彼之詞, 可即奏朕, 以便如爾等之言答之.

○ 또 여러 왕・버일러・버이서들에게 유시했다. 「우리나라가 하늘의 도움을 입어 한인・몽고・후르카・와르카가 곳곳에서 귀부하니, 모두 여러 왕・버일러・버이서에게 나누어 주어 은혜로 기르게 했다. 너희 중에 은혜로 기르는 자도 있고 은혜로 기르지 않는 자도 있어 짐이 예전에 여러 차례 가르쳤는데도 여전히 구휼하지 않고 있다. 투항한 사람들이 몰래 말하기를 "우리는 함께 와서 주인을 섬겼는데 누구는 이미 부귀해졌으나 누구는 아직도 빈곤하다."라고 한다. 밖에서 원망하는 자도 있고 짐에게 와서 고하는 자도 있다. 대개 투항한 자들은 부모의 나라를 버리고 투항해 온 것이니 어루만져 편안하게 하고 처소를 얻게 해 주어야 한다. 이 때문에 짐이 너희에게 은혜를 베풀라고 유시했는데도 너희는 오히려 번거롭게 여기고 짐의 뜻을 따르지 않았다. 지금 저들이 와서 고하니 짐은 측은한데 대답할 말이 없다. 너희는 이처럼 굳게 버티니 분명히 정해진 의견이 있을 것이다. 저들

에게 어떻게 답하면 좋을지 짐에게 상주하라. 너희가 말하는 대로 답하겠다.」

○ 又諭國中新舊滿洲及舊蒙古·新舊漢人曰, 爾等有家貧不能娶妻, 及披甲不能買馬者, 有勇敢堪充行伍, 因貧不能披甲者, 俱許自陳, 先訴於本牛彔章京. 牛彔章京, 率之告於固山額眞, 固山額眞詳問, 即帶本人及牛彔章京, 啟知本王·貝勒·貝子. 本王·貝勒·貝子, 即將無妻者配以妻, 無馬者給馬以養之. 如本王·貝勒·貝子, 力不能給, 許奏明, 朕自給與. 如此貧苦之人, 爾等既不能撫養, 豈可復隱而不奏, 致下情壅於上聞, 膏澤不能下逮耶. 若牛彔章京·固山額眞, 將此等窮苦之人, 壅蔽不啟知本王·貝勒·貝子者, 坐以罪. 若牛彔章京·固山額眞既已啟知, 而本王·貝勒·貝子不給與妻室馬匹, 復不行陳奏. 許無妻之人, 赴戶部陳訴, 無馬之人, 赴兵部陳訴. 新附蒙古, 無妻奴馬匹者, 許赴理藩院陳訴. 該部大臣, 即詳問本人, 察其等第, 及從前給過之物. 若給物既已相稱, 而誑稱貧苦者, 即行逐遣. 若給與之物不稱, 而貧苦是實, 則覆啟本王·貝勒·貝子. 本王·貝勒·貝子, 給與妻室馬匹, 收而養之則已, 否則來奏. 應與妻奴者, 朕給以妻奴, 應與馬匹者, 朕給以馬匹. 不應與者, 亦即逐遣, 不復加罪. 朕今頒此明詔, 凡貧苦無告之人, 毋復畏本王·貝勒·貝子隱而不言, 爾若不自陳, 朕安得知耶. 特諭.

○ 또 나라 안에 귀부해 온 신만주(新滿洲), 구만주(舊滿洲), 구몽고(舊蒙古), 신한인(新漢人), 구한인(舊漢人)에게 유시했다. 「너희 중에 가난하여 처를 얻지 못한 자, 갑병인데도 말을 사지 못한 자, 용맹하여 전쟁에 나갈 수 있으나 가난하여 갑옷을 갖추지 못한 자가 있으면 모두 스스로 밝혀 고하라. 먼저 해당 니루장긴에게 고하면 니루장긴은

그를 데리고 구사어전에게 고하라. 구사어전은 상세히 조사하여 본인과 니루장긴을 데리고 해당 왕·버일러·버이서에게 알려라. 해당 왕·버일러·버이서는 처가 없는 자에게는 처를 짝지어 주고 말이 없는 자에게는 말을 주어 구휼하라. 만약 왕·버일러·버이서가 지급할 능력이 없으면 상주하라. 짐이 직접 주겠다. 이렇게 가난한 사람을 너희가 구휼할 능력도 없으면서 어찌 숨기고 상주하지 않는가. 아래의 사정이 위로 전해지지 않고 막히면 은택이 아래로 미치지 못할 것이다. 만약 니루장긴과 구사어전이 이 가난한 사람들을 해당 왕·버일러·버이서에게 알리지 않고 가로막았다면 죄에 처할 것이다. 만약 니루장긴과 구사어전이 고했는데도 해당 왕·버일러·버이서가 처와 말을 주지 않으면 다시 고하지 말고, 처가 없는 자는 호부에 가서 보고하고, 말이 없는 자는 병부에 가서 보고하라. 새로 귀부한 몽고인 가운데 처와 노예와 말이 없는 자는 이번원(理藩院)에 가서 보고하라. 해당 부의 대신은 그 사람을 자세히 조사하고 등급과 이전에 지급한 물건을 확인하여 만약 지급한 물건이 충분한데 거짓으로 가난하다고 한 자는 쫓아 버려라. 만약 지급한 물건이 충분하지 않고 가난한 것이 사실이면 해당 왕·버일러·버이서에게 보고하라. 해당 왕·버일러·버이서가 처와 말을 주고 구휼하면 그만이고, 그렇지 않으면 와서 상주하라. 처와 노예를 받아야 할 자는 짐이 처와 노예를 줄 것이고 말을 받아야 할 자는 짐이 말을 줄 것이다. 받지 않아야 할 자는 쫓아 버리되 처벌하지 않을 것이다. 짐이 이제 이처럼 분명하게 조서를 반포했으니, 가난한데도 말하지 못했던 사람들은 다시는 해당 왕·버일러·버이서를 두려워하여 가만히 있으면 안 된다. 너희가 스스로 말하지 않으면 짐이 어찌 알겠는가. 특별히 유시한다.」

○ 又諭侍臣曰, 蒙天眷佑, 遠邇降服, 乃我國方興之會也. 爾等固山額眞大臣以上, 正爲國憂勤, 加意治道, 共立功名之時, 朕與和碩親王・多羅郡王・多羅貝勒・固山貝子所行, 何無一人直指得失而陳奏者. 從前因爾等臨陣退縮, 或行伍廢弛, 及私藏財物, 從而加罪者有之, 曾有因直諫而遽加罪者乎. 爾等衆大臣, 見人之善, 不喜而擧之, 見人之過, 不以爲切己而訶責之, 默然以處, 迨其獲罪, 始羣起而共議, 此皆爾等徒尙詐僞, 以爲與己無涉故也. 夫古之人, 見賢才, 雖仇敵, 亦薦擧而與之同升, 見不善, 雖姻戚, 必痛懲而不少寬假, 如此乃眞心爲國之大臣也. 若見賢而不擧, 見不善而緘默不言, 則賢者何由而勸, 不肖者何由而懲. 豈大臣爲國之道, 不過顧身家貪富貴, 爲竊位苟祿之人而已, 於國家有何裨乎. 今爾大臣中, 有因戰功, 令管旗務及六部承政者, 有臨陣雖未有戰功, 因辦事精勤, 正直盡職, 遂令管旗務及各部承政者. 旣以正直而擧爲大臣, 豈可因富貴之後, 遂變其初心乎. 夫止知貪圖富貴, 而不能直言進諫, 乃爲逢迎諂媚之人, 朕索所不喜. 且不以正直自持, 富貴安能常保乎. 國恩亦豈能常受乎. 彼時悔無及矣. 爾等身爲大臣, 不憂國, 不勤政, 不殫心襄贊以成至治, 上天下民, 將何望耶.

○ 또 시신(侍臣)에게 유시했다. 「하늘의 도움을 입어 원근에서 투항해 오니 우리나라가 바야흐로 흥성할 기회이다. 너희 구사어전과 대신들이 바로 나라를 위해 노력하고 힘써 정치를 다스려 함께 공명을 세워야 할 때인데, 짐과 호쇼이 친왕・도로이 군왕・도로이 버일러・구사이 버이서들의 행동에 대해 어찌 한 사람도 득실을 직언하여 상주하는 자가 없는가? 예전에 너희가 전장에서 후퇴하거나 대오를 무너뜨리고 사사로이 재물을 은닉했기 때문에 죄를 얻은 경우는 있었지만 일찍이 직언으로 죄를 얻은 경우가 있었는가? 너희 대신들은 다른 사람의 장점을 보고도 기뻐하며 천거하지 않고, 다른 사람의 과실

을 보고도 나와 관련이 있다고 여기며 질책하지 않고 침묵하고 있다가, 그가 죄를 얻으면 비로소 여럿이 들고 일어나 논의한다. 이는 모두 너희가 서로 속이며 자신과 무관하다고 여기기 때문이다. 무릇 옛 사람은 어진 이를 보면 원수라 해도 천거하여 함께 높은 자리에 올랐고, 좋지 않은 자를 보면 인척이라 해도 통렬히 꾸짖으며 조금도 용서하지 않았으니, 그래야 진심으로 나라를 위하는 대신(大臣)이라 할 수 있을 것이다. 만약 어진 이를 보고도 천거하지 않고 좋지 않은 사람을 보고도 침묵하며 말하지 않으면 어진 이를 어떻게 권면할 것이며 불초한 자를 어떻게 징계할 것인가. 어찌 대신이 나라를 위하는 도리가 자신의 집안을 돌아보고 부귀를 탐하는 것이겠는가. 자리를 훔치고 녹봉을 구하는 사람일 뿐이라면 나라에 무슨 도움이 되겠는가. 지금 너희 대신들 중에는 전공이 있어 기무(旗務)와 육부의 승정을 맡긴 자도 있고, 전장에서 세운 전공은 없으나 일 처리에 근면하고 정직하여 기무(旗務)와 각 부의 승정을 맡긴 자도 있다. 정직해서 대신으로 삼았는데 부귀해진 후에는 어찌 그 초심이 변했는가. 부귀를 탐할 줄만 알고 직언을 올리지 못한다면 영합하고 아첨하는 사람이니, 짐이 본디 좋아하는 바가 아니다. 또한 정직함을 스스로 지키지 못한다면 부귀를 어찌 계속 보전하겠는가. 나라의 은혜를 어찌 계속 받을 수 있겠는가. 그때에는 후회해도 늦을 것이다. 너희가 대신된 자로서 나라를 염려하지 않고 정치에 힘쓰지 않고 마음을 다하여 협력하여 다스림을 이루지 못한다면 하늘과 백성이 장차 무엇을 바라겠는가.」

○ 戊寅, 召總兵官沈志祥等於內廷賜宴, 仍命七家, 如例以次宴之.

○ 무인일(7.17), 총병관 심지상 등을 내정(內廷)으로 불러 연회를 베풀고 칠가(七家)에 명하여 정례대로 순서에 따라 잔치하게 했다.

○ 先是, 和碩額駙額爾克戴青, 偕巴圖魯詹, 與妓狎, 解朝帶與之. 巴圖魯詹呈首, 下法司鞫之, 皆實. 額爾克戴青, 應革職, 以別子承襲, 與和碩公主離居, 不許侍上左右, 仍罰銀一百兩, 奏聞. 上命親王·郡王·貝勒·貝子·固山額眞及承政, 於崇政殿會議, 議如前, 奏聞. 上命免罪, 餓禁二晝夜.

○ 이전에 호쇼이 어푸 어르커 다이칭은 바투루 잔(baturu jan, 巴圖魯詹)과 함께 창기(娼妓)와 놀다가 조대(朝帶)를 풀어 주었다. 바투루 잔이 자수하여 법사(法司)에 보내 심문하니 모두 사실이었다. 어르커 다이칭을 혁직하여 다른 아들에게 계승시키고, 호쇼이 공주와 떨어져 지내게 하고, 주상의 곁에서 모시지 못하게 하며 벌은 100냥에 처하라고 상주했다. 주상이 친왕·군왕·버일러·버이서·구사어전·승정들에게 명하여 숭정전에 모여 의논하게 하니 이전대로 논의하여 상주했다. 주상은 죄를 용서하고 이틀 밤낮을 가두어 굶겼다.

○ 辛巳, 烏朱穆秦部落多爾濟濟農至, 命和碩親王以下及大臣等迎於演武場, 賜宴, 入城.

○ 신사일(7.20), 우주무친 부락의 도르지 지농이 왔다. 호쇼이 친왕 이하 대신들에게 명하여 연무장에서 영접하고 연회를 베풀고 성에 들어오게 했다.

○ 多羅饒餘貝勒阿巴泰違法, 擅留喇嘛於家, 理藩院以奏, 下法司審實. 擬罰銀三百兩, 仍罰人五名牛三頭, 其喇嘛即令遣出, 奏聞. 上命罰阿巴泰銀一百五十兩, 以喇嘛交與察漢喇嘛.

○ 도로이 요여 버일러 아바타이가 법을 어기고 라마를 집에 멋대로 머물게 했다. 이번원이 상주하여 법사에 보내 조사하니 사실이었다. 아바타이는 벌은 300냥과 사람 5명과 소 3마리를 벌로 내게 하고, 라마는 곧 내보내도록 논의하여 상주했다. 주상은 아바타이에게 은 150냥을 벌금으로 내게 하고 라마는 차간 라마(cagan lama, 察漢喇嘛)에게 보냈다.

○ 癸未, 上御篤恭殿, 召諸王以下, 牛彔章京以上, 及朝鮮國王子·陪臣, 竝烏朱穆秦部落多爾濟濟農, 鄂爾多斯部落額林臣濟農·氷圖王·古魯台吉, 總兵官沈志祥等, 賜大宴. 多爾濟濟農等, 獻馬匹, 酌納之.

○ 계미일(7.22), 주상이 독공전(篤恭殿)에 이르러 여러 왕 이하 니루장긴 이상, 조선국왕의 아들과 배신(陪臣), 우주무친 부락의 도르지 지농, 오르도스 부락의 어린천 지농·빙투 왕·구루 타이지(guru taiji, 古魯台吉), 총병관 심지상 등을 불러 큰 잔치를 내렸다. 도르지 지농 등이 말을 바치니 헤아려 받았다.

○ 甲申, 賜鄂爾多斯部落額林臣濟農·古魯台吉·阿喇納台吉·濟農母下巴代古什·布達代台吉下明愛·吳努滾台吉下綽益莫奏等, 貂鑲朝衣·貂帽·玲瓏鞓帶·撒袋·弓矢·鞍轡·甲冑·馬匹·銀兩等物有差.

○ 갑신일(7.23), 오르도스 부락의 어린천 지농·구루 타이지·아라나 타이지(arana taiji, 阿喇納台吉)·지농의 모친 속하의 바다이 구시(badai gusi, 巴代古什)·부다다이 타이지(budadai taiji, 布達代台吉) 속하의 밍가이(minggai, 明愛)·우누군 타이지(unugun taiji, 吳努滾台吉) 속하의 추이모친(cuimocin, 綽益莫秦) 등에게 담비가죽으로 테를 두른 조의·담비가죽모자·정교하게 장식한 가죽띠·화살집·활과 화살·안장과 고삐·갑옷과 투구·말·은량 등을 차등 있게 하사했다.

○ 賜沙克察台吉下卓爾圖·小薩漢台吉下肫泰·吳巴什台吉下康喀爾·達穆木禮台吉下巴都海·大薩漢台吉下翁奇·小古魯台吉下吳巴什·博羅克台吉下特特會·垂穆扎忒台吉下察漢·多爾濟穆台吉下阿爾布斯等, 及其從役, 各銀兩有差.

○ 샤차 타이지(šakca taiji, 沙克察台吉) 속하의 졸투(joltu, 卓爾圖)·소(小) 사간 타이지(ajige sagan taiji, 小薩漢台吉) 속하의 준타이(juntai, 肫泰)·우바시 타이지(ubasi taiji, 吳巴什台吉) 속하의 캉칼(kangkal, 康喀爾)·담무리 타이지(dammuri taiji, 達穆木禮台吉) 속하의 바두하이(baduhai, 巴都海)·대(大) 사간 타이지(amba sagan taiji, 大薩漢台吉) 속하의 옹키(onki, 翁奇)·소(小) 구루 타이지(ajige guru taiji, 小古魯台吉) 속하의 우바시(ubasi, 吳巴什)·보록 타이지(borok taiji, 博羅克台吉) 속하의 터터후이(tetehui, 特特會)·초임자트 타이지(coimjat taiji, 垂穆扎忒台吉) 속하의 차간(cagan, 察漢)·도르짐 타이지(dorjim taiji, 多爾濟穆台吉) 속하의 아르부스(arbus, 阿爾布斯) 등과 그들의 쿠툴러에게 각각 은량을 차등 있게 하사했다.

○ 先是, 上命內秘書院大學士范文程, 議應授承政及啟心郎之人. 遂同吏部承政阿拜阿格, 及色勒 · 祖澤洪 · 鮑承先會議, 以鄧長春等名進. 於是, 以鄧長春爲戶部承政, 以張尙 · 蘇弘祖爲戶部啟心郞.

○ 이전에 주상은 내비서원대학사 범문정에게 명하여 승정과 계심랑을 제수해야 할 사람을 논의하게 했다. 마침내 이부승정 아바이 아거(abai age, 阿拜阿格) · 설러(sele, 色勒) · 조택홍(祖澤洪) · 포승선(鮑承先)이 회의하여 등장춘(鄧長春) 등의 이름을 올렸다. 이에 등장춘을 호부승정으로 삼고 장상(張尙)과 소홍조(蘇弘祖)를 호부계심랑으로 삼았다.

○ 以征厄黑庫倫 · 厄勒約索 · 僧庫勒諸部落, 諸將奮勇深入, 多獲人口有功, 加牛彔章京朱馬喇 · 塔哈布, 各半個前程, 陞牛彔章京綽拜, 爲三等甲喇章京, 授半個牛彔章京濟布舒 · 革職閒住海塞, 俱爲牛彔章京, 無職人孟格 · 圖球, 俱爲半個牛彔章京.

○ 어허 쿠런(ehe kuren, 厄黑庫倫) · 얼러 요서(ele yose, 厄勒約索) · 성쿨러(sengkule, 僧庫勒) 등의 부락들을 정벌할 때 여러 장수들이 분발하여 깊이 진격해서 인구를 다수 노획한 공이 있기 때문에, 니루장긴 주마라(jumara, 朱馬喇)와 타하부(tahabu, 塔哈布)에게 각각 반개전정(半個前程)을 더해주고, 니루장긴 초바이(cobai, 綽拜)를 삼등 잘란장긴으로 승격시키고, 반개니루장긴 집슈(jibšu, 濟布舒)와 혁직되어 쉬고 있는 하이서(haise, 海塞)를 모두 니루장긴으로 삼고, 직책이 없는 멍거이(menggei, 孟格)와 투키오(tukio, 圖球)를 모두 반개니루장긴으로 삼았다.

○ 以征黑龍江地方時, 半個牛彔章京星訥, 率左翼兵指揮有功, 其兄辛泰 · 弟席爾圖, 皆陣亡, 因超陞星訥爲三等甲喇章京.

○ 흑룡강 지방을 정벌할 때 반개니루장긴 싱너(singne, 星訥)가 좌익의 병사를 이끌고 지휘한 공이 있고, 그의 형 신타이(sintai, 辛泰)와 동생 시르투(sirtu, 席爾圖)가 모두 전사했기 때문에 싱너를 삼등 잘란장긴으로 등급을 뛰어넘어 승격시켰다.

○ 一等甲喇章京季思哈病故, 以其子季占襲職. 二等甲喇章京卦爾察病故, 以其弟尼滿襲職. 三等甲喇章京吳長山病故, 以其兄子吳士俊襲職. 三等甲喇章京昭諾達爾漢巴圖魯病故, 以其弟沙里代襲職.

○ 일등 잘란장긴 기스하(gisha, 季思哈)가 병사하여 그 아들 기잔(季占, gijan)에게 습직시켰다. 이등 잘란장긴 구왈차(gūwalca, 卦爾察)가 병사하여 그 동생 니만(niman, 尼滿)에게 습직시켰다. 삼등 잘란장긴 오장산(吳長山)이 병사하여 그 형의 아들 오사준(吳士俊)에게 습직시켰다. 삼등 잘란장긴 조오노 다르한 바투루(joono darhan baturu, 昭諾達爾漢巴圖魯)가 병사하여 그 동생 샤리다이(šaridai, 沙里代)에게 습직시켰다.

○ 一等甲喇章京赫什密獲罪, 降爲二等甲喇章京.

○ 일등 잘란장긴 허시미(hesimi, 赫什密)가 죄를 얻어서 이등 잘란장긴으로 강등시켰다.

○ 以羅禮迎至嘛哈噶喇佛, 授爲一等甲喇章京.

○ 로리(lori, 羅禮)가 마하갈라 불상을 가지고 왔기 때문에 일등 잘란장긴을 제수했다.

○ 授劉哈爲牛彔章京, 以其材堪任使也.

○ 리오하(lioha, 劉哈)에게 니루장긴을 제수했는데, 재능이 직임을 맡을 만하기 때문이다.

○ 丙戌, 先是, 六部 · 都察院 · 理藩院, 滿洲 · 蒙古 · 漢人承政, 每衙門各三四員, 其餘皆爲參政, 官止二等. 至是, 范文程 · 希福 · 剛林等奏請, 每衙門止宜設滿洲承政一員, 以下酌量設左右參政 · 理事 · 副理事 · 主事等官, 共爲五等. 上可其奏, 於是命吏部和碩睿親王, 更定八衙門官制. 以阿拜爲吏部承政, 色勒 · 祖澤洪爲左參政, 薩壁翰 · 滿朱習禮 · 鮑承先爲右參政, 理事官四員, 庫拜 · 巴達 · 朱瑪喇 · 喀喀木, 副理事官六員, 克宜福 · 席特庫 · 褚庫巴圖魯 · 阿玉石 · 屯泰 · 盧登科, 啟心郎三員, 滿洲索尼 · 漢人董天機 · 焦安民, 主事二員, 寧古里 · 費齊. 以英俄爾岱爲戶部承政, 馬福塔 · 吳守進爲左參政, 塞冷 · 車臣 · 鄧長春 · 得穆圖爲右參政, 理事官十員, 綽拜 · 崔應泰 · 馬光輝 · 喀愷 · 賈隆阿 · 庫里 · 俄屯 · 塞冷 · 海薩海 · 塞赫, 副理事官十五員, 孫塔 · 昂金 · 吳魯喀 · 車克 · 羅洛 · 納爾泰 · 特木魯 · 木戶 · 般達禮 · 吳勒木 · 伊木布 · 鍾古 · 布舒庫 · 克什圖 · 巴雅木, 啟心郎三員, 滿洲布丹 · 漢人張尙 · 蘇弘祖, 主事二員, 吳爾朱·克衣克德. 以滿達爾漢爲禮部承政, 巴顔·超哈爾爲左參政, 阿賴庫魯克達爾漢·陳邦選·俄莫克圖爲右參政, 理事官四員, 圖爾搴·朱世起·郭汝極·喇瑪, 副理事官七員, 哈爾松阿·尼堪·瓦戶達·哈什談·溫都里·高修極·高俊, 啓心郎三員, 滿洲祁充格·漢人二員, 主事二員, 馬爾漢·吳爾山. 以伊孫爲兵部承政, 祖澤潤·穆成格爲左參政, 古爾布什·葉克書·佟圖賴爲右參政, 理事官十員, 甘都·明安達禮·董世祿·俄莫克圖巴圖魯·尼喀里巴圖魯·郎紹禎·葉赫朱瑪喇·達爾泰·薩必圖·喀喇爾代, 副理事官十六員, 巴爾泰·喀木戚哈·孟庫魯·卦喇·傅喀·宜理布·唐貴·輝山·塞古德·巴牙爾圖·金維城·滿闢·顧魯戶·席林·阿爾機闌·孟格, 啓心郎三員, 滿洲詹霸·漢人丁文盛·趙福星, 主事二員, 松愛·商家圖. 以郎球爲刑部承政, 吳達海·孟喬芳爲左參政, 布當·李雲·星訥爲右參政, 理事官六員, 邵占·張大猷·李國翰·納爾賽·羅奇·巴哈納, 副理事官八員, 龔衮·康喀賴·邦紐·阿薩里·宜爾喀·藍泰·耿格·得特, 啓心郎三員, 滿洲額爾格圖·漢人申朝紀·王廷選, 主事二員, 勞察·穆成格. 以薩穆什喀爲工部承政, 車爾格·裴國珍爲左參政, 囊努克·吳善·楊文魁爲右參政, 理事官八員, 哈爾薩·星鼐·臧國祚·傅喀納·西爾都·阿福尼·巴山·塞紐克, 副理事官十員, 法談·烏朱昂邦·海塞·佟國蔭·舒寧阿·閻代·薩哈納·萬塔西·阿爾賽·吳泰, 又理事官額蘇圖, 副理事官翁阿岱·任名世, 啓心郎二員, 滿洲喀木圖·漢人馬名珮·王來用, 主事二員, 阿爾泰·吳什巴. 以貝子博洛爲理藩院承政, 塞冷爲左參政, 尼堪爲右參政, 副理事官八員, 諾木圖·希福訥·胡什格·扈什布·羅畢·阿布達理·艾松古·羅多里, 啓心郎敦多惠. 以阿什達爾漢爲都察院承政, 索海·多爾濟達爾漢諾顔爲左參政, 祖可法·張存仁爲右參政, 理事官六員, 滿洲·漢人·蒙古各二, 庫爾禪·馬喇希·馬

國柱 · 雷興 · 巴郎 · 阿津.

○ 병술일(7.25), 이전에 육부 · 도찰원 · 이번원은 만주 · 몽고 · 한인 승정을 아문마다 3-4명씩 두고 그 나머지는 모두 참정으로 삼아서 관직이 단지 두 등급뿐이었다. 이때에 범문정 · 히퍼 · 가린 등이 주청하기를, 아문마다 만주 승정을 1명씩만 두고 그 이하는 적절히 헤아려서 좌참정과 우참정 · 이사(理事) · 부이사(副理事) · 주사(主事) 등의 관직을 설치하여 모두 다섯 등급으로 만들자고 했다. 주상은 그 주청이 타당하다고 여기고, 이부의 호쇼이 예친왕(睿親王)에게 명하여 여덟 아문의 관제(官制)를 다시 정하게 했다.

아바이(abai, 阿拜)를 이부승정, 설러(sele, 色勒) · 조택홍(祖澤洪)을 좌참정, 사비간(sabigan, 薩壁翰) · 만주시리(manjusiri, 滿朱習禮) · 포승선(鮑承先)을 우참정으로 삼았다. 이사관 4명은 쿠바이(kūbai, 庫拜) · 바다(bada, 巴達) · 주마라(jumara, 朱瑪喇) · 카카무(kakamu, 喀喀木)이다. 부이사관 6명은 커이푸(keifu, 克宜福) · 시터쿠 · 추쿠 바투루(cuku baturu, 褚庫巴圖魯) · 아유시(ayusi, 阿玉石) · 툰타이(tuntai, 屯泰) · 노등과(盧登科)이다. 계심랑 3명은 만주의 소닌(sonin, 索尼)과 한인 동천기(董天機) · 초안민(焦安民)이다. 주사 2명은 닝구리(ningguri, 寧古里) · 퍼이치(feici, 費齊)이다.

잉굴다이(inggūldai, 英俄爾岱)를 호부승정, 마푸타(mafuta, 馬福塔) · 오수진(吳守進)을 좌참정, 서렁(sereng, 塞冷) · 체첸(cecen, 車臣) · 등장춘(鄧長春) · 덤투(demtu, 得穆圖)를 우참정으로 삼았다. 이사관 10명은 초바이(cobai, 綽拜) · 최응태(崔應泰) · 마광휘(馬光輝) · 카카이(kakai, 喀愷) · 기야룽가(giyarungga, 賈隆阿) · 쿠리(kuri, 庫里) · 오톤(oton, 俄屯) · 서렁(sereng, 塞冷) · 하이사하이(haisahai, 海薩海) · 서허이(sehei, 塞赫)이다. 부이사관 15명[6]은 순타(sunta, 孫塔) · 앙긴(anggin, 昂金) ·

울루카(uluka, 吳魯喀)·처커(ceke, 車克)·롤로(lolo, 羅洛)·나르타이(nartai, 納爾泰)·터무루(temuru, 特木魯)·무후(muhu, 木戶)·인다리(indari, 殷達禮)·울러무(ulemu, 吳勒木)·임부(imbu, 伊木布)·중구(junggu, 鍾古)·부슈쿠(bušuku, 布舒庫)·커시투(kesitu, 克什圖)·바야무(bayamu, 巴雅木)이다. 계심랑 3명은 만주의 부단(budan, 布丹)·한인 장상(張尙)·소홍조(蘇弘祖), 주사 2명은 울주(ulju, 吳爾朱)·커이커더(keikede, 克衣克德)이다.

만다르한(mandarhan, 滿達爾漢)을 예부승정, 바얀(bayan, 巴顏)·초오하르(coohar, 超哈爾)를 좌참정, 알라이 쿨룩 다르한(alai kuluk darhan, 阿賴庫魯克達爾漢)[7]·진방선(陳邦選)·오목투(omoktu, 俄莫克圖)를 우참정으로 삼았다. 이사관 4명은 투르자이(turjai, 圖爾寨)·주시키(jusiki, 朱世起)·곽여극(郭汝極)·라마(lama, 喇瑪)이다. 부이사관 7명은 하르숭가(harsungga, 哈爾松阿)·니칸(nikan, 尼堪)·와후다(wahūda, 瓦戶達)·하시탄(hasitan, 哈什談)·운두리(unduri, 溫都里)·고수극(高修極)·고준(高俊)이다.[8] 계심랑 3명은 만주의 키충거(kicungge, 祁充格)와 한인 2명이고,[9] 주사 2명은 마르간(margan, 馬爾漢)·우르산(ursan, 吳爾山)이다.

이순(isun, 伊孫)을 병부승정으로, 조택윤(祖澤潤)·무청거(mucengge,

---

6 『내국사원당』에는 부이사관이 16명으로 울루카와 처커 사이에 오오더(oode)가 기록되어 있다. 순치 초찬본 『청태종실록』에는 16명으로 수는 같지만 오오더(oode)가 누락되어 있다. 본서 『청태종실록』에서는 15명으로 조정되었고 오오더(oode)가 누락되어 있다. 『內國史院滿文檔案譯註 崇德二·三年分』, p.481.

7 『내국사원당』에는 'alai kuluk'으로만 기록되어 있다. 『內國史院滿文檔案譯註 崇德二·三年分』, p.482.

8 『내국사원당』에는 예부의 부이사관이 6명으로 기록되었고 '高俊'은 tule aisilakū hafan(外副理事官)으로 기록되어 있다. 순치 초찬본 『청태종실록』에서도 마찬가지이다. 『內國史院滿文檔案譯註 崇德二·三年分』, p.482.

9 漢人 2명의 이름은 확인되지 않는다.

穆成格)를 좌참정으로, 구르부시(gurbusi, 古爾布什)·역슈(yekšu, 葉克書)·퉁 툴라이(tung tulai, 佟圖賴)를 우참정으로 삼았다. 이사관 10명은 간두(gandu, 甘都)·밍간다리(minggandari, 明安達禮)·둥실루(dungsilu, 董世祿)·오목투 바투루(omoktu baturu, 俄莫克圖巴圖魯)·니카리 바투루(nikari baturu, 尼喀里巴圖魯)·낭소정(郎紹禎)·여허 주마라(yehe jumara, 葉赫朱瑪喇)·다르타이(dartai, 達爾泰)·사비투(sabitu, 薩必圖)·카랄다이(karaldai, 喀喇爾代)이다. 부이사관 16명은 바르타이(bartai, 巴爾泰)·캄치하(kamciha, 喀木戚哈)·뭉쿠루(mungkuru, 孟庫魯)·구와라(gūwara, 卦喇)·푸카(fuka, 傅喀)·일리부(ilibu, 宜理布)·탕구이(tanggui, 唐貴)·호이산(hoisan, 輝山)·서구더(segude, 塞古德)·바야르투(bayartu, 巴牙爾圖)·김유성(金維城)·맘피(mampi, 滿闢)·굴루후(guluhu, 顧魯戶)·시린(sirin, 席林)·아르기찬(argican, 阿爾機闐)·멍거이(menggei, 孟格)이다. 계심랑 3명은 만주의 잠바(jamba, 詹霸)·한인 정문성(丁文盛)·조복성(趙福星)이고, 주사 2명은 숭가이(sunggai, 松愛)·샹기투(šanggitu, 商家圖)이다.

랑키오(langkio, 郎球)를 형부승정, 우다하이(udahai, 吳達海)·맹교방(孟喬芳)을 좌참정, 부당(budang, 布當)·이운(李雲)·싱너(singne, 星訥)를 우참정으로 삼았다. 이사관 6명은 쇼잔(šojan, 邵占)·장대유(張大猷)·이국한(李國翰)·나르사이(narsai, 納爾賽)·로키(loki, 羅奇)·바하나(bahana, 巴哈納)이다. 부이사관 8명은 궁군(gunggun, 龔袞)·캉칼라이(kangkalai, 康喀賴)·방니오(bangnio, 邦紐)·아사리(asari, 阿薩里)·일라카(ilaka, 宜爾喀)·란타이(lantai, 藍泰)·겅거이(genggei, 耿格)·더터(dete, 得特)이다. 계심랑 3명은 만주의 어르거투·한인 신조기(申朝紀)·왕정선(王廷選)이고, 주사 2명은 로오차(looca, 勞察)·무청거(mucengge, 穆成格)이다.

삼시카를 공부승정으로, 처르거이·배국진(裴國珍)을 좌참정으로, 낭눅(nangnuk, 囊努克)·우샨(ušan, 吳善)·양문괴(楊文魁)를 우참정으로 삼았다. 이사관 8명은 하르사(harsa, 哈爾薩)·싱나이(singnai, 星鼐)·장국조(臧國祚)·푸카나(fukana, 傅喀納)·실두(sildu, 西爾都)·아푸니(afuni, 阿福尼)·바산(basan, 巴山)·서니오커(senioke, 塞紐克)이다. 부이사관 10명은 파탄(fatan, 法談)·우주 암반(uju amban, 烏朱昂邦)·하이서(haise, 海塞)·동국음(佟國蔭)·슈닝가(šuningga, 舒寧阿)·얀다이(yandai, 閻代)·사하나(sahana, 薩哈納)·완타시(wantasi, 萬塔西)·아르사이(arsai, 阿爾賽)·우타이(utai, 吳泰)이다. 또한 이사관은 어수투(esutu, 額蘇圖), 부이사관 웅가다이(unggadai, 翁阿岱)·임명세(任名世)이다. 계심랑 3명은 만주인 캄투(kamtu, 喀木圖)·한인 마명패(馬名珮)·왕래용(王來用), 주사 2명은 아르타이(artai, 阿爾泰)·우시바(usiba, 吳什巴)이다.

버이서 볼로(bolo, 博洛)를 이번원승정으로, 서렁(sereng, 塞冷)을 좌참정으로, 니칸(nikan, 尼堪)을 우참정으로 삼았다. 부이사관 8명은 놈투(nomtu, 諾木圖)·히퍼너(hifene, 希福訥)·후시거(hūsige, 胡什格)·후시부(hūsibu, 扈什布)·로비(lobi, 羅畢)·압다리(abdari, 阿布達理)·아이숭구(aisunggū, 艾松古)·로도리(lodori, 羅多里)이다. 계심랑은 돈도호이(dondohoi, 敦多惠)이다.

아시다르한(asidarhan, 阿什達爾漢)을 도찰원승정으로, 소오하이·도르지 다르한 노얀(dorji darhan noyan, 多爾濟達爾漢諾顏)을[10] 좌참정으로, 조가법(祖可法)·장존인(張存仁)을 우참정으로 삼았다. 이사관 6명은 만주·한인·몽고인 각 2명씩으로, 쿠르찬(kūrcan, 庫爾禪)·말라히(malahi, 馬喇希)·마국주(馬國柱)·뇌흥(雷興)·바랑(barang, 巴郎)·아진(ajin, 阿津)이었다.

---

10 『내국사원당』에는 'dorji noyan'으로만 기록되어 있다. 『內國史院滿文檔案譯註 崇德二·三年分』, p.486.

○ 是日, 賜八旗自大凌河來歸之都司十二員, 守備四十九員, 署守備五十二員, 共緞二百二十疋.

○ 이날 팔기로 편제된 대릉하에서 귀순해 온 도사(都司) 12명, 수비(守備)[11] 49명, 서수비(署守備) 52명에 게 모두 220필의 비단을 내렸다.[12]

○ 是日, 賜鄂爾多斯部落濟農及台吉古魯·阿喇納等, 銀兩有差. 命禮部參政俄莫克圖·理事官朱世起, 於演武場賜宴, 遣之.

○ 이날 오르도스 부락의 지농과 타이지 구루(guru, 古魯)·아라나(arana, 阿喇納) 등에게 은량을 차등 있게 하사했다. 예부참정 오목투(omoktu, 俄莫克圖), 이사관 주시키(jusiki, 朱世起)에게 명하여 연무장에서 잔치를 베풀어 주라고 보냈다.

○ 烏朱穆秦部落多爾濟濟農, 具筵於崇政殿獻上.

○ 우주무친 부락의 도르지 지농이 숭정전(崇政殿)에서 연회를 갖추어 주상에게 바쳤다.

---

11 『내국사원당』에서는 'jingkini šubei(正守備)'라 하여 'daise šubei(署守備)'와 구분하고 있다. 『內國史院滿文檔案譯註 崇德二·三年分』, p.487.

12 『내국사원당』에 의하면 모두 비단이었던 것은 아니고 명주나 조선에서 온 홍색과 백색의 紡絲도 포함되어 있었다. 조의(朝衣)를 지어 입으라고 지급한 옷감이라는 사실도 확인된다. 『內國史院滿文檔案譯註 崇德二·三年分』, p.487.

○ 戊子, 遣總兵官沈志祥還鎭, 遣官送至五里外, 賜宴.

○ 무자일(7.27), 총병관 심지상을 진(鎭)으로 돌려보냈다. 관원을 보내어 5리 밖에서 잔치를 베풀어 주었다.

○ 是日, 以和爾本 · 伊爾登爲護軍統領, 布顔爲議政大臣護軍統領.

○ 이날 홀본 · 일던(ilden, 伊爾登)을 호군통령으로 삼고, 부얀(buyan, 布顔)을 의정대신 호군통령으로 삼았다.

권43

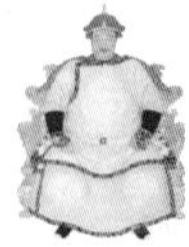

숭덕 3년 8월 ~ 9월

崇德三年戊寅八月辛卯朔, 賜實勝寺誦經喇嘛西布札等五人宴

○ 숭덕 3년 무인년 8월 신묘일 초하루(8.1), 실승사(實勝寺)의 송경라마(誦經喇嘛) 십자(sibja, 西布札) 등 5명에게 잔치를 베풀었다.

○ 癸巳, 上引太公望功烈, 諭勉諸臣. 固山額眞石廷柱對曰, 太公望有生殺之權, 臣等能如彼生殺人乎. 雖牛彔章京以下, 若加督責, 逮至六部, 比肩而跪, 臣等豈不受辱, 如此其何以堪. 八旗固山額眞隨將廷柱, 送刑部審擬, 以廷柱身在本朝, 其心猶在他國, 應論死, 奏聞. 上宥之.

○ 계사일(8.3), 주상이 태공망(太公望)의 공적을 인용하여 여러 신하들에게 유시하고 권면했다. 구사어전 석정주가 대답했다. "태공망은 사람을 살리고 죽이는 권한을 가지고 있었으나 신들이 그와 같이 사람을 살리고 죽일 수 있겠습니까. 비록 니루장긴 이하라도 독책(督

責)하려 하면 육부(六部)에 가서 어깨를 나란히 하고 꿇어야 하니 신들이 어찌 치욕을 받지 않겠습니까. 이와 같으니 어찌 감당하겠습니까." 팔기의 구사어전들이 이로 인해 석정주를 형부(刑部)로 보내어 심리하고 논의했다. "석정주가 몸은 우리나라에 있으나 그 마음은 여전히 다른 나라에 있으니 사형으로 논해야 합니다." 상주하자 주상이 용서했다.

○ 甲午, 先是, 禮部承政甲喇章京祝世昌, 條奏俘獲敵人之妻, 不可令其爲娼伎一疏, 奉旨切責. 至是, 命固山額眞石廷柱·馬光遠及諸漢官會訊世昌, 此疏與誰共議. 供云, 我自爲之. 文有不順者, 啟心郎孫應時曾爲改正, 甲喇章京姜新·馬光先亦觀之. 二人咸稱善, 欲列名, 我不允. 因自行陳奏. 問姜新·馬光先, 供云, 我等觀之稱善, 然並無列名之說. 問孫應時, 供云, 改正是實, 又問世昌, 汝弟世蔭曾知此事否, 供云, 吾弟實不知. 世蔭亦堅供不承. 於是, 諸漢官遂公議世昌身在本朝, 其心猶在明國, 護庇漢人, 與姦細無異. 祝世蔭既係同居, 豈有不知之理. 均應論死籍其家. 孫應時爲啟心郎, 反代爲改正, 實係世昌同謀, 亦應論死, 姜新·馬光先, 見疏不勸止, 反稱善, 俱應革職, 各罰銀一百兩, 姜新並解部任, 奏聞. 上命免祝世昌·祝世蔭死, 發邊外席北地方安置, 姜新以招撫大凌河時, 往來通使有功, 免罪解部任, 馬光先有建昌歸順功, 亦免罪, 孫應時依議正法.

○ 갑오일(8.4), 이전에 예부승정 잘란장긴 축세창(祝世昌)이 노획한 적의 처를 창기로 삼게 해서는 안 된다는 소(疏)를 조목별로 상주했다가 심하게 질책하는 지(旨)를 받았었다. 이때에 구사어전 석정주·마광원과 여러 한인 관리들에게 명하여 축세창이 누구와 함께 의논하여 상소했는지를 조사하게 했다. 축세창이 진술했다. "제가 스스로 한

일입니다. 글이 매끄럽지 못해서 계심랑 손응시(孫應時)가 고쳤는데 잘란장긴 강신(姜新)과 마광선(馬光先)이 보고 두 사람 모두 좋다면서 같이 이름을 쓰고자 했지만 제가 허락하지 않았습니다. 이에 제가 스스로 상주한 것입니다." 강신과 마광선에게 물으니 진술했다. "우리가 보고 좋다고 했지만 같이 이름을 쓰자고 말하지는 않았습니다." 손응시에게 물으니 진술했다. "글을 고친 것은 사실입니다." 또 축세창에게 "너의 동생 축세음(祝世蔭)도 이 사실을 아느냐"라고 물으니 진술했다. "제 동생은 이 사실을 알지 못합니다." 축세음도 굳게 모른다고 진술했다.

이에 여러 한인 관리들이 함께 논의하여 마침내 상주했다. "축세창이 몸은 우리나라에 있지만 마음은 여전히 명나라에 있어서 한인(漢人)을 비호하는 것이 간첩과 다를 바 없습니다. 축세음도 함께 살고 있으니 몰랐을 리 없습니다. 모두 죽이고 가산을 적몰하는 것이 마땅합니다. 손응시는 계심랑의 직임을 가지고도 도리어 대신해서 고쳐 주었으니 축세창과 공모한 것과 같으므로 사형으로 논해야 합니다. 강신과 마광선은 상소를 보고도 그만두라고 권유하지 않고 도리어 좋다고 말했으니 모두 혁직하고 은 100냥씩을 벌로 취해야 하며, 강신은 부(部)의 직임에서도 파면해야 합니다."

주상이 명하여 축세창과 축세음은 사형을 면해 주고 변경 밖으로 쫓아내어 시버(sibe, 席北) 지방에 안치시키고, 강신은 대릉하를 초무할 때 사절로 오가면서 통한 공이 있으므로 죄를 면해 주고 부(部)의 직임에서만 파면하고, 마광선은 건창(建昌)에서 귀순해 온 공이 있으므로 역시 죄를 면해 주고, 손응시는 의논한 대로 처형했다.

○ 固山額眞譚泰告, 其故兄固山額眞納穆泰妻, 往祭伊子巴牙爾圖, 攜安朱牛彔下古木布祿家女巫同往. 女巫云, 固山額眞納穆泰來矣.

謂巴牙爾圖身在, 爾等何必用祭. 因將送葬衣服攜回. 又以上所賜蟒·裘, 應焚化者, 改服服之. 又往溫泉, 邀薩穆什喀·龔衮宴飮. 刑部審實定擬. 納穆泰妻, 聽信邪巫, 擅違國制, 及女巫俱應論死. 古木布祿, 一議死, 一議鞭一百. 牛彔章京安朱, 應坐以應得之罪. 本牛彔撥什庫 羅卓戶·渾他什·達敏·察哈喇, 照例鞭責. 薩穆什喀·龔衮, 均應坐以應得之罪, 奏聞. 上命納穆泰妻并女巫, 皆正法. 古木布祿, 免死贖身. 安朱坐以應得之罪, 撥什庫四人, 照例鞭責, 薩穆什喀·龔衮, 俱免議.

○ 구사어전 탄타이(tantai, 譚泰)가 고발했다. 그의 죽은 형 구사어전 남타이(namtai, 納穆泰)의 처가 자기 아들 바야르투(bayartu, 巴牙爾圖)를 제사 지내러 갈 때 안주(anju, 安朱) 니루 속하의 굼불루(gumbulu, 古木布祿) 집의 무녀와 함께 갔다. 무녀가 말했다. "구사어전 남타이가 와 있다. 바야르투의 몸이 여기에 있는데 너희는 어째서 꼭 제사에 쓰려 하느냐고 한다." 이에 장사 지내러 보낸 의복을 가지고 돌아와서 주상이 태우라고 하사한 망단(蟒緞)·가죽옷으로 옷을 만들어 입고,[1] 또 온천에 가서 삼시카·궁군을 불러서 잔치를 베풀었다. 형부에서 조사하니 사실이어서 다음과 같이 의논했다. 「남타이의 처는 간사한 무당의 말만 믿고 국가의 제도를 함부로 어겼으니 무녀와 함께 죽여야 합니다. 굼불루는 죽여야 한다는 의견과 채찍으로 100대 때려야 한다는 의견이 있었습니다. 니루장긴 안주는 받아야 할 죄에 처해야 합니다. 본 니루의 보쇼쿠 로조후(lojohū, 羅卓戶)·훈타시(hūntasi, 渾他什)·다민(damin, 達敏)·차하라(cahara, 察哈喇)는 정례(定例)에 따라

1 『내국사원당』에 의하면 dahū(털가죽외투)를 만들어 입었다. 『內國史院滿文檔案譯註 崇德二·三年分』, p.504.

채찍으로 때려야 합니다. 삼시카 · 궁군은 모두 받아야 할 죄에 처해야 합니다.」 주상이 명하여 남타이의 처와 무녀는 모두 처형하고, 굼불루는 사형을 면해 주고 속신(贖身)하게 하고, 안주는 받아야 할 죄에 처했다. 보쇼쿠 4명은 정례(定例)에 따라 채찍질하며 삼시카와 궁군은 모두 처벌을 면해 주었다.

○ 乙未, 命各官俱按世職, 每四箇牛彔章京, 出牛一 · 婦女二. 八家各出婦女十口 · 牛二百. 并在官婦女七十五口, 賞給新附總兵官沈志祥所率官屬兵丁.

○ 을미일(8.5), 각 관원에게 명하여 모두 세직(世職)에 따라 4개 니루의 장긴마다 소 1마리와 부녀자 2명씩을 내게 하고, 팔가(八家)에게 각각 부녀자 10명과 소 200마리씩을 내게 하여, 관에 속한 부녀자 75명과 함께 새로 귀부해 온 총병관 심지상을 따라온 소속 병정들에게 상으로 주었다.

○ 丙申, 吳拜 · 沙爾虎達, 率前鋒兵四十名 · 蒙古兵四十名, 至紅山口, 遇明千總二員 · 兵百人, 擊斬兩千總 · 獲馬二. 又敗明羅文峪兵五百騎, 獲馬四十一 · 大纛二. 又敗密雲步兵一百二十人並八隊邏卒, 盡殲之.

○ 병신일(8.6), 우바이 · 샤르후다가 전봉병(前鋒兵) 40명과 몽고병 40명을 이끌고 홍산구(紅山口)에 이르러 명나라의 천총 2명, 병사 100명과 마주쳐 공격해서 천총 2명을 죽이고 말 2마리를 얻었다. 또 나문욕(羅文峪)[2]에 있던 명나라 군사 500기(騎)를 패퇴시키고 말 41마리 ·

대독(大纛) 2개를 얻었다. 또 밀운(密雲)의 보병 120명을 패퇴시키고 여덟 부대의 나졸도 모조리 섬멸했다.

○ 丁酉, 寅刻, 地震.

○ 정유일(8.7), 인시(寅時)에 지진이 있었다.

○ 是日, 宗室塔拜以其果園爲巴布賴所奪, 控於戶部, 遣人往驗事實, 送刑部確審. 部議巴布賴應論死籍其家, 牛彔章京阿爾海, 不行查出, 坐以應得之罪, 奏聞. 上以禮親王代善年老, 巴布賴自幼相從, 意必憐愛, 免死贖身, 禁其於禮親王處行走, 發牛彔管轄, 阿爾海坐以應得之罪, 其巴布賴·阿爾海之守園奴僕, 併牲畜等物, 皆斷給塔拜. 復諭巴布賴, 自後若不立功贖罪, 當并治前罪.

○ 이날 종실 타바이(tabai, 塔拜)가 자신의 과수원을 바불라이(babulai, 巴布賴)가 빼앗았다고 호부에 고발했다. 사람을 파견하여 조사하니 사실이어서 형부(刑部)에 보내어 심리했다. 형부(刑部)에서 의논하여 상주했다.「바불라이를 죽이고 그의 가산을 적몰해야 합니다. 니루장긴 아르하이(arhai, 阿爾海)는 제대로 조사하지 않았으니 받아야 할 죄에 처해야 합니다.」주상은 예친왕(禮親王) 다이샨이 연로하고 바불라이가 어렸을 때부터 따랐기 때문에, 다이샨이 분명히 불쌍히 여길 것이라 하여 바불라이의 사형을 면해 주고 속신(贖身)하게 하고,

---

2 羅文峪은 현재 하북성의 遵化県과 興隆県의 경계선이다.

예친왕(禮親王)에게 가는 것을 금지하고 관할하던 니루를 빼앗았다. 아르하이는 받아야 할 죄에 처했다. 바불라이와 아르하이의 과수원을 지키는 노복과 가축 등은 모두 타바이에게 지급하게 했다. 다시 바불라이에게 유시하여 이후에 공을 세워 속죄하지 않으면 마땅히 이전에 지은 죄를 아울러서 다스리겠다고 했다.

○ 固山額眞阿山之子塞赫與本旗塞古德牛彔下洪科角口. 洪科遂訐塞赫先時出征昌平州, 至雄縣石橋, 遇敵會戰, 塞赫退避. 時額駙古爾布什·唐貴勘問, 以蒙古固山額眞額駙蘇納知其事, 令證之. 及質審, 古爾布什·唐貴, 惟洪科言是聽, 寘塞赫不問. 於是刑部議, 古爾布什爲洪科姻親, 徇情偏護, 應革一前程. 唐貴亦與洪科有親, 偏向之, 鞭一百折贖. 蘇納緊言强證, 挾仇誣害塞赫, 應罰銀百兩·革固山額眞, 奏入. 上免革古爾布什一前程, 罰銀百兩餘如議.

○ 구사어전 아산(asan, 阿山)의 아들 서허이(sehei, 塞赫)가 그의 기(旗)의 서구더 니루 속하의 홍코(hongko, 洪科)와 말다툼을 했다. 홍코는 서허이가 예전에 창평주(昌平州)로 출정하여 웅현(雄縣)의 석교(石橋)에서 적과 만나 전투할 때 후퇴하여 피한 일을 들추어냈다. 이때 어푸 구르부시(efu gurbusi, 額駙古爾布什)·탕구이(tanggui, 唐貴)가 심문했는데, 몽고의 구사어전 어푸 수나(suna, 蘇納)가 그 일을 안다고 하여 그에게 증언하게 했다. 대질하여 심리해 보니 구르부시와 탕구이는 오직 홍코의 말이 옳다 여기고 서허이에게는 묻지도 않았다. 이에 형부에서 의논하여 상주했다. "구르부시는 홍코의 사돈으로서 사사로이 비호했으니 일전정(一前程)을 혁직해야 합니다. 탕구이도 홍코의 가족으로서 편향되었으니 100대 채찍질에 대한 속(贖)을 취해야 합니다. 수나는 번잡한 말과 억지 증언으로 원한을 품고 서허를 모함

했으니 벌은 100냥을 부과하고 구사어전을 혁직해야 합니다.” 주상은 구르부시에게서 일전정(一前程)을 혁직하는 것은 면해 주고 벌은 100냥을 부과하는 것은 의논한 대로 하게 했다.

○ 戊戌, 議固山額眞阿山罪. 先是, 以洪科計塞赫臨陣退縮事, 告於衆親王·郡王·貝勒·貝子時, 武英郡王阿濟格云, 石橋會戰塞赫父阿山曾經具奏, 我以爲未殺敵兵未獲敵物, 功無可憑, 因取此奏塗之, 阿山含怒而去. 郎球·索海·吳達海·巴哈納·詰阿濟格曰, 彼時更有他人在否, 阿濟格對曰, 爾等問蘇納, 即加蘇納以罪. 今又問我, 亦欲加我之罪乎. 爾欲據詞罪我, 我今變其詞矣. 衆議以阿濟格語言反覆, 改變原詞, 且言蘇納無罪而故加之罪, 甚屬玩法, 阿濟格應罰銀五百兩. 又以此事問阿山, 阿山對曰, 在石橋未嘗交戰, 亦未曾以此具疏, 告知於王. 及查出原疏, 有交戰字樣塗去是實. 阿山以會戰之疏, 誑以爲無, 欺王玩法, 妄誕已甚, 邀功則云我曾交戰, 聞人告其子臨陣退避, 則云未嘗對敵, 顯屬偏護其子. 阿山應革職, 解固山額眞任, 奪其屬員, 籍家產之半, 奏入. 上曰, 武英郡王雖從來言語反覆, 但於阿山陳奏石橋會戰事, 王言不虛, 可宥之. 罰阿山銀五百兩.

○ 무술일(8.8), 구사어전 아산의 죄를 의논했다. 「이전에 서허이가 전장에서 위축되어 물러난 일을 홍코가 비판하여 여러 친왕·군왕·버일러·버이서들에게 고했을 때, 무영군왕 아지거가 말했습니다. “서허이의 아버지인 아산이 석교(石橋)에서 전투했다고 상주했으나 나는 그가 적병을 죽이지 못하고 적의 물자를 노획하지 못했기에 인정할 만한 공적이 없으므로 그 상주문에 줄을 그어 지워 버렸다. 이에 아산이 분을 품고 갔다.” 랑키오(langkio, 郎球)·소오하이·우다하이(udahai, 吳達海)·바하나(bahana, 巴哈納)가 아지거를 힐난하며 그때

다른 사람이 함께 있었는지를 묻자, 아지거가 대답했습니다. "그대들이 수나를 심문하고 바로 수나에게 죄를 주더니, 이제는 또 나를 심문하고 나에게 죄를 주려는 것인가? 그대들이 진술을 가지고 나에게 죄를 주고자 하면 나는 이제 그 진술을 바꿀 것이다." 여럿이 아래와 같이 의논했습니다. "아지거의 말이 오락가락하고 원래 했던 말을 바꾸었으며, 또 수나에게는 죄가 없는데도 죄를 주었다고 말한 것은 법을 심히 농단하는 것이니 아지거에게 벌은 500냥을 부과해야 합니다." 또 이 일에 대해서 아산에게 물어보니, 아산이 대답했습니다. "석교(石橋)에서 교전하지도 않았고 또 이런 소(疏)를 갖추어 왕에게 고하지도 않았다." 막상 원래의 소(疏)를 찾아보니 교전(交戰)이라는 글자가 실제로 줄 그어져 지워져 있었습니다. 아산이 전투에 대해 상소하지 않았다고 속여서 왕을 기만하고 법을 농단했으니 망령됨이 심합니다. 또한 공적을 추구하여 자신이 교전했다고 하고, 다른 사람이 그의 아들이 전장에서 후퇴했다고 고발한 것을 듣고 대적하지 않았다고 하니, 노골적으로 자기 자식을 옹호하는 것입니다. 아산을 혁직하고 구사어전의 직임에서 파면하고 그에게 속한 관원들을 빼앗고 가산의 절반을 적몰해야 합니다.」

주상이 말했다. "무영군왕이 비록 이전에 했던 말을 뒤집었다고 하지만 아산이 석교(石橋)에서 전투했다고 상주한 일에 대한 왕의 말은 거짓이 아니므로 용서할 만하다. 아산에게 벌은 500냥을 부과하라."

○ 辛丑, 先是, 阿哈廉牛彔下逃去新滿洲時, 吏部遣官追緝, 因鑲藍旗·鑲黃旗該直, 遂僉派鑲藍旗海塞, 又以鑲黃旗無官, 僉派鑲白旗滿都戶代之. 後以海塞·滿都戶懦弱, 別選次班正紅旗伊希 達·鑲白旗伊喇尼往追. 有吏部筆帖式莫樂弘與伊希達同旗, 私告之曰, 此非我旗班次, 乃代鑲藍旗官差遣耳, 伊希達遂以其言告禮親王. 王遣人謂阿拜阿格曰, 別旗班次, 何故遣我旗伊希達. 伊希達爲有罪之人, 宜令之從軍攻城, 不應別有差遣. 後至郡王阿達禮府第宴會, 禮親王親謂睿親王曰, 遣我旗之人, 代別旗班次, 不亦誤乎. 睿親王聞言, 遂於會議處, 告於諸親王 · 郡王 · 貝勒 · 貝子 · 固山額眞 · 議政大臣, 共議之. 尋議曰, 凡差遣官員材力可否, 原聽該部酌量擧用. 今不遵該部僉派, 豈將另立一部耶. 禮親王代善, 應罰銀五千兩, 奪其五牛彔屬員, 伊希達在王前讒間, 應論死. 筆帖式莫樂弘, 以本部事私告於伊希達, 亦應論死, 奏聞. 上以禮親王年邁妄言, 姑宥其罪, 伊希達處死, 莫樂弘革職, 鞭一百, 貫耳鼻.

○ 신축일(8.11), 이전에 아할리얀(ahaliyan, 阿哈廉) 니루 속하의 신만주가 도망쳤을 때 이부(吏部)에서는 관원을 파견하여 추격하게 했는데, 양람기 · 양황기가 당직하는 중이었으므로 양람기의 하이서(haise, 海塞)를 파견하고, 또 양황기에는 관원이 없어서 양백기의 만두후(manduhū, 滿都戶)를 파견하여 대신하게 했다. 나중에 하이서 · 만두후가 나약하다고 별도로 다음 반차(班次)에서 정홍기의 이히다(ihida, 伊希達) · 양백기의 일라니(ilani, 伊喇尼)를 뽑아서 추격하게 했다. 이부의 비트허시 모로혼(morohon, 莫樂弘)이 이히다와 같은 기(旗) 소속이었는데, 사사로이 고했다. "이는 우리 기(旗)의 반차가 아닌데도 양람기를 대신하여 관원을 파견한 것일 뿐입니다." 이히다가 마침내 그 말을 예친왕(禮親王)에게 고했다. 예친왕이 사람을 보내어 아바이 아거(abai age, 阿拜阿格)에게 말했다. "기(旗)의 반차가 다른데 어째서 나의 기(旗)의 이히다를 파견했는가? 이히다는 죄가 있는 사람이어서 그를 종군시켜 성을 공격하게 해야 하니, 다른 파견에 응할 수 없다."

나중에 군왕 아달리(adali, 阿達禮)의 저택에서 베푼 연회에 예친왕

(禮親王) 다이샨이 가서 예친왕(睿親王) 도르곤에게 말했다. "나의 기(旗)의 사람을 파견하여 다른 기(旗)의 반차를 대신하게 했으니 그르지 않은가?" 예친왕(睿親王)이 들은 말을 회의하는 자리에서 여러 친왕·군왕·버일러·버이서·구사어전·의정대신들에게 고하여 함께 의논했다. 뒤이어 의논을 상주했다.「파견할 관원이 재주와 능력이 있는지를 원래 해당 부에서 헤아려 임명합니다. 지금 해당 부에서 파견하는 것을 따르지 않는다면 어찌 하나의 부를 따로 세우는 것이 아니겠습니까. 예친왕(禮親王) 다이샨은 벌은 5,000냥을 부과하고, 그의 5개 니루에 소속된 관원을 빼앗아야 합니다. 이히다는 왕에게 이간질을 했으니 사형으로 논해야 합니다. 비트허시 모로혼은 본 부(部)의 일을 이히다에게 사사로이 고했으니 역시 사형으로 논해야 합니다.」주상은 예친왕(禮親王)이 연로하여 망언한 것이라 하여 일단 그 죄를 용서했다. 이히다는 처형하고, 모로혼은 혁직하고 채찍으로 100대를 때리고 코와 귀를 뚫었다.

○ 壬寅, 實勝寺工成. 先是, 上征察哈爾國時, 察哈爾汗懼, 出奔圖白忒部落, 至打草灘而卒. 其國人咸來歸順, 有墨爾根喇嘛, 載古帕斯八喇嘛所供嘛哈噶喇佛至. 上命於盛京城西三里外, 建寺供之. 至是, 告成, 賜名實勝寺, 鑄鐘, 重千觔, 懸於寺內. 東西建石碑二, 東一碑, 前鐫滿洲字, 後鐫漢字, 西一碑, 前鐫蒙古字, 後鐫圖白忒字. 碑文云, 幽谷無私, 有至斯響, 洪鐘虛受, 無來不應, 而況於法身圓對, 規矩冥立, 一音稱物, 宮商潛運, 故如來利見迦維, 託生王室, 憑五衍之軾, 拯溺逝川, 開八正之門, 大庇交喪, 於是元關幽鍵, 感而遂通, 遙源濬波, 酌而不竭, 既而方廣東被, 教肄南移, 周魯二莊, 同昭夜景之鑒, 漢晉兩明, 並勒丹青之飾, 自茲遺文間出, 列刹相望, 其來蓋亦遠矣. 至大元世祖時, 有喇嘛帕斯八, 用千金鑄護法嘛哈噶喇, 奉祀於五臺山，後請移於沙漠．又有喇嘛沙爾巴胡土克圖，復移於大元裔察哈爾林丹汗國，祀之．我大清國寬溫仁聖皇帝，征破其國，人民咸歸，時有喇嘛墨爾根，載佛像而來．上聞之，乃命衆喇嘛往迎，以禮舁至盛京西郊．因曰，有護法，不可無大聖，猶之乎有大聖，不可無護法也．乃命工部，卜地建寺於城西三里許，搆大殿五楹，裝塑西方佛像三尊， 左右列阿難·迦葉·無量壽·蓮華生·八大菩薩·十八羅漢，繪四怛的喇佛城於棚廠．又陳設尊勝塔，菩薩塔，供佛金華嚴世界，具上嵌東珠．又有須彌山七寶八物，及金壺·金鐘·金銀器皿俱全．東西廡各三楹，東藏如來一百八龕託生畫像，并諸品經卷．西供嘛哈噶喇．前天王殿三楹，外山門三楹．至於僧寮·禪寶·廚舍·鐘鼓音樂之類，悉爲之備．營於崇德元年丙子歲孟秋，至崇德三年戊寅歲告成，名曰，蓮華淨土實勝寺．殿宇弘麗，塑像巍峩，層軒延袤，永奉神居，豈惟寒暑調，雨暘若，受一時之福利．將世彌積而功宣，身逾遠而名劭，行將垂示於無窮矣．大清崇德三年戊寅秋八月吉旦立．國史院大學士剛林撰滿文． 學士羅繡錦譯漢文． 弘文院大學士希福譯蒙古文．道木藏古式譯圖白忒文．筆帖式赫德書．

上率內外諸王·貝勒·貝子·文武衆官，出懷遠門，幸實勝寺．上將至，喇嘛及僧作樂，引上至佛位前．上率衆行三跪九叩頭禮．上御儀門外，設宴，宴畢，恭順王孔有德·懷順王耿仲明·智順王尚可喜，及朝鮮國王子李浧·李淯， 並外藩土謝圖親王巴達禮·卓禮克圖親王吳克善·扎薩克圖郡王布塔齊及其子海賴·冰圖王孔果爾， 札魯特部落內齊·桑噶爾，四子部落巴拜，翁牛特部落達爾漢戴青，巴林部落滿珠習禮， 吳喇忒部落杜巴， 喀喇沁部落查薩袞杜稜·萬旦·塞冷，土默特部落查薩袞達爾漢·俄木布楚虎爾，烏朱穆秦部落多爾濟塞臣濟農·席勒圖綽爾濟喇嘛·古門綽爾濟喇嘛·護衛桑噶爾寨·都喇爾達爾漢等，各獻駝馬·銀兩·緞疋·貂皮·紙張等物，以爲施助. 上俱命寺僧收掌之, 又發帑銀一千六百・蟒緞三・緞五・貂裘一・玲瓏鞍轡一. 凡在事人役, 皆依次賞之.

○ 임인일(8.12), 실승사(實勝寺) 공사를 마쳤다. 이전에 주상이 차하르국을 정벌할 때, 차하르 칸은 두려워서 투베트 부락으로 도망쳤는데 타초탄(打草灘)에 이르러 죽었다. 그 나라 사람들이 모두 귀순해 왔는데 그들 중 머르건 라마가 옛날 파스파 라마(paksba lama, 帕斯八喇嘛)가 받들던 마하갈라 불상을 가지고 왔다. 주상이 명하여 성경성(盛京城) 서쪽 3리 밖에 절을 지어 모시게 했다. 이때에 준공이 보고되자 실승사[3]라고 이름을 하사했다. 주조한 종은 무게가 1,000 근(觔)이고 절 안에 걸었다. 동쪽과 서쪽에 비석 2개를 건립했다. 동쪽 비석은 앞면에 만주 문자를, 뒷면에 한자를 새겼고, 서쪽 비석은 앞면에 몽고 문자를, 뒷면에 투베트 문자를 새겼다. 비문에 다음과 같이 새겼다.[4]

「깊은 골짜기는 차별하지 않아서 소리가 이르면 메아리가 울려 퍼지고, 큰 종은 속이 비어 있어 소리를 받아들이기에 사물이 이르면 응하지 않음이 없다. 하물며 부처의 법신(法身)은 완전하고 법(法)은 정성(定性)이 없이 일과 합치하여 한 말씀의 설법으로 사물에 들어맞게 하니, 여러 소리를 내포해 중생을 널리 구제함에 있어서야 어떠하겠는가. 이러한 까닭에 여래(如來)께서 가유국(迦維國) 왕을 만나 삶을 왕실에 기탁해 태어나서, 오승(五乘)의 수행 방법에 기대어 중생을 욕망의 물길에서 건지고 팔정도(八正道)의 문을 열어 세상과 도가 서로 상실되었음을 한탄하는 현자를 크게 비호하셨다. 이에 아득한 대도

---

3 실승사의 정식 명칭은 연화정토실승사(蓮花淨土實勝寺)이며 황사(皇寺)라고도 불렸다. 만주어로는 yargiyan etehe juktehen.

4 실승사 비문의 번역과 만・몽・한・티베트문에 대해 아래 참조. 石濱裕美子, 「清初勅建チベット仏教寺院の総合的研究」, 『満族史研究』 6호, 2007.

(大道)와 깊은 불법(佛法)을 깨우쳐서 마침내 통하게 되니, 물줄기가 멀리까지 미치고 물결이 광대하게 미치는 가르침은 아무리 떠내어도 다하지 않았다. 이윽고 바르고 광대한 대승불법이 동방으로 퍼져 갔고 수행하는 법이 남방으로 옮아갔다. 주(周)의 장왕(莊王)과 노(魯)의 장공(莊公)은 부처가 탄생하던 밤의 광휘를 몸소 분명히 보았으며, 한(漢)의 명제(明帝)와 진(晉)의 명제(明帝)는 모두 부처의 찬란한 모습을 그려 내었다. 그런 후에 불경이 간간이 번역되어 나왔고 줄지어 선 사찰들이 서로 바라볼 정도였으니, 불법이 온 것이 또한 오래되었다.[5]

대원(大元) 세조 때에 이르러 라마 파스파가 천금을 사용해 호법 마하갈라를 주조하여 오대산(五臺山)에 모시고 제사를 올렸다. 나중에 청하여 사막(沙漠)[6]으로 옮겼다. 또 라마 샤르바 후툭투(šarba hūtuktu lama, 喇嘛沙爾巴胡土克圖)[7]가 다시 대원의 후예인 차하르 릭단 칸의 나라로 옮겨 제사 지냈다.

우리 대청국의 관온인성황제께서 그 나라를 격파하니 인민이 모두 귀부했다. 그때 라마 머르건(lama mergen, 喇嘛墨爾根)이 불상을 싣고 왔다. 주상이 듣고 무리에게 명하여 가서 라마를 맞이하게 하고 무리가 불상을 예로써 마주 들고 성경(盛京) 서쪽 성 밖에 이르니 말했다. "호법(護法)이 있으면 대성(大聖)이 없을 수 없다. 마찬가지로 대성이 있으면 호법이 없을 수 없다." 이에 공부에 명하여 땅을 찾아서 성의 서쪽 3여 리쯤에 절을 건립하고 대전(大殿) 5칸을 지어 서방(西方)의 불상삼존(佛像三尊)을 만들고 좌우에 아난(阿難)·가섭(迦葉)·무량수

5 실승사 비문의 처음부터 여기까지는 『文選』 권59에 실린 王巾의 〈頭陀寺碑文〉을 轉載했다. 〈頭陀寺碑文〉의 번역은 아래 참조. 『문선역주』9, 소명출판, 2010.

6 '沙漠'은 오기일 가능성이 있다. 실승사비문의 티베트문은 sa skya, 몽문은 saskiya, 만문은 sashiya로 기록되어 있다. 이는 티베트불교의 본산인 '사캬' 혹은 '西夏'의 음역일 가능성이 있다.

7 샤르바 후툭투 라마는 1616년경 몽골에 초대된 사캬파의 고승.

(無量壽)·연화생(蓮華生)·팔대보살(八大菩薩)·십팔나한(十八羅漢)을 세우고, 네 탄트라[8]의 불성(佛城)[9]을 천정에 그렸다. 또 존승탑(尊勝塔)과 보살탑(菩薩塔)을 세우고 부처에게 공양하는 황금 불단 위에는 동주(東珠)를 박았다. 또 수미산(須彌山)의 칠보(七寶)[10]와 팔물(八物)[11] 및 금호(金壺)·금종(金鐘)·금은 그릇을 모두 갖추었다. 동서의 건물은 각각 3칸으로, 동쪽에는 여래(如來)의 108 전생담 그림과 여러 물품과 경문을 두었다. 서쪽에는 마하갈라를 모셨다. 남쪽에는 천왕전(天王殿) 3칸과 외산문(外山門) 3칸을 만들어 요사채·선보(禪寶)·주방·종과 북 등의 음악 도구를 모두 갖추었다.

숭덕 원년 병자년 음력 7월에 짓기 시작해서 숭덕 3년 무인년에 공사를 마치고 연화정토실승사(蓮華淨土實勝寺)라고 이름했다. 전각들은 넓고 아름다우며 불상은 높고 크며 난간은 층층이 길게 뻗어 있어 영원히 신의 거처로 삼았으니 어찌 추위와 더위, 비와 햇살의 조화로 일시의 복과 이로움을 받고자 생각한 것이겠는가. 세대가 쌓일수록 사찰을 건립한 공덕이 펼쳐지고 몸은 멀리 떨어져 있어도 명성은 드날릴 것이며 행적은 영원히 드러날 것이다.

대청 숭덕 3년 무인 가을 8월 길일 아침 세움. 국사원대학사 가린이

---

8 四怛的喇 즉 네 탄트라는 실승사비문에 티베트문으로 rgyud sde bzhi, 몽문으로 dörben tantira, 만문으로 duin dandira로 적혀 있다. 티베트 불교의 작(作)탄트라(kriya-tantra), 행(行)탄트라(CAriya-tantra), 유가(瑜伽)탄트라(Yoga-tantra), 무상유가(無上瑜伽) 네 종류의 經典을 가리킨다.

9 佛城은 탄트라에 기초하여 그린 만다라를 가리킨다. 티베트문으로 dkyil' khor, 몽문으로 burqan u mandal, 만문으로 fucihi hecen으로 기록되어 있다.

10 칠보는 전륜성왕이 지닌다는 윤보(輪寶)·상보(象寶)·마보(馬寶)·여의주보(如意珠寶)·여보(女寶)·거사보(居士寶)·주병신보(主兵臣寶)의 일곱 가지 보물이다.

11 팔물은 길상결(吉祥結), 연화(蓮華), 산개(傘蓋), 법라패(法螺貝), 윤보(輪寶), 승리당(勝利幢), 수병(水甁), 금어(金魚)이다.

만주문을 지음. 학사 나수금(羅繡錦)이 한문으로 번역함. 홍문원대학사 히퍼가 몽고문으로 번역함. 돔짱 구시(domdzang gusi, 道木藏古式)가 투베트문으로 번역함. 비트허시 허더(hede, 赫德) 씀.」

주상이 내외 여러 왕·버일러·버이서·문무 관리들을 이끌고 회원문(懷遠門)을 나와 실승사(實勝寺)에 갔다. 주상이 도착하자 라마와 승려들은 음악을 울리고 주상을 불상 앞으로 인도했다. 주상이 무리를 이끌고 삼궤구고두의 예를 행하였다. 주상이 의문(儀門) 밖에 가서 잔치를 열었다. 잔치가 끝나고 공순왕 공유덕·회순왕 경중명·지순왕 상가희 및 조선국왕의 아들 이왕(李溰)·이요(李淯), 아울러 외번 투시예투 친왕 바다리·조릭투 친왕 욱샨·자삭투 군왕 부타치 및 그의 아들 하이라이·빙투 왕 콩고르, 자루트 부락의 너이치·상가르, 사자(四子) 부락의 바바이(babai, 巴拜), 옹니우트 부락의 다르한 다이칭, 바린 부락의 만주시리, 우라트 부락의 두바, 카라친 부락의 자사군 두렁·완단·서렁, 투메트 부락의 자사군 다르한·옴부 추후르, 우주무친 부락의 도르지 세첸 지농·시러투 초르지 라마(siretu corji lama, 席勒圖綽爾濟喇嘛)·구먼 초르지 라마(gumen corji lama, 古門綽爾濟喇嘛)·호위(護衛) 상가르자이·두랄 다르한(dural darhan, 都喇爾達爾漢) 등이 각각 낙타와 말·은량·비단·담비가죽·종이 등 물건을 보시했다. 주상이 전부 갖추어 승려에게 거두도록 명하고, 또 탕은(帑銀) 1,600냥·망단(蟒緞) 3필·비단 5필·담비가죽옷 1벌·정교하게 조각한 안장과 고삐 1개를 냈다. 일에 참가한 사람들에게 모두 차례대로 상 주었다.

○ 丙午, 賜來謁實勝寺外藩土謝圖親王巴達禮等, 虎豹皮·海豹皮·緞疋·駝馬·朝衣·鞍轡等物有差. 比行, 仍命和碩睿親王多爾哀·和碩豫親王多鐸·多羅貝勒豪格·多羅饒餘貝勒阿巴泰·多羅貝勒岳託, 設宴餞之.

○ 병오일(8.16), 실승사(實勝寺)에 배례하러 온 외번 투시예투 친왕 바다리 등에게 호랑이와 표범 가죽·바다표범가죽·비단·낙타와 말·조의(朝衣)·안장과 고삐 등의 물건을 차등 있게 하사했다. 돌아갈 때 호쇼이 예친왕(睿親王) 도르곤·호쇼이 예친왕(豫親王) 도도·도로이 버일러 호오거·도로이 요여 버일러 아바타이·도로이 버일러 요토에게 명하여 잔치를 열어 전별했다.

○ 戊申, 賜中式擧人羅碩·常鼐·胡球·阿際格畢禮克圖·王文奎·蘇弘祖·楊方興·曹京·張大任·于變龍等十名, 朝衣各一領, 授半個牛彔章京品級, 各免人丁四名. 一等生員鄂漠克圖·滿闢等十五名, 二等生員鏗特·碩代等二十八名, 三等生員費齊·溫泰等十八名, 各賜紬布, 授護軍校品級, 已入部者, 免二丁, 未入部者, 免一丁.

○ 무신일(8.18), 과거시험에 합격한 거인 로쇼(lošo, 羅碩)·창나이(cangnai, 常鼐)·후키오(hūkio, 胡球)·아지거 빌릭투(ajige biliktu, 阿際格畢禮克圖)·왕문규(王文奎)·소홍조(蘇弘祖)·양방흥(楊方興)·조경(曹京)·장대임(張大任)·우변룡(于變龍) 등 10명에게 조의(朝衣)를 각각 1벌씩 하사하고, 반개니루장긴 품급을 제수했으며 각각 인정(人丁) 4명분을 면해 주었다. 일등 생원 오목투(omoktu, 鄂漠克圖)·맘피(mampi, 滿闢) 등 15명, 이등 생원 컹터이(kengtei, 鏗特)·쇼다이(šodai, 碩代) 등 28명, 삼등 생원 퍼이치(feici, 費齊)·운타이(untai, 溫泰) 등 18명에게 각각 명주를 하사하고, 호군교 품급을 제수했다. 이미 부(部)

에 들어간 자는 인정(人丁) 2명분을 면해 주고, 부(部)에 들어가지 않은 자는 1명분을 면해 주었다.

○ 是日, 賜烏朱穆秦多爾濟濟農, 及其妻, 並納木渾津, 貂裘·貂帽·甲胄·鞍馬·金銀器皿·蟒緞·粧緞·虎豹皮等物有差, 仍命八家各宴一次. 比行, 自和碩親王以下, 及諸大臣俱至演武場, 設宴餞之.

○ 이날 우주무친의 도르지 지농과 그의 처, 그리고 나무 혼진에게 담비가죽·담비 모자·갑옷과 투구·안장을 갖춘 말·금과 은으로 만든 용기·망단(蟒緞)·장단(粧緞)·호랑이와 표범 가죽 등 물건을 차등 있게 하사하고, 이어서 팔가(八家)에게 명하여 각자 한차례 잔치하게 했다. 돌아갈 때 호쇼이 친왕 이하 및 여러 대신이 함께 연무장에서 잔치를 열고 전별했다.

○ 先是, 集衆官於篤恭殿, 以蘇達喇未至, 記其名. 後吏部復召之再, 俱不至, 因送付刑部審實, 併發其前罪. 初征燕京時, 令蘇達喇往視城池, 未見敵兵, 即遁走, 失道, 遇碩翁科羅巴圖魯勞薩攜回, 罪一. 征囊努克時, 見持弓者, 輒懼不隨皇上, 私自逃遁, 罪二. 爲牧馬長, 科斂牧人財物及屯中糧米, 罪三. 今篤恭殿會集竟不至, 部中呼召二次, 又不至. 藐法已甚, 蘇達喇, 應論死. 塔納喀看守蘇達喇, 擅於夜間, 私解刑具, 縱其偃卧, 經蘇達喇家蒙古首告, 審實, 塔納喀亦應論死, 奏聞. 上命將蘇達喇正法, 塔納喀, 姑免死, 鞭一百. 原告蒙古斷出, 付固山額眞拜尹圖轄之.

○ 이전에 여러 관리들을 독공전(篤恭殿)에 모았을 때 수달라

(sudala, 蘇達喇)가 오지 않아서 이름을 기록했었다. 후에 이부에서 다시 불렀으나 모두 오지 않았기 때문에 형부에 보내 조사하니 사실이었고 아울러 이전의 죄도 적발했다. 「이전에 연경(燕京)을 정벌할 때 수달라에게 명하여 해자를 살피러 가게 했는데, 적병을 보지도 않고 도망치다가 길을 잃어서 숑코로 바투루 로오사가 만나 데리고 돌아왔던 것이 첫째 죄입니다. 낭눅을 정벌할 때 활을 든 자를 보자 갑자기 두려워하며 황상을 따르지 않고 몰래 도망친 것이 둘째 죄입니다. 말을 기르는 담당 수장이 되어서 말을 기르는 자들의 재물과 촌락의 곡식에 세금을 매겨 거둔 것이 셋째 죄입니다. 지금 독공전(篤恭殿)에 모이는데 끝내 오지 않아서 부(部)에서 두 차례나 불렀으나 또 오지 않았습니다. 법을 업신여긴 것이 심하니 수달라는 사형죄로 논해야 합니다. 타나카(tanaka, 塔納喀)는 수달라를 감시해야 하는데 멋대로 야간에 몰래 형구를 풀어 주고 누워 쉬도록 놔둔 것을 수달라 집의 몽고인이 고발했는데 조사해 보니 사실이므로 타나카도 역시 사형죄로 논해야 합니다.」 상주를 올리자 주상이 명하여 수달라를 사형에 처하고, 타나카는 사형을 면해 주고 채찍 100대를 때리게 했다. 고발한 몽고인은 원래 소속에서 분리시켜 구사어전 바인투에게 맡겼다.

○ 先是, 塞古德牛彔下洪科, 撥爲本旗額布忒牛彔下親軍, 洪科不受, 乃誑云, 甲喇章京塞赫不與, 又護軍法庫, 立於塞赫之側, 洪科曰, 爾不宜在此伺候, 爾殆欲就死耶. 又往征喀爾喀查薩克圖時, 洪科在彼行獵, 所得黃羊, 誑爲王所殺, 擅令穆祜牛彔下護軍宏可, 私自載歸. 又塞赫當陣敗走, 已遇恩赦, 洪科復行告訐不休. 至是, 部議洪科反覆欺誑, 應論死, 奏聞. 上赦其死, 仍諭洪科曰, 爾臨陣時, 處處退縮, 一無可嘉, 今貸爾罪, 後當力戰圖功, 命鞭一百, 以贖身銀給塞赫.

○ 이전에 서구더 니루 속하의 홍코(hongko, 洪科)를 본 기(旗)의 업터이(ebtei, 額布忒) 니루 속하의 친군(親軍)으로 뽑았다. 홍코는 이를 받지 않고 속여 말하기를, 잘란장긴 서허이(sehei, 塞赫)가 직위를 주지 않았다고 했다. 또 호군 파쿠(fakū, 法庫)가 서허이의 옆에 서자 홍코가 "네가 여기서 시중드는 것은 옳지 않다. 너는 죽고 싶은가?"라고 했었다. 또 칼카 자삭투를 정벌하러 갔을 때 홍코는 그곳에서 사냥을 하고, 얻은 황양(黃羊)을 왕이 죽인 것이라 속이고 멋대로 무후(muhu, 穆祜) 니루 속하의 호군 홍쿠(hongkū, 宏可)를 시켜 몰래 자기가 가지고 돌아갔다. 또 서허이가 전투에서 패주하고 이미 용서를 받았는데도 홍코는 다시 들추어 고발하기를 그치지 않았다. 이때에 부(部)에서 의논하여 홍코는 말을 바꾸고 기만했으니 사형죄로 논해야 한다고 상주했다. 주상이 사형죄를 용서하고 이어서 홍코에게 유시했다. "너는 전투에 임할 때 곳곳에서 후퇴하고 움츠러들었으니 하나도 잘한 것이 없다. 지금 너의 죄를 용서해 주니 이후 전투에 힘써 공을 세우라." 채찍 100대를 때리고 속신은(贖身銀)을 서허이에게 지급하게 했다.

○ 庚戌, 阿祿阿霸垓部落額齊格諾顏, 同國舅袞出克·國舅宜爾代·達爾漢諾顏·綽爾濟台吉·古木台吉·邁濟吉·博提斯希布台吉·額登·德爾格爾台吉·阿玉石台吉·明愛·蘇默爾·俄齊爾等, 遣阿津·瑣諾木二人來朝, 貢馬匹·貂皮·鵰翎等物.

○ 경술일(8.20), 아루 아바가 부락의 어치거 노얀(ecige noyan, 額齊格諾顏)이 국구(國舅) 군축(guncuk, 袞出克)·국구(國舅) 일다이(ildai, 宜爾代)·다르한 노얀(darhan noyan, 達爾漢諾顏)·초르지 타이지(corji taiji, 綽爾濟台吉)·구무 타이지(gumu taiji, 古木台吉)·마이지기(maijigi, 邁濟吉)·보티스힙 타이지(botishib taiji, 博提斯希布台吉)·어던 덜거르

타이지(eden delger taiji, 額登德爾格爾台吉)・아유시 타이지(ayusi taiji, 阿玉石台吉)・밍가이(minggai, 明愛)・수머르(sumer, 蘇默爾)・오치르(ocir, 俄齊爾) 등과 함께 아진(ajin, 阿津)・소놈(sonom, 瑣諾木) 2명을 보내 내조하여 말・담비가죽・독수리 깃털 등 물건을 바쳤다.

○ 是日, 蒿齊忒部落博洛特・諾木齊・退羅台吉・顧實・卓克托爾塔布囊等來朝, 貢馬.

○ 이날 호오치트 부락의 볼로트・놈치・토일로 타이지(toilo taiji, 退羅台吉)・구시(gusi, 顧實)・족토르 타부낭(joktor tabunang, 卓克托爾塔布囊) 등이 내조하여 말을 바쳤다.

○ 先是, 庫魯克達爾漢阿賴牛彔下席達奏稱, 托訥挾讎, 離散我妻, 配與伊牛彔下巴達什, 上命固山額眞吳賴鞫之. 吳賴私受托訥駱駝一, 紿席達曰, 爾自認詞虛, 其罪尚輕, 若指爲實, 則罪必重. 時阿賴亦受托訥馬, 俱左袒托訥. 席達復告於刑部, 審皆實. 部議托訥應鞭一百, 貫耳鼻, 席達妻仍斷歸席達, 托訥另出一婦人與巴達什, 吳賴應革固山額眞任, 籍其家, 阿賴應罰銀百兩, 吳賴・阿賴所受駝馬, 皆斷給席達, 奏聞, 上命託訥罷管移營蒙古, 鞭一百, 貫耳鼻, 准折贖, 所罰婦人給巴達什, 巴達什所娶婦, 仍歸席達. 吳賴・阿賴所受駝馬, 准給席達, 仍坐吳賴・阿賴竊盜罪, 餓禁三日.

○ 이전에 쿨룩 다르한 알라이(kuluk darhan alai, 庫魯克達爾漢阿賴) 니루 속하의 시다(sida, 席達)가 상주하여 말했다. "토노(tono, 托訥)가 원한을 갖고 저와 아내를 떨어뜨려 그의 니루 속하 바다시(badasi, 巴

達什)에게 배필로 주었습니다." 주상이 명하여 구사어전 울라이에게 이를 국문하게 했다. 울라이는 사사로이 토노에게 낙타 1마리를 받아서 시다에게 주고 말했다. "네가 스스로 거짓말을 했다고 인정하면 죄가 가벼워질 것이다. 만약 사실이 밝혀지면 죄가 반드시 무거워질 것이다." 이때 알라이 역시 토노에게 말을 받고 같이 토노를 편들었다. 시다가 다시 형부에 고발했고 조사해 보니 모두 사실이었다. 형부에서 논의하여 상주했다. 「토노는 채찍 100대를 때리고 귀와 코를 뚫어야 합니다. 시다의 아내는 시다에게 돌려보내야 합니다. 토노는 별도로 부인 1명을 내어 바다시에게 주어야 합니다. 울라이는 구사어전의 직임에서 혁직하고 가산을 적몰해야 합니다. 알라이는 벌은 100냥을 부과해야 합니다. 울라이와 알라이가 받은 낙타와 말은 모두 시다에게 주어야 합니다.」 주상이 명하여, 토노는 유목하는[12] 몽고인을 관리하는 일에서 파직하고, 채찍 100대를 때리며 귀와 코를 뚫되 속(贖)으로 대신하는 것을 허락했다. 벌로 취한 부녀자를 바다시에게 주고, 바다시가 결혼한 부녀자를 시다에게 돌려주게 했다. 울라이와 알라이가 받은 낙타와 말은 시다에게 주게 하고 이어서 울라이와 알라이를 절도죄로 처벌하여 3일 동안 가두고 굶겼다.

○ 壬子, 喀爾喀部落土謝圖汗, 及衛徵諾顏 · 古英塔布囊 · 賽音台吉 · 豆爾格齊諾顏 · 綽克托衛徵 · 什爾扎車臣 · 阿海台吉 · 諾穆漢喇嘛, 土默特部落衛徵囊蘇等, 同遣博洛特扎爾固齊 · 衛徵朗蘇來朝, 貢馬駝 · 貂皮 · 水獺皮 · 猞猁猻皮 · 鵰翎, 及鳥鎗等物.

---

12 원문의 移營은 본서에서 대개 몽골의 유목 단위인 '오톡(otoγ)'을 가리킨다. 오톡은 15세기 무렵 그전의 千戶(mingγan)를 대체하여 등장한 유목 집단의 단위이다.

○ 임자일(8.22), 칼카 부락 투시예투 칸과 워이정 노얀(weijeng noyan, 衛徵諾顏)·구영 타부낭(guyeng tabunang, 古英塔布囊)·사인 타이지(sain taiji, 賽音台吉)·더오르거치 노얀(deorgeci noyan, 豆爾格齊諾顏)·촉토 워이정(cokto weijeng, 綽克托衛徵)·시르자 체첸(sirja cecen, 什爾扎車臣)·아하이 타이지(ahai taiji, 阿海台吉)·노무한 라마(nomuhan lama, 諾穆漢喇嘛), 투메트 부락의 워이정 낭수(weijeng nangsu, 衛徵囊蘇) 등이 함께 볼로트 자르구치(bolot jargūci, 博洛特扎爾固齊)와 워이정 랑수(weijeng langsu, 衛徵朗蘇)를 보내 내조하고 말과 낙타·담비가죽·수달가죽·스라소니 가죽·독수리 깃털·조총 등의 물건을 바쳤다.

○ 喀爾喀部落馬哈撒嘛諦汗, 及俄爾寨圖喇嘛·松海噶布褚·諾穆漢喇嘛·塞冷塔布囊, 阿霸垓部落濟農·那木爾闌·布牙和·達賴綽爾濟·濟農綽爾濟·班第達·圖內莽柰·戴青諾顏等, 同遣衛徵朗蘇·兀喇諾克山津來朝, 貢馬·甲冑, 鵰翎·撒袋·弓·鞍轡·鳥鎗·斧, 白鼠·水獺等裘, 貂·猞猁猻·元狐·紅牛皮, 老精茶等物.

○ 칼카 부락의 마하 사마디 칸(maha samadi han, 馬哈撒嘛諦汗)과 올제이투 라마(oljeitu lama, 俄爾寨圖喇嘛)·송하이 갑주(songhai g'abju, 松海噶布褚)·노무한 라마·서렁 타부낭, 아바가 부락의 지농·나무르찬(namurcan, 那木爾闌)·부야호(buyaho, 布牙和)·달라이 초르지·지농 초르지·반디다(bandida, 班第達)·투노이 망나이(tunoi mangnai, 圖內莽柰)·다이칭 노얀(daicing noyan, 戴青諾顏) 등이 함께 워이정 랑수(weijeng langsu, 衛徵朗蘇)와 울라 녹 산진(ula nok sanjin, 兀喇諾克山津)을 보내 내조하고 말·갑옷과 투구·독수리 깃털·화살집·활·안장과 고삐·조총·도끼, 백서(白鼠)[13]와 수달 등의 가죽옷, 담비가

죽 · 스라소니가죽 · 여우가죽 · 붉은 소가죽,[14] 노정차(老精茶)[15] 등의 물건을 바쳤다.[16]

○ 癸丑, 命和碩睿親王多爾袞爲奉命大將軍, 以多羅貝勒豪格 · 多羅饒餘貝勒阿巴泰副之, 統左翼軍, 多羅貝勒岳託爲揚武大將軍, 以多羅安平貝勒杜度副之, 統右翼軍, 兩路征明. 召集出征諸王 · 貝勒 · 大臣宣示軍律曰, 凡和碩親王 · 多羅郡王 · 多羅貝勒 · 固山貝子臨陣, 若七旗王 · 貝勒 · 貝子敗走, 一旗王 · 貝勒 · 貝子拒戰, 七旗獲全, 即撥敗走七旗之七牛彔人員, 給與拒戰者. 若七旗王 · 貝勒 · 貝子拒戰, 一旗王 · 貝勒 · 貝子皆敗走, 即革敗走旗分, 以所屬人員七旗均分. 若一旗內拒戰者半, 敗走者半, 即以敗走者所屬人員, 給與本旗拒戰者. 有因屯劄他所, 未拒戰而無罪者, 免革旗分, 其拒戰之王 · 貝勒 · 貝子, 另行給賞. 若七旗未及整伍, 一旗王 · 貝勒 · 貝子拒戰得功者, 按功次大小, 俘獲多寡, 賞之. 野戰時, 本旗大臣率本旗軍下馬立, 王 · 貝勒 · 貝子等率護軍乘馬立於後. 若與敵兵對仗, 王 · 貝勒 · 貝子 · 大臣, 不按隊伍輕進, 或見敵寡, 妄自衝突者, 奪所乘馬匹, 及俘獲人口. 凡兩軍相對, 必整齊隊伍, 各按汛地, 從容前進. 如擅離本隊, 隨別隊而行, 擅離本汛, 由他汛而入, 及衆軍已

13 순치 초찬본 『청태종실록』에는 '銀鼠'로 기록되어 있다.

14 『내국사원당』에서는 붉은 소가죽(紅牛皮)을 불라가이르(bulagair, 布喇改)라고 했다. 『內國史院滿文檔案譯註 崇德二 · 三年分』, p.569.

15 『내국사원당』에는 "tubet gurun i leojing cai emke"(티베트국의 러오징 차 1개)라고 기록되어 있다. 『內國史院滿文檔案譯註 崇德二 · 三年分』, p.569.

16 『내국사원당』에는 이 물품 외에 "urus gurun i mican emke, almas suhe emke"(러시아국의 조총 1개, 알마스 도끼 1개)가 더 기록되어 있다. 『內國史院滿文檔案譯註 崇德二 · 三年分』, p.569.

進, 而獨却立觀望者, 或處死, 或籍沒, 或鞭責, 或革職, 或罰銀, 酌量治罪. 凡整伍前進, 稍有先後, 勿得彼此爭論. 但以按汛擊敵, 不致退縮爲上. 若有以此爭論者, 卽爲立心不端之人. 如敵人不戰而遁, 我軍追擊之, 宜用精兵驍騎, 合力馳擊, 護軍統領不得前進, 止宜領纛, 整伍分隊以躡其後. 儻追兵遇敵伏, 或於躡追時遇敵旁出, 護軍統領乃親擊之,

○ 계축일(8.23), 호쇼이 예친왕(睿親王) 도르곤을 봉명대장군(奉命大將軍)으로 삼고 도로이 버일러 호오거와 도로이 요여 버일러 아바타이가 보좌하게 하여 좌익군을 통솔하게 하고, 도로이 버일러 요토를 양무대장군(揚武大將軍)으로 삼고 도로이 안평 버일러 두두가 보좌하게 하여 우익군을 통솔하게 하여 두 길로 명나라를 정벌하게 했다. 출정하는 여러 왕·버일러·대신들을 소집하여 군율을 선포했다.

"호쇼이 친왕·도로이 군왕·도로이 버일러·구사이 버이서가 전투할 때 만약 7기(旗)의 왕·버일러·버이서가 패주했는데 1기(旗)의 왕·버일러·버이서가 맞서 싸워서 7기(旗)가 무사했다면, 패주한 7기(旗)의 7니루의 인원을 뽑아서 맞서 싸운 쪽에 준다. 만약 7기(旗)의 왕·버일러·버이서가 맞서 싸웠는데 1기(旗)의 왕·버일러·버이서가 모두 패주했다면 패주한 기(旗)를 혁파하고 소속 인원을 7기(旗)에 나누어 준다. 만약 1기(旗) 내에 싸운 자가 절반이고 패주한 자가 절반이면 패주한 쪽의 소속 인원을 본 기(旗)의 싸운 쪽에 지급한다. 다른 곳에 주둔하느라 싸우지 않았지만 죄가 없는 경우, 기(旗)를 혁파하는 것은 면해 주고 맞서 싸운 왕·버일러·버이서에게는 별도로 상을 지급한다. 만약 7기(旗)의 대오가 정리되지 않아 1기(旗)의 왕·버일러·버이서만 맞서 싸워 공을 세운 경우에는 공적의 크고 작음과 노획의 많고 적음을 헤아려서 상준다.

야전에서 해당 기(旗)의 대신은 자신의 기(旗)의 군대를 이끌고 말에서 내려 서고, 왕·버일러·버이서 등은 호군을 이끌고 말을 탄 채 뒤쪽에 선다. 만약 적병과 무기를 맞대고 싸우는데 왕·버일러·버이서·대신이 대오를 헤아리지 않고 가볍게 진군하거나 혹은 적군이 적다고 망령되이 돌격하는 경우에는 탄 말과 노획한 사람을 몰수한다. 양군이 만날 때는 반드시 대오를 정돈하고 각자 주둔지에 따라 조용히 전진한다. 멋대로 본대를 이탈하여 다른 대오를 따라가거나 멋대로 주둔지를 이탈해서 다른 주둔지에 들어갔다가 여러 군대가 이미 전진하여 홀로 서서 관망하는 경우에는 사형·적몰·채찍형·혁직·벌은(罰銀)에 처하고 형량을 헤아려 죄를 다스린다. 대오를 정돈해 전진하는 데 약간의 선후를 가지고 피차간에 논쟁해서는 안 된다. 다만 정해진 자리에서 적을 공격하면서 움츠러들지 않는 것이 좋다. 만약 이로써 논쟁한다면 마음이 단정하지 않은 사람으로 간주한다. 적이 싸우지 않고 도망가서 우리 군대가 추격하는 경우에는 정예의 효기(驍騎)를 움직여 힘을 합쳐 돌격하고 호군통령은 전진하지 말고 독(纛)을 이끌고 분대를 정돈해서 뒤를 따라야 한다. 만약 추격병이 적의 복병을 만나거나 뒤따를 때 적을 측면에서 조우하면 호군통령이 직접 공격한다.

凡大軍起營時, 各按牛彔旗纛, 整隊而行. 若有一二人離隊往來, 尋索遺物, 及酗酒者, 俱貫耳. 自出城門, 務遵軍律, 肅靜行伍, 毋得喧譁. 固山額眞·梅勒章京·甲喇章京·護軍統領·牛彔章京, 以次各有統束, 統束嚴明, 則該管隊伍, 豈有喧譁之理. 今後有喧譁者, 該管章京坐以應得之罪, 喧譁者責懲. 軍行時, 如有一二人離旗行走者, 許同行人即執送本固山額眞, 執人者賞銀三兩. 下營時, 凡取薪水, 務集衆同行. 妄致失火者斬. 軍士甲胄, 俱書號記, 胄兩旁皆用圓鐵葉. 無甲者, 衣帽後亦書號記. 一切軍器, 自馬絆以上, 俱書姓名, 馬必繫牌印烙. 不印烙者, 罰銀二兩, 箭無姓名者, 罰銀二十兩. 如得他人箭隱匿不出者, 亦罰銀二十兩. 軍行時, 若見禽獸馳馬追射者, 兵丁射以鳴鏑, 貝子 · 大臣坐以應得之罪. 夜行時, 各牛彔人等, 有另吹竹爲號者, 執治貫耳, 若不執治, 議甲喇章京罪. 盜鞍鞊及轡絡馬絆者, 按法治罪. 若馬上行李偏墜應整理者, 本旗人俱跕立待整, 乃行. 兵入敵境, 若有一二人離營私掠被殺者, 妻子入官, 仍治本管章京罪. 勿毁寺廟, 勿妄殺平人, 抗者戮之, 順者養之. 俘獲之人, 勿褫其衣服, 勿離散人夫婦. 雖不爲俘獲者, 亦不許褫衣侵害. 其俘獲之人, 勿令看守馬匹, 如有一二人妄取糧草被殺者, 罪與離伍搶掠者同. 勿食熟食, 勿飮酒. 前此我兵飮食不愼, 以不知敵人置毒於中耳. 今特曉諭, 宜加謹愼, 有不遵者, 依律治罪, 宣畢.

대군이 군영에서 출발할 때, 각자 니루의 기(旗)와 독(纛)을 헤아려 대오를 정돈해서 행한다. 만약 한두 명이 대오를 이탈해 오가면서 버려진 물건을 찾거나 술주정을 하는 경우에는 모두 귀를 뚫는다. 성문을 나선 이후 군율을 힘써 지키고 대오를 엄숙히 하여 시끄럽게 떠들지 말라. 구사어전 · 머이런장긴 · 잘란장긴 · 호군통령 · 니루장긴이 차례대로 각자 통괄하는 것이 엄격하고 분명하면 대오의 관리에 어찌 소란함이 있겠는가? 지금 이후 시끄럽게 떠들면 해당 관할 장긴은 받아야 할 죄에 처하고 떠든 자는 징계한다. 행군할 때 한두 명이 기(旗)를 이탈해 다닐 경우에는 동행인이 붙잡아서 관할 구사어전에게 보내는 것을 허락하고 붙잡은 사람에게 은 3냥을 상으로 준다.

군영을 세우고 땔감과 물을 얻는 것은 무리가 모여서 함께 가라. 망령되이 불을 내는 자는 참형(斬刑)에 처한다. 군사의 갑옷과 투구에 모두 기호를 적고,[17] 투구의 양측에[18] 모두 둥근 쇳조각을 박아라. 갑옷이 없는 자는 옷과 모자의 뒷면에 역시 기호를 적어라. 모든 무기는 지달 이상의 것에 모두 성명을 쓰고, 말에는 반드시 패를 매고 낙인을 찍어라. 낙인을 찍지 않으면 벌은 2냥을 부과하고, 화살에 성명이 없으면 벌은 20냥을 부과한다. 타인의 화살을 얻었는데 숨기고 내놓지 않으면 역시 벌은 20냥을 부과한다. 행군할 때 만약 짐승을 보고 말을 달려 추격해 활을 쏠 경우에 병사가 명적(鳴鏑)을 쏘면 버이서와 대신은 받아야 할 죄에 처한다. 야간에 행군할 때 각 니루의 소속인들이 별도로 대나무 피리를 불어 신호를 내면 체포하여 귀를 뚫어 바로잡는다. 만약 체포하여 바로잡지 않으면 잘란장긴의 죄를 논한다. 안장과 말다래 및 고삐와 굴레를 훔치는 경우에는 법에 따라 죄로 다스린다. 만약 말 위의 짐이 쏠려 떨어져서 정돈해야 할 경우에는 본 기(旗)의 사람들이 모두 내려서서 정돈한 후에 간다.

병사가 적지 경계로 들어서는데 만약 한두 사람이 진영을 벗어나 몰래 약탈하다 죽임을 당하면 아내와 자식을 관에 몰수하고 해당 관할 장긴을 죄로 다스린다. 사묘(寺廟)를 훼손하지 말고 평민을 멋대로 죽이지 말라. 항거하는 자는 죽이고 순종하는 자는 살려 주어라. 사람을 사로잡으면 의복을 빼앗지 말고 부부를 떨어뜨리지 말라. 비록 사로잡지 않은 경우에도 역시 옷을 빼앗거나 해를 끼치는 것을 허락하지 않는다. 사로잡힌 사람에게 말을 관리하게 시키지 말라. 한두 사람이 멋대로 양식과 풀을 취하다 죽임을 당하면 대오를 이탈해 약탈한 것과 같은 죄를 준다. 익은 음식을 먹지 말고 술을 마시지 말라. 지난번 우리 병사가 마시고 먹는 데 신중하지 않아서 적군이 그 안에 독을

---

17 『내국사원당』에 의하면 투구의 뒷면과 갑옷의 등에 글을 박았다. "uksin i niyalma i saca i ibiri, uksin i fisa de bithe hada."(군사의 투구의 뒷면과 갑옷의 등에 글을 박았다.) 『內國史院滿文檔案譯註 崇德二・三年分』, p.572.

18 『내국사원당』에는 투구의 귀덮개(šabtun)에 쇠를 박는다고 기록되어 있다. 『內國史院滿文檔案譯註 崇德二・三年分』, p.572.

푼 것을 알지 못했다. 이번에 특별히 효유하니 신중을 기하라. 따르지 않는 경우 율에 따라 죄를 다스린다." 선포를 마쳤다.

上又諭曰, 征伐非朕所樂爲也. 朕常欲和而明不從, 是以興師耳. 有不抗拒我兵, 及不便攜來者, 若擅行誅戮, 則殺人者與主兵者, 均難辭咎, 甚非朕撫安黎庶之意也. 不抗拒者, 愼勿殺之, 不便攜來者, 亦勿加擾害. 又諭各官曰, 丙子歲多羅武英郡王, 領兵征明, 克昌平州, 爾等如漁人入水捕魚, 擒之以手, 挾之以脅, 又復銜之以口, 似此貪取, 以致獲罪者甚多. 朕豈願爾等犯法, 樂於加罪, 懲前此妄行貪暴之人, 正欲警之於後, 使不爲亂耳. 且朕見爾等有罪, 甚爲惻然. 朕非誇詡, 以古人自擬, 常閱古史云, 夏禹道遇罪人而泣, 侍臣曰, 此犯法有罪之人, 王何爲而泣也, 禹曰, 堯舜時, 政教德澤, 宣布於民, 故人無犯法, 今我之泣, 非爲囚也, 我之政教德澤, 不如堯舜, 致有罪人, 故泣耳. 朕見爾等有罪, 亦甚爲惻然也. 爾等宜互相勉勵, 恪遵軍令以行, 毋或怠玩從事. 今蒙古·漢人·朝鮮諸國, 俱已歸附, 軍營壯盛. 爾等勿徒自恃強勇, 以威懾人. 各宜申明紀律, 無或厭倦. 蓋爾等乃衆所觀瞻也. 若能自處以禮, 濟之以和, 則歸附各國, 必以爲我國強而有德, 勇而有禮, 益加悅服矣. 凡爲主帥之人, 於臨陣之際, 使徒計一己之功, 而不念兵之死傷, 軍之敗衄, 及國之聲名有損, 非主將也. 興師致討, 當思於國有益, 於己無愆. 凡軍中議事, 遇有意見悖謬者, 即宜在彼勸諭, 毋得緘默不言, 而徒於還時, 託辭自解. 亦有在彼故出微辭, 而辯時則云我曾如是勸諭者, 皆不足據. 必在彼明言於衆, 而衆不從, 始可於還時辯理也. 至邇來歸附日衆, 其陣獲將士, 聽擒獲之人收養, 朕若槩行贍給, 不若加恩於從前歸附之人, 及舊時貧乏士卒, 令其寬裕也.

주상이 또 유시했다. “정벌은 짐이 즐거워서 하는 것이 아니다. 짐은 평소에 화친하고자 했으나 명나라가 따르지 않아서 군사를 일으켰을 뿐이다. 우리 군대에게 항거하지도 않고 따라오려 하지도 않는 경우에 멋대로 죽인다면 죽인 병사와 그 병사의 주인은 모두 잘못을 변명하기 어려울 것이며 짐이 백성을 안무하는 뜻에도 매우 어긋난다. 항거하지 않는 자는 신중히 해서 죽이지 말고, 따라오려 하지 않는 자에게도 피해를 주지 말라.”

또 각 관리에게 유시했다. “병자년(1636)에 도로이 무영군왕이 병사를 이끌고 명나라를 정벌했는데, 창평주(昌平州)를 함락했을 때 너희는 노획물을 어부가 물에 들어가 물고기를 잡는 것처럼 손으로 잡고 옆구리에 끼고 또 입으로 물었다. 이처럼 탐욕스럽게 취해서 죄를 얻은 경우가 매우 많았다. 짐이 어찌 너희가 법을 어기기를 바라고 죄주기를 즐기겠는가? 앞서 망령되이 탐욕한 사람들을 징벌함으로써 뒷날을 경계하여 혼란을 일으키지 않기를 바랄 뿐이다. 또 짐은 너희가 죄를 짓는 것을 보고 매우 슬펐다. 짐이 자만해서 옛사람에 스스로를 비견하는 것이 아니다. 항상 고사(古史)를 열람해 보니, 하나라 우왕이 길에서 죄인을 만나고 울자 시신(侍臣)이 ‘이자는 법을 어겨 죄가 있는 사람입니다. 왕께서 어찌 우십니까?’라고 했다. 우왕이 ‘요순 때 정치, 교화, 덕의 혜택이 백성에 널리 미쳐서 사람들이 법을 어김이 없었다. 지금 내가 우는 것은 죄수를 위함이 아니라, 나의 정치, 교화, 덕의 혜택이 요순과 같지 않아서 죄인이 생기기 되었기 때문에 우는 것이다.’라고 했다. 짐은 너희가 죄지은 것을 보고 매우 슬프다. 너희는 서로 힘써 삼가 군령을 따라 행하고 혹여 일에 게으르지 말라.

지금 몽고 · 한인 · 조선 등 여러 나라가 모두 이미 귀부했고 군영은 강성하다. 너희는 헛되이 강하고 용맹한 것을 자신하여 사람을 위협하지 말라. 각자 기율을 분명하게 펼쳐야 하며 혹여 나태해서는 안 된다. 너희를 모든 이가 지켜보고 있다. 만약 예로써 처신하고 평화로써 그들을 구제하면 각국이 귀부할 것이고, 반드시 우리나라를 강하지만 덕이 있고 용맹하지만 예의가 있다고 여겨 더욱 기꺼이 복종할 것이다. 군대의 주인인 자가 전투에 임할 때 자신의 공만 따지고 병사가 죽고 다치거나 군대가 패주하는 것을 고려하지 않아서 나라의 명성에 누를 끼친다면 이는 주장(主將)이 아니다. 군사를 일으켜 토벌할 때는 나라에 유익하고 자신에게 허물이 없을 것을 생각해야 한다. 군중에서 일을 논의하는 데 의견이 그릇된 자가 있으면 마땅히 그 자리에서 깨우치도록 권해야지, 묵묵히 말하지 않고 있다가 도리어 귀환 시에 핑계를 대며 자신은 빠지려 하지 말라. 또한 그 자리에서 일부러 돌려서 말해 놓고, 변명할 때는 내가 일찍이 이렇게 권유했었다고 말해도 모두 믿기에 부족하다. 반드시 그 자리에서 무리에게 분명히 말하고 무리가 따르지 않으면 비로소 귀환해서 변명할 수 있는 것이다. 최근에 귀부하는 자가 날로 늘고 있으니, 전투 중 사로잡힌 장수와 병사들은 사로잡은 사람이 거두어 부양하는 것을 허락한다. 짐이 그들을 구휼해 주는 것은 이전에 귀부한 사람들과 이전에 가난했던 사졸들을 넉넉하게 해 주는 것만 못하다."

○ 丁巳, 揚武大將軍多羅貝勒岳託, 同多羅安平貝勒杜度及衆大臣, 率右翼軍征明, 上親送之. 辰刻, 出撫近門, 謁堂子, 行三跪九叩頭禮, 拜纛, 行一跪三叩頭禮. 於是至演武場, 上御座, 賜岳託敕印, 岳託率諸將跪階下. 大學士剛林 · 理藩院承政塞冷 · 大學士范文程, 各讀清 · 漢 · 蒙古字敕文云, 寬溫仁聖皇帝制曰, 古帝王興師克敵, 撫定疆宇, 必選擇於衆, 拔一良將, 特授兵權, 則軍有所統, 而大事始定. 今因明國不願講和, 樂於干戈, 故命爾貝勒岳託, 充揚武大將軍, 授以敕印, 率右軍西伐, 爾其同安平貝勒 · 滿洲 · 蒙古 · 漢軍衆固山額眞, 僉慮協謀, 擇善而從, 勿以受命重而邀功, 勿以將士勇而輕敵.

凡駐營壘, 嚴設偵探, 小心隄防, 勿得少怠. 務須信賞必罰, 激勵將士. 破彼邊關, 直入其境, 多謀定策, 密察敵人之機, 聲東擊西, 默運乘便之智, 出其不意, 攻其無備. 至於待將士, 勿護所愛, 勿蔽所憎. 有衝鋒破敵奮勇先登者, 必破格優賞, 仍錄其功以奏, 參遊以下, 有敗陣及違軍律者, 先斬後奏. 遇左軍奉命大將軍, 聽其節制以贊其謀, 尙其欽哉, 勿違朕命. 宣畢, 岳託升階跪, 受敕印, 轉授隨征官, 復降階, 行三跪九叩頭禮. 上復召岳託至前, 訓諭之, 賜茶畢, 送至里許, 由懷遠門, 還宮.

○ 정사일(8.27), 양무대장군(揚武大將軍) 도로이 버일러 요토는 도로이 안평 버일러 두두 및 대신들과 함께 우익군(右翼軍)을 이끌고 명나라를 정벌하고자 출정했다. 주상이 친히 이들을 배웅했다. 진시(辰時)에 무근문(撫近門)을 나가 당자(堂子)에 배례하여 삼궤구고두의 예를 행하고 독제(纛祭)를 올리며 일궤삼고두의 예를 행하였다. 이어 주상은 연무장에 도착하여 자리에 앉아 요토에게 칙인을 하사했다. 요토는 여러 장수들을 이끌고 계단 아래에서 무릎을 꿇었다. 대학사 가린·이번원승정 서렁·대학사 범문정은 각각 만주·한문·몽고 문자로 된 칙문을 읽었다. 칙문에서 말했다.

「관온인성황제가 제(制)하여 말한다. 옛 제왕들이 군사를 일으켜 적을 물리치고 강역을 다스릴 때 반드시 여럿 가운데 골라 우수한 장수 1명을 선발하여 병권을 수여하면 군대에 기율이 생기고 대사(人事)가 비로소 정해졌다. 지금 명나라는 강화를 원하지 않고 전쟁을 원하니, 그대 버일러 요토에게 양무대장군을 맡게 하고 칙인을 수여하여 우군(右軍)을 이끌고 서정(西征)을 명한다. 그대는 안평 버일러와 만주·몽고·한군 구사어전과 함께 의논하고 책략을 내어 좋은 제안을 선택하라. 받은 명령이 무거워도 공을 부풀리지 말고 장수와 병사가 용감해도 적을 가벼이 여기지 말라. 모든 주둔하는 군영마다 정탐을 엄히 세우고 방비에 유의하며 조금도 태만하지 말라. 반드시 상벌을 분명히 하고 장수와 병사를 격려하라. 적의 변경 관문을 격파하면 곧바로 경내로 들어가라. 다양한 방책을 내고 책략을 세우는 데는 적의 움직임을 면밀히 살피라. 적의 허점을 찌르는 데는 상황에 적절한 지혜를 묵묵히 운용하라. 적이 생각지 못할 때에 나서고 적이 방비하지 않았을 때에 공격하라. 장수와 병사를 대할 때에도 아끼는 자라 하여 감싸지 말고 미워하는 자라 하여 버려두지 말라. 적진으로 돌격하여 적군을 격파하여 용감하게 앞장서는 자가 있으면 반드시 파격으로 대우하여 상을 내리고, 그 공을 기록하여 상주하라. 참장과 유격 이하 중에 패전하여 군율을 어긴 자는 먼저 참하고 후에 상주하라. 좌군 봉명대장군을 만나면 그의 통제를 따르고 그의 계책에 협조하라. 삼가 공경하는 마음으로 받들고 짐의 명을 어기지 말라.」

읽은 후 요토는 계단을 올라 무릎을 꿇고 칙인을 받들고 다시 그를 수행하여 종군했던 관원에게 전해 주었다. 다시 계단을 내려와서 삼궤구고두의 예를 행하였다. 주상은 다시 요토를 불러서 앞에 오게 하여 훈유하고 차를 하사하고, 몇 리를 배웅한 후에 회원문(懷遠門)을 경유하여 환궁했다.

○ 己未, 三等昂邦章京塞冷布都馬爾病故, 以其子多爾濟襲職. 三等甲喇章京扎木蘇病故, 以其伯父之子博爾和兒襲職. 牛彔章京佟噶圖病故, 以其弟碩爾格襲職. 牛彔章京碩哈病故, 以其弟白爾格襲職. 牛彔章京布雅里病故, 以其子傅成格襲職. 牛彔章京塞赫有罪, 以其兄子胡什巴襲替. 半個牛彔章京佛索里有罪, 以其叔薩瑪哈襲替. 牛彔章京達什有罪, 以其弟馬式襲替.

○ 기미일(8.29), 삼등 암바장긴 서렁 부두말(sereng budumal, 塞冷布都馬爾)이 병사하여, 그 아들 도르지(dorji, 多爾濟)에게 습직시켰다. 삼등 잘란장긴 잠수(jamsu, 扎木蘇)가 병사하여, 그 백부의 아들 보르호두이(borhodui, 博爾和兌)에게 습직시켰다. 니루장긴 퉁가투(tunggatu, 佟噶圖)가 병사하여, 그 동생 숄거(šolge, 碩爾格)에게 습직시켰다. 니루장긴 쇼하(šoha, 碩哈)가 병사하여, 그 동생 벌거이(belgei, 白爾格)에게 습직시켰다. 니루장긴 부야리(buyari, 布雅里)가 병사하여, 그 아들 푸청거(fucengge, 傅成格)에게 습직시켰다. 니루장긴 서허이(sehei, 塞赫)가 죄를 지어, 그 형의 아들 후시바(hūsiba, 胡什巴)로 교체하여 습직시켰다. 반개니루장긴 포소리(fosori, 佛索里)가 죄를 지어, 그 숙부 사마하(samaha, 薩瑪哈)로 교체하여 습직시켰다. 니루장긴 다시(dasi, 達什)가 죄를 지어, 그 동생 마시(masi, 馬式)로 교체하여 습직시켰다.

○ 授博琫席訥布庫 · 何尼齊, 俱爲三等梅勒章京, 阿拜泰巴圖魯 · 巴特瑪 · 塞冷 · 托克托會, 俱爲三等甲喇章京, 以其自伊蘇特部落來歸故也.

○ 보봉(bobong, 博琫) · 시너 부쿠(sine buku, 席訥布庫) · 호니치(honici, 何尼齊)에게 삼등 머이런장긴 직을 수여했고, 아바이 타이 바투루(abai tai baturu, 阿拜泰巴圖魯) · 바트마(batma, 巴特瑪) · 서렁(sereng, 塞冷) · 톡토호이(toktohoi, 托克托會)에게 삼등 잘란장긴 직을 수여했는데, 이수트(isut, 伊蘇特) 부락에서 내귀했기 때문이다.

○ 賜塞桑號爲達爾漢和碩齊, 授爲三等梅勒章京. 授杜思噶爾 · 納穆, 俱爲三等甲喇章京. 授李子登爲牛彔章京.

○ 자이상(jaisang, 寨桑)에게 다르한 호쇼치 칭호를 하사했고 삼등 머이런장긴 직을 수여했다. 두스가르(dusg'ar, 杜思噶爾)・나무(namu, 納穆)에게 모두 삼등 잘란장긴 직을 수여했다. 이자등(李子登)에게 니루장긴 직을 수여했다.

○ 陞半個牛彔章京劉光先爲牛彔章京, 以其建崇政殿有功故也.

○ 반개니루장긴 유광선(劉光先)을 니루장긴으로 승진시켰는데, 숭정전(崇政殿) 건설에 공이 있었기 때문이다.

○ 以準塔巴圖魯爲蒙古固山額眞, 雍舜爲梅勒章京, 馬喇希爲蒙古梅勒章京, 楊文魁爲工部參政, 陳邦選爲禮部參政, 額色黑爲內秘書院學士, 敦多惠爲理藩院啟心郎.

○ 준타 바투루(junta baturu, 準塔巴圖魯)를 몽고 구사어전으로, 용숀(yongšon, 雍舜)을 머이런장긴으로, 말라히(malahi, 馬喇希)를 몽고 머이런장긴으로, 양문괴(楊文魁)를 공부참정으로, 진방선(陳邦選)을 예부참정으로, 어서허이(esehei, 額色黑)를 내비서원학사로, 돈도호이(dondohoi, 敦多惠)를 이번원 계심랑으로 삼았다.

○ 先是, 巴彦獲罪, 其家人滿都戶・阿哈丹入官, 撥給綽和洛. 至是, 滿都戶告於法司云, 巴彦贖回阿哈丹, 不將我贖回, 以我曾告彼, 挾仇故也. 及質訊時, 綽和洛云, 我與巴彦素不相善, 武英郡王令我與之. 及詢武英郡王阿濟格, 王云, 我未嘗令綽和洛與之, 彼以親故私給還耳, 彼言與巴彦素不相善, 巴彦病時, 綽和洛夫婦往視之, 又與綽和洛子馬一匹, 是果不相善耶. 巴彦曰, 我求丹代轉奏奉旨贖之. 及質審奉旨事虛, 綽和洛實以親故與巴彦, 反誑云, 王與之, 素與巴彦往還, 又誑云, 不相善. 綽和洛, 應罰銀二百兩, 革世職, 降參政爲副理事官. 後諸王 · 貝勒 · 貝子 · 固山額眞 · 議政大臣等復議, 綽和洛, 應籍家產一半, 革職當差. 巴彦, 私贖入官人口, 誑言奉上命, 應革職籍沒家產及奴僕屬員. 阿濟格, 於綽和洛初問時, 不正言斥之而云, 問該部之人, 應罰銀一千兩. 和碩鄭親王濟爾哈朗, 以巴彦贖人事, 問於星訥, 星訥云, 聞啟奏贖之, 此言竟未究其虛實. 濟爾哈朗, 及承政郎球 · 索海 · 孟喬芳 · 啟心郎額爾格圖 · 巴哈納 · 羅奇 · 碩詹 · 納爾賽, 俱應坐以應得之罪. 星訥, 既係部官, 不窮詰明白, 輒信巴彦誣言, 於王問時, 妄對有旨. 星訥, 應罰銀百兩. 奏聞, 上曰, 武英郡王, 免罰銀一千兩, 止坐以應得之罪. 綽和洛, 罰銀二百兩. 巴彦, 革職罰贖. 巴彦妻, 初以其婢爲入官人妻, 欲贖回, 轉求丹代奏請, 朕以其夫有過, 不能豫行諫止, 既得罪, 始來奏懇, 不准行, 乃竟假稱奉旨, 私贖人口, 罰銀百兩. 鄭親王及承政郎球 · 索海 · 孟喬芳 · 啟心郎額爾格圖 · 巴哈納 · 羅奇 · 碩詹 · 納爾賽, 俱免究. 星訥, 坐以應得之罪.

○ 이전에 바얀(bayan, 巴彦)이 죄를 지어 가인(家人) 만두후(manduhu, 滿都戶)와 아하단(ahadan, 阿哈丹)이 관에 몰수되어 초호로(cohoro, 綽和洛)에게 주어졌다.[19] 이때에 만두후가 법사(法司)에 고소했다. "바얀이 아하단을 속회(贖回)하고 저를 속회하지 않은 것은, 제가 이전에 바얀을 고소하여 원수가 되었기 때문입니다." 심문할 때 초

19 이 문장의 뒤에 "바얀은 아하단을 贖回했다."가 추가되어야 문맥이 통한다.

호로는 말했다. "저와 바얀은 평소 서로 사이가 좋지 않으나 무영군왕이 저에게 아하단을 주라고 했습니다." 무영군왕 아지거에게 물었을 때 무영군왕이 말했다. "나는 초호로에게 아하단을 주라고 한 적이 없으며 초호로가 바얀과 친한 까닭에 사적으로 돌려준 것뿐이다. 초호로는 평소 바얀과 사이가 좋지 않다고 말했으나, 바얀이 병들었을 때 초호로 부부가 가서 문병했으며 또한 초호로의 아들에게 말 1마리를 주었으니, 이것이 과연 서로 친하지 않다고 할 수 있는가?" 바얀이 말했다. "저는 단다이(dandai, 丹代)에게 요청하여 상주하고 지(旨)를 받들어 아하단을 속회(贖回)했습니다." 지(旨)를 받드는 일에 관하여 대질심문하니 거짓으로 드러났다. 사실 초호로는 바얀과 친해서 아하단을 바얀에게 주었는데 도리어 거짓말로 무영군왕이 주었다고 말했으며, 평소 바얀과 왕래하면서 서로 친하지 않다고 거짓말을 한 것이 밝혀졌다. 초호로의 죄는 벌은 200냥에 처하고 세습직을 혁직하고 참정으로 강등시켜 부이사관으로 삼는 것에 해당했다.

이후 여러 왕, 버일러, 버이서, 구사어전, 의정대신 등이 다시 의논했다. 「초호로는 가산의 절반을 몰수하고 혁직하여 차역으로 삼아야 합니다. 바얀은 관에 몰수된 사람을 사사로이 속회(贖回)하고 주상의 명령을 받들었다고 거짓말했으니, 혁직하고 가산과 노복과 속원을 적몰(籍沒)해야 합니다. 초호로를 처음 심문할 때에 아지거는 바르게 말하지 않고 내치며 "해당 부(部) 사람에게 물어라."라고 말했으니, 벌은 1,000냥에 처해야 합니다. 호쇼이 정친왕 지르갈랑이 바얀의 속회한 일을 싱너에게 물었더니 싱너는 "상주를 올려 속회했다고 들었다."라고 말했으나, 이 말의 진위 여부를 결국 조사하지 않았습니다. 지르갈랑과 승정 랑키오 · 소오하이 · 맹교방 · 계심랑 어르거투 · 바하나 · 로키(loki, 羅奇) · 쇼잔(šojan, 碩詹) · 나르사이(narsai, 納爾賽)는 모두 받아야 할 죄에 처해야 합니다. 싱너는 부(部)의 관원인데도 추궁하여 명백히 밝히지 않고 바얀의 거짓말을 곧이곧대로 믿었으며 왕이 물었을 때에도 지(旨)가 있다고 거짓되게 말했습니다. 싱너는 벌은 100냥에 처해야 합니다.」

상주하니 주상이 말했다. "무영군왕은 벌은(罰銀) 1,000냥을 면제하고, 받아야 할 죄에 처하는 것에 그친다. 초호로는 벌은 200냥에 처한다. 바얀은 혁직하고 속은(贖銀)을 벌로 부과한다. 바얀의 처는 자신의 비(婢)가 관에 몰수된 사람의 처이기 때문에 속회(贖回)하고자 단다이에게 상주해 줄 것을 요청했다. 바얀의 처는 자신의 남편이 죄가 있음에도 미리 저지하지 못하고 죄를 지은 후에 짐에게 와서 상주하여 간청했기 때문에 짐은 허가하지 않았다. 그런데도 오히려 지(旨)를 받들었다고 거짓말을 하고 사사로이 속회(贖回)했으니, 벌은 100냥에 처한다. 정친왕과 승정 랑키오 · 소오하이 · 맹교방 · 계심랑 어르거투 · 바하나 · 로키 · 쇼잔 · 나르사이는 모두 죄를 면제한다. 싱너는 받아야 할 죄에 처한다."

九月, 庚申朔, 授醫生武振恒爲牛彔章京, 以其治和碩鄭親王濟爾哈朗 · 和碩豫親王多鐸目疾全愈也.

○ 9월 경신일 초하루(9.1), 의생(醫生) 무진항(武振恒)에게 니루장긴을 수여했는데, 호쇼이 정친왕 지르갈랑과 호쇼이 예친왕(豫親王) 도도의 눈병을 치료하여 완전히 나았기 때문이다.

○ 癸亥, 奉命大將軍和碩睿親王多爾衮, 同多羅貝勒豪格 · 多羅饒餘貝勒阿巴泰, 及衆大臣, 率左翼兵征明, 上親送之. 辰刻, 出撫近門, 謁堂子, 行三跪九叩頭禮, 拜纛, 行一跪三叩頭禮. 上將至演武場, 賜敕印, 時和碩豫親王多鐸不至, 上怒曰, 兄弟子姪, 往征敵國,豫親王何故不送. 朕屢諭豫親王屬下刑部承政郎球云, 豫親王若有悖謬, 爾當諫諍. 乃竟諂媚逢迎, 見王怠玩若此, 不行規正, 可速執之. 及問啟心郎祁充格, 亦以是日往屯中, 隨遣人召而縶之, 因禁豫親王不得出府門. 上至演武場, 御座, 賜多爾袞敕印, 多爾袞率諸將跪階下. 大學士剛林·舉人俄博特·大學士范文程, 各宣清·漢·蒙古字敕文, 其文與敕諭岳託同. 宣畢, 多爾袞升階跪, 受敕印, 轉授隨征官. 復降階, 行三跪九叩頭禮, 復位立. 上復命近前訓諭之, 賜茶畢, 送里許, 由懷遠門還宮.

○ 계해일(9.4), 봉명대장군 호쇼이 예친왕 도르곤은 도로이 버일러 호오거·도로이 요여 버일러 아바타이, 그리고 여러 대신들과 함께 좌익군(左翼軍)을 이끌고 명나라를 정벌하고자 했다. 주상이 친히 이들을 배웅했다. 진시(辰時)에 무근문(撫近門)을 나가 당자(堂子)에 배례하여 삼궤구고두의 예를 행하고 독제(纛祭)를 올리며 일궤삼고두의 예를 행하였다. 주상이 연무장에 가서 칙인을 하사하려고 했으나, 호쇼이 예친왕(豫親王) 도도가 도착하지 않자 주상이 노하여 말했다. "형제들과 아들 조카들이 적국으로 원정을 가는데도 예친왕은 어째서 배웅하지 않는가? 짐은 예친왕 속하 형부승정 랑키오에게 여러 차례 유시하여 '예친왕이 패악한 짓을 한다면 그대들이 충고해야 한다.'라고 했다. 그런데 도리어 왕에게 아첨하고 비위를 맞추어 왕이 이렇게 게으름을 피우고 규정을 지키지 않게 했으니 속히 체포하라." 계심랑 키충거에게 물으니 이날 둔장(屯莊)에 갔기에 사람을 보내어 소환해서 구금하고 예친왕은 부문(府門)을 나서지 못하게 했다. 주상이 연무장에 가서 자리에 앉고 도르곤에게 칙인을 하사했다. 도르곤은 여러 장수들을 이끌고 계단 아래에 무릎을 꿇었다. 대학사 가린·거인 오보트·대학사 범문정은 각각 만주·한문·몽고 문자로 된 칙문을 읽었

다. 칙문과 칙유는 요토가 출정했을 때의 것과 같았다. 읽은 후 도르곤은 계단을 올라 무릎을 꿇고 칙인을 받았고 다시 그를 수행하여 종군했던 관원에게 주었다. 다시 계단을 내려와 삼궤구고두의 예를 행하고 자리에 돌아와 섰다. 주상은 다시 가까이 오도록 명하고 훈유하고 차를 하사하고, 몇 리를 배웅한 후에 회원문(懷遠門)을 경유하여 환궁했다.

○ 乙丑, 召貢馬蒿齊忒部落博洛特·諾木齊等五十三人進宮, 賜宴, 仍命七家以次宴之, 賜博洛特·諾木齊貂裘·貂帽·雕鞍馬·甲胄·撒袋·緞疋等物, 仍命固山貝子博洛·羅託·鎮國公艾度禮·禮部承政滿達爾漢, 送至演武場, 宴而遣之.

○ 을축일(9.6), 말을 바치러 온 호오치트 부락 볼로트·놈치 등 53명을 불러 입궁하게 하고 연회를 베풀고, 또한 칠가(七家)에게 명하여 순서대로 연회를 열게 했다. 볼로트·놈치에게는 담비가죽옷·담비가죽 모자·조각한 안장을 갖춘 말·갑옷과 투구·화살집·비단 등을 하사했으며, 구사이 버이서 볼로(bolo, 博洛)와 로토(loto, 羅託), 진국공 아이두리(aiduri, 艾度禮)·예부승정 만다르한에게 명하여 연무장까지 배웅하고 연회를 열고 보내게 했다.

○ 以齊國佐·周文業, 爲禮部啟心郎.

○ 제국좌(齊國佐)와 주문업(周文業)을 예부계심랑으로 삼았다.

○ 辛未, 朝鮮國王李倧, 以侍女十人進內廷, 遣內監白大珪等送至.

○ 신미일(9.12), 조선국왕 이종(李倧)이 시녀 10명을 내정(內廷)에 바치고자 내감 백대규(白大珪) 등을 파견하여 보내왔다.

○ 召貢馬阿霸垓部落台吉古木·綽爾濟, 喀爾喀部落土謝圖汗下博洛特扎爾固齊·碩雷下衛徵朗蘇喇嘛等一百一人進宮, 賜宴, 仍命七家各宴之.

○ 말을 바치러 온 아바가 부락 타이지 구무(gumu, 古木)·초르지(corji, 綽爾濟), 칼카 부락 투시예투 칸 속하 볼로트 자르구치(bolot jargūci, 博洛特扎爾固齊)와 숄로이 속하 워이정 랑수 라마(weijeng langsu lama, 衛徵朗蘇喇嘛) 등 101명을 불러 입궁하게 하고 연회를 베풀고, 칠가(七家)에게 명하여 각각 연회를 베풀게 했다.

○ 賜朝鮮國內監白大珪等宴, 并給銀兩·貂皮等物.

○ 조선국 내감 백대규(白大珪) 등에게 연회를 베풀고 은량·담비 가죽 등의 물품을 지급했다.

○ 壬申, 上諭諸王·貝勒·羣臣曰, 明人聞我二路進兵, 則山海關以東寧遠·錦州兵必往西援. 朕率和碩鄭親王濟爾哈朗及固山貝子·大臣, 親統大軍, 前往山海關一帶, 牽制其援兵, 豫親王多鐸亦同行.

其前罪姑俟班師時議之. 又下敕徵孔有德·耿仲明·尚可喜兵諭曰, 王等可令部下馬步軍, 攜紅衣礮, 及一切火器·戰車, 齎二月糧, 於本月二十五日俱至盛京, 勿違. 王等來京日期, 着候旨行.

○ 임신일(9.13), 주상이 여러 왕·버일러·신하들에게 유시했다. 「명나라 사람들이 우리가 두 길로 진군해 오는 것을 들으면, 산해관 동쪽 영원(寧遠)과 금주(錦州) 군사들이 분명 서쪽으로 가서 지원할 것이다. 짐은 호쇼이 정친왕 지르갈랑과 구사이 버이서와 대신들을 이끌고 친히 대군을 통솔하여 산해관 일대로 가서 원군을 견제할 것이며 예친왕 도도 역시 동행할 것이다. 그 이전의 죄는 일단 회군할 때까지 기다렸다가 군대가 돌아오면 의논할 것이다.」 또한 칙서를 내려 공유덕·경중명·상가희의 병사를 징발하며 말했다. 「왕들은 관할 기마병과 보병을 이끌고 홍의포와 일체의 화기·전차를 가지고 두 달치 군량을 휴대하여 본월 25일 모두 성경(盛京)에 오라. 어기지 말라. 왕들은 경성에 기한 내에 와서 지(旨)를 기다려서 행하라.」

○ 丁丑, 定優免人丁例. 無世職固山額眞·承政, 准免十丁. 梅勒章京·內大臣參政, 准免八丁. 甲喇章京·一等侍衛·理事官, 准免五丁. 牛彔章京·二等侍衛·副理事官, 准免四丁. 三等侍衛, 准免三丁, 多羅貝勒二等侍衛, 准免二丁.

○ 정축일(9.18), 인정(人丁)의 요역을 면제 해주는 규정(優免人丁例)을 제정했다. 세습 직위가 없는 구사어전과 승정은 10정(丁), 머이런장긴·내대신·참정은 8정, 잘란장긴·일등 시위·이사관은 5정, 니루장긴·이등시위·부이사관은 4정, 삼등 시위는 3정, 도로이 버일

러 중에 삼등 시위는 2정을 면제할 것을 허가했다.

○ 庚辰, 賜貢駝馬喀爾喀部落查薩克圖汗下衛徵朗蘇, 車臣綽爾濟下卓禮克圖, 土謝圖汗下博洛特扎爾固齊·薩爾霸塔蘇爾海, 戴青貝勒下磴古塞, 衛徵貝勒下圖布新, 賽音台吉下布爾罕代, 豆爾格齊貝勒下瑣諾木, 馬哈撒嘛諦塞臣汗下衛徵朗蘇·兀喇漢山津, 阿霸垓部落濟農下門綽渾, 那木爾察爾下僧格等蟒緞·綵緞等物有差.

○ 경진일(9.21), 낙타와 말을 진공한 칼카 부락 자삭투 칸 속하 워이정 랑수, 체첸 초르지 속하 조릭투, 투시예투 칸 속하 볼로트 자르구치·사르바 타수르하이(sarba tasurhai, 薩爾霸塔蘇爾海), 다이칭 버일러 속하 컹구서이(kenggusei, 磴古塞), 워이정 버일러 속하 툽신(tubsin, 圖布新), 사인 타이지(sain taiji, 賽音台吉) 속하 불간다이(bulgandai, 布爾罕代), 더오르거치 버일러(deorgeci beile, 豆爾格齊貝勒) 속하 소놈(sonom, 瑣諾木), 마하 사마디 세첸 칸 속하 워이정 랑수·울라간 산진(ulagan sanjin, 兀喇漢山津), 아바가 부락 지농 속하 몬초혼(moncohon, 門綽渾), 나무르찰(namurcal, 那木爾察爾) 속하 셍게(sengge, 僧格) 등에게 망단(蟒緞)·채단(綵緞) 등의 물품을 차등 있게 하사했다.

○ 丁亥, 上出懷遠門, 幸演武場, 閱視昂邦章京石廷柱·馬光遠兩旗兵, 令試礮·較射·角觝畢, 賜宴.

○ 정해일(9.28), 주상이 회원문(懷遠門)을 나가 연무장에 행차하여, 암바장긴 석정주·마광원 두 기의 병사를 열병하고 대포 시험 발사·활쏘기·씨름을 하게 했다. 이를 마치고 연회를 베풀었다.

권44

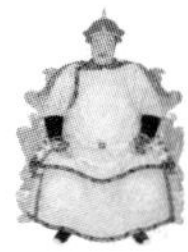

숭덕 3년 10월 ~ 12월

○ 崇德三年, 戊寅, 冬十月, 庚寅朔, 頒曆.

○ 숭덕 3년 무인년 겨울 10월 경인일 초하루(10.1), 책력을 반포했다.

○ 賜隨朝鮮質子之侍郎巴克貂皮 · 銀兩等物, 賜宴於禮部, 遣還.

○ 인질로 온 조선 세자를 수행하는 시랑(侍郎) 파극(巴克; 朴簹)에게 담비가죽과 은 등의 물품을 하사하고, 예부에서 연회를 베풀고 돌려 보냈다.

○ 壬辰, 遣貢馬阿霸垓部落台吉古木 · 綽爾濟等還, 命固山貝子尼堪 · 羅託 · 承政滿達爾漢, 送至演武場, 餞之.

○ 임진일(10.3), 말을 바친 아바가 부락 타이지 구무와 초르지 등을 돌려보냈다. 구사이 버이서 니칸 · 로토 · 승정 만다르한에게 명하여 연무장까지 배웅하고 전별하게 했다.

○ 丁酉, 揚武大將軍多羅貝勒岳託等, 自軍中遣阿爾布尼等奏報, 臣等蒙上天眷佑皇上威福, 於九月二十二日, 從明境密雲東北牆子嶺口, 析毁邊牆, 四路前進. 明密雲總督, 率馬步兵六千來援, 見我軍已入邊, 總督親率數百人, 奔入牆子嶺堡內, 馬步兵分爲三隊立寨, 俱爲我軍所敗, 時明副將一員, 率馬步兵二千逆戰, 譚泰旗下得特, 碩爾兌 · 杜雷旗下魯克都 · 和禮布兩旗夾攻, 獲馬百, 駝二十. 又明守備一員, 率馬步兵千餘逆戰, 多羅安平貝勒杜度, 督漢軍墨爾根侍衛李國翰 · 王延祚, 恭順王孔有德 · 懷順王耿仲明所屬曹得賢 · 賈世魁 · 常國芳等擊敗之, 獲馬三十九. 又喀喇沁部落萬旦 · 瑣諾木擊敗一隊, 獲馬十三. 前鋒將領碩翁科羅巴圖魯勞薩 · 努山 · 布顏 · 席特庫等, 追擊密雲總督潰兵二百餘人, 獲馬八十七. 近城山險, 日且將暮, 未得多有斬殺, 亦未多獲馬匹. 於關門獲大小紅衣礮七位 · 大將軍礮十八位. 又訊流賊消息, 有言已過黃河者, 有言在黃河南岸者, 尚未得實. 所有疲困駝馬, 及隨從厮卒, 並護衛官兵, 暫留於什爾噶河源, 令前鋒兵進擊, 敵哨卒不能出, 皆就擒. 及問就擒之人, 言牆子嶺堅固不可入, 且密雲總督率兵來援. 惟嶺東西兩旁高處, 可以越入. 若我兵從一路前進, 恐敵兵亦合力一處, 未易取勝. 故分爲四路, 令護軍統領圖賴爲帥, 率右翼每牛彔護軍一名, 及外藩喀喇沁兵, 每旗護軍參領一員, 從嶺之右側, 踰越高峰. 又恐圖賴兵少, 復以貝子篇古一旗及葉臣旗下護軍 · 騎兵等, 往助之. 後兵未至, 而圖賴等已先入邊, 攻克臺十一座. 令阿代 · 恩格圖 · 古木三旗兵俱離嶺五里, 自高山上入, 而恩格圖兵先之, 譚泰 · 杜雷兩旗下護軍騎兵等, 與阿代一旗兵相距十五里, 於高峯無邊牆處齊入. 巴特瑪一旗, 喀喇沁五旗, 巴林兩旗, 敖漢·柰曼兩旗, 吳喇忒一旗, 穆章一旗, 漢軍, 及孔有德·耿仲明屬下兵, 俱從邊城大門之東小門平坦處, 舉火礮, 豎雲梯, 攻之, 巴林阿玉石旗下素爾古先登. 時敵兵俱於邊界平坦處防守, 夾攻阿代等兵. 故令巴特瑪一旗, 及外藩諸軍, 俱從平坦處攻入, 又擒回拜賽同行之吹爾班第. 獲海龍城邏卒一名, 問之, 云, 與班第相識. 班第亦云, 此人係明國守備遣來議貿易價值者, 我因識之. 與彼相善, 遂以此人付與班第, 諭而遣之曰, 前聞爾邊臣有云, 我邏卒十八名, 爲爾大清國所殺, 又何故殺我關上貿易良民等語. 此豈我軍識其爲貿易人而殺之耶. 特以長城邊內, 屬爾明國, 邊外屬我大清, 不應入我地而殺之耳. 且大清先年進邊時, 直入昌平. 今又避爾地從牆子嶺入者, 亦不過因爾關上貿易相和之故, 豈以爾關爲險阻難攻而不入耶. 以此思之, 相好如初, 乃爾之幸, 儻爾等稍懷更變之意, 大軍立至, 實難解救矣. 又囑班第云, 爾以此人付與海龍守備, 彼若問爾, 亦如此言應之可也. 我軍所入之關, 漢名牆子嶺, 蒙古名達吉布拉. 牆子嶺西一關, 漢名黑峪關, 蒙古名黑呼龍. 又一關, 漢名曹家寨, 蒙古名海龍. 又一關, 漢名古北口, 蒙古名莫爾托石. 牆子嶺東一關, 漢名將軍石, 蒙古名烏什根. 又一關, 漢名黃崖口, 蒙古名章. 又一關, 漢名馬蘭峪, 蒙古名馬賴. 謹奏以聞.

○ 정유일(10.8), 양무대장군 도로이 버일러 요토 등이 군중에서 보낸 아르분 니(arbun ni, 阿爾布尼) 등이 상주했다. 「신들은 상천의 보우와 황상의 위복을 입고 9월 22일 명나라의 변경 밀운(密雲) 동북변 장자령구(牆子嶺口)에서 변장(邊牆)을 허물고 네 길로 전진했습니다. 명나라 밀운총독(密雲總督)은 기마병과 보병 6,000명을 이끌고 지원하러 왔습니다. 밀운총독은 우리 군대가 이미 변내로 들어온 것을 보고

수백 명을 직접 이끌고 장자령보(牆子嶺堡) 안으로 달려 들어와 기마병과 보병을 세 부대로 나누고 채(寨)를 세웠으나, 모두 우리 군대에 패했습니다. 이때 명나라의 부장 1명이 기마병과 보병 2,000명을 이끌고 응전했으나, 탄타이 기(旗)의 속하 더터(dete, 得特)·쇼르도이(šordoi, 碩爾兌), 둘러이 기(旗)의 속하 룩두(lukdu, 魯克都)·호리부(horibu, 和禮布)의 두 기(旗)가 협공하여 말 100마리와 낙타 20마리를 노획했습니다. 또한 명나라의 수비(守備) 1명이 기마병과 보병 1,000여 명을 이끌고 응전했으나, 도로이 안평 버일러 두두가 한군(漢軍) 머르건 시위 이국한(李國翰)·왕연조(王延祚), 공순왕 공유덕과 회순왕 경중명 소속 조득현(曹得賢)·가세괴(賈世魁)·상국방(常國芳) 등을 이끌고 이를 격파하고 말 39마리를 노획했습니다. 또한 카라친 부락 완단(wandan, 萬旦)·소놈(sonom, 瑣諾木)이 부대 하나를 격파했고 말 13마리를 노획했습니다. 전봉장령 숑코로 바투루 로오사·누산·부얀·시터쿠 등은 밀운총독의 도망한 병사 200여 명을 추격하여 말 87마리를 노획했습니다. 성 근처 산이 험하고 해가 지려고 하여 적군을 참살한 것이 많지 않고 노획한 말도 많지 않았습니다. 관문에서 대소 홍의포 7문·대장군포 18문을 노획했습니다.

또한 유적(流賊)의 소식을 물으니, 이미 황하를 건넜다고 말하는 자도 있었고 황하 남안에 있다고 말하는 자도 있었으나 사실 여부는 아직 모릅니다. 지친 낙타와 말과 수행하는 쿠툴러들과 호위관병들은 잠시 시르가 강(sirga bira, 什爾噶河)의 수원에 머물렀습니다. 전봉병(前鋒兵)에게 명하여 진격하게 하자 적군 초병이 빠져나가지 못하고 모두 생포되었습니다. 생포된 자에게 물어보니, "장자령(牆子嶺)은 견고하여 들어갈 수 없습니다. 또한 밀운총독이 군대를 이끌고 와서 지원하고 있습니다. 다만 장자령의 동서 양쪽 높은 곳만은 넘어서 들어갈 수 있습니다."라고 대답했습니다. 만약 우리 군대가 한 로(路)로 전진하면 적군도 한 곳에서 힘을 합쳐서 쉽게 이기지 못할 것입니다. 따라서 네 로(路)로 나누고 호군통령 툴라이를 수장으로 하고, 우익 각 니루의 호군 1명씩과 외번 카라친 병사, 각 기(旗)의 호군참령 1명씩을[1] 이끌고 장자령의 오른쪽으로 높은 봉우리를 넘게 했습니다. 또한 툴라이의 병사가 적을 것을 우려하여 다시 버이서 피양구 1기와 여천 기(旗) 속하 호군과 기병 등을 보내서 돕게 했습니다.

후발대가 도착하기 전에 툴라이 등은 먼저 변내로 들어가서 대(臺) 11곳을 공격하여 점령했습니다. 아다이(adai, 阿代)·엉거투(enggetu, 恩格圖)·구무(gumu, 古木)의 3기(旗) 군사는 모두 장자령에서 5리 떨어진 높은 산 위에서 돌진해 들어가게 했습니다. 엉거투의 군사가 선봉에 섰고, 탄타이와 둘러이 2기(旗) 속하 호군과 기병은 아다이의 1기(旗) 군사와 15리 떨어져서 높은 봉우리의 변장(邊牆)이 없는 곳으로 동시에 돌진해 들어갔습니다. 바트마 1기(旗), 카라친 5기(旗), 바린 2기(旗), 아오한·나이만 2기(旗), 우라트 1기(旗), 무장 1기(旗), 한군(漢軍) 및 공유덕·경중명 속하의 군대가 모두 변성(邊城)의 대문 동쪽에 있는 작은 문의 평탄한 곳에서 화포를 쏘고 운제(雲梯)를 세워서 공격했고, 바린의 아유시 기(旗) 속하 수르구(surgu, 素爾古)가 먼저 올라갔습니다. 이때 적군이 모두 변계의 평탄한 곳에서 수비하며 아다이 등의 군대를 협공하자, 바트마 1기(旗)와 외번 군대들에게 평탄한 곳에서부터 공격해 들어가게 했습니다.

또한 바이사이(baisai, 拜賽)와 함께 간 초이르 반디(coir bandi, 吹爾班第)를 데리고 돌아와서 해룡성(海龍城) 나졸 1명을 붙잡아서 물었더니, "반디와 서로 잘 알고 있습니다."라고 했습니다. 반디도 "이 사람은 명나라 수비가 파견하여 거래 물품 가격을 의논한 자로서, 그 때문에 저도 알고 있습니다."라고 했습니다. 저들과 서로 잘 지내고 있기

1 이때 출정한 호군참령(bayara i jalan i janggin)은 다이주, 하르사, 아란타이, 다르다이이다. 『內國史院滿文檔案譯註 崇德二·三年分』, p.622.

에 마침내 이 사람을 반디에게 주었고, 이 사람에게 가르쳐 말했습니다. "이전에 듣기에, 너희 변신(邊臣)이 '우리 나졸 18명이 너희 대청국에서 살해되었다. 어째서 우리 관(關)에서 무역하는 양민들을 죽였는가?'라고 말했다고 한다. 어찌 우리 군대가 무역하는 사람임을 알고 죽인 것인가? 장성 변내는 너희 명나라에 속하고 변외는 우리 대청에 속하니 우리 땅에 들어와서는 안 되기 때문에 죽였을 뿐이다. 또한 대청 군대가 전에 변내로 진격했을 때 바로 창평(昌平)으로 들어왔다. 지금 너희 땅을 피하여 장자령(牆子嶺)으로 들어간 것도 단지 너희 관문 무역을 통해 서로 잘 지내려는 때문이지, 어찌 너희 관문이 험하고 난공불락이라고 여겨서 들어가지 못한 것이겠는가? 이를 생각해 보면, 처음처럼 서로 화호하는 것이 너희에게 복이다. 만약 너희가 조금이라도 마음을 바꾸면 대군이 즉시 이곳에 이를 것이니 실로 곤경을 면하기 어려울 것이다." 또한 반디에게 당부하여 말했습니다. "너는 이 사람을 해룡(海龍) 수비에게 주어라. 저들이 만약 너에게 물으면 또한 같은 말로 답하라."

우리 군대가 들어가는 관문은 한어로 장자령(牆子嶺)이고 몽고어로 다기불라(dagibula, 達吉布拉)입니다. 장자령 서쪽의 한 관문은 한어로 흑욕관(黑峪關)이고 몽고어로 헤이훌룽(heihulung, 黑呼龍)입니다. 또 한 관문은 한어로 조가채(曹家寨)이고 몽고어로 하일룽(hailung, 海龍)입니다. 또 한 관문은 한어로 고북구(古北口)이고 몽고어로 몰토시(moltosi, 莫爾托石)입니다. 장자령 동쪽 한 관문은 한어로 장군석(將軍石)이고 몽고어로 우시건(usigen, 烏什根)입니다. 또 한 관문은 한어로 황애구(黃崖口)이고 몽고어로 장(jang, 章)입니다. 또 한 관문은 한어로 마란욕(馬蘭峪)이고 몽고어로 말라이(malai, 馬賴)입니다. 삼가 상주합니다.」

○ 是日, 上將親征明國, 命漢軍固山額眞 · 昂邦章京石廷柱 · 馬光遠, 運礮位 · 火器等具先行.

○ 이날 주상이 명나라를 친히 정벌하고자 한군(漢軍) 구사어전과 암바장긴 석정주와 마광원에게 명하여 대포와 화기 등을 운반하여 먼저 가게 했다.

○ 戊戌, 奉命大將軍和碩睿親王多爾衮 · 多羅貝勒豪格 · 多羅饒餘貝勒阿巴泰等, 自軍中奏報. 臣等蒙上天眷佑, 皇上威福, 自董家口東二十里外, 青山關西二里許, 步登山岡, 由邊牆缺處率兵前往. 九月二十八日, 毁牆而入. 青山關, 山峻牆堅. 問之土人云, 青山關內, 有明兵二百防守, 聞我右翼兵消息, 已於九月二十五日往援, 我軍乘其無備, 不傷一人, 得其邊境, 毁牆而進. 莫敢攖鋒, 青山關 · 董家口 · 青山營三處人民, 棄城逃走. 執其人問之, 言青山關東二十里楡木嶺口, 有步兵二百. 與董家口兵, 亦以我右翼兵入, 同往救援, 是以缺兵防守. 又問流賊消息云, 在河南等處鹵掠, 今年大水, 禾稼半收, 祖大壽及其兵馬, 已調往西去. 又明人自山海關遣哨卒五名馬八匹, 來探我右翼兵蹤跡. 回至蘇布地杜稜城, 爲我軍所獲. 問其人云, 山海關九門, 今歲被水衝壞, 止餘一門. 崇禎帝尚在, 或言已死者, 妄也. 我軍出征消息, 彼於十九日, 由山海關報至二屯營. 二屯營陳總兵遣八人往喀喇托果地方, 來探蹤跡, 與我前鋒兵, 夜遇於蘇布地杜稜城, 擒彼處滿洲一名 · 蒙古一名 · 漢人四名 · 馬七匹. 問其人云, 我右翼兵於二十四二十五日進邊, 山海關高太監已調入關內矣.

○ 무술일(10.9), 봉명대장군(奉命大將軍) 호쇼이 예친왕(睿親王) 도

르곤 · 도로이 버일러 호오거 · 도로이 요여 버일러 아바타이 등이 군중에서 상주했다. 「신들은 하늘의 보살핌과 황상의 위엄과 홍복을 입어, 동가구(董家口)에서 동쪽으로 20리 밖이고 청산관(靑山關)에서 서쪽으로 2리 떨어진 곳에 있는 산등성이를 올라 변장(邊牆)이 없는 곳으로부터 군사를 이끌고 앞으로 나아갔습니다. 9월 28일 변장을 부수고 들어갔습니다. 청산관은 산세가 험하고 울타리가 견고했습니다. 주민에게 물으니 말하기를 청산관은 명나라 군사 200명이 지키고 있는데 아군 우익군의 소식을 듣고 9월 25일에 지원하러 갔다고 했습니다. 아군은 관문이 무방비 상태인 것을 기회로 한 사람도 다치지 않고 변경으로 들어가서 변장을 부수고 진격했습니다. 그 기세를 감히 막지 못하고 청산관 · 동가구 · 청산영(靑山營) 세 곳의 인민들이 성을 버리고 도주했습니다. 그들을 잡아 물으니, 청산관 동쪽 20리의 유목령구(楡木嶺口)에 보병 200명이 있는데 동가구의 병사와 함께 아군의 우익 병사들이 진입한 것을 구원하러 가서 방어할 병사가 없다고 말했습니다. 또 유적(流賊)의 소식을 물어보니, 하남(河南) 등지에서 노략질을 하고 있으며, 올해에 큰 홍수가 있어서 심은 벼의 반밖에 거두지 못했고 조대수와 그의 병마가 이미 서쪽으로 갔다고 말했습니다. 또 명나라 사람이 산해관에서 보낸 정탐병 5명과 말 8마리가 아군 우익의 흔적을 정탐하고 돌아오다가 수부디 두렁 성(subudi dureng ni hoton, 蘇布地杜稜城)에서 아군에게 잡혔습니다. 그 사람에게 물어보니 산해관의 문 9개가 올해의 홍수로 파괴되었고 문 1개만이 남아 있다고 했습니다. 숭정제는 여전히 살아 있으며 죽었다는 말은 거짓이라고 합니다. 아군이 출정했다는 소식은 19일에 산해관에서 삼둔영(三屯營)으로 전해졌습니다. 삼둔영의 진 총병(陳總兵)이 8명을 카라토고(kara togo, 喀喇托果) 지방으로 보내 흔적을 정탐하게 했는데, 아군 전봉(前鋒)의 병사가 밤에 수부디 두렁 성에서 그들을 만나 만주인 1명 · 몽고인 1명 · 한인 4명 · 말 7마리를 획득했습니다. 그들에게 물으니, 아군 우익이 24-25일에 변경을 넘었고, 산해관의 고 태감(高太監)은 이미 산해관으로 들어왔다고 말했습니다.」

○ 先是, 工部參政星訥等爲雅什塔所訟云, 我有子婦新寡, 因其父季思哈得疾, 自蓋州歸省. 尼堪·毛墨爾根牛彔下尼牙哈二人, 引星訥之子阿思哈往觀之. 我子婦遂更盛服出見. 星訥遂欲娶我未除服之子婦, 與其子爲妻. 請於武英郡王, 王允之, 遣人至豫親王處往議, 今我子婦未歸, 尙在母家. 乞按律治之. 法司審實, 遂議, 雅什塔之子婦應鞭一百. 阿思哈及季思哈妻應各鞭一百. 穆祜鞭五十. 星訥革世職, 罰銀一百兩, 降參政爲副理事官. 武英郡王阿濟格罰銀二百兩. 說合之尼堪, 罰銀五十兩. 奏聞, 上命罰星訥銀百兩, 降參政爲副理事官. 尼堪罰銀五十兩. 穆祜坐以應得之罪. 武英郡王罰銀二百兩. 其婦交與雅什塔鞭一百, 留養之.

○ 이전에 야시타(yasita, 雅什塔)가 공부참정 싱너 등을 고소하여 말했다. "제게는 최근에 과부가 된 며느리가 있는데, 그 아버지 기스하가 병이 들어 개주(蓋州)에서 친정으로 갔습니다. 니칸과 모오 머르건(moo mergen, 毛墨爾根) 니루에 속한 니야한(niyahan, 尼牙哈) 두 사람이 싱너의 아들 아스하(asha, 阿思哈)를 데리고 가서 보았습니다. 제 며느리는 성복(盛服)으로 갈아입고 나와서 맞이했습니다. 싱너는 아직 상복을 벗지 않은 저의 며느리를 자신의 며느리로 데려오고 싶어 했습니다. 싱너가 무영군왕에게 청하니 왕이 허락하고 예친왕(豫親王)이 있는 곳으로 사람을 보내 의논하게 했습니다. 지금 제 며느리는 아직 돌아오지 않고 그 어머니의 집에 있습니다. 바라건대 법에 따라 다스려 주십시오."

법사(法司)에서 조사하니 사실이어서 마침내 논의했다. 「야시타의 며느리는 채찍 100대를 때리고, 아스하 및 기스하의 아내는 각기 채찍 100대를 때리고, 무후는 채찍 50대를 때리고, 싱너는 세습하던 직책에서 해임하고 벌은 100냥을 부과하며 참정에서 부이사관으로 강등시키고, 무영군왕 아지거에게 벌은 200냥을 부과하고, 말을 맞춘 니칸에게 벌은 50냥을 부과해야 합니다.」 주상은 싱너에게 벌은 100냥을 부과하고 참정에서 부이사관으로 강등시키고, 니칸은 벌은 50냥을 부과하고, 무후는 지은 죄에 합당한 벌을 내리고, 무영군왕 아지거는 벌은 200냥을 부과했다. 며느리는 야시타에게 맡겨 채찍 100대를 때리고 보살피게 했다.

○ 朝鮮國王李倧, 以違悞軍期, 遣崔鳴吉, 齎咨到部請罪. 咨云, 欽遵敕諭, 催督進兵, 前後申嚴, 不止再三, 而事乃大謬, 竟致愆期. 私心憂懼, 坐不安席. 續據陪臣上將李時英·副將柳琳等, 馳啟馬將軍到通遠堡, 恭傳皇命, 即令退歸. 當職區區竭力之誠, 終莫表白, 魂驚魄悸, 不能自安. 竊思負罪至此, 死不足塞. 自貽伊慼, 徒切悔責, 除席藁伏地, 恭竢嚴譴外, 特遣陪臣領議政崔鳴吉, 齎咨馳進, 口陳本國事情. 煩乞貴部備將前因, 轉奏天聽, 俾蒙皇上特垂諒察, 不勝幸甚. 部臣以聞. 上覽奏, 遣戶部承政英俄爾岱·禮部承政滿達爾漢, 諭崔鳴吉曰, 朝鮮國王向來傾心歸服. 朕既以非常之恩禮待王, 意王亦必以非常之忠順報朕, 不意負恩至此. 試思爾國兵即不來, 曷嘗誤朕征明之役. 但自古以來, 如爾歸降之人, 違誤軍期, 或問重罪革王爵者有之, 或從輕罰鍰者有之. 朕既格外施恩, 必不降爾王爵. 姑俟征明之諸王·貝勒回時, 降旨議罪. 此時罪之輕重, 尚未可預定也.

○ 조선국왕 이종(李倧)이 파병의 기일을 어긴 것에 대해 최명길(崔鳴吉)을 파견하여 부(部)에 자문을 보내서 죄를 청했다. 자문(咨文)에

서 말했다. 「삼가 칙유(勅諭)를 받들어 군대의 전진을 독촉하면서 앞뒤로 거듭 타이른 것이 두세 번만이 아닌데도 일을 크게 그르쳐 기한을 지키지 못했습니다. 마음속으로 근심하고 두려워하여 좌불안석입니다. 계속해서 배신(陪臣)인 상장(上將) 이시영(李時英)·부장 유림(柳琳) 등이 치계하기를 "마 장군(馬將軍)이 통원보(通遠堡)에 도착하여 황명(皇命)을 삼가 전하여 곧바로 돌아가라고 했습니다."라고 했습니다. 작은 힘이라도 끝까지 다하는 정성을 알려드리지 못했으니 혼백이 놀라서 안정되지 않습니다. 삼가 생각건대 죄가 여기에 이르렀으니 죽음으로도 속죄할 수 없습니다. 스스로 재앙을 부른 것을 매번 절절히 자책하면서 거적을 깔고 땅에 엎드려 공경히 엄한 꾸짖음을 기다립니다. 또한 특별히 배신(陪臣) 영의정 최명길을 보내 자문을 가지고 급히 가서 본국의 사정을 구두로 진술하게 했습니다. 바라건대 귀부(部)에서 앞의 사정을 갖추어 상주하여 황상께서 특별히 살피실 수 있게 해 주시면 매우 다행이겠습니다.」

배신(部臣)이 상주하니 주상이 상주문을 보고 호부승정 잉굴다이·예부승정 만다르한을 보내 최명길(崔鳴吉)에게 유시했다. 「조선국왕은 내귀하여 마음을 다해 복종하고 있다. 짐은 이미 특별한 은혜로 왕을 대우하고 있으니 왕이 특별한 충성을 다해 따르고 보답하려 할 것으로 생각했지 이렇게 은혜를 저버릴 것이라고 생각지 않았다. 생각건대 너희 나라의 군사가 즉시 오지 않는다고 해서 짐의 명나라 출정을 어찌 그르칠 수 있겠는가. 다만 예전부터 너와 같이 귀순해 온 사람이 군기(軍期)를 어기면 중죄를 물어 왕 작위를 혁직하는 경우도 있고 또는 가벼운 벌을 내려 벌금을 부과하는 경우도 있다. 짐은 이미 격식을 넘은 은혜를 베풀었으니 너의 왕 작위를 강등시킬 필요는 없다. 명나라를 정벌하러 간 여러 왕과 버일러들이 돌아오기를 잠시 기다렸다가 죄를 의논하라는 칙지(勅旨)를 내릴 것이다. 그때 죄의 경중이 어떻게 될지는 예측할 수 없다.」

○ 己亥, 達雅齊·衛寨桑·多羅額駙畢喇西·喇斯希布等, 自張家口貿易還.

○ 기해일(10.10), 다야치(dayaci, 達雅齊)·우이 자이상(ūi jaisang, 衛寨桑)·도로이 어푸 비라시(doroi efu birasi, 多羅額駙畢喇西)·라스힙(lashib, 喇斯希布) 등이 장가구(張家口)에서 무역하고 돌아왔다.

○ 是日, 辰刻, 上謁堂子, 行禮, 拜纛, 畢, 率大軍向山海關進發, 出邊駐蹕.

○ 이날 진시(辰時)에 주상이 당자에 가서 예(禮)를 행하고 독(纛)에 절했다. 이를 마치고 대군(大軍)을 이끌고 산해관을 향하여 출발하여 변경을 나가서 머물렀다.

○ 辛丑, 至張古臺口駐蹕. 諭和碩親王·固山貝子及諸大臣等曰, 凡我大軍全師出討, 駐營時, 每旗一營立五門, 若兵半出, 則立三門. 凡往來牧馬, 運取柴薪水草之人, 俱由營門出入, 不許亂行, 擅入軍帳, 任意行走, 恐或有逃盜不軌之人, 難以稽察. 又領旗王·貝勒以下, 及一切人等, 或係奉召而來, 或至御營奏事. 進外營則從南門入, 進內營則從東西門入. 如從他門而入, 及無門處擅入軍帳穿走者, 從重治罪.

○ 신축일(10.12), 장구타이(janggūtai, 張古臺) 입구에 도착해 머물렀다. 호쇼이 친왕·구사이 버이서 및 여러 대신들에게 유시했다. 「대

개 대군(大軍)이 모두 출정하여 주둔할 때에는 기(旗)마다 군영에 문을 5개 세우고, 만약 병사가 반이 나가면 문을 3개 세운다. 오고 가거나 말을 먹이거나 장작 · 물 · 풀을 운반하는 자는 모두 군영의 문으로 출입하여야 한다. 난폭한 행동을 하거나 군영의 장막에 난입하는 것을 금한다. 제멋대로 돌아다니면 혹시 도망치거나 도둑질하며 규범을 어기는 자가 있어도 찾아내기 어려울까 염려된다. 또 기(旗)의 왕이나 버일러 이하의 모든 사람은 부름을 받고 왔거나 어영(御營)에 아뢸 일이 있어서 오면 외영(外營)에서 올 때는 남문으로 들어오고 내영(內營)에서 올 때는 동문과 서문으로 들어와라. 다른 문으로 들어오거나 문이 없는 곳인데 장막에 난입하여 날뛰는 자는 중죄에 처할 것이다.」

○ 甲辰, 至渾河地方駐蹕. 科爾沁國土謝圖親王巴達禮 · 卓禮克圖親王吳克善 · 扎薩克圖郡王布塔齊 · 巴圖魯郡王滿朱習禮等, 率十旗兵來會, 喀喇沁部落古魯思轄布杜稜, 率四旗兵來會.

○ 갑진일(10.15), 혼하(渾河) 지방에 도착해 머물렀다. 코르친국의 투시예투 친왕 바다리 · 조릭투 친왕 욱샨 · 자삭투 군왕 부타치 · 바투루 군왕 만주시리 등이 10기의 병사를 이끌고 왔고, 카라친 부락의 구루스히얍 두렁은 4기의 병사를 이끌고 왔다.

○ 丙午, 駐蹕哈喇蘇地方. 賜科爾沁國土謝圖親王巴達禮 · 卓禮克圖親王吳克善 · 扎薩克圖郡王布塔齊 · 巴圖魯郡王滿朱習禮 · 喀喇沁部落古魯思轄布及諸貝勒等宴. 巴達禮等各獻駝馬, 酌納之.

○ 병오일(10.17), 하라수(harasu, 哈喇蘇) 지방에 머물렀다. 코르친

국의 투시예투 친왕 바다리 · 조릭투 친왕 욱샨 · 자삭투 군왕 부타치 · 바투루 군왕 만주시리 · 카라친 부락의 구루스히얍 및 여러 버일러들에게 연회를 베풀었다. 바다리 등이 각기 낙타와 말을 바치니 헤아려 받았다.

○ 黑龍江博穆博果爾 · 瓦代 · 噶凌阿等來朝, 貢貂皮 · 猞狸猻等物.

○ 흑룡강의 봄보고르(bombogor, 博穆博果爾) · 와다이(wadai, 瓦代) · 가링가(garingga, 噶凌阿) 등이 내조하여 담비가죽 · 스라소니 등의 물품을 바쳤다.

○ 遣章京沙爾虎達 · 喀查海 · 索渾, 率前鋒兵五十人, 往明義州一路捉生.

○ 장긴 샤르후다 · 카자하이 · 소훈을 보내 전봉(前鋒) 병사 50명을 이끌고 명나라의 의주(義州) 방면으로 가서 포로를 잡아 오게 했다.

○ 戊申, 上行獵, 駐蹕蒙古博倫地方.

○ 무신일(10.19), 주상이 사냥을 나가 몽고의 보론(boron, 博倫) 지방에 머물렀다.

○ 沙爾虎達等自義州捉生還, 擒八人來獻.

○ 샤르후다 등이 의주(義州)로부터 포로를 잡아 돌아와서 사로잡은 8명을 헌상했다.

○ 己酉, 上行獵, 駐蹕托衮博倫地方.

○ 기유일(10.20), 주상이 사냥을 나가 토곤 보론(togon boron, 托衮博倫) 지방에 머물렀다.

○ 命和碩鄭親王濟爾哈朗 · 固山貝子碩託, 各率本旗護軍及喀喇沁兵, 從前屯衛 · 寧遠中間進發, 和碩豫親王多鐸 · 固山貝子博洛, 亦各率本旗護軍及土默特兵, 從寧遠 · 錦州中間進發, 上親率大軍從義州一路進發.

○ 호쇼이 정친왕 지르갈랑 · 구사이 버이서 쇼토가 각기 본 기(旗)의 호군과 카라친 병사들을 이끌고 전둔위(前屯衛)와 영원(寧遠)의 중간 지역으로 진격했다. 호쇼이 예친왕(豫親王) 도도 · 구사이 버이서 볼로 역시 각기 본 기(旗)의 호군과 투메트 병사들을 이끌고 영원(寧遠)과 금주(錦州)의 중간 지역으로 진격했다. 주상은 친히 대군(大軍)을 이끌고 의주(義州) 일대로 진격했다.

○ 庚戌, 仍駐托衮博倫地方.

○ 경술일(10.21), 계속해서 토곤 보론 지방에 머물렀다.

○ 達爾漢諾顏·艾松古等於歸化城, 遇厄魯特部落墨爾根戴青, 來貢馬匹, 遂偕至軍營.

○ 다르한 노얀·아이숭구(aisunggū, 艾松古) 등이 귀화성에서 울러트 부락의 머르건 다이칭이 말을 조공하러 오는 것을 만나 함께 군영으로 왔다.

○ 辛亥, 朝鮮國王李倧遣太監洪大海貢茶柿等物, 賜以貂皮銀兩等物, 仍於禮部宴而遣之.

○ 신해일(10.22), 조선국왕 이종(李倧)이 태감 홍대해(洪大海)를 보내 차와 감 등의 물품을 바쳤다. 담비가죽·은량(銀兩) 등의 물품을 하사하고 예부에서 연회를 베풀고 보내게 했다.

○ 是日, 駐蹕敖木倫地方. 是夕, 命索海統每旗甲喇章京一員, 兵二十名及前鋒全軍, 往圍大凌河兩岸十四屯堡捉生.

○ 이날 오오 무렌(oo muren, 敖木倫)[2] 지방에 머물렀다. 이날 밤 소오하이에게 기(旗)마다 잘란장긴 1명·병사 20명씩, 전봉(前鋒)의 모든 병사를 이끌고 가서 대릉하(大凌河) 양안의 14개 진지를 포위해 포

2 'oo muren'(敖木倫, 鄂木倫河)은 大凌河의 다른 이름이다. 大凌河는 遼寧省 서부의 주요 하천이다. 고대에는 白狼水라고 불렸고, 遼代에는 靈河로, 金代에는 凌河로 불렸으며, 그 후에는 大凌河로 불렸다.

로를 잡아 오게 했다.

○ 壬子, 入明邊, 駐蹕義州. 是夕, 召衆諭曰, 軍中馬匹, 可刈草於營內飼秣, 不許放馬營外, 夜間鳴金巡警, 毋或稍怠.

○ 임자일(10.23), 명나라 경계를 넘어 의주(義州)에 머물렀다. 이날 밤 여러 사람들을 불러 유시했다. 「군중의 말은 풀을 베어 와 영내에서 먹여야 하고, 군영 밖에 말을 풀어 두면 안 된다. 밤에 경계할 때는 징을 치고 태만해서는 안 된다.」

○ 癸丑, 駐蹕戚家堡.

○ 계축일(10.24), 척가보(戚家堡)에서 머물렀다.

○ 命恭順王孔有德·懷順王耿仲明·智順王尚可喜, 昂邦章京石廷柱·馬光遠等, 神威將軍礮攻五臺, 克之.

○ 공순왕 공유덕·회순왕 경중명·지순왕 상가희, 암바장긴 석정주·마광원 등에게 명하여 5개 대(臺)를 신위장군포(神威將軍礮)로 공격하여 함락시켰다.

○ 甲寅, 萬壽節, 朝鮮國王李倧遣陪臣錦陽君朴瀰, 奉表慶賀, 貢方物.

○ 갑인일(10.25), 만수절(萬壽節)에 조선국왕 이종(李倧)이 배신 금양군(錦陽君; 錦陽尉) 박미(朴瀰)[3]를 보내 표문을 올려 경하하고 방물을 바쳤다.

○ 乙卯, 至錦州南駐蹕.

○ 을묘일(10.26), 금주(錦州) 남쪽에 이르러 머물렀다.

○ 遣官諭屛城・藩城・開城守臣曰, 爾等三城, 每城止留官一員, 兵二十名駐守, 其餘將士俱至遼陽俄黑渡口, 會集伺候, 以便交收俘獲人畜.

○ 관리를 보내 병성(屛城)[4]・번성(藩城)[5]・개성(開城)[6]을 지키는 신

3 박미(朴瀰): 1592-1645. 조선 중기의 문인, 서도가. 자는 중연(仲淵). 호는 분서(汾西). 선조의 부마(駙馬)로, 문예에 능했다.

4 屛城은 만주어로 daliha hecen. 숭덕 3년 4월에 두르비성(都爾鼻城)의 공사를 마치고 屛城(daliha hecen)으로 개칭했다. 위치는 현재 요녕성 彰武縣 柳河橋의 서쪽이다.

5 藩城은 만주어로 aliha hecen. 숭덕 3년 2월 遼陽城을 개축하면서 藩城(aliha hecen)으로 개칭했다(『內國史院滿文檔案譯註 崇德二・三年分』, p.256). 遼陽城은 遼陽河 인근에 있어서 遼陽城이라고 불렸으나 遼陽河는 遼河와 다른 하천이며 이 遼陽城은 요하 강변의 遼陽과 이름이 같을 뿐 서로 관련이 없는 다른 성으로 추정된다. 정황으로 보아 요양성(藩城)은 두르비의 서북쪽에 위치하고 遼陽河는 양시무하 서쪽 요하의 지류인 欒洋河이고 번성은 그 연안에 건설된 성일 가능성이 있다.

6 開城은 만주어로 neihe hecen. 천총 10년에 건설했으며 巨流河城을 가리킨다. 위치는 현재 요녕성 新民市 巨流河村이다.

하에게 유시했다. 「너희 세 성은 각 성마다 수비할 관원 1명 · 병사 20명을 남겨라. 그 나머지 장졸들은 모두 요양의 워허 도곤(wehe dogon, 俄黑渡口)에 가서 모여 명령을 기다리고, 편의대로 노획한 사람과 가축을 가져가라.」

○ 丙辰, 和碩豫親王多鐸等自軍中遣扎塔奏報. 臣等未入邊時, 先遣俄羅塞臣往邊外, 擊明哨卒, 殺三人, 生擒一人. 本日又遣扎朱古, 往擊哨卒, 生擒二人. 又遣翁克 · 喀爾塔喇, 往截道路, 生擒六人. 聞邊外有駐牧蒙古. 是夜, 遣扎朱古往探其地. 竟無踪跡, 忽遇車五輛, 獲人一名, 牛五頭. 夜入邊時, 先遣塞赫 · 岳多惠前行於邊外, 遇一燒炭人. 訊之云, 桑噶爾寨舊居之堡, 爲移營蒙古所據, 毫無防備. 於是急往覔桑噶爾寨堡, 先收堡外牲畜, 次豎梯攻入, 堡內有守備一員, 男子二百, 俱戮之, 獲婦女 · 幼丁共七十, 馬十二, 牛四百, 驢二十九, 羊三百六十七.

○ 병진일(10.27), 호쇼이 예친왕(豫親王) 도도 등이 군중에서 자타(jata, 扎塔)를 보내 상주했다. 「신들이 아직 변경을 넘기 전에 먼저 올로서천을 변경 바깥으로 보냈는데, 명나라의 정탐병을 공격하여 3명을 죽이고 1명을 사로잡았습니다. 같은 날 보냈던 자주구(jajugū, 扎朱古)도 정탐병을 공격하러 가서 2명을 사로잡았습니다. 또 옹커이(ongkei, 翁克) · 칼타라(kaltara, 喀爾塔喇)를 보내 길을 차단하게 하니 포로 6명을 사로잡았습니다. 변경 밖에서 유목하는 몽고인이 있다는 소식을 듣고, 그날 밤에 자주구를 보내 그곳을 탐색하게 했습니다. 사람의 흔적이 하나도 없었는데 갑자기 수레 5대를 마주쳐 1명을 사로잡고 말 5마리를 얻었습니다. 밤에 변경으로 들어갈 때 먼저 서허이(sehei, 塞赫) · 요도호이(yodohoi, 岳多惠)를 변경 바깥으로 보냈는데

숯을 태우는 사람을 마주쳐 물으니 "상가르자이가 예전에 살던 보(堡)를 유목하는 몽고인이 점거했는데 방비가 전혀 없다."라고 했습니다. 이에 빨리 상가르자이 보(堡)를 찾으러 가서, 먼저 보 바깥의 가축들을 취한 후 사다리를 세워 공격해 들어갔습니다. 보 안에 있던 수비(守備) 1명과 남자 200명을 모두 죽이고, 부녀자와 어린아이 합계 70명, 말 12마리, 소 400마리, 나귀 29마리, 양 367마리를 획득했습니다.」

○ 是日, 祖大壽遣二人執令箭赴錦州, 和碩豫親王多鐸生擒之, 並其甲胄·撒袋來獻.

○ 이날 조대수가 화살을 가져오라고 금주(錦州)로 2명을 보냈는데 호쇼이 예친왕(豫親王) 도도가 생포하고 그들의 갑옷과 투구·화살집을 바쳤다.

○ 丁巳, 恭順王孔有德·懷順王耿仲明·智順王尙可喜, 以神威將軍礮, 攻戚家堡·石家堡克之, 俘獲人口三百一十七·騾馬一十四·牛六十二·驢七十五, 俱交戶部參政馬福塔.

○ 정사일(10.28), 공순왕 공유덕·회순왕 경중명·지순왕 상가희가 신위장군포(神威將軍礮)로 척가보(戚家堡)·석가보(石家堡)를 공격하여 함락시키고 사람 317명, 노새와 말 14마리, 소 62마리, 나귀 75마리를 획득하여 모두 호부참정 마푸타에게 넘겨주었다.

○ 是日, 遣內弘文院大學士希福, 往諭和碩豫親王多鐸曰, 鄭親王兵力甚寡, 王可率本部兵前往中後所助之.

○ 이날 내홍문원대학사(內弘文院大學士) 히퍼를 호쇼이 예친왕(豫親王) 도도에게 보내서 칙유하게 했다. 「정친왕의 병력이 매우 적으니 왕은 본 부(部)의 병력을 이끌고 중후소(中後所)로 가서 도우라.」

○ 戊午, 西行十五里駐蹕.

○ 무오일(10.29), 서쪽으로 15리를 가서 머물렀다.

○ 是日, 命三順王孔有德等, 俟大營移後, 以神威將軍礮, 攻錦州城西臺. 方欲進攻, 臺內礮藥自發, 臺崩遂克之.

○ 이날 삼순왕(三順王) 공유덕 등에게 명하여 대영(大營)이 이동하는 것을 기다렸다가 신위장군포(神威將軍礮)로 금주성(錦州城)의 서쪽 대(臺)를 공격하게 했다. 막 공격하려고 할 때 대 안의 화약이 폭발하여 대가 무너져 함락되었다.

十一月, 己未朔.

○ 11월 기미일 초하루(11.1).

○ 和碩豫親王多鐸率本部兵，往會和碩鄭親王濟爾哈朗，將過中後所，會明總兵祖大壽聞我兵征燕京，率兵往援，至其城．遂以兵來襲多鐸兵後，土默特部落俄木布楚虎爾，及滿洲兵甲喇章京翁克等，率衆先奔，護軍統領哈寧噶，甲喇章京阿爾津·俄羅塞臣等，且戰且退．固山貝子博洛向前迎擊，乃却之．多鐸兵陣沒者九人，失馬三十匹．多鐸收兵不戰，即於是夜，至濟爾哈朗營．濟爾哈朗等聞之忿甚，次日同多鐸率兵復至中後所，大壽懼不敢出，我軍遂還營．

○ 호쇼이 예친왕(豫親王) 도도가 본 부(部)의 병사를 이끌고 호쇼이 정친왕 지르갈랑과 합류하러 오면서 막 중후소(中後所)를 지나치는데, 마침 명나라 총병 조대수가 아군이 연경을 정벌하러 간다는 것을 듣고 병사를 이끌고 지원하러 가다가 중후소에 이르렀다. 이윽고 조대수의 병사가 도도의 후미를 습격하자 투메트 부락의 옴부 추후르(ombu cūhur, 俄木布楚虎爾) 및 만주 잘란장긴 옹커이 등이 무리를 이끌고 먼저 도망쳤고, 호군통령 하닝가, 잘란장긴 아르진·올로서천 등은 한편으로 싸우면서 한편으로 퇴각했다. 구사이 버이서 볼로가 앞으로 나가 맞서 싸워 물리쳤다. 도도의 진영에서 9명이 전사했고 말 30마리를 잃었다. 도도는 병사를 수습하여 싸우지 않고 그날 밤에 지르갈랑의 군영에 도착했다. 지르갈랑 등은 이를 듣고 매우 분해하며 다음 날 도도와 함께 군사를 이끌고 다시 중후소(中後所)로 갔다. 조대수가 두려워하여 감히 나오지 못하니 아군도 군영으로 돌아왔다.

○ 命漢軍固山額眞石廷柱·馬光遠，以神威將軍礮攻李雲屯·栢士屯·郭家堡·開州·井家堡，克之．獲人七百有三·馬騾四十六·牛二百一十·驢一百三十七·羊一百一十六．

○ 한군 구사어전 석정주·마광원에게 명하여 신위장군포(神威將軍礮)로 이운둔(李雲屯)·백사둔(栢士屯)·곽가보(郭家堡)·개주(開州)·정가보(井家堡)를 공격하여 함락시켰다. 포로로 잡은 사람이 703명, 말과 노새가 46마리, 소가 210마리, 나귀가 137마리, 양이 116마리였다.

○ 三順王孔有德等招降大福堡, 又以神威將軍礮攻克大臺一座, 獲蒙古·漢人男婦共三百七十九, 馬騾共十六, 牛一百一十六, 驢三十八, 羊八十八, 命俱賜孔有德等.

○ 삼순왕(三順王) 공유덕 등이 대복보(大福堡)를 초무하여 항복시켰고, 신위장군포(神威將軍礮)로 큰 대(臺) 하나를 공격해 함락시켰다. 사로잡은 몽고·한인 남녀 총 379명, 말과 노새 16마리, 소 116마리, 나귀 38마리, 양 88마리를 모두 공유덕 등에게 하사했다.

○ 庚申, 遣官往諭留守多羅武英郡王阿濟格等曰, 十月二十日, 大軍至博倫地方, 遣和碩鄭親王·固山貝子碩託等, 率鑲藍旗·鑲紅旗護軍及喀喇沁之兵, 從前屯衛·寧遠中間進發. 和碩豫親王·固山貝子博洛等, 率正白旗·正藍旗護軍, 及土默特之兵, 從錦州·寧遠中間進發. 朕率大軍, 從義州進發, 渡大凌河, 令漢軍固山額眞石廷柱·馬光遠等以神威將軍礮, 攻李雲屯·栢士屯·郭家堡·開州·井家堡, 令恭順王·懷順王·智順王等, 以神威將軍礮, 攻戚家堡·石家堡, 俱克之. 又錦州城西十五里, 有臺一座, 方欲攻時, 去臺上火藥自發, 人畜俱焚死. 又去錦州三十里大福堡, 見我兵將用礮攻, 遂降, 又以礮攻大福堡所屬大臺一處, 兩面俱壞, 盡獲其牲畜. 和碩豫親王等,從桑噶爾寨舊居之大興堡入, 豎梯攻克之, 堡內有守備一員, 男子二百餘名, 俱戮之, 各處俘獲, 共計人口一千九十, 馬騾七十二, 驢二百四十一, 牛六百七十二, 羊四百八十三. 明國主三次調祖總兵, 逗遛不赴. 至第四次, 方於十月二十二日, 行至寧遠西沙河所, 聞我兵深入, 復自沙河所退駐寧遠, 問我前途進發之大軍消息, 有云已在燕京前後者, 有云已過燕京西去者, 又有云明密雲總督自縊者, 又有云被我軍生擒者, 特此諭知.

○ 경신일(11.2), 관원을 보내 성경에 남아서 지키는 도로이 무영군왕 아지거 등에게 유시했다. 「10월 20일 대군(大軍)이 보론(boron, 博倫) 지방에 이르러 호쇼이 정친왕 · 구사이 버이서 쇼토 등을 보내 양람기 · 양홍기의 호군 및 카라친의 병사를 이끌고 전둔위(前屯衛)와 영원(寧遠)의 중간 지역으로 진격했다. 호쇼이 예친왕(豫親王) · 구사이 버이서 볼로 등은 정백기 · 정람기의 호군 및 투메트의 병사를 이끌고 금주(錦州)와 영원(寧遠)의 중간 지역으로 진격했다. 짐은 대군(大軍)을 이끌고 의주(義州)로 진격하여 대릉하를 건넜다. 한군 구사어전 석정주 · 마광원 등에게 명하여 신위장군포(神威將軍礮)로 이운둔(李雲屯) · 백사둔(栢士屯) · 곽가보(郭家堡) · 개주(開州) · 정가보(井家堡)를 공격하게 했으며 공순왕 · 회순왕 · 지순왕 등에게는 신위장군포(神威將軍礮)로 척가보(戚家堡) · 석가보(石家堡)를 공격하게 하여 모두 함락시켰다. 또 금주성(錦州城) 서쪽 15리에 있는 대(臺) 하나를 공격하려 할 때 대(臺)의 화약이 폭발하여 사람과 가축이 모두 타 죽었다. 또 금주(錦州)에서 30리 거리에 있는 대복보(大福堡)는 아군이 포격하는 것을 보고 바로 항복했으며 또 대복보 소속의 큰 대(臺) 하나를 포격하여 양면을 모두 파괴하고 가축을 모두 획득했다. 호쇼이 예친왕(豫親王) 등은 상가르자이가 예전에 살던 대흥보(大興堡)에 들어가 사다리

를 세워 공격해 함락시켰으며 보 안의 수비(守備) 1명과 남자 200여 명을 모두 죽였다. 여러 곳에서 획득한 인구가 1,090명, 말과 노새 72마리, 나귀 241마리, 소 672마리, 양 483마리이다. 명나라 임금이 세 번 조 총병(祖總兵)을 불렀으나 머뭇거리면서 가지 않았다. 네 번째 불러서야 10월 22일에 비로소 영원(寧遠) 서쪽 사하소(沙河所)까지 갔는데, 아군이 침입한다는 것을 듣고 다시 사하소에서 영원으로 퇴각했다. 앞길로 나아간 우리 대군의 소식을 물으니 누군가는 이미 연경(燕京) 부근에 있다고 하고 누군가는 이미 연경을 지나 서쪽으로 나아갔다고 한다. 명나라 밀운총독(密雲總督)이 스스로 목매달아 죽었다는 말도 있고 아군에게 사로잡혔다고 하는 말도 있다. 이를 특별히 유시하여 알게 한다.」

○ 辛酉, 大軍進發山海關.

○ 신유일(11.3), 대군(大軍)이 산해관으로 출발했다.

○ 壬戌, 駐蹕連山.

○ 임술일(11.4), 연산(連山)에 머물렀다.

○ 命內弘文院大學士希福·內秘書院大學士范文程, 遣俘獲漢人, 齎敕往杏山, 敕曰, 大淸國皇帝, 敕諭祖澤遠. 曩者朕獲爾兄, 縱爾使歸, 蓋欲收效於後日也. 近聞爾惟酣歌暢飮, 罔思報效, 豈朕留汝之心哉. 今朕親率大軍至, 而爾不一來見, 將何望於爾耶. 朕應時順動,既已戡定諸國, 所未平者, 惟一明耳, 朕心終未釋然也. 爾守此蕞爾孤城, 若一朝食盡援窮, 將何以自全乎. 恐機會一失, 悔之無及, 其熟思之.

○ 내홍문원대학사(內弘文院大學士) 히퍼 · 내비서원대학사(內秘書院大學士) 범문정에게 명하여, 사로잡은 한인(漢人)을 보내 칙서를 들고 행산(杏山)에 가게 했다. 칙서에서 말했다. 「대청국 황제가 조택원(祖澤遠)에게 칙유한다. 지난번에 짐이 너의 형을 사로잡았는데 너를 풀어 주어 돌아가게 한 것은 나중에 효과를 얻고자 함이었다. 최근에 듣기에 너는 오직 노래 부르고 술만 마실 뿐 보답하려는 생각을 잊었다고 하니, 이것이 어찌 짐이 너를 남겨 둔 의도이겠는가. 이제 짐이 친히 대군을 이끌고 왔는데 너는 한 번도 맞이하러 나오지 않으니, 대체 너에게서 무엇을 바라겠는가. 짐은 천시에 부응하고 순리로 움직여 여러 나라를 정벌했고 이제 평정하지 못한 것은 오직 명나라 하나뿐이니 짐은 끝내 마음을 놓을 수 없다. 너는 이런 작고 고립된 성을 지키면서 만일 하루아침에 식량이 다하고 지원이 궁해지면 어찌 자신을 보전할 것인가. 기회를 한 번 잃으면 후회해도 소용이 없으니 너는 심사숙고하라.」

○ 癸亥, 仍駐蹕連山, 命三順王及漢軍以礮攻五里河臺, 壞其兩角, 臺上人皆懼, 守備李計友 · 李惟觀, 率衆來降, 皆編爲民戶.

○ 계해일(11.5), 계속해서 연산(連山)에 머물면서 삼순왕(三順王)과 한군(漢軍)에게 오리하대(五里河臺)를 포격하여 공격하게 하여 그 양 모퉁이를 부수었다. 대(臺)에 있던 사람들이 모두 두려워하여 수비(守

備) 이계우(李計友)·이유관(李惟觀)이 무리를 데리고 항복해 오니 그들 모두를 민호(民戶)로 편성했다.

○ 丁卯, 上親統大軍至中後所, 祖大壽兵在城下, 見我軍至, 退入城內.

○ 정묘일(11.9), 주상이 친히 대군(大軍)을 이끌고 중후소(中後所)에 도착했다. 조대수의 병사가 성 아래에 있었는데 아군이 도착한 것을 보고 성 안으로 퇴각했다.

○ 敕諭祖大壽曰, 大清國皇帝諭祖大將軍. 自凌河一會, 今已數載, 相別之後, 因朕未嘗親來, 故通問亦稀. 今朕所以至此者, 意謂將軍猶在錦州, 欲一晤而旋, 不意將軍乃駐此地. 故朕亦不憚辛苦而來. 惟將軍出城一面, 是所願也. 至去留之計, 惟將軍是聽, 朕終不相強. 試思將軍之身, 猶此身也. 若曩則釋之, 今乃誘而留之, 何以取信於天下乎. 將軍雖屢與我軍相角, 然在爲將之道, 固所宜然, 朕絕不以此介意, 毋因此而見疑. 若必不肯親來, 可遣心腹人至, 當悉朕衷曲耳.

○ 조대수(祖大壽)에게 칙유(敕諭)하여 말했다. 「대청국 황제가 조대장군(祖大將軍)에게 칙유한다. 대릉하에서 한 번 만난 후 이미 여러 해가 지났다. 서로 헤어진 이후 짐이 일찍이 직접 오지 않았기 때문에 소식을 거의 들을 수 없었다. 이제 짐이 이곳에 온 것은 장군이 금주(錦州)에 있다고 하여 한 번 만나고 돌아가려고 생각해서였는데 장군이 여기에 주둔하고 있으리라고는 생각하지 못했다. 짐이 또한 수고

로움을 꺼리지 않고 왔으니 장군이 성(城)을 나와서 한 번 만나기를 바란다. 남는 것도 떠나는 것도 모두 장군의 뜻을 들을 것이며, 짐은 절대 강요하지 않을 것이다. 생각해 보니 장군의 몸이 이 몸과 같다. 만일 전에는 바로 풀어 주고 지금은 속여서 머무르게 한다면 어찌 천하에 믿음을 얻을 수 있겠는가. 장군은 비록 아군과 누차 싸웠지만 그것은 장군 된 자의 도리로서 진실로 마땅했으니 짐은 그것을 절대 개의치 않으며 그 때문에 의심하지도 않을 것이다. 만약 직접 오는 것이 내키지 않으면 심복을 보내도 좋다. 짐의 속마음을 알게 될 것이다.」

○ 和碩豫親王多鐸遣阿爾津·穆福·扎塔等奏言, 我軍距中後所西十里山岡, 遇祖大壽兵, 兩相誘戰, 殺敵三十人, 我兵陣亡者九人, 失馬三十匹.

○ 호쇼이 예친왕(豫親王) 도도가 아르진(arjin, 阿爾津)·무푸(mufu, 穆福)·자타 등을 보내 상주하여 말했다. 「아군이 중후소(中後所)에서 서쪽으로 10리 거리에 있는 산등성이에서 조대수의 군사와 마주쳤습니다. 두 군대가 서로 유인해서 전투하여 적 30명을 죽였고, 아군은 9명이 전사했고 말 30마리를 잃었습니다.」

○ 戊辰, 上召和碩鄭親王濟爾哈朗·和碩豫親王多鐸率兵來會於中後所, 上出迎. 濟爾哈朗等叩見畢, 諭之曰, 若祖大壽兵在城外, 即擁至城門掩殺之, 毋令得脫. 既而繞城觀之, 見大壽兵盡入城內. 乃遣俘獲人齎敕往諭大壽, 敕曰, 大清國皇帝, 諭祖大將軍. 曩者凌河釋汝, 朕之諸臣每謂朕昧於知人. 今將軍甚宜出城相見, 毋退避不前也. 若懷疑懼之意, 則朕與將軍, 可各攜親隨一二人, 於中途面語. 蓋朕之欲相見者，一則解朕昧於知人之嘲，再則使將軍子姪及大凌河衆官皆謂將軍之能踐言也．其共事與否，聽之將軍，朕必不肯相強，是皆由衷之語也．朕以至誠待天下，豈肯詐爲是言乎．且朕之夢寐，亦時與將軍相會，未識將軍願見與否耳．昔漢昭烈與關張二人，異姓也，立盟之後，始終不渝，名垂後世，至今稱焉．將軍其鑒斯而速答之．

○ 무진일(11.10), 주상이 호쇼이 정친왕 지르갈랑·호쇼이 예친왕(豫親王) 도도를 불러 병사를 이끌고 중후소(中後所)로 오게 하고 주상이 나가서 마중했다. 지르갈랑이 고두하며 알현을 마치자 유시했다. "만일 조대수의 병사가 성(城) 바깥에 있다면 포위하여 성문까지 가서 엄습해 죽이고 달아나지 못하게 하라." 그리고 성 주변을 보니 조대수의 군사는 모두 성 안으로 들어가 있었으므로, 사로잡은 사람을 보내 칙서를 가지고 조대수에게 가서 유시하게 했다. 칙서에서 말했다. 「대청국 황제가 조 대장군에게 유시한다. 이전에 너를 대릉하에서 풀어 준 후 짐의 여러 신하는 매번 짐이 사람을 알아보는 것이 어둡다고 말한다. 이제라도 장군이 성을 나와 서로 만나야 마땅하니 회피하여 나오지 않으려 하지 말라. 만약 두려워하고 의심하는 마음을 품는다면 짐과 장군이 각기 가까이 따르는 사람 한두 명만을 데리고 중간에서 만나 이야기하면 된다. 짐이 서로 만나고자 하는 것은 한편으로 짐이 사람을 알아보지 못한다는 조롱을 해명하고자 함이며 다른 한편으로는 장군의 아들과 조카 및 대릉하의 관원들에게 모두 장군이 말한 바를 잘 따르고 있다고 말하게 하기 위함이다. 장군이 우리와 함께 일할지 여부는 장군의 말을 들을 것이며 짐이 절대 강요하지 않을 것이니 이는 모두 본심에서 나온 말이다. 짐은 지극한 정성으로 천하를 대하고 있으니 어찌 속이는 말을 하겠는가. 또 짐은 꿈에서도 장군과 만

나지만 장군은 짐을 만나기를 원하는지 아닌지는 알지 못한다. 옛날 한(漢) 나라의 소열제(昭烈帝)는 관우(關羽) · 장비(張飛) 두 사람과 성이 달랐음에도 맹세를 한 후 시종일관 변하지 않았기에 이름을 후세에 드리웠고 지금까지 칭송받는다. 장군은 이를 거울삼아 속히 답을 주기를 바란다.」

○ 己巳, 右翼和碩鄭親王濟爾哈朗軍中奏報. 我軍攻克模龍關, 獲馬四 · 牛一 · 驢五. 又攻克五里堡屯臺, 獲人口四十 · 馬二 · 牛四 · 驢六. 又軍士縱掠, 獲人口二百三十三 · 馬十九 · 騾七 · 牛一百七十一 · 驢一百十五.

○ 기사일(11.11), 우익 호쇼이 정친왕 지르갈랑이 군중에서 보고를 올렸다. 「우리 군대는 모룽관(模龍關)을 공격하여 말 4마리 · 소 1마리 · 나귀 5마리를 획득했습니다. 또 오리보(五里堡) 둔대(屯臺)를 공격하고 함락시켜 사람 40명 · 말 2마리 · 소 4마리 · 나귀 6마리를 획득했습니다. 또 군사들이 약탈하여 사람 233명 · 말 19마리 · 노새 7마리 · 소 171마리 · 나귀 115마리를 획득했습니다.」

○ 庚午, 大軍自中後所班師, 出明邊, 至六洲河地方駐蹕.

○ 경오일(11.12), 대군(大軍)이 중후소(中後所)에서 회군하여 명나라의 변경을 나가 육주하(六洲河) 지방에 머물렀다.

○ 乙亥, 冬至. 朝鮮國王李倧遣陪臣錦陽君朴瀰, 奉表慶賀, 貢方物.

如例宴之.

○ 을해일(11.17), 동지일(冬至日)에 조선국왕 이종(李倧)이 배신 금양군(錦陽君; 錦陽尉) 박미(朴瀰)를 보내 표문을 올려 경하하고 방물을 바쳤다. 정례(定例)에 따라 잔치했다.

○ 李倧又以還其逃人朴愛京等男婦六口, 上表謝恩, 貢方物.

○ 이종(李倧)이 또한 도망한 박애경(朴愛京) 등 남녀 6명을 돌려보낸 것에 표문을 올려 사은하고 방물을 바쳤다.

○ 庚辰, 車駕至圖爾根河. 遣外藩蒙古, 各歸部, 分遣漢軍, 由平路行. 上行獵, 至奇爾哈納地方, 駐蹕.

○ 경진일(11.22), 황제의 어가가 투르건 강(turgen, 圖爾根河)에 이르렀다. 외번몽고를 각 부(部)로 돌려보내고 한군(漢軍)은 분리하여 평탄한 길로 갔다. 주상이 사냥을 나가서 킬하나(kilhana, 奇爾哈納) 지방에 이르러 머물렀다.

○ 是日, 黑龍江額駙巴爾達齊弟薩哈蓮等五十一人·索倫部落透特等三人, 來朝, 貢貂皮. 遣官迎於演武場, 賜宴入城.

○ 이날 흑룡강 어푸 발다치의 동생 사할리얀(sahaliyan, 薩哈蓮) 등

51명과 솔론 부락의 터오터(teote, 透特) 등 3명이 내조하여 담비가죽을 바쳤다. 관원을 보내 연무장에서 맞이하여 연회를 베풀고 성에 들어오게 했다.

○ 甲申, 多羅武英郡王阿濟格等遣啟心郎布丹·贊禮官渥黑, 請安. 並齊朝鮮國王李倧奏疏咨文至. 疏曰, 臣於本年八月初八日, 欽奉陪臣議政府左贊成洪寶齎捧到敕諭. 天語丁寧, 且警且誨, 開示愚蒙, 恩意備至. 臣非木石, 寧不知感. 至忘恩之諭, 臣不勝蹶然驚惕, 措躬無地. 竊念臣之得有今日, 是誰之賜哉. 土地莫非王土, 臣民莫非王臣. 固當敬遵當時敕諭, 奔走從事. 臣之圖報, 又何辭焉. 況下邦凋瘵, 曲被軫卹, 所徵之數, 不過五千. 皇上之恩, 於是乎益大矣. 其又何辭焉. 而猶敢以區區事情, 昂首哀鳴, 至於委巷細民之言, 靡不畢達, 蓋出於仰恃恩眷, 有懷必吐, 而自不覺其辭語之煩猥, 罪固難逭, 情實無他. 戴念臣曩坐昏庸, 自至王師, 命迫孤城, 不絕如線, 幸賴聖度包荒, 曲賜矜宥, 嚴敕恩言, 雨霈霜肅. 當此之時, 臣心且喜且懼, 且信且疑, 及其投命軍門, 獲近寶座. 仰瞻天日之表, 叨蒙雨露之恩, 此正微臣之至幸, 千載一時之奇遇. 況以三韓數千里之地, 挈而還之臣身, 使臣復奉二百年之宗社, 而八道生靈, 各得其所, 則天地生成之賜, 竝非臣之所得私, 將東方之人, 子子孫孫, 永世感戴. 何有臣身尚存, 而已忘罔極之恩, 自陷難容之罪也哉. 臣既承嚴旨, 不敢更以力綿爲辭, 業已挑選餘吒, 取准原額, 星火催趲, 聽候明命. 凋兵弱卒, 雖不足以備廝輿之末, 而區區下忱, 稍藉以表白焉. 第惟皇旨嚴切, 有非臣子所可聞, 是用含冤抱痛, 疚心疾首, 晷刻之頃, 不敢暫捨. 夫臣而忘君, 罪在罔赦, 使臣有此, 則天地所不容, 使臣無此, 而未蒙君父之諒察, 乃天下之至痛. 君臣父子之間, 何敢不披瀝肝膽, 以求自解乎. 伏願皇上矜臣愚悃, 俯賜原宥. 臣不勝至懇, 遣錦陽君朴瀰, 至京具奏.

○ 갑신일(11.26), 도로이 무영군왕 아지거 등이 계심랑 부단 · 찬례관 워허(wehe, 渥黑)를 보내 문안했다. 아울러 조선국왕 이종(李倧)의 주소(奏疏)와 자문(咨文)을 가지고 와서 상주하여 말했다.

「신(臣)은 금해 8월 초8일 배신(陪臣) 의정부 좌찬성(左贊成) 홍보(洪寶; 洪靌)가 가져온 칙유(敕諭)를 받들었습니다. 천자의 말씀으로 자상한 가르침을 주셨고 어리석음을 타일러 주셨으니 그 은혜가 극진했습니다. 신은 목석이 아니온데 어찌 은덕을 느끼지 못하겠습니까. 은혜를 잊었다는 말에 신은 놀라고 두려운 마음을 금할 수 없고, 부끄럽고 황송하여 몸 둘 바를 모르겠습니다. 신이 오늘 얻은 것이 누구의 덕인지 가만히 생각해 보고, 왕의 토지가 아닌 토지가 없고 왕의 신하가 아닌 신민이 없기에 진실로 칙유(敕諭)를 받들어 분주하게 종사했습니다. 신이 은혜를 보답하는 일을 어찌 사양하겠습니까. 하물며 하방(下邦)의 쇠진함을 굽어 살펴주셨기에 불과 5천 명만을 징집하셨습니다. 황상의 은혜가 이에 더욱 크니 또 어찌 변명할 수 있겠습니까. 그런데도 감히 구구한 사정으로 머리를 들어 애달프게 울부짖고 거리의 가난하고 비천한 백성들의 말까지도 다 전달한 것은 황상의 은혜에 의지하여 생각하고 토로한 것입니다. 그러나 스스로 변명하는 말이 외람되었다는 것을 깨닫지 못했으니 진정 죄를 용서받기 어렵습니다. 하지만 진실로 다른 뜻은 없었습니다.

생각해 보니 신이 이전에 어리석게도 제왕의 군대를 스스로 불러들여 성에 고립되었고 마치 한 가닥 실처럼 목숨을 부지했는데, 다행히도 성상께서 품어 주시고 곡진하게 불쌍히 여겨 용서해 주셨으니, 엄한 칙서와 은혜로운 말씀이 세찬 비와 서리 같았습니다. 이때를 당하여 신의 마음은 기쁘고도 두렵고, 또 믿기기도 하고 의심스럽기도 했지만, 군문(軍門)에 목숨을 내던져 보좌(寶座)를 가까이하자 새로운 세상이 보이고 은혜를 입을 수 있었습니다. 참으로 이는 미약한 신에게는 행운이었고 얻기 힘든 기회였습니다. 하물며 삼한(三韓) 몇천 리 땅을 신에게 돌려주시어 200년의 종사를 다시 받들게 하고 팔도의 백성들이 각자의 자리에 있게 하신 것은 천지가 만물을 생성하게 하신 것이니 단지 신만의 사사로운 이익이 아니라 장차 동방의 사람들이 자자손손 오랜 세월 감사할 일입니다. 신이 존재하는 한 어찌 망극한 은혜를 잊고 용서받을 수 없는 죄에 스스로 빠지겠습니까. 신은 이미 엄한 뜻을 받들었으니 감히 다시 힘이 부족하다고 변명할 수 없습니다.

이미 나머지 군사들을 선발하여 원래의 숫자에 맞추어 취하도록 서둘렀고 명령을 기다리고 있습니다. 지치고 나약한 병졸이라서 비록 천역(賤役)을 담당하는 군졸을 맡기에도 부족하지만 보잘것없는 제 마음을 조금이라도 보이고자 합니다. 다만 황제의 지(旨)가 엄격하여 신하로서 차마 듣지 못할 소리입니다. 원망과 고통을 품고 괴로워한 것이 짧은 시간이었다 해도 감히 잠시라도 잊을 수 없습니다. 무릇 신하가 군주를 잊는 것은 용서받지 못할 죄입니다. 신에게 이러한 죄가 있다면 천지가 용서하지 않을 것이고, 신에게 이러한 죄가 없는데도 군부(君父)의 살핌을 입지 못했다면 이는 천하에 지극히 원통한 일입니다. 군신과 부자지간에 어찌 마음을 털어놓고 자신을 이해해 달라고 청하지 않겠습니까. 엎드려 바라건대 황상께서는 신의 어리석은 마음을 가엾게 여겨 주시고 용서해 주십시오. 신은 지극히 간절한 마음을 이기지 못해 금양군(錦陽君; 錦陽尉) 박미(朴瀰)를 성경(盛京)에 보내 아룁니다.」

又咨言, 崇德三年八月二十八日, 准戶部咨, 前事, 因寧古塔, 與會寧接境, 宜兩相交易, 故發寧古塔官, 前去互市, 有會寧府使鄭一驥, 不自來迎. 僅遣微賤之人名辛覺虎者, 迎於途次. 及至城下, 又閉門不納者, 踰時, 始令入城. 及至館, 又不曾修理, 去人自爲灑掃安歇. 將本部公文, 置之於地. 又禁地方人不來交易, 延至九日後, 方出互易. 鄭一驥不以禮待去人, 以此欺慢, 本部聞之, 不勝驚訝. 合行移咨, 裁酌施行等因. 准此行據議政府狀啟, 即將前任會寧府使鄭一驥究問. 本官供稱, 職在本任時, 有寧古塔人, 以互市事來, 愚意以爲如係天朝使臣, 館之客舍, 禮也. 今寧古塔人, 以互市事來, 則自有往時舊歇之所, 即令本府撥出辛覺虎逆於中路, 修理前駐館舍以待之. 傳說別無他語, 唯唯而已. 及遽馳入城內, 門者愚昧, 將門閉却一扇. 職深以爲駭, 究治門者, 即行重責. 是初至時, 未迎接於客舍者, 正坐見事之遲誤, 無所逃罪. 至於出迎一節, 愚妄之意, 亦以爲地方官, 祗迎路左, 乃待敕使之禮也. 今茲互市之行, 事體自別. 故彼時一驥以此陳辯, 遂不復致詰. 事之曲折, 如斯而已. 又供, 初到時, 稱云有敕. 職以爲降敕陪臣, 似無是理, 而既聞此言, 則在職道理, 不敢少忽, 故即設高足床, 置諸廳上, 欲爲下庭行禮. 及其出眎, 乃戶部公文, 怪問其故, 則答稱文書來自瀋陽, 故誤認爲敕. 是雖戶部公文, 固非所敢慢者, 而既知其非敕, 則不敢以降敕例行之, 實出於敬皇上之意, 不圖至此生怒, 反以置之於地爲言也. 至交易之際, 稱物論價, 太加抑勒, 商賈莫不稱冤, 故平定物價, 往復爭辯, 自至遲延. 事勢則然, 非職所敢慢忽而然, 等情, 具啟. 據此看詳, 邊上互市, 與敕使固不同, 而既係上國人, 則地方官出迎城外, 館接於城內客舍, 皆禮所不可已者, 而邊臣不嫺禮節, 有此失誤. 至於文書置地, 久不開市等語, 則各有曲折, 如上所陳. 然鄭一驥終不得爲無罪. 除將鄭一驥革職閑住, 另立接待節目, 行會寧邊臣, 預爲申飭外, 爲此合行回咨前去, 煩爲查照施行.

또 자문(咨文)에서 말했다. 「숭덕 3년 8월 28일, 호부의 자문(咨文)을 받아 보니 전에 다음과 같은 일이 있었습니다. "닝구타와 회령은 경계를 접하고 있어 서로 교역해야 하기에 닝구타의 관원을 호시(互市)에 보냈는데, 회령부사(會寧府使) 정일기(鄭一驥; 鄭榏)가 와서 맞이하지 않고 겨우 미천한 신각호(辛覺虎; 辛景虎)라는 사람을 보내 도중에 맞이하게 했다. 성 아래에 이르러서는 문이 닫혀 들어갈 수 없다가 시간을 넘겨 비로소 들어가게 했다. 또 관(館)에 도착했는데 수리가 되어 있지 않아서 간 사람이 직접 쓸고 닦은 뒤에야 쉴 수 있었다. 본부(部)가 보낸 공문은 바닥에 놓여 있었다. 또 지방인이 교역하는 것을 금하다가 9일 후에야 교역하게 했다. 정일기는 온 사람을 예의로 대하지 않고 기만했기에 본 부(部)는 그것을 듣고 놀라지 않을 수 없었다. 이에 자문(咨文)을 보내니 헤아려 결정하고 시행하라."

이를 받고 의정부에서 장계하여 전임 회령부사 정일기를 심문하니 그 관원이 다음과 같이 공술했습니다. "직에 있을 때 닝구타 사람이 호시(互市)의 일로 왔는데, 신의 어리석은 생각으로 그를 천조(天朝)의 사신(使臣)과 같게 여겨서 객사에서 묵게 하는 것이 예라고 생각했고, 지금 호시(互市)의 일로 온 닝구타 사람은 스스로 이전부터 오래 머무르던 곳이 있었기에, 본 부(府)로 하여금 신각호(辛覺虎; 辛景虎)를 보내 도중에 맞이하게 하고 앞서 머물렀던 관사를 수리하며 기다렸습니다. 듣자하니 특별히 다른 말은 없고 예, 예 할 뿐이었습니다. 바삐 말을 달려 성 안에 들어왔을 때에는 문지기가 어리석어 한쪽 문을 닫아 두었습니다. 본관은 심히 놀라서 문지기를 취조하고 엄하게 책망했습니다. 처음 도착했을 때 객사에서 영접하지 않았던 것은 바로 일 처리가 늦은 것과 연관된 것이니 죄를 면하기 어렵습니다. 나가서 맞이하는 절차에 관해서는 저의 어리석은 생각으로, 지방관이 길에서 맞이하는 것이 칙사(敕使)를 대하는 예라고 생각했고 지금 호시(互市)의 일은 이치가 다르다고 생각했습니다."

그때 정일기가 이러한 변명을 했기에 다시 그를 추궁하지 않았습니다. 사안의 실상이 이러할 뿐입니다. 정일기는 또 진술했습니다. "처음 도착했을 때 칙서가 있다는 말을 들었습니다. 본관은 칙서를 배신(陪臣)에게 내리는 것은 이치가 아니라고 여겼으나, 그 말을 듣고도 본직의 도리를 감히 소홀히 할 수 없었으므로, 즉시 다리가 높은 상을 대청 위에 두고 아랫뜰에서 예를 행하고자 했습니다. 막상 보니 호부의 공문이었기에 괴이하여 그 까닭을 물으니, 회답 문서가 심양에서 왔기 때문에 칙서로 오인한 것이었습니다. 호부의 공문이라 해도 무시할 수는 없지만, 칙서가 아님을 알았기 때문에 감히 칙서를 받는 예를 행하지 않은 것입니다. 진실로 황상을 존경하는 뜻에서 비롯된 것이지, 이로 인해 노여움을 일으켜서 땅에 두었다고 말하리라고 생각하지 못했습니다. 교역할 때에는 상품에 따라 가격을 논하는데, 강요가 심하여 상인들 중 억울해하지 않는 자가 없었기에 물가를 안정시키고 반복해서 논쟁하다가 지연된 것입니다. 일의 형세가 이러했던 것이지, 본관이 태만하여 그러했던 것이 아닙니다." 이렇게 사정을 갖추어 말했습니다.

이를 받고 자세히 살펴보니, 변경에서의 호시(互市)는 칙사(敕使)와 확실히 다르지만 상국(上國)의 사람이니 지방관이 성 밖에서 맞이하거나 성 안의 객사에서 맞이하는 것 모두 예의상 해야 하는 바이나, 변신(邊臣)이 예절에 밝지 않아 실수가 있었던 것입니다. 문서가 바닥에 있었고 오래도록 호시(互市)를 열지 않았다는 등의 말에 대해서는 각기 곡절이 있었음을 위와 같이 진달합니다. 그러나 정일기에게 결국 죄가 없을 수는 없습니다. 정일기를 혁직하고, 따로 접대 목록을 만들게 하고, 회령 변신(邊臣)에게 미리 신칙시키는 것 외에, 회신하는 자문(咨文)을 먼저 보내니 번거롭겠지만 살펴 주시기 바랍니다.」

○ 虎爾哈部落克宜克勒氏達爾漢等十三人·虎習哈禮氏納木達禮等十人·賴達庫等四人來朝, 貢元狐·黃狐·貂鼠·青鼠·海豹皮等物.

○ 후르카 부락의 커이커러(keikere, 克宜克勒) 씨 다르한(darhan, 達爾漢) 등 13명·후시하리(hūsihari, 虎習哈禮) 씨 남다리(namdari, 納木達禮) 등 10명·라이다쿠(laidakū, 賴達庫) 등 4명이 내조하여 검은 여우·노란 여우·담비·청서(靑鼠)·바다표범 가죽 등의 물건을 바쳤다.

○ 丙戌, 午刻, 車駕至盛京. 謁堂子, 行禮畢, 由撫近門還宮.

○ 병술일(11.28), 오시(午時)에 어가가 성경(盛京)에 도착했다. 당자(堂子)에 배례한 후 무근문(撫近門)으로 환궁했다.

○ 丁亥, 酉刻, 地震.

○ 정해일(11.29), 유시(酉時)에 지진이 발생했다.

十二月, 己丑朔.

○ 12월 기축일 초하루(12.1).

○ 上御崇政殿, 外藩貢駝馬. 厄魯特部落尹扎胡土克圖下額爾格布習·格隆寨桑等十七人, 土默特部落吳巴什·巴彦蒙庫等四十七人, 蘇尼特部落騰機思下巴克察爾塔布囊等十五人, 鄂爾多斯部落濟農下吳巴什等十二人, 烏朱穆秦部落多爾濟濟農下祁他特塔布囊等三人, 朝見. 賜大宴, 仍命七家各宴一次.

○ 주상이 숭정전(崇政殿)에 가니 외번에서 낙타와 말을 바쳤다. 울러트 부락 인자 후툭투(inja hūtuktu, 尹扎胡土克圖) 속하의 어르겁시(ergebsi, 額爾格布習)·겔룽 자이상(gelung jaisang, 格隆寨桑) 등 17명, 투메트 부락의 우바시·바얀 뭉쿠(bayan mungku, 巴彦蒙庫) 등 47명, 수니트 부락 텅기스 속하의 박차르 타부낭(bakcar tabunang, 巴克察爾塔布囊) 등 15명, 오르도스 부락의 지농 속하의 우바시 등 12명, 우주무친 부락의 도르지 지농 속하의 키타트 타부낭 등 3명이 알현했다. 크게 잔치를 베풀고 이후 칠가(七家)에 명하여 각각 한 차례씩 연회를 베풀게 했다.

○ 癸巳, 上御崇政殿. 黑龍江額駙巴爾達齊弟薩哈蓮·戶爾布爾屯費揚古·俄勒屯吳地堪·吳魯蘇屯莽古朱等五十一人, 索倫部落博穆博果爾·透特等九人, 虎爾哈部落克宜克勒氏達爾漢額駙等十一人, 虎習哈禮氏納木達禮等十人, 巴牙喇氏滿地特喀下二人, 布克圖禮等五人, 賴達庫等四人, 朝見. 賜宴, 仍命七家各宴一次.

○ 계사일(12.5), 주상이 숭정전(崇政殿)에 나아갔다. 흑룡강 어푸 발다치의 동생 사할리얀(sahaliyan, 薩哈蓮)·훌부르 촌락(hulbur gašan, 戶爾布爾屯)의 피양구(fiyanggū, 費揚古)·워러 촌락(were gašan, 俄勒屯)의 우디칸(udikan, 吳地堪)·울루수 촌락(ulusu gašan, 吳魯蘇屯)

의 망구주(manggūju, 莽古朱) 등 51명, 솔론 부락의 봄보고르(bombogor, 博穆博果爾)·터오터(teote, 透特) 등 9명, 후르카 부락의 커이커러 씨 다르한 어푸 등 11명, 후시하리 씨 남다리 등 10명, 바야라 씨 만디트카(manditka, 滿地特喀) 속하의 2명, 북투리(bukturi, 布克圖禮) 등 5명, 라이다쿠(laidakū, 賴達庫) 등 4명이 알현했다. 잔치를 베풀고 이후 칠가(七家)에 명하여 각자에게 한 차례 연회를 베풀게 했다.

○ 甲午, 訥爾忒牛彔下鄧碩·圖柰牛彔下濟布球, 招服託科洛氏戶口五十·諾洛氏戶口四十, 攜至盛京.

○ 갑오일(12.6), 너르터이(nertei, 訥爾忒) 니루 속하의 덩쇼(dengšo, 鄧碩)와 투나이(tunai, 圖柰) 니루 속하의 집키오(jibkio, 濟布球)가 토코로(tokoro, 託科洛) 씨의 50호구·노로(noro, 諾洛) 씨의 40호구를 초무하여 복속시키고 성경(盛京)으로 데리고 왔다.

○ 乙未, 聞固倫額駙祁他特來朝, 命多羅武英郡王阿濟格·固山貝子碩託·尼堪·博洛·羅託, 迎於演武場.

○ 을미일(12.7), 구룬 어푸 키타트가 내조했다는 것을 듣고, 도로이 무영군왕 아지거·구사이 버이서 쇼토·니칸·볼로·로토에게 명하여 연무장에서 맞이하게 했다.

○ 丁酉, 鑄給理藩院印信.

○ 정유일(12.9), 이번원의 인신(印信)을 주조하여 지급했다.

○ 戊戌, 刑部承政郎球, 有罪解任. 以都察院参政索海代之.

○ 무술일(12.10), 형부승정 랑키오에게 죄가 있어 해임했다. 도찰원참정 소오하이가 대신하게 했다.

○ 己亥, 額駙祁他特, 以尚固倫公主, 行定婚禮, 設盛筵. 上御崇政殿, 祁他特行三跪九叩頭禮畢, 獻甲胄 · 雕鞍 · 馬匹.

○ 기해일(12.11), 어푸 키타트가 구룬 공주에게 장가를 가서, 정해진 혼례를 행하고 성대하게 연회를 열었다. 주상이 숭정전에 가자 키타트가 삼궤구고두의 예를 행한 후 갑옷과 투구 · 조각한 안장 · 말을 바쳤다.

○ 戊申, 先是, 圖瞻隨征寧遠, 自中後所班師時, 用紅衣礮攻臺, 藥發燔死. 至是, 以其子惠福, 仍襲牛彔章京. 懷順王下三等甲喇章京劉衛國病故, 以其子紹勳襲職.

○ 무신일(12.20), 이전에 투잔이 영원(寧遠) 정벌에 종군하여 중후소(中後所)에서 회군할 때, 홍의포(紅衣礮)를 사용해 대(臺)를 공격하다가 화약이 폭발하여 불에 타 죽었다. 이때에 그의 아들 호이푸(hoifu, 惠福)에게 니루장긴 직을 습직시켰다. 회순왕 속하의 삼등 잘란장긴 유위국(劉衛國)이 병사하여 그의 아들 유소훈(劉紹勳)에게 습직시켰다.

○ 癸丑, 賜朝貢費揚古 · 吳地堪 · 薩哈蓮等七十五人, 衣服有差.

○ 계축일(12.25), 조공 온 피양구 · 우디칸 · 사할리얀(sahaliyan, 薩哈蓮) 등 75명에게 의복을 차등 있게 하사했다.

○ 賜陣獲守備藺某 · 百總韓自明, 貉裘 · 帽 · 鞾等物. 其擴來漢人, 編入戶口, 共爲五十一屯, 各賜布疋等物.

○ 전장에서 사로잡은 수비 인(藺) 아무개와 백총 한자명(韓自明)에게 오소리 가죽옷 · 모자 · 신발 등의 물품을 하사했다. 그들이 데려온 한인을 호구(戶口)로 편입하여 총 51촌락을 만들고 각각에게 포필(布疋) 등의 물품을 하사했다.

○ 固倫公主及額駙班第來朝. 命和碩鄭親王濟爾哈朗 · 多羅郡王阿達禮 · 固山貝子博洛 · 碩託, 公艾度禮 · 屯齊 · 杜爾祜 · 穆爾祜等, 迎宴之.

○ 구룬 공주와 어푸 반디가 내조했다. 호쇼이 정친왕 지르갈랑, 도로이 군왕 아달리, 구사이 버이서 볼로 · 쇼토, 공(公) 아이두리 · 툰치 · 두르후 · 무르후 등에게 명하여 잔치를 열어 맞이하게 했다.

○ 甲寅, 上御崇政殿. 固倫額駙班第朝見畢, 具盛筵獻上, 復獻駝馬. 酌納之.

○ 갑인일(12.26) 주상이 숭정전에 나아갔다. 구룬 어푸 반디가 알현을 마친 후 성대한 연회를 갖추어 주상에게 바치고 또 낙타와 말을 바쳤다. 헤아려 받았다.

○ 乙卯, 和碩禮親王代善, 以失誤朝賀, 自行檢擧. 部議坐以應得之罪, 奏聞. 上免之.

○ 을묘일(12.27), 호쇼이 예친왕(禮親王) 다이샨이 조하(朝賀)할 때 잘못을 저질렀다며 스스로 고발했다. 부(部)에서 의논하여 받아야 할 죄로 처분해야 한다고 상주했으나 주상이 용서했다.

○ 駐扎歸化城古祿格 · 毛圖 · 俄博尼 · 杭古 · 特濟 · 伊蘇德爾 · 多爾濟等, 貢馬匹, 並珊瑚數珠 · 綵緞等物.

○ 귀화성에 주둔하는 굴루거 · 모오투(mootu, 毛圖) · 오보니(oboni, 俄博尼) · 항구(hanggū, 杭古) · 터지(teji, 特濟) · 이수더르(isuder, 伊蘇德爾) · 도르지 등이 말 · 산호 염주 · 채단(綵緞) 등의 물건을 바쳤다.

○ 先是, 甲喇章京阿爾津, 隨豫親王多鐸出征時, 遇中後所兵. 王遣人調之三次, 不至, 又臨陣敗走, 部卒被殺. 迨多鐸及貝子博洛至, 仍不進擊兵, 又不收載遺骸而走. 且實係敗走, 誑云敗敵. 王本按兵未動, 乃欺上云, 曾來迎敵, 應論死, 籍沒家產. 甲喇章京翁克, 擅離俄羅塞臣營, 率本部兵敗走, 應論死, 籍沒家產. 護軍統領哈寧噶, 多鐸三次召之, 不至, 臨陣敗走, 部卒被殺, 多鐸 · 博洛至, 仍不奮擊, 逼近敵兵而走，應論死．甲喇章京俄羅塞臣，臨陣敗走，部卒被殺，多鐸·博洛至，仍不奮擊敵兵，亦應論死．廣泰·賀思和禮，違王令不前，應各鞭一百，奏聞．上命阿爾津·哈寧噶·俄羅塞臣，俱革職，免死，罰贖．翁克因其伯父巴都禮有功，免死，鞭一百，革管甲喇事．廣泰·賀思和禮，如議發落，仍革廣泰公職．

○「이전에 잘란장긴 아르진이 예친왕(豫親王) 도도를 따라 출정했을 때 중후소(中後所)의 병사를 마주쳤습니다. 예친왕이 사람을 보내 세 차례나 불렀지만 오지 않았고, 적과 마주해서 패주하여 부(部)의 병졸이 피살되었습니다. 나중에 도도와 버이서 볼로가 왔을 때도 나아가 싸우지 않고 또 유해를 수습하지 않고 달아났습니다. 또 실제로 패주했으면서 거짓으로 적을 패배시켰다고 말했고 왕은 본래 군대를 멈추고 진군하지 않았는데 주상에게 거짓으로 이르기를 일찍이 적을 맞아 싸웠다고 했으니 사형으로 논하고 가산을 적몰해야 합니다. 잘란장긴 옹커이(ongkei, 翁克)는 올로서천의 군영을 멋대로 떠나 본부 병사를 이끌어 패주했으니 사형으로 논해야 하며 가산을 적몰해야 합니다. 호군통령 하닝가는 도도가 세 번이나 불렀으나 오지 않았고 전투에 나섰다가 패주하여 부졸이 피살되었고, 도도와 볼로가 도착했는데도 계속 싸우지 않고 적에 가까이 가다가 달아났으니 사형으로 논해야 합니다. 잘란장긴 올로서천은 전투에 나섰다가 패주하여 부(部)의 병졸이 피살되었고 도도와 볼로가 도착했으나 계속해서 적병과 싸우지 않았으니 역시 사형으로 논해야 합니다. 구왕타이(guwangtai, 廣泰)와 호스호리(hoshori, 賀思和禮)는 왕의 명령을 어기고 진격하지 않았으니 각각 채찍으로 100대 때려야 합니다.」

상주하니 주상은 아르진·하닝가·올로서천을 모두 혁직하고 사형은 면해 주며 속(贖)으로 벌을 대신하게 하라고 명했다. 옹커이는 그의 백부(伯父) 바두리에게 공이 있으므로 사형을 면해 주고 채찍으로 100대 때리게 했으며 잘란의 일을 관리하는 직에서 혁직했다. 구왕타이와 호스호리는 의논한 대로 처리하게 하고 구왕타이를 공(公) 지위에서 혁직했다.

○ 丙辰, 科爾沁國福妃, 偕次妃, 及卓禮克圖親王吳克善·巴圖魯郡王滿朱習禮來朝. 皇后率諸王·貝勒福金, 迎至演武場, 宴之.

○ 병진일(12.28), 코르친국의 복비(福妃)[7]가 차비(次妃)·조릭투 친왕 욱샨·바투루 군왕 만주시리와 함께 내조했다. 황후가 왕과 버일러의 푸진들을 이끌고 연무장에 가서 맞이하고 잔치했다.

○ 丁巳, 上聞喇嘛等不遵戒律, 遣察漢喇嘛·戴青囊蘇·理藩院參政尼堪·一等侍衛俄博特·沙濟達喇等, 諭席勒圖綽爾濟曰, 朕承天祐, 爲大國之主, 統理國政. 今聞爾等不遵喇嘛戒律, 任意妄行. 朕若不懲治, 誰則治之. 凡人請爾喇嘛誦經者, 必率衆喇嘛同行, 不許一二人私往. 且爾喇嘛等, 又不出征從獵, 何用收集多人. 喇嘛等皆曰, 然. 餘人俱當遣出. 察漢喇嘛·戴青囊蘇·尼堪·俄博特·沙濟達喇等, 以喇嘛之言還奏. 上曰, 喇嘛處閒人雖多, 然須於其中擇有用壯丁, 能隨征行獵者, 方可取之. 若怯懦無用之人, 取之何益. 於是以內齊託音喇嘛, 及諸無行喇嘛等, 所私自收集漢人·朝鮮人, 俱遣還本主, 給以妻室. 以土謝圖親王下一喇嘛·扎魯特部落青巴圖魯下一

7 코르친의 암바 마마(大妃)를 가리킨다.

喇嘛, 不遵戒律, 令之娶妻, 又不從, 閹之.

○ 정사일(12.29), 주상은 라마들이 계율을 준수하지 않았음을 듣고 차간 라마, 다이칭 낭수, 이번원참정 니칸, 일등 시위 오보트 · 샤지다라 등을 파견하여 시러투 초르지(siretu corji, 席勒圖綽爾濟)에게 유시했다. "짐은 하늘의 보우를 받아 대국의 주인이 되어 국정을 다스린다. 지금 들으니 너희는 라마의 계율을 지키지 않고 임의로 망령되게 행동한다. 짐이 징계하지 않으면 누가 처벌하겠는가. 무릇 사람들이 너희 라마들에게 경서 읽기를 청하면 반드시 여러 라마들을 데리고 동행해야 하지 한두 사람이 사사로이 다니게 해서는 안 된다. 또 너희 라마들은 출정하거나 사냥에 따라가지 않는데 사람을 많이 모아서 어디에 쓰겠느냐?" 라마들 모두가 말했다. "맞습니다. 나머지 인원 모두를 내보내야 합니다." 차간 라마 · 다이칭 낭수 · 니칸 · 오보트 · 샤지다라 등이 라마의 말을 상주했다. 주상이 말했다. "라마의 처소에 한가한 인원이 많으니 그중에서 유용한 장정을 골라 종군하고 사냥할 수 있으면 취해도 된다. 나약하고 무용한 사람을 취해서 무슨 이익이 있겠는가." 이에 너이치 토인 라마(neici toin lama, 內齊託音喇嘛) 및 여러 품행이 좋지 않은 라마들이 사사로이 모은 한인과 조선인을 모두 본래 주인에게 돌려보내고 아내를 맺어 주었다. 투시예투 친왕 속하의 라마 1명 · 자루트 부락 칭 바투루 속하의 라마 1명은 계율을 따르지 않았고, 처를 들이라 했으나 복종하지도 않았기에 거세했다.

○ 賜朝貢之鄂爾多斯部落濟農下吳巴什, 扎木蘇下馬尼, 巴特瑪下額席格, 沙克巴下赫席克特, 沙里伊爾都齊下沙克沙巴特, 吉地尹下博波類, 阿濟格扎木蘇下伊塞爾貝, 土默特部落古祿格章京下吳巴什, 根都章京下巴顏·阿什圖·並伊蘇德爾·杭古·特濟·多爾濟等, 所遣十九人, 蘇尼特部落巴克察爾塔布囊·俄齊爾等, 綵緞·銀兩·布疋有差.

○ 조공하러 온 오르도스 부락 지농 속하의 우바시, 잠수(jamsu, 扎木蘇) 속하의 마니, 바트마 속하의 어시거(esige, 額席格), 샥바(šakba, 沙克巴) 속하의 허식터이(hesiktei, 赫席克特), 샤리 일두치(šari ilduci, 沙里伊爾都齊) 속하의 샥샤바트(šakšabat, 沙克沙巴特), 기딘(gidin, 吉地尹) 속하의 보보로이(boboroi, 博波類), 아지거 잠수 속하의 이설버이(iselbei, 伊塞爾貝), 투메트 부락 굴루거 장긴 속하의 우바시, 건두(gendu, 根都) 장긴 속하의 바얀·아시투·이수더르·항구(hanggū, 杭古)·터지(teji, 特濟)·도르지 등 파견된 19명과 수니트 부락의 박차르 타부낭·오치르 등에게 채단(綵緞)·은량·포필(布疋) 등을 차등 있게 하사했다.

○ 賜察哈爾國固倫公主, 磁器一千七百件.

○ 차하르국 구룬 공주에게 자기(磁器) 1,700개를 하사했다.

○ 戊午, 科爾沁國福妃, 偕次妃及卓禮克圖親王吳克善·巴圖魯郡王滿朱習禮朝見. 上御崇政殿, 福妃及次妃, 由崇政殿西階跪謁, 上答禮, 福妃·次妃兩跪兩叩頭, 上不答. 至第三次叩拜, 上亦答禮, 行禮畢. 次吳克善·滿朱習禮, 率其屬員朝謁, 行三跪九叩頭禮. 福妃·次妃及吳克善·滿朱習禮, 具筵進上. 福妃·次妃, 進宮, 謁見皇后·諸妃, 竝獻貂皮·雕鞍·駝馬. 上酌納之, 竝賜大宴. 是日, 扎魯特部落額參德, 獻駝馬. 酌納之, 賜宴.

○ 무오일(12.30), 코르친국의 복비(福妃)가 차비(次妃)·조릭투 친왕 욱샨·바투루 군왕 만주시리와 함께 알현했다. 주상이 숭정전에 갔다. 복비와 차비가 숭정전 서쪽 계단에서 무릎 꿇고 알현하자 주상이 답례했다. 복비와 차비가 두 번 무릎 꿇고 두 번 고두하자 주상은 답례하지 않았다. 세 번째로 고배(叩拜)하자 주상이 다시 답례하고 예를 행했다. 다음으로 욱샨과 만주시리가 속하 인원을 이끌고 알현하고 삼궤구고두의 예를 행하였다. 복비·차비·욱샨·만주시리가 연회를 갖추어 주상에게 바쳤다. 복비와 차비는 입궁하여 황후와 여러 비를 알현하고, 담비가죽·조각한 안장·낙타와 말을 바쳤다. 주상은 헤아려 받고 큰 잔치를 베풀었다. 이날 자루트 부락의 어선더이가 낙타와 말을 헌상했다. 헤아려 받고 잔치를 베풀었다.

○ 賜索倫部落博穆博果爾·噶凌阿·瓦代等五人, 衣服·馬匹·弓矢·房屋, 及一切器物.

○ 솔론 부락의 봄보고르(bombogor, 博穆博果爾)·가링가(garingga, 噶凌阿)·와다이(wadai, 瓦代) 등 5명에게 의복·말·활과 화살·가옥 및 일체 기물을 하사했다.

○ 賜朝貢之黑龍江額駙巴爾達齊弟薩哈蓮·費揚古·吳地堪·莽古朱, 及虎爾哈部落賴達庫等, 蟒衣·鞓帶·帽韡·鞍轡·緞布等物有差.

○ 조공 온 흑룡강 어푸 발다치의 동생 사할리얀·피양구·우디칸·망구주, 후르카 부락의 라이다쿠(laidakū, 賴達庫) 등에게 망의(蟒衣)·가죽띠·모자와 신발·안장과 고삐·비단과 면포 등의 물건을 차등 있게 하사했다.

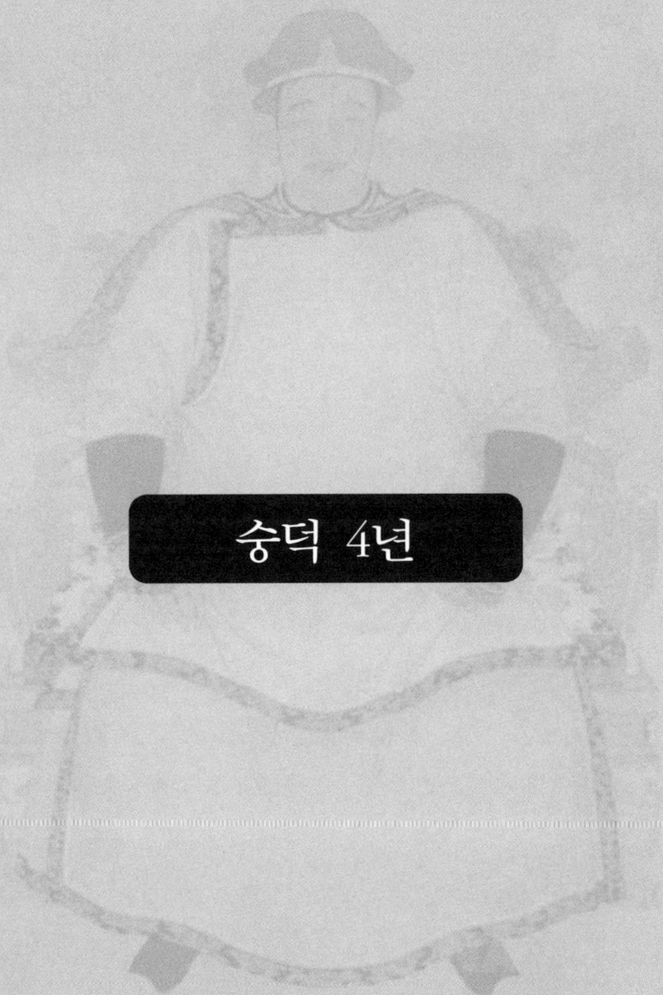

숭덕 4년

권45

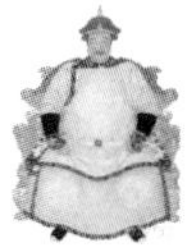

숭덕 4년 정월 ~ 3월

崇德四年, 己卯, 春正月, 己未朔, 寅刻, 上率和碩親王 · 多羅郡王 · 多羅貝勒 · 固山貝子 · 文武羣臣, 竭堂子, 行禮. 卯刻, 還宮, 拜神. 辰刻, 上御崇政殿, 內外諸王 · 貝勒等, 率文武羣臣, 上表箋, 行慶賀禮, 獻鞍馬 · 金 · 貂等物. 次朝鮮國王子李溰, 率來朝陪臣金榮祖等, 上表箋, 行慶賀禮. 次恭順王孔有德 · 懷順王耿仲明 · 智順王尚可喜, 各遣官上表箋, 行慶賀禮, 獻鞍馬 · 黃金等物. 次厄魯特 · 鄂爾多斯 · 土默特 · 蘇尼特 · 索倫 · 黑龍江 · 庫爾喀, 各部落來貢頭目, 率衆朝賀. 禮畢, 設大宴, 宴之.

○ 숭덕 4년 기묘년 봄 정월 기미일 초하루(1.1), 인시(寅時)에 주상은 호쇼이 친왕 · 도로이 군왕 · 도로이 버일러 · 구사이 버이서 · 문무 신하들을 이끌고 당자(堂子)에 배례하고 의례를 행하였다. 묘시(卯時)에 궁으로 돌아와 신(神)에게 배례했다. 진시(辰時)에 주상이 숭정전(崇政殿)에 가자, 내외 여러 왕과 버일러들이 문무 신하들을 이끌고 표전(表箋)을 올리고 경하례를 행하며 안장을 갖춘 말 · 금 · 담비가죽 등의 물건을 바쳤다. 다음에 조선국왕의 아들 이왕(李溰)이 내조한 배

신(陪臣) 김영조(金榮祖) 등을 이끌고 표전(表箋)을 올리고 경하례를 행하였다. 다음에 공순왕 공유덕 · 회순왕 경중명 · 지순왕 상가희가 각기 관원을 보내어 표전(表箋)을 올리고 경하례를 행하고 안장을 갖춘 말과 황금 등의 물건을 바쳤다. 다음에 울러트 · 오르도스 · 투메트 · 수니트 · 솔론 · 흑룡강 · 쿠르카 각 부락의 조공해 온 두목들이 무리를 이끌고 하례했다. 의례가 끝나자 큰 연회를 베풀어 잔치했다.

○ 遣官祭太廟.

○ 관원을 보내어 태묘에 제사 지냈다.

○ 辛酉, 上率諸王 · 貝勒 · 貝子 · 公等, 幸實勝寺禮佛. 因令厄魯特部落使臣格隆寨桑 · 厄爾格布什等, 入覲畢, 賜宴. 噶布楮喇嘛, 獻綵緞 · 馬匹, 俱却之.

○ 신유일(1.3), 주상은 여러 왕 · 버일러 · 버이서 · 공(公)들을 이끌고 실승사(實勝寺)에 가서 예불했다. 울러트 부락의 사신 겔룽 자이상(gelung jaisang, 格隆寨桑) · 어르겁시(ergebsi, 額爾格布習)에게 들어가서 보게 한 후 연회를 베풀었다. 갑추 라마(g'abcu lama, 噶布褚喇嘛)가 채단(綵緞)과 말을 바쳤으나 모두 받지 않았다.

○ 壬戌, 上御崇政殿, 偕皇后 · 關雎宮宸妃 · 麟趾宮貴妃 · 永福宮莊妃, 以戚屬禮, 召科爾沁國和碩福妃, 及次妃, 賜大宴於殿中, 備陳樂舞.

○ 임술일(1.4), 주상은 숭정전에 가서 황후(皇后)·관저궁신비(關雎宮宸妃)·인지궁귀비(麟趾宮貴妃)·영복궁장비(永福宮莊妃)와 함께 인척의 예로 코르친국의 호쇼이 복비(和碩福妃)와 차비(次妃)를 불러서 숭정전에서 큰 연회를 베풀고 음악과 가무를 마련했다.

○ 乙丑, 以朝鮮國王李倧, 遣陪臣賀元旦·冬至·萬壽, 賜李倧, 及陪臣正副使等, 鞍馬·白金·貂皮等物有差, 仍賜陪臣宴於禮部, 遣之.

○ 을축일(1.7), 조선국왕 이종(李倧)이 배신(陪臣)을 보내어 원단·동지·만수절에 하례했기 때문에, 이종(李倧) 및 배신(陪臣) 정사(正使)·부사(副使) 등에게 안장을 갖춘 말·백금·담비가죽 등의 물건을 차등 있게 하사하고, 대신들에게 예부에서 연회를 베풀어 보냈다.

○ 增理藩院每旗章京各一員, 從吏部請也.

○ 이번원의 각 기(旗)의 장긴 1명씩을 증원했는데, 이부의 청에 따른 것이다.

○ 丁卯, 察哈爾國固倫公主, 同固倫額駙和碩親王額哲辭歸, 皇后率諸王·貝勒等福金, 送至演武場, 設宴餞之.

○ 정묘일(1.9), 차하르국의 구룬 공주가 구룬 어푸 호쇼이 친왕 에제이와 함께 돌아가겠다고 하자, 황후는 여러 왕과 버일러들의 푸진들을 이끌고 연무장에 가서 배웅하면서 잔치를 베풀어 전송했다.

○ 先是, 阿玉石紿其兄蘇納云, 上命兄往湯泉. 又言於武英郡王阿濟格曰, 蘇納往湯泉, 其妻亦欲偕往. 王曰, 其妻不可去, 爾當告知固山貝子尼堪 · 羅託, 承政英俄爾岱 · 滿達爾漢. 阿玉石遂往告之, 尼堪等問曰, 王云何. 阿玉石答曰, 王已許其偕往矣. 尼堪等云, 王雖許去, 奈是邊地, 實不應往. 因遣人問王, 王曰, 我亦云不可去, 並未嘗許. 至是, 審實, 以阿玉石既紿其兄, 又詐稱王令, 論死, 奏聞. 上令革職, 鞭八十.

○ 이전에 아유시가 그의 형 수나에게 속여서 말했다. "주상이 형에게 온천에 가라고 명했습니다." 또 무영군왕 아지거에게 말했다. "수나가 온천에 가는데 그 처도 함께 가고 싶어합니다." 무영군왕이 말했다. "그 처는 갈수 없다. 너는 구사이 버이서 니칸 · 로토, 승정 잉굴다이 · 만다르한에게 고하여 알려야 한다." 아유시가 마침내 가서 고하자, 니칸 등이 물었다. "왕의 뜻이 어떠한가?" 아유시가 답하여 말했다. "왕은 함께 가는 것을 허락했습니다." 니칸 등이 말했다. "왕이 가는 것을 허락했어도 그곳은 변지이니 실제로 갈 수 없다." 이 때문에 사람을 보내서 왕에게 물었더니 왕이 말했다. "나도 갈 수 없다고 말했고 또한 허락한 적이 없다." 이때에 사실을 조사하니, 아유시가 그 형을 속이고 또 왕의 명령을 사칭했기 때문에 사형죄로 논하여 상주했다. 주상이 명하여 혁직하고 채찍 80대를 때렸다.

○ 降固山貝子碩託爲輔國公, 仍罰銀五百兩, 以其於元旦日, 在堂子內, 僭上越分, 懸掛紙錢故也.

○ 구사이 버이서 쇼토를 보국공(輔國公)으로 강등시키고 은 500냥

을 부과했는데, 원단일(元旦日)에 당자(堂子)에서 윗사람보다 과하게 분수를 넘어 지전(紙錢)을 걸었기 때문이었다.

○ 賜元旦來朝喀喇沁部落查薩袞杜稜, 敖漢部落固倫額駙班第, 郭爾羅斯部落布木巴, 科爾沁國卓禮克圖親王吳克善·土謝圖親王巴達禮, 土默特部落查薩袞達爾漢, 扎魯特部落桑噶爾, 翁牛特部落達爾漢戴青, 巴林部落滿珠習禮, 杜爾伯特部落塞冷, 吳喇忒部落杜巴·穆章·巴克巴海等, 甲胄·雕鞍·撒袋·綵緞·文綺等物, 仍賜宴.

○ 원단(元旦)에 내조한 카라친 부락의 자사군 두령, 아오한 부락의 구룬 어푸 반디, 고를로스 부락의 붐바, 코르친국의 조릭투 친왕 욱샨·투시예투 친왕 바다리, 투메트 부락의 자사군 다르한, 자루트 부락의 상가르, 옹니우트 부락의 다르한 다이칭, 바린 부락의 만주시리, 두르베트 부락의 서렁, 우라트 부락의 두바·무장·박바가이 등에게 갑옷과 투구·조각한 안장·화살집·채단(綵緞)·문기(文綺) 등의 물건을 하사하고 연회를 베풀었다.

○ 庚午, 朝鮮國王李倧, 遣陪臣李揚德等, 恭請聖安, 貢方物.

○ 경오일(1.12), 조선국왕 이종(李倧)이 배신(陪臣) 이양덕(李揚德) 등을 파견하여 공경스럽게 황제에게 문안하고 방물을 바쳤다.

○ 召新附總兵官沈志祥, 至崇政殿, 賜宴, 仍命七家以次宴之.

○ 새로 귀부한 총병관 심지상을 숭정전으로 불러서 연회를 베풀었다. 이어서 칠가(七家)에게 차례로 연회를 베풀라고 명했다.

○ 辛未, 虎爾哈部落頭目來朝, 貢貂皮 · 元狐皮等物.

○ 신미일(1.13), 후르카 부락의 두목이 내조하여 담비가죽 · 흑황색 여우가죽 등의 물건을 바쳤다.

○ 癸酉, 敖漢部落固倫額駙班第, 以封多羅郡王謝恩, 獻駝馬, 俱却之.

○ 계유일(1.15), 아오한 부락의 구룬 어푸 반디가 도로이 군왕에 봉해졌으므로 사은하여 낙타와 말을 바쳤으나 모두 받지 않았다.

○ 甲戌, 上以第三女固倫公主, 下嫁科爾沁國額駙祁他特. 是日, 和碩親王以下, 及滿洲 · 蒙古 · 漢官, 俱集崇政殿, 和碩福金以下, 滿洲 · 蒙古固山額眞 · 昂邦章京 · 承政命婦, 俱集清寧宮. 上御崇政殿, 科爾沁國和碩福妃, 及次妃, 率隨從婦女, 入大清門, 至階下. 福妃立於東側, 次妃立於西側, 行三跪三叩頭禮, 上降座答禮. 次卓禮克圖親王吳克善 · 巴圖魯郡王滿朱習禮 · 額駙祁他特, 率所屬大臣, 行三跪九叩頭禮畢. 上命諸王坐於崇政殿內, 固山貝子, 宗室公, 及各官, 俱按本旗以次坐, 大宴. 福妃獻上, 並皇后貂帽 · 貂鑲女朝衣 · 元狐裘 · 貂裘 · 猞狸猻裘 · 甲胄 · 雕鞍 · 駝馬 · 貂皮等物, 酌納之.

○ 갑술일(1.16), 주상은 셋째 구룬 공주를 코르친국의 어푸 키타트에게 시집보냈다. 이날 호쇼이 친왕 이하 만주와 몽고와 한인 관원은 모두 숭정전에 모였고, 호쇼이 푸진 이하 만주와 몽고 구사어전 · 암바장긴 · 숭정의 명부(命婦)[1]는 모두 청녕궁에 모였다. 주상이 숭정전에 들자, 코르친국의 호쇼이 복비(和碩福妃)와 차비(次妃)는 따르는 부녀자들을 이끌고 대청문(大淸門)으로 들어서 계단 아래로 갔다. 복비는 동쪽에 서고 차비는 서쪽에 서서 삼궤삼고두의 예를 행하였다. 주상은 옥좌에서 내려와서 답례했다. 다음으로 조릭투 친왕 욱샨 · 바투루 군왕 만주시리 · 어푸 키타트가 소속 대신들을 이끌고 삼궤구고두의 예를 행했다. 주상은 여러 왕들을 숭정전 안에 앉게 하고, 구사이 버이서 · 종실의 공(公)과 각 관원을 모두 소속 기에 따라 차례로 앉게 하고 크게 잔치를 열었다. 복비는 주상과 황후에게 담비가죽 모자 · 담비가죽 테 두른 여조의(女朝衣) · 흑황색 여우가죽옷 · 담비가죽옷 · 스라소니가죽옷 · 갑옷과 투구 · 조각한 안장 · 낙타와 말 · 담비가죽 등의 물건을 바쳤다. 헤아려서 받았다.

○ 蘇尼特部落超察海台吉率十戶來歸.

○ 수니트 부락의 초오차하이(coocahai, 超察海) 타이지가 10호(戶)를 이끌고 내귀했다.

○ 乙亥, 以恭順王孔有德 · 懷順王耿仲明 · 智順王尙可喜, 遣官朝

1 命婦는 봉호를 수여받은 여성을 가리킨다. 일반적으로 관원의 모친과 처자식이 봉호를 받아서 명부가 된다.

賀元旦, 各賜馬二匹, 銀二百兩. 其所遣官孫龍·楊奇功等, 各賜貂皮十張, 仍宴於禮部.

○ 을해일(1.17), 공순왕 공유덕·회순왕 경중명·지순왕 상가희가 관원을 보내어 원단에 하례했기 때문에, 각기 말 2마리·은 200냥을 하사했다. 파견 온 관원 손룡(孫龍)과 양기공(楊奇功) 등에게 각기 담비가죽 10장을 하사하고 예부에서 연회를 베풀었다.

○ 丙子, 上御崇政殿, 偕皇后·關雎宮宸妃·麟趾宮貴妃·衍慶宮淑妃·永福宮莊妃, 以戚屬禮, 召科爾沁國和碩福妃·次妃, 及卓禮克圖親王吳克善·巴圖魯郡王滿朱習禮, 賜宴於殿中.

○ 병자일(1.18), 주상은 숭정전에 가서 황후·관저궁신비(關雎宮宸妃)·인지궁귀비(麟趾宮貴妃)·연경궁숙비(衍慶宮淑妃)·영복궁장비(永福宮莊妃)와 함께 인척의 예로 코르친국의 호쇼이 복비·차비, 조릭투 친왕 욱샨·바투루 군왕 만주시리를 불러 숭정전에서 연회를 베풀었다.

○ 賜朝鮮國陪臣李揚德等, 鞍馬·貂皮·白金, 仍賜宴於禮部.

○ 조선국의 배신(陪臣) 이양덕(李揚德) 등에게 안장을 갖춘 말·담비가죽·백금을 하사하고, 이어 예부에서 연회를 베풀었다.

○ 賜黑龍江貢貂額駙巴爾達齊弟薩哈蓮 · 費揚古 · 吳地堪 · 莽古朱等緞布有差, 仍賜宴.

○ 흑룡강의 담비가죽을 공납해 온 어푸 발다치의 동생 사할리얀 · 피양구 · 우디칸 · 망구주 등에게 비단과 면포를 차등 있게 하사하고, 이어 연회를 베풀었다.

○ 己卯, 有蒙古喇克等十六人, 自錦州來歸.

○ 기묘일(1.21), 몽고의 락(lak, 喇克) 등 16명이 금주(錦州)에서 귀부해 왔다.

○ 封總兵官沈志祥爲續順公, 給與誥命及印, 並以紅寶石嵌兩東珠金頂 · 貂帽 · 金鑲圓片玉帶 · 鞍馬, 賜之. 誥命曰, 朕惟任賢使能, 崇德尚功, 乃國家之大典, 乘機遘會, 達變通權, 誠明哲之芳踪. 茲爾沈志祥, 原係明臣, 朕以舟師破皮島時, 爾逃出收集遺衆, 復歸於明駐居石城島, 明之君臣, 反不信爾. 更遣舟師來剿爾時, 被迫率衆來歸. 朕甚嘉悅, 特賜以印誥, 封爾爲續順公, 功名富貴遠期奕世之休, 帶礪山河, 永無遺棄之意. 爾其益勵忠勤, 恪共乃職, 夾輔王室, 愛衆養民, 奉公守法, 莫貪小利, 自始至終不忘信義, 尚其欽哉. 勿負朕命.

○ 총병관 심지상을 속순공(續順公)에 봉하고, 고명(誥命)과 인장을 지급하고, 홍보석을 상감한 두 개의 동주(東珠)를 박은 금정(金頂) · 담비가죽 모자 · 금을 두른 원형의 옥대 · 안장을 갖춘 말을 하사했다.

고명(誥命)에서 말했다. 「짐이 생각하기에 현능한 인재를 기용하고 공덕을 숭상하는 것은 국가의 대전(大典)이고, 좋은 기회를 만나 임시 방편을 잘 사용하는 것은 진실로 명철한 행동이다. 그대 심지상은 원래 명나라의 신하로, 짐이 수군으로 피도(皮島)를 공격하여 무너뜨릴 때에 그대는 도피하여 흩어진 무리를 모아서 명나라 군대가 주둔한 석성도(石城島)에 다시 복귀했는데, 명나라의 임금과 신하는 도리어 그대를 믿지 않았다. 다시 수군을 보내어 그대를 공격할 때에 그대는 쫓겨서 무리를 이끌고 귀부해 왔다. 짐이 매우 기뻐서 특별히 인장과 고명(誥命)을 하사하고 그대를 속순공에 봉한다. 부귀공명이 영원하고 대대로 이어져 산하(山河)가 다하도록 영원히 저버리는 뜻이 없도록 하라. 그대는 충성과 근면함에 더욱 힘쓰고, 직책을 삼가 수행하여 왕실을 보좌하고, 무리를 아끼고 백성을 기르며, 공무를 중히 여기고 법을 지키고, 작은 이익을 탐하지 말고, 지금부터 죽을 때까지 신의를 잊지 말고 공경하라. 짐의 명을 저버리지 말라.」

○ 以追封皇后父科爾沁國貝勒莽古思爲和碩福親王立碑. 和碩福妃, 及次妃, 同卓禮克圖親王吳克善, 巴圖魯郡王滿朱習禮, 額駙綽爾濟 · 祁他特等, 率所屬從官謝恩, 獻駝馬, 俱却之.

○ 황후의 부친 코르친국의 버일러 망구스를 추봉하여 호쇼이 복친왕(和碩福親王)으로 삼고 비석을 세웠다. 호쇼이 복비(和碩福妃)와 차비(次妃)는 조릭투 친왕 욱샨, 바투루 군왕 만주시리, 어푸 초르지 · 키타트 등과 함께 소속의 수행한 관원들을 이끌고 사은하고 낙타와 말을 바쳤으나 모두 받지 않았다.

○ 癸未, 皇后母大妃, 以封和碩福妃賜儀仗, 偕次妃, 入清寧宮謝恩. 上降座答禮, 賜宴. 福妃復獻甲胄雕鞍馬匹, 酌納之.

○ 계미일(1.25), 황후의 모친 대비(大妃)는 호쇼이 복비(和碩福妃)에 봉해지고 의장(儀仗)을 하사받았기 때문에, 차비(次妃)와 함께 청녕궁에 와서 사은했다. 주상은 자리에서 내려와서 답례하고 연회를 베풀었다. 복비가 다시 갑옷과 투구 · 조각한 안장 · 말을 바치자, 헤아려서 받았다.

○ 丙戌, 冊封科爾沁國卓禮克圖親王吳克善 · 巴圖魯郡王滿朱習禮母次妃爲和碩賢妃. 冊文曰, 朕惟樹儀型於內閫, 懿德聿彰, 膺褒予於朝章, 榮光特賁. 今朕登大寶, 爰倣古聖之制, 以定藩妃之封. 玆爾科爾沁國次妃博禮, 乃卓禮克圖親王吳克善 · 巴圖魯郡王滿朱習禮之母也. 爾能訓成諸子佐理國家, 故特冊封爲和碩賢妃. 爾其益勵厥心, 敬承勿替. 以婦道自持, 以義方訓子, 則名顯當時, 德揚後世, 而富貴永昌矣. 欽哉, 勿負朕命.

○ 병술일(1.28), 코르친국의 조릭투 친왕 욱샨 · 바투루 군왕 만주시리의 모친 차비(次妃)를 호쇼이 현비(和碩賢妃)로 책봉했다. 책문에서 말했다. 「짐이 생각건대, 내성(內姓)에서 모범이 되고 덕을 드러냈으니, 마땅히 조정의 규범으로 표창하여 빛내고 특별히 장식해야 한다. 지금 짐이 보위에 올라 옛 성왕(聖王)의 제도를 본받아서 번부(藩部)의 비(妃)로 정하여 책봉한다. 이에 그대 코르친국의 차비(次妃) 보리(boli, 博禮)는 조릭투 친왕 욱샨 · 바투루 군왕 만주시리의 어머니이다. 그대는 아들들을 훈육하여 국가를 보좌했기 때문에 특별히 호쇼

이 현비(和碩賢妃)에 책봉한다. 그대는 그 마음을 더욱 닦고 공경하는 마음을 변하지 말라. 부녀자의 도리를 유지하고 바른 길을 자식에게 가르쳤으니, 명성이 당시에 높고 덕은 후세에 드높으며 부귀가 영원할 것이다. 공경하라. 짐의 명을 저버리지 말라.」

○ 丁亥, 梅勒章京刑部參政李雲於出兵後, 曾出城廟宿一夜. 又其妻將漢式銀冠私藏於家. 又往歸化城貿易時, 借孟喬芳銀八十兩, 以一騾抵償四十兩, 未行納稅. 又籍沒本旗金玉和家時, 隱匿銀盌銀盤各一, 白披領袍一, 爲其家人二十五人所首, 刑部審實議革李雲職, 罰銀百兩, 原告離主, 所借銀及所隱諸物, 俱入官, 喬芳不納騾稅以竊盜論, 騾入官. 奏聞, 上命革李雲職, 解參政任, 免罰銀, 孟喬芳係同官互相稱貸, 無罪免議, 原告俱令離主.

○ 정해일(1.29), 머이런장긴 형부참정 이운(李雲)은 출병한 후 성을 나가서 묘(廟)에서 하룻밤을 묵었다. 또 그의 처는 한식(漢式) 은관(銀冠)을 집에 몰래 숨겼다. 또 귀화성(歸化城)에 가서 무역할 때 맹교방의 은 80냥을 빌렸는데 노새 1마리를 저당으로 주고 40냥을 갚고 세금을 내지 않았다. 또 그 기(旗)의 김옥화(金玉和)[2]의 가산을 적몰할 때에 은 주발과 은 쟁반 1개씩과 흰색 피령포(披領袍) 1벌을 은닉했다. 그 가인(家人) 25명이 고발해서 형부에서 조사하고 논의하여, 이운(李雲)을 혁직하고 벌은 100냥을 부과하고 고발자를 주인과 분리시키고 빌린 은과 은닉한 물건들을 모두 관에 몰수하고, 맹교방이 노새와 세금을 납부하지 않은 것을 절도죄로 논하여 노새를 관에 몰수하자고

2 金玉和는 한군정황기 소속이었다.

했다. 상주하자 주상이 명하기를, 이운(李雲)을 혁직하여 참정에서 해임하고 벌은을 면제하고, 맹교방은 동급의 관원으로 서로 빚을 주었으니 무죄로 하여 처벌을 면해 주고, 고발자는 모두 주인과 분리시키라고 했다.

○ 關雎宮宸妃母次妃, 以封和碩賢妃賜儀仗, 偕和碩福妃, 入淸寧宮謝恩. 上降座答禮, 賜宴. 賢妃復獻甲胄 · 雕鞍 · 馬匹, 酌納之.

○ 관저궁신비(關雎宮宸妃)의 모친 차비(次妃)는 호쇼이 현비(和碩賢妃)에 봉해지고 의장(儀仗)을 하사받았기 때문에, 호쇼이 복비(和碩福妃)와 함께 청녕궁에 와서 사은했다. 주상은 자리에서 내려와서 답례하고 연회를 베풀었다. 현비(賢妃)가 다시 갑옷과 투구 · 조각한 안장 · 말을 바치자, 헤아려서 받았다.

○ 部議艾松古罪, 先是, 以四子部落畢力克潛逃, 遣艾松古率巴林部落二十人, 吳喇忒部落二十人, 諭令至喀喇莽柰益土地方駐二十日, 細覓踪跡窮追之. 艾松古未至其地, 即從中途巴林地方還, 又詭言已駐十日. 艾松古, 應論死, 奏聞. 上命免其死, 鞭一百, 貫兩耳.

○ 부(部)에서 아이숭구의 죄를 논했다. 「이전에 사자(四子) 부락의 빌릭(bilik, 畢力克)이 도망갔을 때 아이숭구를 파견하여 바린 부락의 20명과 우라트 부락의 20명을 이끌고 가게 했습니다. 유시하여 카라망나이(kara mangnai, 喀喇莽柰)의 이투(itu, 益土) 지방에서 20일간 주둔하며 종적을 찾아 끝까지 추적하라고 했습니다. 아이숭구는 그곳에 가지 않고 도중에 바린 지방에서 돌아왔고 또한 10일간 주둔했다고

속여서 말했습니다. 아이숭구를 사형죄로 논해야 합니다.」 상주하자 주상은 사형을 면해 주고 채찍 100대를 때리고 두 귀를 뚫게 했다.

○ 部議固山額眞馬光遠等罪. 初錦州城旁一臺, 我軍以礮擊破, 臺上所餘敵兵, 令馬光遠旗下甲喇章京郎紹貞, 署甲喇章京事馬如龍守之, 敵從間道遁走. 郎紹貞·馬如龍均應論死. 其部下任名世·張邦智·馬起龍, 應各鞭一百, 貫耳鼻, 革職, 罷管牛彔事. 隨郎紹貞等看守兵丁, 各鞭一百, 固山額眞馬光遠離汛地往固山額眞石廷柱處, 致敵人遁去, 罪一. 既知臺破, 敵人必走, 乃不精選官兵守之, 殊爲懈弛, 罪二. 敵人既遁, 又不往追, 罪三. 兵部問時, 光遠答曰, 敵人如狼, 我兵如羊, 安能抵敵, 輕蔑我兵稱揚敵人, 罪四. 馬光遠應革世職, 解固山額眞任, 籍其家. 梅勒章京張大猷, 不堅守汛地, 亦往石廷柱處, 致敵人遁去, 又不往追. 張大猷應革世職, 解梅勒章京任, 罰銀百兩. 固山額眞石廷柱, 日間既知敵多寡以兵看守, 何必送馬入營, 及敵人逃遁, 又不追擊, 所守何爲. 石廷柱, 應罰銀百兩, 削一世職. 馬光遠所言, 如狼如羊等語, 兵部巴爾代·卦喇·阿爾機闌·塞古德, 共聞之, 及訊問, 俱徇情改供, 應各罰銀五十兩. 奏聞, 上命, 馬光遠·張大猷, 各按世職, 坐以應得之罪. 郎紹貞革職贖罪. 仍管甲喇章京事馬如龍, 任名世·馬起龍, 俱革職, 鞭一百. 張邦智無世職鞭一百, 看守兵丁, 各鞭一百. 石廷柱非其汛地, 免罪. 巴爾代·卦喇·阿爾機闌·塞古德等, 雖聞光遠言, 不行擧出, 因係不解漢語之人, 免罪.

○ 부(部)에서 구사어전 마광원 등의 죄를 논했다. 「이전에 금주성(錦州城) 옆의 한 대(臺)를 아군이 대포로 격파하고, 대(臺) 위에 남아 있던 적병을 마광원의 기(旗) 예하의 잘란장긴 낭소정(郎紹貞)과 잘란

장긴의 일을 서리하는 마여룡(馬如龍)에게 지키게 했으나, 적병이 샛길로 도주했습니다. 낭소정(郎紹貞)과 마여룡은 모두 사형죄로 논해야 합니다. 그 부하인 임명세(任名世)·장방지(張邦智)·마기룡(馬起龍)은 각기 채찍 100대를 때리고, 코와 귀를 뚫고, 혁직하고, 니루를 관할하는 직책을 파면해야 합니다. 낭소정 등을 수행하여 지키던 병정은 각기 채찍 100대에 처해야 합니다. 구사어전 마광원은 주둔지를 이탈하여 구사어전 석정주의 거처에 감으로써 적병을 도주하게 만든 것이 첫째 죄입니다. 대(臺)가 격파되면 적병이 반드시 도주할 것이라는 것을 알면서도 관병을 잘 선발하여 적을 지키지 않고 심하게 해이한 것이 둘째 죄입니다. 적병이 도주했는데 추격하지 않은 것이 셋째 죄입니다. 병부에서 문책할 때 마광원이 답하기를 "적병은 늑대 같고 아군은 양 같으니 어찌 적을 좇아 잡겠는가"라고 하여, 아군을 무시하고 적을 칭찬한 것이 넷째 죄입니다. 마광원은 세직(世職)을 혁직하고, 구사어전에서 해임하고, 가산을 적몰해야 합니다. 머이런장긴 장대유(張大猷)는 주둔지를 굳게 지키지 않고, 또한 석정주의 거처에 감으로써 적병을 도주하게 만들었고, 또한 추격하지 않았습니다. 장대유는 세직(世職)을 혁직하고, 머이런장긴에서 해임하고, 벌은 100냥을 부과해야 합니다. 구사어전 석정주는 최근에 적병의 수를 파악하고 병사에게 지키게 하였으나 하필 말을 군영에 보내어서 적군이 도주하는 것을 추격하지 못했으니 지킨 것이 무엇이겠습니까. 석정주는 벌은 100냥을 부과하고, 한 개의 세직(世職)을 삭탈해야 합니다. 마광원이 말한 바, 늑대 같다거나 양 같다는 말을 병부의 바르다이(bardai, 巴爾代)·구와라(gūwara, 卦喇)·아르기찬(argican, 阿爾機闡)·서구더(segude, 塞古德)가 함께 들었는데, 심문하자 체면을 보아주어 바꾸어 공술했으니 각기 벌은 50냥을 부과해야 합니다.」

상주하자 주상이 명했다. "마광원과 장대유는 각기 세직에 의거해 받아야 할 죄를 적용하라. 낭소정은 혁직하고 죄를 속(贖)하게 한다.

잘란장긴의 일을 관리하는 마여룽과 임명세 · 마기룽은 모두 혁직하고 채찍형 100대에 처한다. 장방지는 세직이 없으므로 채찍형 100대에 처하고, 지키던 병정들은 각기 채찍형 100대에 처한다. 석정주는 그의 주둔지가 아니므로 죄를 면해 준다. 바르다이 · 구와라 · 아르기얀 · 서구더 등은 비록 마광원의 말을 듣고 고발하지는 않았지만 한어를 모르는 사람들이기 때문에 죄를 면해 준다."

○ 部議戶部參政吳守進罪, 吳守進, 曾向管官莊人李虎山, 勒索金三兩 · 獾皮褥一床 · 紅氊一條, 又勒索官商王來任銀百兩. 又勒索樂戶張成等銀, 一次十三兩, 一次五十兩. 修實勝寺, 收買顏料, 故令家人小蠻子增值冒破, 發庫內貨物貿易, 將餘價入己, 爲人首告. 都察院移送刑部鞫之, 皆實, 吳守進, 應論死, 籍沒家產. 丁姓生員, 倚主威詐財, 亦應論死. 奏聞, 上命, 免吳守進死, 革世職, 解部任, 籍家產一半, 仍以虛銜管梅勒牛彔事, 餘依議.

○ 부(部)에서 호부참정 오수진(吳守進)의 죄를 논했다. 「오수진은 일찍이 관장(官莊)의 사람인 이호산(李虎山)을 관리하면서, 금 3냥 · 오소리 가죽 요 1개 · 붉은 양탄자 1개를 빼앗았습니다. 또 관상(官商) 왕래임(王來任)의 은 100냥을 빼앗았습니다. 또 악호(樂戶) 장성(張成) 등의 은을 한 번은 13냥, 한 번은 50냥을 빼앗았습니다. 실승사(實勝寺)를 건축하면서 안료(顏料)를 사들일 때, 그의 가인(家人) 소만자(小蠻子)를 시켜서 값을 올려서 허위로 보고하고, 창고의 물자를 내어서 매매한 후에 남은 돈을 착복했기 때문에 다른 사람이 고발했습니다. 도찰원에서 형부로 안건을 이송하여 국문하니 모두 사실이었습니다. 오수진은 사형으로 논해야 하고 가산을 몰수해야 합니다. 정(丁)씨 생원은 주인의 위세를 믿고 재물을 속여 빼앗았으니 역시 사형으로 논

해야 합니다.」

상주하자 주상이 명했다. “오수진의 사형을 면해 주고 세직을 혁직하고, 호부의 직임에서 해임하고, 가산의 절반을 관에 몰수하며, 이후 허함(虛銜)으로 머이런장긴과 니루장긴의 일을 담당하라. 나머지는 형부의 논의대로 하라.”

○ 又議戶部理事官崔應泰·馬光輝罪. 先是, 崔應泰, 馬光輝, 以官商爲家人, 賒貨銀十九兩三錢, 三年不償, 應泰·光輝, 應革世職, 解部任, 罰贖, 仍償其價. 奏聞, 上命, 革崔應泰·馬光輝世職, 解部任, 以竊盜罪罪之.

○ 또 호부이사관(戶部理事官) 최응태(崔應泰)·마광휘(馬光輝)의 죄를 논했다. 「이전에 최응태와 마광휘는 관상(官商)을 가인(家人)으로 삼아 은 19냥 3전 어치의 물건을 외상으로 사고 3년간 갚지 않았습니다. 최응태와 마광휘의 세직을 혁직하고, 호부의 직에서 해임하고, 속(贖)을 납부하는 것으로 벌하고, 갚지 않은 돈을 갚게 해야 합니다.」 상주하자 주상이 명했다. “최응태와 마광휘의 세직을 혁직하고 호부의 직에서 해임하고, 절도죄로 벌한다.”

○ 正黃旗戶部參政馬福塔, 負官商胡有徵買金銀六兩二錢未還, 遣其家人陶姓, 以紙張抵與有徵, 又其妻親自入市, 勒買官商金事聞. 下法司議, 馬福塔妻, 應論死, 馬福塔, 應革世職, 罰贖, 仍償有徵銀兩, 降參政爲副理事官. 承政英俄爾岱家人小三於丁丑年十一月, 借官商張環銀五錢, 不還. 戊寅年六月, 又索張環狐皮五張, 止與綿紬一匹, 綠絹四匹. 又索磁花碗盤, 止與銀十兩. 官發顏料價銀, 多寡任意, 顯有情弊. 英俄爾岱, 失察家人, 應革世職, 罰贖, 仍償張環銀兩, 降承政爲參政, 參政得穆圖不行覺察, 應鞭一百, 降爲副理事官. 其餘理事及副理事等官, 各鞭八十, 掌庫木哈連 · 薩珠戶, 各鞭一百. 奏聞, 上命俱宥之.

○ 정황기 호부참정 마푸타(mafuta, 馬福塔)는 관상(官商) 호유징(胡有徵)에게 빚진 구매비 금은(金銀) 6냥 2전을 갚지 않고, 그의 가인(家人) 도(陶)씨를 보내서 호유징에게 보증서를 주었다. 마푸타의 처는 직접 시장에 가서 관상(官商) 김사문(金事聞)의 물건을 강제로 구입했다. 법사(法司)에 내려 논의했다.

「마푸타의 처는 사형으로 논하고, 마푸타는 세직을 혁직하고 속(贖)을 납부하고 호유징에게 은량을 갚고 참정에서 부이사관(副理事官)으로 강등시켜야 합니다. 승정 잉굴다이(inggūldai, 英俄爾岱)의 가인(家人) 소삼(小三)은 정축년(1637) 11월에 관상 장환(張環)에게 은 5전을 빌리고 갚지 않았습니다. 무인년(1638) 6월 또 장환에게 여우가죽 5장을 빼앗고 겨우 명주 1필과 녹견(綠絹) 4필을 주었습니다. 또 자화완반(磁花碗盤)을 빼앗고 겨우 은 10냥을 주었습니다. 관에서 내놓는 안료의 가격을 임의로 높거나 낮게 하여 정실의 폐단이 뚜렷합니다. 잉굴다이는 가인을 감독하지 못했으니 세직을 혁직하고 속(贖)을 납부하고 장환의 은량을 갚고 승정에서 참정으로 강등시켜야 합니다. 참정 덤투(demtu, 得穆圖)는 감찰을 하지 못했으므로 채찍 100대에 처하고 강등시켜 부이사관으로 삼아야 합니다. 그 나머지 이사관과 부이사관 등의 관원은 각기 채찍 80대에 처하고, 창고관리인 무할리얀(muhaliyan, 木哈連)과 사주후(sajuhū, 薩珠戶)는 각기 채찍 100대에 처해야 합니다.」 상주하자 주상이 명했다. "모두 용서한다."

○ 蘇尼特部落右翼台吉噶布褚·湯古忒·卓特巴·席達喇等, 率部下一百二十戶來歸, 獻馬匹. 酌納之.

○ 수니트 부락의 우익 타이지 갑추(g'abcu, 噶布褚)·탕구트(tanggut, 湯古忒)·조트바(jotba, 卓特巴)·시달라(sidala, 席達喇) 등이 속하 120호(戶)를 이끌고 내귀하여 말을 바쳤다. 헤아려서 받았다.

二月, 己丑朔.

○ 2월 기축일 초하루(2.1).

○ 庚寅, 科爾沁國和碩福妃·和碩賢妃·卓禮克圖親王吳克善·巴圖魯郡王滿朱習禮歸國, 皇后率諸王·貝勒等·福金, 送至演武場, 設宴餞之.

○ 경인일(2.2), 코르친국의 호쇼이 복비(和碩福妃)·호쇼이 현비(和碩賢妃)·조릭투 친왕 욱샨·바투루 군왕 만주시리가 귀국할 때, 황후는 여러 왕과 버일러들의 푸진들을 이끌고 송별하러 연무장에 가서 연회를 베풀고 전별했다.

○ 辛卯, 賜土默特部落貢使甲喇章京特濟, 牛彔章京恩克·俄博尼·伊素得爾貂鑲朝衣·朝帽·鞓帶·撒袋·弓矢·白金·鞍轡有差.

○ 신묘일(2.3), 투메트 부락의 조공사신 잘란장긴 터지(teji, 特濟), 니루장긴 엉커이(engkei, 恩克)·오보니(oboni, 俄博尼)·이수더르(isuder, 伊素得爾)에게 담비가죽을 두른 조의(朝衣)·조모(朝帽)·가죽띠·화살집·활과 화살·백금·안장과 고삐를 차등 있게 하사했다.

○ 癸巳, 一等梅勒章京李尚友病故, 以其兄子一先襲職, 仍准再襲九次.

○ 계사일(2.5), 일등 머이런장긴 이상우(李尙友)가 병사했다. 그의 형의 아들 이일선(李一先)에게 습직시키고 또한 9번 습직을 허락했다.

○ 賜蘇尼特部落來歸台吉噶布褚·湯古忒·卓特巴·席達喇·超察海等, 貂鑲朝衣·貂帽·玲瓏鞓帶·甲胄·撒袋·弓矢·雕鞍·韡布等物有差.

○ 수니트 부락에서 내귀한 타이지 갑추·탕구트·조트바·시달라·초오차하이 등에게 담비가죽 테 두른 조의·담비가죽 모자·정교하게 장식한 가죽띠·갑옷과 투구·화살집·활과 화살·조각한 안장·신발과 면포 등의 물건을 차등 있게 하사했다.

○ 賜貢馬烏朱穆秦部落台吉巴霸甘, 貂鑲朝衣·帽韡·鞓帶, 厄魯特部落尹札胡土克圖下厄爾格布什等, 綵緞·青布等物.

○ 말을 조공해 온 우주무친 부락의 타이지 바바간(babagan, 巴霸甘)

에게 담비가죽을 두른 조의(朝衣)·모자와 신발·가죽띠를 하사하고, 울러트 부락의 인자 후툭투(inja hūtuktu, 尹札胡土克圖) 속하의 어르겁시(ergebsi, 厄爾格布什) 등에게 채단(綵緞)·청포(青布) 등의 물건을 하사했다.

○ 甲午, 賜東方貢貂敖里堪僧格·札克蘇等, 蟒衣·帶帽等物有差.

○ 갑오일(2.6), 동방(東方)에서 담비가죽을 공납한 오올리칸 성거(oolikan sengge, 敖里堪僧格)·작수(jaksu, 札克蘇) 등에게 망의(蟒衣)·요대와 모자 등의 물건을 차등 있게 하사했다.

○ 乙未, 遣漢軍固山額眞昂邦章京石廷柱·馬光遠, 率兩旗兵, 運神威將軍·紅衣礮·輜重等物, 西征明國.

○ 을미일(2.7), 한군 구사어전 암바장긴 석정주와 마광원을 파견하여, 두 기(旗)의 병사를 이끌고 신위장군포(神威將軍礮)·홍의포(紅衣礮)와 치중(輜重) 등의 물건을 운반해서 서쪽으로 명나라를 정벌하게 했다.

○ 丁酉, 命多羅武英郡王阿濟格率將士征明, 上率王·貝勒·貝子·固山額眞·護軍統領·梅勒章京, 午刻, 出撫近門, 謁堂子, 行三跪九叩頭禮, 送五里許, 入懷遠門, 還宮.

○ 정유일(2.9), 도로이 무영군왕 아지거에게 명해 장병을 이끌고

명나라를 정벌하게 했다. 주상은 왕·버일러·버이서·구사어전·호군통령·머이런장긴을 이끌고 오시(午時)에 무근문(撫近門)을 나가서 당자(堂子)에 배례하고 삼궤구고두의 예를 행한 후, 5리 남짓에서 전송하고 회원문(懷遠門)으로 들어와서 환궁했다.

○ 庚子, 敖漢部落固倫公主, 同額駙班第歸國, 皇后率諸王·貝勒等福金, 送至演武場, 設宴餞之.

○ 경자일(2.12), 아오한 부락의 구룬 공주가 어푸 반디와 함께 귀국하니 황후가 여러 왕·버일러들의 부인을 데리고 연무장까지 배웅하고 잔치를 열어 전별했다.

○ 壬寅, 上親統大軍征明, 巳刻, 出懷遠門西發.

○ 임인일(2.14), 주상이 대군을 친히 이끌고 명나라를 정벌했다. 사시(巳時)에 회원문(懷遠門)을 나와 서쪽으로 출발했다.

○ 甲辰, 朝鮮國王李倧, 請其繼室及長子封號, 遣陪臣議政府右賛成尹暉·漢城府判尹吳竣等, 咨部代題, 并獻方物.

○ 갑진일(2.16), 조선국왕 이종(李倧)이 후실과 장자의 봉호를 청하러 배신(陪臣) 의정부 우찬성 윤휘(尹暉)와 한성부 판윤 오준(吳竣)[3] 등을 파견하여 대신 아뢰어 달라고 부(部)에 자문하고 아울러 방물을 바쳤다.

○ 丙午, 上駐蹕翁啟爾渾地方. 是夕, 多羅武英郡王阿濟格·輔國公碩託等, 自軍中遣納海, 率每旗一人奏報, 蒙皇上指授方畧, 所至攻克其臺, 獲男婦共七百名口·馬騾三十六·驢一百二十七·牛一百一十一·銀一百六十兩.

○ 병오일(2.18), 주상이 웅키르훈(ungkirhun, 翁啟爾渾) 지방에 주둔했다. 이날 밤, 도로이 무영군왕 아지거·보국공(輔國公) 쇼토 등이 군중에서 나하이를 파견하여 각 기(旗)에서 1명씩 데리고 와서 보고했다. 「황상이 내리신 방략을 받들어 가는 곳마다 대(臺)를 함락시키고 남녀 모두 700명, 말과 노새 36마리, 나귀 127마리, 소 111마리, 은 160냥을 얻었습니다.」

○ 上命調屛城·藩城·開城守臣, 率本處兵, 護送俘獲人口還.

○ 주상이 명하여 병성(屛城)·번성(藩城)·개성(開城)을 지키는 신하들을 선발하여 그곳의 병사들을 데리고 노획한 인구를 호송하여 데려가게 했다.

○ 外藩奈曼部落達爾漢郡王袞出斯巴圖魯, 吳喇忒部落杜巴·吳班·巴克巴海, 扎魯特部落桑噶爾內齊·穆章, 四子部落宜爾扎木, 巴林部落滿珠習禮, 翁牛特部落達爾漢戴青東·塞桑吳巴什等, 率十三旗兵來會.

---

3 吳竣: 1587-1666. 대사헌, 좌참찬, 판중추부사 등을 역임한 조선의 문신.

○ 외번 나이만 부락의 다르한 군왕 군추스 바투루, 우라트 부락의 두바 · 우반 · 박바가이, 자루트 부락의 상가르 너이치 · 무장, 사자(四子) 부락의 이르잠, 바린 부락의 만주시리, 옹니우트 부락의 다르한 다이칭 둥 · 자이상 우바시 등이 13기(旗)의 병사를 이끌고 합류했다.

○ 庚戌, 駐蹕松山.

○ 경술일(2.22), 송산에 머물렀다.

○ 命恭順王孔有德 · 懷順王耿仲明 · 智順王尙可喜等, 以紅衣礮擊松山城東隅山臺, 臺上藥發自焚, 百總一員及兵丁等, 俱爲火所燔. 獲臺後, 盡殲其人, 路傍臺二座, 俱招降之.

○ 공순왕 공유덕 · 회순왕 경중명 · 지순왕 상가희 등에게 명하여 홍의포로 송산성 동쪽 산의 대(臺)를 공격하게 했다. 대 위에서 화약이 폭발하여 저절로 불이 나서 백총 1명과 병정들이 모두 불에 타 죽었다. 대를 함락한 후 그곳 사람들을 모두 섬멸했다. 길 옆에 있던 2곳의 대를 초무하여 모두 항복시켰다.

○ 漢軍左翼固山額眞昂邦章京石廷柱等, 以紅衣礮擊松山南樓臺, 毁其垜口. 臺兵不能敵, 管臺官王昌功, 率四十五人來降. 漢軍右翼固山額眞昂邦章京馬光遠等, 以紅衣礮攻松山西南角臺, 管臺官楊文顯, 率十一人來降.

○ 한군 좌익 구사어전 암바장긴 석정주 등이 홍의포로 송산 남쪽의 누대를 공격하여 성가퀴 입구를 무너뜨렸다. 대의 병사들이 대적하지 못하고 대를 지키는 관리 왕창공(王昌功)이 45명을 데리고 투항했다. 한군 우익 구사어전 암바장긴 마광원 등이 홍의포로 송산 서남쪽의 각대(角臺)를 공격하니 대를 지키는 관리 양문현(楊文顯)이 11명을 데리고 투항했다.

○ 遣塔布囊布顏, 率每旗親軍十名, 駐防烏欣河口.

○ 타부낭 부얀을 파견하여 각 기에서 친군 10명씩을 이끌고 오흔강(烏欣河)[4] 입구를 지키게 했다.

○ 辛亥, 召諸王以下牛彔章京以上, 賜宴於軍營.

○ 신해일(2.23), 여러 왕 이하 니루장긴 이상을 불러 군영에서 잔치를 베풀었다.

○ 柰曼部落達爾漢郡王衮出斯巴圖魯, 吳喇忒部落杜巴·吳班·巴克巴海, 扎魯特部落桑噶爾根敦·內齊·穆章, 四子部落宜爾札木,

---

4 烏欣河: 현재 女兒河이다. 烏欣은 딸을 의미하는 몽골어 ökin의 음역이다. 鄂欽河, 烏馨河라고도 쓰고, 屠河 혹은 徒河라고도 했다. 발원지는 요녕성 興城縣 藥王廟鄉 서남쪽 張茂山의 동북 산록이다. 전장 142km를 흘러서 小凌河와 합류하여 발해만으로 유입된다.

巴林部落滿珠習禮, 翁牛特部落達爾漢戴青東 · 塞桑吳巴什 · 和尼戚等, 獻駝馬 · 鷹犬 · 雕鞍 · 貂裘等物, 酌納之.

○ 나이만 부락의 다르한 군왕 군추스 바투루, 우라트 부락의 투바 · 우반 · 박바가이, 자루트 부락의 상가르 겐둔 · 너이치 · 무장, 사자(四子) 부락의 이르잠, 바린 부락의 만주시리, 옹니우트 부락의 다르한 다이칭 · 자이상 우바시 · 호닌치(honinci, 和尼戚) 등이 낙타 · 말 · 매 · 개 · 조각한 안장 · 가죽옷 등 물건을 바치니 헤아려 받았다.

○ 壬子, 上登松山南岡, 相度城垣形勢, 指示孔有德 · 耿仲明 · 尚可喜 · 石廷柱 · 馬光遠曰, 城南門中間以孔有德兵, 右面以耿仲明兵, 左面以尚可喜兵, 俱用神威將軍礮攻擊. 耿仲明所攻處, 馬光遠以本旗兵協攻, 城門用紅衣礮九位, 東南隅用紅衣礮二位, 城隅中間用紅衣礮一位攻擊. 尚可喜所攻處, 石廷柱以本旗兵協攻, 城南門用紅衣礮八位, 西南隅用紅衣礮二位, 城隅中間用紅衣礮一位攻擊. 又馬光遠 · 石廷柱兩旗, 各移紅衣礮二位, 攻取城西南隅臺, 破臺後, 仍移四位紅衣礮於各分汛地. 二十五日, 四鼓移礮前進, 五鼓攻擊, 俟城堞已壞, 滿洲兵可豎梯登城, 諭畢, 諸將遵旨, 回營以待, 上還營.

○ 임자일(2.24), 주상이 송산 남쪽 언덕에 올라 성의 담장의 모습을 상세히 살피고 공유덕 · 경중명 · 상가희 · 석정주 · 마광원에게 지시하여 말했다. "성의 남문 중간은 공유덕의 병사가, 우측은 경중명의 병사가, 좌측은 상가희의 병사가 모두 신위장군포(神威將軍礮)를 써서 공격하라. 경중명이 공격하는 곳은 마광원이 본 기(旗)의 병사로 협공하라. 성문은 홍의포 9문으로, 동남쪽은 홍의포 2문으로, 성의 중간은

홍의포 1문으로 공격하라. 상가희가 공격하는 곳은 석정주가 본 기(旗)의 병사로 협공하라. 성의 남문은 홍의포 8문으로, 서남쪽은 홍의포 2문으로, 성의 중간은 홍의포 1문으로 공격하라. 또한 마광원과 석정주의 두 기는 각각 홍의포 2문씩을 옮겨 성의 서남쪽 대를 공격하고, 대를 격파한 후에는 그대로 홍의포 4문을 각자의 주둔지로 옮겨라. 25일 4고(四鼓)[5]에 포를 옮겨 전진하고 5고(五鼓)[6]에 공격하라. 성가퀴가 무너지면 만주병사가 사다리를 타고 성에 오를 수 있다." 유시를 마치니 여러 장수들이 지(旨)를 받들어 영으로 돌아가 기다렸다. 주상이 영으로 돌아왔다.

○ 癸丑, 四鼓, 孔有德 · 耿仲明 · 尚可喜 · 馬光遠 · 石廷柱兵, 各移礮前進. 五鼓, 擧礮, 松山兵出城迎戰, 爲我軍射退入城. 於是用紅衣礮攻. 至未時, 城堞盡毁, 止餘城垣, 明守城副將金國鳳死守, 用草木塡其頽處, 以爲捍蔽. 上命滿洲諸將豎梯攻城, 俱踴躍爭進, 和碩禮親王代善奏曰, 日將暮矣. 明日攻之何如. 上從其言, 召諸將還, 諸將士及孔有德等, 皆謂宜急攻取. 是夜, 松山城中敵兵, 於城南攻毁處, 不用燈火, 潛以繩繫木塞之, 覆之以土, 比明, 城已築固. 我軍是夜亦鳴礮達旦.

○ 계축일(2.25), 4고(四鼓)에 공유덕 · 경중명 · 상가희 · 마광원 · 석정주의 병사가 각각 포를 옮겨 전진했다. 5고(五鼓)에 포를 쏘니 송산성의 병사들이 성을 나와 응전했으나 우리 군사의 화살을 맞고 성안으로 물러났다. 이에 홍의포로 공격하자 미시(未時)에 이르러 성가

---

5 새벽 1-3시.

6 새벽 3-5시.

퀴가 모두 무너지고 성의 담장만 남았다. 명나라의 성을 지키는 부장 김국봉(金國鳳)이 사수하여 풀과 나무로 무너진 곳을 메우고 방어막으로 삼았다. 주상이 만주의 여러 장수들에게 명하여 사다리를 타고 성을 공격하게 하니 모두 다투어 앞장섰다. 호쇼이 예친왕(禮親王) 다이샨이 상주했다. "날이 저물고 있으니 내일 공격하는 것이 어떻겠습니까." 주상이 그 말을 따라 여러 장수들을 돌아오라고 부르자 여러 장수와 공유덕 등이 모두 서둘러 공격해서 함락시켜야 한다고 했다. 이날 밤 송산성 안의 적병들은 성의 남쪽 무너진 곳을 불을 밝히지 않고 몰래 끈으로 나무를 묶어 가리고 흙으로 덮었다. 날이 밝을 무렵에는 이미 성을 굳게 쌓았다. 우리 군대도 이날 밤부터 아침까지 포를 쏘았다.

○ 甲寅, 上登南岡, 閱城壞處, 俱以秫稭木柴捍蔽, 上遣人於礮擊處視之, 還報云, 雖用秫稭木柴捍蔽, 用梯登城亦易. 上命諸將進攻豎梯, 將登城堞壞處, 捍蔽甚堅, 先登者不能入, 上命撤回攻城兵, 親軍眞特先登, 陷於陣, 陣亡者, 共二十人.

○ 갑인일(2.26), 주상이 남쪽 언덕에 올라 성의 무너진 곳을 살피니 모두 짚과 나뭇가지로 막아 두었다. 주상이 사람을 보내 포로 공격한 곳을 살피게 하니 돌아와 보고했다. "짚과 나뭇가지로 막았으나 사다리로 성을 오르는 것은 쉽습니다." 주상이 여러 장수들에게 명하여 진격하여 사다리를 오르게 했다. 성가퀴가 무너진 곳을 오르려 하자 방어가 견고하여 먼저 오른 자들이 들어가지 못했다. 주상은 성을 공격하는 병사들을 철수시키고 친군(親軍) 전터이(jentei, 眞特)에게 먼저 오르게 했으나 전사했다. 전사한 자가 모두 20명이었다.

○ 是日, 上集諸將復議攻城之策, 皆謂必能攻克, 但紅衣礮子及藥, 已用大半, 宜遣人速取.

○ 이날 주상이 여러 장수를 모아 공성의 전략을 다시 논의했다. 모두 반드시 함락할 수 있으나 다만 홍의포의 탄환과 화약을 절반이나 사용하여 사람을 보내 서둘러 가져와야 한다고 했다.

○ 乙卯, 上遣官八員, 各率牛彔兵一名, 齎敕往取礮子火藥. 敕云, 皇帝敕諭和碩鄭親王等, 前隊多羅武英郡王等, 至大凌河東四里屯 · 張剛屯 · 寶林寺 · 王民屯 · 于家屯 · 成化峪 · 道爾章等七屯, 揚言用紅衣礮攻擊, 臺上人畏懼, 俱已歸順, 獲壯丁 · 婦女 · 幼稚, 共七百名口, 馬十九 · 騾十七 · 牛一百一十一 · 驢一百二十七 · 銀一百六十兩. 朕於二月二十二日, 至松山, 用紅衣礮, 攻破附近松山三臺, 招降三臺, 命漢軍及三順王兵, 以礮攻松山城南門, 兩邊城門, 及城兩隅垛口, 已盡擊毁. 至二十六日, 令滿洲兵, 從頹處豎梯登進, 敵用秫稭木柴捍蔽, 尚未攻入, 撤兵暫停. 我兵是役, 每旗有一二人被傷者, 餘俱無恙. 近聞俘獲之人云, 先發之兵, 已克濟南府, 城中魯王自焚, 所得州縣甚多, 不知其數. 又云, 我兵已出邊, 尚不知虛實. 其漢軍所需礮子一萬, 火藥五萬觔, 可作速運至, 不論滿洲 · 蒙古 · 漢人牛彔, 計其馬騾多寡, 俱令合力載送.

○ 을묘일(2.27), 주상이 관리 8명을 보내 각각 니루 병사 1명씩을 데리고 칙서를 가지고 탄환과 화약을 가져오게 했다. 칙에서 말했다. 「황제가 호쇼이 정친왕 등에게 유시한다. 전대(前隊)의 도로이 무영군왕 등이 대릉하 동쪽의 사리둔(四里屯) · 장강둔(張剛屯) · 보림사(寶

林寺)・왕민둔(王民屯)・우가둔(于家屯)・성화욕(成化峪)・도이장(道爾章) 등 7곳의 촌락에 가서 홍의포로 공격하겠다고 공언하자 대 위의 사람들이 두려워해서 모두 투항했다. 장정・부녀자・어린아이 모두 700명, 말 19마리, 노새 17마리, 소 111마리, 나귀 127마리, 은 160냥을 얻었다. 짐은 2월 22일에 송산에 이르러 홍의포로 송산 부근의 대 3곳을 격파하고 대 3곳을 투항시켰다. 한군과 삼순왕(三順王)에게 대포로 송산성 남문, 양쪽 성문, 성의 양쪽 성가퀴를 공격하게 하여 모두 무너뜨렸다. 26일에 만주병사에게 무너진 곳에서 사다리를 타고 올라가 진격하게 했으나 적이 짚과 나뭇가지를 쌓아 방어하여 진입하지 못하고 병사를 철수하여 잠시 멈추고 있다. 우리 병사는 이번 전투에서 각 기마다 1-2명의 부상자가 있고 나머지는 모두 무탈하다. 근래 노획한 사람들에게 들으니, 먼저 출발한 병사들이 이미 제남부(濟南府)를 함락했고 성 안의 노왕(魯王)은 스스로 죽었으며 획득한 주현이 매우 많아서 수를 헤아릴 수 없다고 한다. 또한 우리 병사들이 이미 변경을 나갔다고 하나 아직 사실을 알 수 없다. 한군이 필요로 하는 탄환 1만개와 화약 5만근을 속히 운반해 오라. 만주・몽고・한인 니루를 불문하고 말과 노새의 수를 헤아려 모두 협력하여 운반하라.」

○ 命多羅武英郡王阿濟格, 固山貝子尼堪・羅託等, 率四旗護軍, 環守塔山・連山.

○ 도로이 무영군왕 아지거, 구사이 버이서 니칸・로토 등에게 명하여 4기(旗)의 호군을 데리고 탑산(塔山)과 연산(連山)을 포위하여 지키게 했다.

○ 丙辰, 巴林部落衛寨桑, 具筵進上, 復獻駝馬, 却之.

○ 병진일(2.28), 바린 부락의 우이 자이상(ūi jaisang, 衛寨桑)이 연회를 갖추어 바치고 낙타와 말을 바치니 받지 않았다.

○ 丁巳, 三順王孔有德 · 耿仲明 · 尚可喜, 漢軍固山額眞石廷柱 · 馬光遠等, 至御營, 上命大學士范文程 · 希福 · 剛林, 與共議攻城之策. 有德 · 仲明 · 可喜 · 光遠等皆曰, 必穿地道, 令城崩乃可克. 有德又曰, 昨與兩王 · 兩固山額眞共議時, 石廷柱怒而言曰, 不可穴地攻城, 此地有水, 不然亦有石抵阻, 況有城壕, 如何渡而穿之, 切不可行. 因問廷柱, 廷柱答曰, 我曾在此處出哨, 故知有水有石, 決不可用此計攻之. 遂以衆議及廷柱語奏聞, 上命范文程 · 希福 · 剛林, 謂廷柱曰, 爾爲主將, 懼怯無戰意, 反與攻城人爲難, 後何以戰. 爾因兄子達爾漢被創, 故驚懼無戰意, 爾若原無攻城之意, 何必令人往盛京, 取火藥礮子乎. 朕今遣人追回矣. 廷柱無辭以對, 有德等曰, 豈可以一人阻大計不欲戰者聽之, 我等皆欲戰, 何故追還取火藥人耶. 廷柱曰, 因皇上下問, 故陳愚悃, 衆皆謂可攻, 焉敢獨異. 以廷柱語復奏, 上曰, 如此可即令進攻, 廷柱之能否, 後自知之. 遂定攻城之議.

○ 정사일(2.29), 삼순왕(三順王) 공유덕 · 경중명 · 상가희, 한군 구사어전 석정주 · 마광원 등이 어영(御營)에 왔다. 주상이 대학사 범문정 · 히퍼 · 가린에게 명하여 함께 성을 공격할 방법을 의논하게 했다. 공유덕 · 경중명 · 상가희 · 마광원 등이 모두 말했다. "반드시 땅굴을 파서 성을 무너뜨려야 함락할 수 있습니다." 공유덕이 또 말했다. "전에 두 왕과 두 구사어전과 의논할 때 석정주가 화를 내며 말하기를 '땅

을 파서 성을 공격하는 것은 불가하다. 이 땅에는 물이 있거나 그렇지 않으면 돌이 있어 막혀 있다. 하물며 성에 해자가 있는데 어떻게 건너서 뚫겠는가. 절대로 할 수 없다.'라고 했습니다." 이에 석정주에게 물으니 그가 답했다. "제가 일찍이 이곳으로 정탐을 나온 적이 있기 때문에 물과 돌이 있다는 것을 알고 있습니다. 이 방법으로 공격하는 것은 결코 불가합니다." 이에 여럿의 의논과 석정주의 말을 상주했다.

주상이 범문정 · 히퍼 · 가린에게 명하여 석정주에게 말했다. "너는 주장으로서 두려워하며 싸울 뜻이 없고, 오히려 성을 공격하자는 사람을 어렵게 하고 있으니 후에 어떻게 싸울 것인가. 너의 형의 아들 석달이한(石達爾漢)이 부상을 입었기 때문에 두려워 싸울 뜻이 없는 것이다. 네가 만약 처음부터 성을 공격할 뜻이 없었다면 어찌 사람을 성경(盛京)으로 보내 화약과 탄환을 가져오게 했는가? 짐은 이제 사람을 보내 돌아오게 하겠다." 석정주가 대답하지 않자 공유덕 등이 말했다. "어찌 한 사람이 큰 계획을 가로막고 싸우지 않겠다는 말을 따르겠습니까. 저희들은 모두 싸우고자 합니다. 어찌 화약을 가지러 간 사람을 돌아오게 하겠습니까." 석정주가 말했다. "황상께서 하문하시어 어리석은 생각을 말했습니다. 무리가 모두 공격할 수 있다고 하니 어찌 감히 혼자 다른 뜻이 있겠습니까." 석정주의 말을 다시 상주하니 주상이 말했다. "그렇다면 진격하게 하겠다. 석정주가 할 수 있는지 없는지는 후에 저절로 알게 될 것이다." 마침내 성을 공격할 방법을 결정했다.

三月, 戊午朔, 明太監高起潛 · 總兵祖大壽, 自寧遠遣官三員, 率兵九百 · 船十艘, 由水路往援杏山. 前隊已入杏山, 我前鋒兵遇之, 從後衝擊, 獲船一, 船上兵百人, 殺五十人, 獲甲四十副.

○ 3월 무오일 초하루(3.1), 명나라의 태감 고기잠(高起潛)과 총병

조대수가 영원에서 관원 3명을 파견하여 병사 900명과 배 10척을 이끌고 수로를 따라 행산을 구원하려 왔다. 전대(前隊)가 행산에 들어갔는데, 우리의 전봉병이 만나 뒤에서 공격하여 배 1척과 배 위의 병사 100명을 포획하고 50명을 죽이고 갑옷과 투구 40벌을 얻었다.

○ 己未, 恭順王孔有德·懷順王耿仲明·智順王尙可喜, 固山額眞石廷柱·馬光遠等, 於松山城南穿地道.

○ 기미일(3.2), 공순왕 공유덕·회순왕 경중명·지순왕 상가희, 구사어전 석정주·마광원 등이 송산성 남쪽에서 땅굴을 팠다.

○ 辛酉, 諭諸將士曰, 此松山城, 有能穴地以礮藥崩潰之者, 城破時, 爲首效力, 及運送火藥之人, 無主者賞而授之以官, 奴僕則賞以人牛, 准離其主. 其指示督率官員, 照先登大城例陞賞. 協同穴城兵丁, 視其出力多少, 以次賞賚.

○ 신유일(3.4), 여러 장수와 병사들에게 유시했다. "이 송산성은 땅을 파서 화약으로 무너뜨릴 수 있다. 성을 공격할 때 앞장서는 자와 화약을 운반하는 자는 주인이 없는 경우에는 상으로 관직을 내리고, 노복의 경우에는 사람과 소를 상으로 주고 그 주인에게서 벗어나는 것을 허락한다. 지시하고 감독하는 관리는 먼저 대성(大城)에 오르는 정례(定例)에 따라 상을 내릴 것이다. 함께 성을 파는 병정은 얼마나 노력하는지를 보고 차례대로 상을 내릴 것이다."

○ 壬戌, 柰曼部落達爾漢郡王袞出斯巴圖魯, 以賜儀仗, 具筵以進, 復獻駝馬, 却之.

○ 임술일(3.5), 나이만 부락 다르한 군왕 군추스 바투루가 의장을 하사했다고 하여 연회를 갖추어 주상에게 바쳤다. 다시 낙타와 말을 바치니 받지 않았다.

○ 甲子, 明中後所三人來降.

○ 갑자일(3.7), 명나라 중후소(中後所)의 3명이 투항했다.

○ 乙丑, 命納海 · 胡密嗇 · 索渾等, 馳畧杏山, 獲牛三十九 · 羊三百餘.

○ 을축일(3.8), 나하이 · 후미서(hūmise, 胡密嗇) · 소혼(sohon, 索渾) 등이 행산을 공략하여 소 39마리와 양 300여 마리를 얻었다.

○ 是日, 漢軍固山額眞石廷柱 · 馬光遠, 以三紅衣礮攻觀民山臺, 降之, 獲男婦十八人.

○ 이날 한군 구사어전 석정주와 마광원이 홍의포 3문으로 관민산대(觀民山臺)를 공격하여 함락시키고 남녀 18명을 얻었다.

○ 丙寅, 征明左翼奉命大將軍和碩睿親王多爾衮, 右翼多羅貝勒杜度等, 自軍營遣兵部啟心郎詹霸·俄莫克圖巴圖魯·碩爾兌等, 奏報, 上覽右翼杜度疏, 無揚威大將軍多羅貝勒岳託名, 大驚, 問詹霸等, 詹霸等奏曰, 岳託及公馬瞻, 俱病卒. 上慟哭久之, 令且勿使禮親王知, 因輟飲食者三日. 左翼多爾衮疏曰, 臣等率兵, 毁明邊關而入, 兩翼兵, 約會於通州河西, 由北邊過燕京, 自涿州分兵八道, 一沿山下, 一沿運河, 於山河中間, 縱兵前進, 燕京迤西千里內六府, 俱已蹂躪, 至山西界而還. 復至臨清州, 渡運糧河, 攻破山東濟南府, 至京南天津衛. 仗皇上威福, 大軍深入, 克城三十四座, 降者六城, 敗敵十七陣, 俘獲人口二十五萬七千八百八十, 將士凱旋, 無一傷者. 此皆由皇上神謨睿筭指授方畧, 臣等謹遵奉行, 故所在奏績, 亦由皇上訓練有素, 將士同心協力之所致也. 右翼杜度疏曰, 臣等從明燕京, 西至山西界, 南至山東濟南府, 蹂躪其地, 共克十九城, 降者二城, 敗敵十六陣, 殺其二總督及守備以上官共百餘員, 生擒一親王·一郡王·一奉國將軍, 俘獲人口二十萬四千四百二十有三·金四千三十九兩·銀九十七萬七千四百六兩.

○ 병인일(3.9), 정명좌익봉명대장군(征明左翼奉命大將軍) 호쇼이 예친왕(睿親王) 도르곤과 우익장군 도로이 버일러 두두 등이 군영에서 병부계심랑 잠바·오목투 바투루·쇼르도이 등을 파견하여 상주했다. 주상이 우익장군 두두의 상소에 양위대장군(揚威大將軍) 도로이 버일러 요토의 이름이 없는 것을 보고 크게 놀라 잠바 등에게 물으니 잠바 등이 상주했다. "요토와 공(公) 마잔은 모두 병사했습니다." 주상이 오랫동안 통곡하고 예친왕에게는 알리지 말라고 명하고 3일간 곡기를 끊었다.

좌익장군 도르곤이 상주하여 말했다. 「신들은 병사를 이끌고 명 변경의 관문을 부수고 진격했습니다. 양익의 병사는 통주하(通州河)의 서쪽에서 만나 북쪽 변경에서 연경을 지나 탁주(涿州)에서 병사를 여덟 길로 나누기로 했습니다. 한편으로는 산을 따라, 한편으로는 운하를 따라가고, 산과 강의 사이에서는 병사를 풀어 전진했습니다. 연경 서쪽 천리 내의 여섯 부(府)를 모두 유린하고 산서성 경계에 이르러 돌아왔습니다. 다시 임청주(臨淸州)에 와서 운량하(運糧河)를 건너 산동 제남부(濟南府)를 공격하고 경사 남쪽 천진위(天津衛)에 이르렀습니다. 황상의 복을 입어 대군이 깊이 진격하여 성 34곳을 함락하고 성 6곳이 투항했습니다. 적의 17개 진(陣)을 격파했으며 인구 25만 7,880명을 노획했습니다. 개선한 장수와 병사들은 한명도 다치지 않았습니다. 이는 모두 황상의 신묘하고 뛰어난 방략을 신들이 삼가 받들었기 때문이니, 가는 곳마다 승리를 고하게 된 것 역시 황상께서 평소에 훈련시키어 장수와 병사가 마음을 합쳐 힘을 다한 결과입니다.」

우익장군 두두가 상소했다. 「신등은 명나라의 연경에서 서쪽으로 산서성 경계까지, 남쪽으로 산동성 제남부까지 지역을 유린하고 모두 성 19곳을 함락시키고 성 2곳이 투항했습니다. 적의 16개 진을 격파하고 총독 2명과 수비 이상 관리 100여 명을 죽이고 친왕(親王) 1명, 군왕(郡王) 1명, 봉국장군(奉國將軍) 1명을 생포했습니다. 인구 204,423명, 금 4,039냥, 은 977,406냥을 얻었습니다.」

○ 丁卯, 集梅勒章京以下, 牛彔章京以上, 宣示兩翼捷音.

○ 정묘일(3.10), 머이런장긴 이하 니루장긴 이상을 소집하여 양익(兩翼)의 승전 소식을 알렸다.

○ 是日, 頒敕諭, 招撫松山·杏山官民, 敕曰, 大淸國皇帝, 敕諭松山·杏山衆官軍民人等知悉, 爾等或以我兵攻城不下, 自當退去, 意圖僥倖於萬一, 不知我兵久住於此, 誤爾農時, 截爾海運. 况爾明國軍民, 被兵潰亂, 糧食蹂躪無遺, 餉道已絕, 即欲運致, 亦不能達. 彼時雖有餉銀, 無從糴買, 寧能以銀爲食乎. 縱今歲或可苟延, 明年決無生理, 糧盡勢窮, 人將相食, 始悔前誤, 亦何益哉. 如此危亡之禍, 爾等豈不知之, 若能察天意, 順時勢, 速來歸命, 則不特軍民免於死亡, 爾等之豐功偉績, 何可限量乎. 特諭.

○ 이날 칙유를 반포하여 송산과 행산의 관민을 위무했다. 칙에서 말했다.「대청국의 황제가 송산과 행산의 여러 관군과 민인에게 모두 알라고 칙유한다. 너희는 혹시 우리 병사가 성을 함락하지 못하면 스스로 물러날 것이라고 만에 하나 요행을 바라고 있지만, 우리 병사가 이곳에 오래 머무르면 너희가 농기를 놓치고 너희의 해운이 막히게 됨을 알지 못한다. 하물며 너희 명나라의 군민은 병화를 입어 흩어졌고 양식은 빼앗겨 남은 것이 없고 병향의 보급로가 끊어져 운반하고자 해도 이르지 못한다. 그때 비록 은량이 있다 해도 곡식을 살 수 없으니 은을 먹을 수 있겠는가. 비록 올해는 연명한다 해도 내년은 결코 살아갈 방법이 없으니 양식과 힘이 다하여 사람이 서로 잡아먹게 되어 뒤늦게 지난 과오를 후회해도 무슨 소용이겠는가. 이처럼 위급한 어려움을 너희는 어찌 알지 못했는가. 만약 하늘의 뜻을 살펴 시세에 순응하고자 한다면 속히 투항하라. 그러면 군민은 죽음을 면하게 될 뿐만 아니라 너희의 큰 공적을 어찌 다 헤아릴 수 있겠는가. 특별히 유시한다.」

○ 戊辰, 土默特部落巴木布海 · 弩蓋來朝, 貢駝馬.

○ 무진일(3.11), 투메트 부락의 밤부하이(bambuhai, 巴木布海)와 누가이(nugai, 弩蓋)가 내조하여 낙타와 말을 바쳤다.

○ 己巳, 松山城中人, 以書繫矢射城下, 詞涉誕妄, 復以敕諭答之, 敕曰, 大淸國皇帝, 敕諭松山官員. 朕從來言必由衷, 毫無假飾, 爾等以朕言爲不信, 其實與虛, 後日自無不知. 今已獲爾明國親王一 · 郡王一 · 奉國將軍一, 已殺者, 郡王五 · 鎭國將軍一 · 輔國將軍一 · 奉國將軍四, 其母妻子女俱爲我俘, 又克一府 · 三州 · 五十七縣, 各處援兵, 俱爲我敗. 擒一總理太監, 自二總督以下文武官員爲我殺者, 何可勝數. 此輩亦似爾等大言欺詐, 故上天厭棄, 致罹此禍. 若夫勤王將帥, 坐視朝廷之骨肉被陷, 妻子被掠, 不能救援, 豈有不加罪之理. 爾等徐自見之, 今蒙古已盡入我版圖, 朝鮮又爲我侯服, 我朝無他顧慮, 兵力甚專, 惟扼寧錦諸城. 爾等農業自廢, 糧道自絕, 寧敢出城五里外耕種耶. 抑將於城中耕種耶. 朕此言並非誇大, 實爲爾等計長策耳, 特諭.

○ 기사일(3.12), 송산성 안의 사람들이 서신을 화살에 묶어 성 아래로 쏘아 보냈는데 말이 거짓되고 망령되어 다시 칙유로 답했다. 칙유에서 말했다. 「대청국 황제가 송산의 관원들에게 유시한다. 짐은 본래 반드시 충심으로 말하고 조금도 꾸미지 않는다. 너희가 짐의 말을 믿지 않으니 그 허실은 훗날 자연히 알게 될 것이다. 지금 이미 너희 명나라의 친왕 1명, 군왕 1명, 봉국장군 1명을 포획했고 군왕 5명, 진국장군 1명, 보국장군 1명, 봉국장군 4명을 죽이고 그들의 모친과 처

자를 모두 우리의 포로로 잡았다. 또한 부 1개, 주 3개, 현 57개를 함락했고 각지의 원병은 모두 우리에게 패배했다. 총리태감 1명을 사로잡았으며 총독 2명 이하 문무관원 가운데 우리에게 죽임을 당한 자의 수를 헤아릴 수 없다. 이들 또한 너희처럼 큰소리치며 속였기 때문에 하늘이 미워하시어 이러한 재앙에 이른 것이다. 만약 왕을 섬기는 장수가 조정의 골육지친이 사로잡히고 처자가 약탈당하는 것을 좌시하고 구원하지 못한다면 어찌 죄가 더해지지 않을 리가 있겠는가. 너희가 스스로 생각해 보라. 지금 몽고는 이미 우리의 판도에 들어왔고 조선도 우리의 신하가 되었으니 우리는 다른 걱정 없이 병력을 집중하여 영원과 금주의 여러 성을 제압하고 있다. 너희는 농사가 피폐해지고 양식의 보급도 끊어졌는데 성의 5리 밖에 나와 농사를 지을 것인가, 아니면 성 안에서 농사를 지을 것인가. 짐의 이 말은 과장이 아니니 진실로 너희를 위한 장구지책을 생각하는 것일 뿐이다. 특별히 유시한다.」

○ 是日, 移營於松山西岡一里許, 駐蹕.

○ 이날 송산 서쪽 산의 1리 정도로 군영을 옮겨 머물렀다.

○ 庚午, 遣兵部啟心郎詹霸 · 巴圖魯俄莫克圖等, 率每旗一人, 還盛京.

○ 경오일(3.13), 병부계심랑 잠바 · 바투루 오목투 등을 파견하여 각 기(旗)에서 1명씩 이끌고 성경(盛京)으로 돌아가게 했다.

○ 壬申, 自盛京運礮子一萬, 火藥五萬觔至.

○ 임신일(3.15), 성경(盛京)에서 실어 온 탄환 1만 개와 화약 5만 근이 도착했다.

○ 是日, 遣內弘文院大學士希福·內國史院大學士剛林等, 齎敕二道往錦州. 諭祖大壽妻曰, 大淸國皇帝敕諭祖大將軍夫人, 昔大凌河諸將卒, 饑至食人, 勢已垂斃, 朕念大義, 悉留豢養. 望其日後有益於國, 與大將軍共建功名, 同享富貴, 於是誓告天地, 毫無猜疑, 與大將軍約期, 而遣之還, 俾與妻子完聚, 至今猶時時懷念也. 今特開陳利害以言之. 從來識時務達權變者, 無論男子婦人, 惟在中心之明哲耳. 朕思明之君臣, 記人之過, 終身不忘, 有仇怨者, 不能度外置之, 必設計以陷之而後已. 朕率師入燕時, 大將軍與袁經畧西援, 因明君見疑, 大將軍竟棄京師, 跳梁而返, 無君之心已著. 此其得罪者一. 在大凌河, 殺何可剛, 以全軍來歸, 與我同謀. 此其得罪者二. 又此番我軍深入, 燕京之人如在水火中, 廟堂君臣急調大將軍往援, 大將軍不聞命即前, 屢次徵調, 然後啟行, 違命逗遛. 此其得罪者三. 近我兵入關者報捷云, 已克爾明濟南府趙州·高唐州·深州·墻子嶺·靈·壽邱·商河·東光·高邑·臨城·蠡·南宮·新河·青慶·雲任·慶都·獲鹿·隆平·平鄉·高陽·廣宗·茌平·魏恩·鉅鹿·博平·禹城·長山·行唐·海豐·灤城·鹽山·博野·南河·沙河·與濟·無極·寧津·威寧·晉陵·元氏·唐山·內邱·雞澤·平原·饒陽·南皮·濟陽·清平·任邱·清河·夏津·吳橋·武城·文安·莘·故城諸縣, 及臨洺關, 共計一府·三州·五十五縣·二關. 又擒親王一·郡王一·奉國將軍一, 殺郡王五·鎭國將軍一·輔國將軍一·奉國將軍四, 其母妻子女盡爲我俘. 又生擒總理太監, 陣斬二總督及文武官員等不可勝數, 喪失如許宗支, 陷沒如許州縣, 大將軍不能死戰, 坐視不救. 此其得罪者四. 明之君臣以此四罪, 斷然不肯輕恕, 雖遠至子孫, 必難免赤族之禍也. 且自戊午年兵興以來, 明之文武諸臣功名成就而能保全身家者, 曾有幾人, 不死於我兵, 卽死於國法, 此豈猶待. 朕言爾等諒無不知者, 今各處蒙古悉已歸附, 朝鮮已爲邊臣, 質其二子, 甚相和好. 朕玆所向無敵, 兵力甚專惟扼寧錦諸處, 奪爾農時, 絕爾海運, 如此則兵民饑困, 寧錦之人立見其窮矣. 必至此時然後來歸, 在爾則爲無功, 於我亦無裨益, 寧不惜哉. 今夫人若能審時乘勢, 開導將軍率衆來歸, 爾之功名將與山河同其悠久, 爾之子子孫孫永享富貴. 爾無謂歸順特將軍之功, 與夫人無預, 朕當誓諸天地, 均錄爾夫婦之功無或少減. 朕非不能困爾寧錦而出此言. 蓋以爾等早來歸順, 軍民得以保全, 協力征明, 實將有以利我國家故耳. 惟詳察而速決之, 勿失事機也.

○ 이날 내홍문원대학사(內弘文院大學士) 히퍼・내국사원대학사(內國史院大學士) 가린 등을 칙서 2부를 가지고 금주(錦州)로 가라고 보냈다. 조대수의 아내에게 유시했다. 「대청국 황제가 조대수 대장군의 부인에게 칙유한다. 앞서 대릉하의 여러 장졸들이 굶주려 사람을 먹기에 이르러 형세가 죽을 지경에 이르렀는데, 짐은 대의를 생각해 모두 남겨 두어 먹여 살렸다. 이는 훗날 나라에 도움이 되고 대장군과 함께 공명을 세워 같이 부귀를 누리기를 바란 것이었다. 이에 천지에 맹세하고 추호도 의심하지 않고 대장군과 기일을 정해 돌아가도록 보내서 처자식과 모여 살도록 했으니, 지금도 때때로 그립다.

지금 특별히 이득과 손해를 열거하여 말하겠다. 예로부터 시무에 정통하고 권변에 통달하는 것은 남녀를 막론하고 반드시 마음의 명철함에 달렸다. 짐이 생각건대 명나라의 군주와 신하들은 사람의 잘못을 기록하고 죽을 때까지 잊지 않아 원한이 있으면 내버려두지 않고, 반드시 계략을 꾸며 함정에 빠뜨린 후에야 그만둔다. 짐이 군사를 이끌고 하북에 들어갔을 때 대장군과 원숭환 경략이 서쪽으로 달려와 구원했는데, 명나라 군주는 대장군이 수도를 돌보지 않고 버려둔 채 함부로 날뛰다 도망쳐 군주를 섬기지 않는 마음이 드러났다고 의심했다. 이것이 첫째 죄다. 대릉하에서 하가강(何可剛)을 죽인 뒤 모든 군사를 이끌고 귀부해 와 나와 함께 모의했다. 이것이 둘째 죄다. 또 이번에 우리 군사가 침입해서 연경 백성이 위급하여 조정이 급히 와서 구원하라고 대장군을 불렀는데, 대장군은 명령을 듣고도 곧 나아가지 않다가 여러 번 부르고 난 뒤에야 출발했으니 명을 어기고 지체했다. 이것이 셋째 죄다.

근래에 우리 군사가 관내에 진입해 승전보를 알려 오기를, 너희 명나라 제남부(濟南府)와 조주(趙州)·고당주(高唐州)·심주(深州)·장자령(墻子嶺)·영(靈)·수구(壽邱)·상하(商河)·동광(東光)·고읍(高邑)·임성(臨城)·려(蠡)·남궁(南宮)·신하(新河)·청경(靑慶)·운임(雲任)·경도(慶都)·획록(獲鹿)·융평(隆平)·평향(平鄕)·고양(高陽)·광종(廣宗)·치평(茌平)·위은(魏恩)·거록(鉅鹿)·박평(博平)·우성(禹城)·장산(長山)·행당(行唐)·해풍(海豊)·난성(灤城)·염산(鹽山)·박야(博野)·남하(南河)·사하(沙河)·흥제(興濟)·무극(無極)·영진(寧津)·위령(威寧)·진릉(晉陵)·원씨(元氏)·당산(唐山)·내구(內邱)·계택(雞澤)·평원(平原)·요양(饒陽)·남피(南皮)·제양(濟陽)·청평(淸平)·임구(任邱)·청하(淸河)·하진(夏津)·오교(吳橋)·무성(武城)·문안(文安)·신(莘)·고성(故城) 등의 여러 현과 임명관(臨洺關)까지 도합 1부(府), 3주(州), 55현(縣), 2관(關)이 함락되었다고 한다. 또 친왕 1명, 군왕 1명, 봉국장군 1명을 사로잡았고 군왕 5명, 진국장군 1명, 보국장군 1명, 봉국장군 4명을 죽였으며, 그 어미와 처자식을 모두 포로로 잡았다. 또 총리태감 1명을 사로잡았으며 전장에서 죽인 총독 2명과 문무관원이 무수히 많다. 종실(宗室)을 이토록 잃고 주현이 이토록 함락되었는데도 대장군은 죽기로 싸우지 않고 앉아서 보기만 하고 구원하지 않았다. 이것이 넷째 죄다.

명나라의 군주와 신하들이 이 네 가지 죄를 분명 가벼이 용서하지 않을 것이니, 비록 멀리 있는 자손이라 하더라도 필경 멸문의 화를 피하기 어려울 것이다. 또 무오년(1618)에 군사를 일으킨 이래 명나라의 문무 관원들로 공명을 성취하고 자신과 가문을 보전한 자가 몇이나 있는가? 우리 군사에 죽지 않으면 곧 국법에 의해 죽었는데 이를 어찌 기다리고 있는가? 짐의 말을 너희도 모두 알고 있다. 지금 각지의 몽고가 모두 귀부해 왔고, 조선도 변방의 신하가 되어 그 두 아들을 인질로 보내 서로 화친하고 있다. 짐은 이에 향하는 곳마다 적수가 없으니 병력을 오직 영원과 금주 등지를 제압하는 데 써서 너희의 농사철을 빼앗고 너희의 바닷길을 끊을 것이다. 그러면 군사와 백성이 굶주려 곤경에 처할 것이니 영원과 금주 사람들도 그 궁핍함을 직접 목도하게 될 것이다. 그때에 귀부하면 너희에게는 공훈이 없고 우리에게도 이득이 없으니 어찌 애석하지 않은가? 지금 부인이 만약 시세를 살펴 형세를 틈타 장군이 무리를 이끌고 귀부해 오도록 깨우쳐 인도하면, 그대의 공명이 산하처럼 유구하고 그대의 자손 대대로 영원히 부귀를 누릴 것이다. 그대는 귀순이 오직 장군의 공훈일 뿐 부인과 무관하다고 말하지 말라. 짐은 천지에 맹세컨대 그대 부부의 공훈이 혹시 줄지 않도록 균등하게 녹훈할 것이다. 짐이 너희 영원과 금주를 괴롭히지 못해서 이 말을 하는 것이 아니다. 너희가 일찍 귀순하여 군사와 백성이 보전되고 힘을 합쳐서 명나라를 정벌하면 우리나라에도 득이 되기 때문에 그러한 것일 뿐이다. 상세히 살펴서 속히 결정하되 기회를 놓치지 말라.」

諭錦州孟總兵曰, 大清國皇帝諭守錦州孟大將軍, 自古賢人君子, 當天下搶攘之秋, 必識天命所歸, 乘時早附, 以立勳業, 故功及子孫, 奕世罔替. 今觀明之形勢, 閹宦擅權, 蒙蔽其主, 賄賂公行, 事之誠僞, 人之忠佞, 皆莫能辨, 姦雄蜂起, 以至兵戈, 遍於寰區, 民生困於塗炭. 今一府 · 三州 · 兩關 · 五十五縣, 皆爲我兵所克, 親王一 · 郡王一 · 奉國將軍一及督軍太監, 皆爲我擒, 又郡王五 · 鎭國將軍一 · 輔國將軍一 · 奉國將軍四, 暨二總督將士等爲我殺者, 不可勝數. 由此思之, 亦可知明運之將終矣. 今朕蕩平蒙古, 咸來歸附, 臣服朝鮮, 質其二子, 底定厥國, 以爲藩臣. 朕玆國勢日盛, 兵力不分, 惟扼寧錦等處, 奪爾農事, 絶爾海運, 如此則軍民無食, 饑不能支, 而寧錦自困矣. 若能乘此安寧之時, 率衆來歸, 早建勳猷, 爾之功名, 當與山河同久, 永享富貴矣. 惟將軍詳審而速決之.

금주의 맹(孟) 총병에게 유시한 말. 「대청국 황제는 금주를 지키는 맹 대장군에게 칙유한다. 예로부터 현인과 군자는 천하가 전쟁으로 어지러운 시기를 당하면 필시 천명이 돌아가는 곳을 알고, 시세를 타서 일찍부터 귀부하여 공훈과 대업을 이루었기 때문에 공훈과 자손이 변함없이 대대로 이어졌다. 지금 명나라의 형세를 보건대 환관들이 전횡하며 군주를 기만하고, 뇌물이 공공연하게 돌아 일의 사실 여부와 사람의 충직 여부를 모두 판별하지 못하며, 간웅이 봉기하여 전쟁이 일어나 전국에 만연하니 민생은 도탄에 빠져 곤궁하다. 지금 부(府) 1개, 주(州) 3개, 관(關) 2개, 현(縣) 55개가 모두 우리 군사에게 함락되었고, 친왕 1명, 군왕 1명, 봉국장군 1명, 독군태감(督軍太監)이 모두 우리의 포로가 되었으며, 또 군왕 5명, 진국장군 1명, 보국장군 1명, 봉국장군 4명, 총독 2명과 장졸 등 우리가 죽인 자가 무수하다. 이로써 생각해 보면 명나라의 국운이 끝날 것임을 알 수 있다. 지금 짐이 몽고를 평정해 모두 귀부해 왔으며, 조선을 신복시켜 그 두 아들을 인질로 삼고 그 나라를 평정하고 번신으로 삼았다. 짐은 이에 나라의 세력이 날로 융성해지니 병력을 나누지 않고 오직 영원과 금주 등지를 제압하는 데 써서 너희의 농사철을 빼앗고 너희의 바닷길을 끊을 것이다. 그러면 군사와 백성이 먹을 것이 없어 굶주려 지탱하지 못하고 영원과 금주가 곤궁해질 것이다. 만약 지금 안녕한 때를 틈타 무리를 이끌고 귀부해서 일찍 공적을 세우면 너의 공명이 산하처럼 유구하고 영원히 부귀를 누릴 것이다. 상세히 살펴서 속히 결정하라.」

○ 乙亥, 往迎大軍吳拜等齎左右兩翼奉命大將軍和碩睿親王多爾袞·多羅安平貝勒杜度等疏至. 左翼疏曰, 臣等蒙天眷佑, 仗皇上威福, 於詹霸等奏捷後, 大軍從遷安縣回. 經太平寨出青山關, 明兵於關上迎戰, 又有兵襲我後, 爲我兵擊敗十一陣, 獲馬一百七十二匹. 右翼疏曰, 臣等出明邊青山口, 於三月初八日, 從太平寨遣固山額眞葉臣·譚泰, 率每旗一梅勒章京, 每牛彔甲士三人, 往奪其關. 恐我左翼兵出口時, 有敵人來拒, 故遣之前往, 共敗敵兵十三陣, 獲馬六十四.

○ 을해일(3.18), 대군을 맞이하러 갔던 우바이 등이 좌익과 우익의 봉명대장군(奉命大將軍) 호쇼이 예친왕(睿親王) 도르곤·도로이 안평버일러 두두 등의 소(疏)를 가지고 이르렀다. 좌익의 소(疏)를 올렸다. 「신들이 하늘의 도움을 받고 황상의 위복에 의지하여 잠바 등이 승전보를 아뢴 뒤에 대군이 천안현(遷安縣)으로 돌아갔습니다. 태평채(太平寨)를 거쳐 청산관(青山關)을 나서다가 명나라 군대를 관(關) 위에서 맞아 싸웠습니다. 또 우리의 후미를 습격하는 군사가 있었으나 우리 군사에게 격파당한 적군이 11진(陣)이었고 노획한 말이 172마리였습

니다.」

우익의 소(疏)를 올렸다. 「신들이 3월 초8일에 명나라의 변경인 청산구(靑山口)를 나와서 구사어전 여천·탄타이에게 각 기(旗)마다 머이런장긴 1명씩과 각 니루마다 갑사(甲士) 3명씩을 이끌고 태평채(太平寨)로 보내 그 관(關)을 빼앗도록 했습니다. 우리 좌익군이 나올 때 적들이 와서 막는 일이 있을까 우려했기 때문에 그들을 보내 앞서 가게 했는데 패퇴시킨 적군이 모두 13진(陣)이었고 노획한 말이 모두 60마리였습니다.」

○ 丙子, 遣官齎敕還盛京諭留守和碩鄭親王濟爾哈朗. 敕曰, 往征明國左翼兵, 於三月初七日已盡出邊, 右翼兵亦於三月十一日出邊, 約三月盡四月初, 可至盛京. 每旗一章京·每牛彔一撥什庫, 齎餉往迎大軍及所俘人口, 不論甲士厮卒, 每人約攜十人口糧, 仍察識路人, 令其前導, 從藩城渾河一路來迎.

○ 병자일(3.19), 관원을 보내 칙서를 가지고 성경(盛京)으로 돌아가서 남아 지키고 있는 호쇼이 정친왕 지르갈랑에게 유시했다. 칙서에서 말했다. 「명나라를 정벌하러 간 좌익군이 3월 초7일에 모두 변경을 나섰고 우익군도 3월 11일에 변경을 나섰는데 대략 3월이 다 지나고 4월 초에야 성경(盛京)에 다다를 것이다. 각 기(旗)마다 장긴 1명과 각 니루마다 보쇼쿠 1명이 군량을 가지고 대군 및 사로잡은 사람을 맞이하러 나오되, 갑사(甲士)와 쿠툴러를 막론하고 한 사람당 약 10명 분량의 식량을 가지고 오라. 뒤이어 길을 잘 아는 사람을 찾아서 앞장서 인도하게 하여 번성(藩城)으로부터 혼하(渾河) 길로 와서 맞이하라.」

○ 丁丑, 上召內三院大學士范文程 · 希福 · 剛林等, 入行幄, 諭曰, 昨者夢皇考太祖, 聖顏不怡, 向遇此等夢境, 攻取城邑, 皆不能得. 今雖攻松山城, 亦必難取, 汝等試驗之.

○ 정축일(3.20), 주상이 내삼원대학사(內三院大學士) 범문정 · 히푸 · 가린 등을 부르고 장막에 들어가서 유시했다. "어제 황고 태조의 꿈을 꾸었는데 기쁘지 않은 표정을 하고 계셨다. 이 꿈을 보면 성읍을 공격해도 모두 얻지 못할 것이다. 지금 송산성(松山城)을 공격하는 것도 필시 얻기 어려울 것이니, 너희는 이를 살펴 검토하라."

○ 己卯, 復以紅衣礮移近松山城攻之.

○ 기묘일(3.22), 다시 홍의포를 송산성(松山城) 가까이 옮겨 공격했다.

○ 是日, 鰲拜 · 巴圖魯丹代等, 率護軍沿錦州城馳畧. 殺二十人, 獲馬十四 · 羊一百七十.

○ 이날 오보이 · 바투루 단다이 등이 호군을 이끌고 금주성(錦州城)을 따라 급히 달려가 공략하여 20명을 죽이고, 말 14마리와 양 170마리를 노획했다.

○ 蒙古布顏代自錦州來歸.

○ 몽고의 부얀다이가 금주(錦州)에서 와서 귀부했다.

○ 先是, 阿爾薩蘭率滿洲兵四十, 敖漢·柰曼·扎魯特兵共一百二十名, 往守錦州西北界邊外烏欣口, 明太監高起潛·總兵祖大壽於三月二十日回至寧遠, 揀選壯士良馬, 得蒙古三百人·漢兵三百人, 令松山副將楊震·祖克勇, 錦州副將徐昌永, 杏山遊擊李得維統領, 從邊外趨錦州. 二十三日黎明經烏欣口地方, 阿爾薩蘭等擊敗之. 生擒楊震及二人, 殺八十四人, 獲馬一百五十, 遣人奏捷. 上親率四旗護軍兵, 馳往錦州, 縱兵攻其山寨敗之, 沿山搜勦. 復分兵勦殺兩夜, 其逃入臺者, 以紅衣礮攻破之. 陣殺徐昌永, 生擒祖克勇及守備一員, 共殺明兵三百十一, 獲馬四百十一.

○ 이전에 아르살란이 만주 군사 40명과 아오한·나이만·자루트 군사 모두 합쳐 120명을 이끌고 가서 금주(錦州) 서북쪽 경계 바깥의 오흔구(烏欣口)를 지켰다. 명나라 태감 고기잠(高起潛)과 총병 조대수가 3월 20일에 영원(寧遠)으로 돌아와 장수와 병사와 준마를 뽑아 몽고인 300명·한인 300명을 얻고, 송산부장 양진(楊震)·조극용(祖克勇), 금주부장 서창영(徐昌永), 행산유격 이득유(李得維)에게 이들을 이끌고 변경 바깥을 따라 금주(錦州)로 달려가게 했다. 이들이 23일 새벽녘에 오흔구(烏欣口) 지방을 지나는 것을 아르살란 등이 격파하고 양진(楊震)과 2명을 사로잡고 84명을 죽이고 말 150마리를 얻었다. 사람을 보내 승전보를 아뢰었다. 주상이 친히 4기(旗)의 호군을 이끌고 금주(錦州)로 달려가 군사를 풀어 산채를 공격해 패배시키고 산을 따라 수색하여 죽였다. 다시 군사를 나누어 이틀 밤 동안 수색해 죽이고 대(臺)로 도망쳐 들어간 자는 홍의포로 공격해 부수었다. 서창영(徐昌永)을 사살했고 조극용(祖克勇)과 수비 1명을 사로잡았다. 명나라 군

사 311명을 죽이고 말 411마리를 얻었다.

○ 辛巳, 以所獲祖大壽馬匹, 賞給四旗護軍參領. 賜固山貝子博洛馬二, 輔國將軍錫翰馬一, 梅勒章京以下牛彔章京以上各馬一.

○ 신사일(3.24), 획득한 조대수의 말을 4기(旗)의 호군과 참령에게 상으로 내렸다. 구사이 버이서 볼로에게 말 2마리, 보국장군 시한에게 말 1마리, 머이런장긴 이하 니루장긴 이상에게 각각 말 1마리를 하사했다.

○ 甲申, 先是, 我兵分三路, 穴地攻松山城, 有蒙古兵三百自錦州來援, 乘夜入城, 我兵不能復穿. 至是, 遂罷攻城之議, 令三順王漢軍, 固山額眞石廷柱·馬光遠等還盛京.

○ 갑신일(3.27), 이전에 우리 군사를 세 갈래로 나누어 땅굴을 파서 송산성(松山城)을 공격했는데, 몽고군 300명이 금주(錦州)로부터 구원하러 와서 밤을 틈타 성에 들어가는 바람에 우리 군사가 다시 뚫지 못했다. 이때에 마침내 성을 공격하자는 논의를 파하고 삼순왕(三順王)과 한군 구사어전 석정주·마광원 등에게 명하여 성경(盛京)으로 돌아가게 했다.

○ 是日, 遣四旗騎兵, 往助多羅武英郡王阿濟格駐守塔山.

○ 이날 4기(旗)의 기병을 파견하여 도로이 무영군왕 아지거가 탑

산(塔山)에 머물러 지키는 것을 돕게 했다.

○ 乙酉, 車駕自松山還, 至錦州西北駐營.

○ 을유일(3.28), 황제의 어가가 송산(松山)으로부터 돌아와 금주(錦州) 서북쪽에 이르러 군영을 세우고 머물렀다.

○ 是日, 左翼奉命大將軍和碩睿親王多爾袞等班師, 還盛京.

○ 이날 좌익의 봉명대장군(奉命大將軍) 호쇼이 예친왕(睿親王) 도르곤 등이 회군하여 성경(盛京)으로 돌아왔다.

저자 소개

이훈

고려대학교에서 박사학위를 취득했다. 만주 지역과 만주족의 정체성에 대해 연구했다. 『만한사전』, 『만주족이야기』를 저술했고 「청대 건륭기 만주족의 근본지지 만들기」, 「청 초기 장백산 탐사와 황제권」, 「17세기 중엽 청-러시아의 충돌과 흑룡강 유역의 부족민」 등의 논문을 발표했다. 고려대학교 사학과 강사로 재직하고 있다.

김선민

듀크대학교에서 박사학위를 취득했다. 조선과 청의 변경 지역이 국경으로 전환되는 역사적 과정을 연구했고 만주의 환경사를 연구하고 있다. *Ginseng and Borderland: Territorial Boundaries and Political Relations Between Qing China and Choson Korea, 1636-1912*를 저술했고 「청대 길림의 팔기 관병과 호랑이 진공」, 「청대 길림지역의 기인과 토지 개간」 등의 논문을 발표했다. 고려대학교 민족문화연구원 교수로 재직하고 있다.

이선애

고려대학교에서 박사학위를 취득했다. 청대 만주-몽골의 관계를 연구했으며 「청대 몽골법 제정과 적용 양상—건륭 연간 재판사례 분석을 중심으로」, 「만문사료를 통해 본 후금시기 만·몽관계」, 「동맹의 代價에서 충성의 代價로—청대 외번몽고 봉작제도의 특징과 운영 양상」 등의 논문을 발표했다. 경상국립대학교 역사교육과 교수로 재직하고 있다.